21世纪文化产业管理系列教材

总主编　向　勇

文化产业概论

向　勇　主编

中国人民大学出版社
·北京·

编委会

总主编： 向　勇

副主编： 魏鹏举　李凤亮

编　委（按姓名拼音次序排列）：

白晓晴　蔡尚伟　陈娴颖　何　群

花　建　贾旭东　李康化　李育菁

唐璐璐　王　晨　解学芳　徐海龙

昝胜锋　张朝霞　张　铮

总序

文化产业是“文化”与“产业”的复合概念，是以精神产品的创造、生产、交换和消费为主要特征的产业。其中，“文化”是一个纵向历时性的维度概念，它构成了一个国家和民族共有的知识谱系、价值观念、道德信仰和艺术审美，通过人的各种活动从远古走到现今。一般来说，文化分为三种形态，即精英主流文化、公共事业文化和大众娱乐文化。这三种文化或形成金字塔形状，塔尖是精英主流文化，中间是公共事业文化，塔底是大众娱乐文化；或形成靶心状结构，内核层是精英主流文化，中间层是公共事业文化，外围层是大众娱乐文化；或形成三维立方体结构，三种文化分别作为立方体的三个维度，相互交织、相互影响。“产业”是一个横向空间性的维度概念，包含了技术化复制方式、规模化生产模式和资本化经营形态。在这里，产业具有按照现代市场和国际市场进行产品经营、通过资本运营、按照项目经营和企业经营实现规模效益的最主要的特征。“文化”是一个模糊的概念，在“产业”的价值链中就变成一种基于创造性而生发的“创意”。这种创意不再是为了创新而创新，而是为了“合乎目的的适用”，要有价值；这种创意不再是一个思维“灵感一发”的结果，而是多元思维相互作用的过程；这种创意不再是个人的战斗，而是团体和组织的协同。在这里，创意行为与促使创意达成的非创意行为具有同等作用，消费行为的过程由于文化产品象征性的特征而变成一种文化消费。

当前，中国社会经济发展已经进入一个新常态的转型期。新常态的经济发展，不仅表现在经济增速的放缓方面，还表现在发展模式、增长动力、发展目标的提档转型方面。根据世界银行的标准，一个国家或地区的人均国内生产总值（GDP）在 3 000～10 000 美元（后来最高值调整为 12 700 美元）之间，就跨入中等收入阶段。这个阶段“既是中等收入国家向中等发达国家迈进的机遇期，又是矛盾多发的敏感期。这一阶段，经济容易失调，社会容易失序，心理容易失衡，发展容易掉进‘中等收入陷阱’”[①]。2020 年，中国要实现全面建成小康社会的奋斗目标，意味着全国的人均 GDP 也要达到 10 000 美元。怎样才能避免“中等收入陷阱”？在经济学家林毅夫看来，“一个国家能否摆脱中等收入陷阱的关键点在于技术能否不断创新、产业能否不断升级”[②]。

因此，从党的十九大到党的二十大这段时间，是中国实现小康社会发展目标的关键期，也是中国经济社会发展的转型期。在这个转型期里，我们要调整经济发展模式和价值导向，推动产业结构升级和生产方式创新，促使人们的生活方式发生根本转变。文化产业已然成为 21 世

---

① 熊澄宇，董鸿英．新媒体环境下规避“中等收入陷阱”的思考．北京联合大学学报（人文社会科学版），2015，13（2）.

② 林毅夫．中国怎样从“中等收入陷阱”中突围．理论导报，2012（10）.

纪上半叶驱动中国经济转型和产业升级的超能动力。一方面，文化产业是实现中国产业结构升级的主要途径，加快文化产业的发展，有利于中国通过产业升级摆脱“中等收入陷阱”；另一方面，文化产业经过十余年的体制改革和产业发展的初期探索，自身也存在结构升级和比较优势优化的现实问题。因此，根据中国转型期过渡模式的发展特点，需要梳理中国文化产业中不同行业的发展状况，重新规划中国文化产业的发展模式。

如果说1998年文化部成立文化产业司标志着将文化产业纳入国家部委的治理范围，则至今中国文化产业发展经历了三个阶段。1998—2002年为“文创1.0”时代，社会各界挣脱文化作为意识形态属性的一元思维的观念束缚，政府部门在文化事业的公益途径中开辟出文化产业的经营道路，学术界积极推动文化产业合法性建设，产业界注重单体文化项目（产品或服务）的创意策划和市场表现；2003—2011年为“文创2.0”时代，国家文化建设一体两翼（包括公益性文化事业和经营性文化产业）取得社会共识，政府部门大力推进文化体制改革，积极培育文化产业市场要素，学术界开启文化产业合理性的探索研究，产业界以产业价值链为塑造重点，推动文化产业的集聚发展；2012年以来为“文创3.0”时代，国家将文化建设置于政治建设、经济建设、社会建设和生态文明建设的一体化建设体系中，视文化力为综合国力的重要组成部分，政府部门积极推进文化产业的融合发展，发挥“文化+”的协同效应，产业界探索文化产业的全产业链发展模式，学术界进入文化产业范式建构的活跃期。

科学理论是对客观实践的抽象，又反过来引领实践的发展。文化产业的实践转型推动了文化产业的学术转型，文化产业的学术探索引领了文化产业的实践发展。美国科学哲学家托马斯·库恩（Thomas S. Kuhn）认为，科学界是由一个流行的范式所控制的，这个范式代表科学界的世界观，它指导和决定问题、数据和理论的选择，直至另一个范式将其取代。如果说自然科学的发展呈现范式取代的特征，那么人文社会科学的发展则呈现范式转型的征候。纵观全世界的学术历程，自“文化工业/文化产业”的命题被提出以来，文化产业的学术理论经历了三次范式转型。文化产业元理论滥觞于马克思的社会再生产理论，在20世纪30年代与40年代之间，由本雅明（Benjamin）的机械复制艺术的价值转换讨论开始，以阿多诺（Adorno）为代表的德国法兰克福学派提出“文化工业”的批判性命题，至70年代末80年代初伯纳德·米亚基（Bernard Miège）将单数的“文化工业”（culture industry）转换为复数的“文化产业”（cultural industries），西方学术界经历了从对文化产业的批判性研究到建设性研究，实现了文化产业学术研究的第一次范式转型（中国学术界大概在20世纪90年代末到21世纪初完成此次范式转型）；20世纪80年代西方学术界开始对文化产业展开基础理论研究，至21世纪第一个十年，文化研究、文化资本、体验效用、文化经济、产业价值、创意阶层等研究命题被创造、组合、挪用，成为文化产业研究的基础范式，构建了文化产业理论大厦的合理性基石，实现了文化产业学术研究的第二次范式转型（中国学术界大抵在2002—2011年之间完成此次范式转型）；2010年至今，西方学术界“从文化学、艺术学、经济学和管理学等传统单一学科领域如同盲人摸象般局部探测文化产业的神秘构造，转向以价值评估、创意管理、艺术授权、故事驱动、符号生产、文化治理等整合性的原理突破和学理贯通来融合文化产业学科的核心理论和研究范式，达到知识协同和理论创新的学术新高地”①，开始了文化产业学术研究的第三次范式转型。在这个正在发生的学术转型推动中，尤以英国［以克里斯·比尔顿（Chris Bilton）

① 向勇．文化产业导论．北京：北京大学出版社，2015：12.

为代表]、北欧[以布莱恩·摩尔安(Brian Moeran)为代表]和澳大利亚[以戴维·思罗斯比(David Throsby)为代表]的学术同行的学术成果最引人注目,而中国的学术同行得益于中国经济转型的现实需要,也开始着手于此次范式转型的探索研究。

文化产业实践发展、理论研究和学科建设的关键在于人才的培养。文化产业的实践发展和理论转型直接推动了文化产业人才培养的模式创新,迫切要求文化产业管理人才掌握文化产业运行的基本理论、知识结构和操作技能。自2004年教育部试点本科专业至2011年正式纳入修订版的本科专业目录以来,中国文化产业管理的本科专业建设经过十余年的实践发展已经走过了稚嫩的孩童期,进入了壮实的成年期。各大高校文化产业管理专业的经验探索和发展实践为文化产业管理专业的创新探索提供了宝贵的资源和经验的借鉴。根据大学的不同层次分类和办学特色,文化产业管理专业建设也正在经历综合复合型与专业技能型的实践分化。与此同时,文化产业管理专业的教材建设也应采取相应的分类建设。在过去十几年中,我国文化产业管理专业的教材建设主要针对综合复合型的人才培养目标,而较少关注专业技能型的人才培养目标。

"21世纪文化产业管理系列教材"的建设理念即以这种专业技能型的文化产业管理人才为培养目标。文化产业专业技能型管理人才培养的基本模式是创新理论教学与实践操作的双重模式。在理论教学环节,开设文化产业概论、文化产业经济理论与实务、文化产业管理理论与实务、文化创意策划、文化市场营销、文化项目管理、文化政策理论与实务等核心课程;在实践操作环节,增设文化产业案例研究、文化产业商业实战、文化项目设计与运营、文化企业实习与毕业作品设计等内容。本系列教材具有以下几个特点:注重系统性和前瞻性,紧扣第三次学术理论范式转型中的理论系统和知识框架,涵盖了文化产业管理的基础课程与核心范畴,重点内容形象直观,篇章结构清晰明了;注重方法性与操作性,贴近文化产业的发展实践,直接面向文化产业的操作技能,强调创意管理的知识运用和技能塑造,案例结合生动翔实,操作流程简洁易懂,便于运用;注重互动性与可持续性,充分采用互联网教学技术,构建文化产业管理移动学习社区和App教学应用终端,逐步提供在线教育和MOOC课程,培养学习者自主学习、终身学习的习惯和能力。

我国的文化产业不仅正在造福于中国经济,而且正在重构世界经济秩序。作为21世纪的朝阳产业,文化产业进入新时代更需要创新思维与实践技能兼擅的管理人才。本系列教材在编撰过程中非常重视适用范围的聚焦和适用对象的使用效果,得到了国内主要高校一线教师的积极参与、产业界知名经理人的诚挚关切和在校大学生的热情反馈。希望本系列教材能够成为国内文化产业管理专业教学与科研实践中有效实用的教学工具,让求学于文化产业管理专业的莘莘学子从中汲取理论养分、构建知识体系、拓展思维视野、打造美丽人生。

21世纪文化产业管理系列教材编委会

目录

第二编 产品创意

第三编　组织运营

导　论

本章概述

文化产业概论以新发展征程文化产业高质量发展为背景，以发展文化学和产业经济学为理论基础，吸收20世纪30年代以来西方文化产业研究的经典理论和20世纪90年代以来中国文化产业研究的基础理论，致力于完善新时代文化产业学的知识框架与理论体系，关注文化产业前沿实践，为文化产业学习者和从业者尽可能地提供多元化的理论框架和具有可操作性的研究方法。

学习目标

通过本章的学习，学生应掌握如下内容：

1. 新时代文化产业的发展。
2. 新文创经济模式的基本内涵。
3. 文化产业学的主要研究方法。

文化产业管理专业是21世纪初随着文化产业的发展而兴起的本科专业，从2004年的专业试点计起还不到20年，从2012年正式列入教育部本科专业目录计起才刚满10年，还处在不断更新完善优化的起步阶段。文化产业管理属于文化管理的组成部分，文化管理包括艺术管理、博物馆管理、非物质文化遗产管理、文化事业管理和文化产业管理等领域。文化产业管理不同于工商管理和公共管理，是商业价值与公共价值的平衡管理。广义的文化产业管理包括宏观层面的文化行业管理、中观层面的文化企业管理和微观层面的文化产品管理。

文化产业概论作为文化产业管理专业的基础课程，为文化产业管理专业提供基础的知识架构、理论思维与专业素养。文化产业学是研究文化产业的生产结构、运营管理、政策治理的理论与方法的应用型科学，包括文化产业生产要素、文化产业组织管理和文化产业公共治理等不同维度的知识体系。

一、文化产业学的时代背景

文化使人类社会各个部门联系起来成为一个有机体。在费孝通看来，“人的活动的推动力是由经文化改变过、修饰过的‘生物需要’，也就是说，人类在生活的经验里发生了一套价值，而这套价值才是直接推动人活动的力量。”① 按照文化功能主义的理解，我们现在正处于文化产业发展的第三个时代：第一个时代可以称为文化力的 1.0 时代，大概在 2002 年以前，主要是推动文化艺术作品的创作和文化项目的打造；从 2002 年党的十六大到 2011 年党的十七届六中全会，这十年是文化力 2.0 时代，主要是推动文化产业链的形成和集聚发展；第三个时代是 2012 年党的十八大以来，我们进入文化力 3.0 时代。此时，文化产业与整个经济社会融合在一起，成为推动我国经济转型的重要力量。文化建设与经济建设、政治建设、社会建设、生态文明建设融合在一起，既是“五位一体”总体布局的重要组成部分，也在整体建设中起到整合引领的作用。

2021 年，中国进入一个现代化建设的新阶段。我国社会进入社会经济发展的新时代，进入文化力创新发展的融合时代，进入满足美好生活需要的文化经济时代。受国内国际多重因素的影响，我国正处在外循环经济全球化开放趋势不明朗的焦虑期和内循环经济新旧动能转换艰难的换挡期，更需要依靠文化和创意的力量实现社会经济增长动力的“焦虑消解”和社会经济增长效益的“超车换道”，构建国内与国际相统一、文化与经济相协调的双循环经济新发展格局。

中国对现代化的追求肇始于 1840 年鸦片战争时，中国被象征人类“现代文明”的坚船利炮屈辱地拖进西方主导的现代化秩序，经历了被动挨打、消极改良、主动革命和积极改革的漫漫历程。在 180 年的上下求索中，中国寻求现代化的救亡之路始终瞄准一个西方的“他者”靶心，这个靶心代表了人类文明的高度，正如德国社会学家诺贝特·埃利亚斯（Norbert Elias，1897—1990）在《文明的进程》中所宣称的那样，这种文明是一种较高水准的科学技术、社会组织以及生活方式。近两百年以来，西方文明似乎一直被追赶，从未被超越。二战后，日本、亚洲“四小龙”的经济崛起和社会进步，似乎也是以西方范式为鹄的，其成功也仅仅印证了模仿西方现代化发展模式的“政治正确”。然而，2021 年是人类现代化进程的“巨大例外”。在这一年里，中国实现了千年梦想，取得全民脱贫攻坚和全面建成小康社会的历史性胜利；在这一年里，中国成功阻隔了新冠肺炎疫情的国内大流行，为全世界多个国家和地区的疫情防控提供了医护支援和疫苗援助；在这一年里，中国扛起全球化的大旗，积极推动更加包容、更加开放的世界经济发展格局。2021 年，站在中华民族伟大复兴的战略全局和世界百年未有之大变局的历史交汇点，中国开始勇敢地迈出现代性的新征程：面向 2035 年全面建设社会主义现代化国家。

中国文化产业在这样的世界形势与历史大局中，正焕发出崭新的时代光芒。根据《中华人民共和国 2019 年国民经济和社会发展统计公报》，2019 年我国人均 GDP 70 892 元，折算成美元，我国人均 GDP 首次突破 1 万美元，估计在未来两年很快突破 1.2 万美元，迈入中等收入国家行列。蓬勃发展的中产阶级需求催生了巨大的文化消费的国内市场，也成为吸引各国文化

---

① 费孝通．费孝通论文化与文化自觉．北京：群言出版社，2007：34.

产品的世界市场。近3亿的中国新中产阶级的新消费群体，更加注重文化产品的精神品格、民俗特色和文化内涵，更加注重有品质、有态度、有情趣的生活方式。近年来，故宫展览、敦煌石窟成为抖音视频、微信推送和王者荣耀游戏联合打造的超级网红；对中国文化符号的活用与妙用，成为传统商品获得市场竞争优势的巨大砝码。对中华优秀传统文化的传承，不再是精英主义者苦口婆心的道德说教，而是中国新青年举手投足的消费日常。新时代中国文化产业的高质量发展，具有鲜明的“中国性”（Chineseness）特征。这种“中国性”是一种中国立场的文化坚守，是一种即将站在世界舞台中央的中国特色（Chinese characteristics）的自信表达。这种“中国性”是传统与当代、东方与西方、民族与世界、人文与科技相互交汇的历史结晶。这种“中国性”是包容开放的中国特色表征，容纳了中国近代思想家梁启超所谓“中国之中国”“亚洲之中国”和“世界之中国”等有关中国“旧邦新命”的全部想象和伟大实践。

当下流行的新国货、新国潮，正是这种“中国性”与“现代性”新消费主义紧密结合的品牌特征的表现。具有新国潮特征的中国品牌，是东方主义的价值高扬和生活美学的实践落实。中国是一个注重感性美学和日常审美的“文明型国家”。在互联网的助推下，整个中国成为东方生活美学的试验现场。李子柒的东方田园生活，不是传达了农耕中国与世隔绝的孤寂状态，而是传承了匠心手作的时尚生活，惊艳了无数西方青年的东方想象。彰显个性，强调独立品牌或无品牌，注重情怀，成为中国文化产业挺进新时代国际市场的品牌宣言。中国品牌是一种人文品牌，既有高质量的功能价值，又有高品质的文化价值。以小米、华为的3C时尚产品为代表，以李宁服装的强势回归为象征，中国品牌完美地体现了情感设计的创意巧思，将感性之美、理性之美和超理性之美融于一体。影视领域的“新国剧”，动漫领域的“新国漫”，戏剧领域的“新国戏”，美术领域的“新国艺”，种种迹象表明，中国品牌是一种新中式品牌，是一种新国牌，不再是简单直白的“国族主义”的粗暴消费，而是温暖自信的“东方主义”的情理选择。

二、文化产业学的研究对象

晚近以来，文化技术与商业环境给文化创作、文化权力、文化权利和文化治理等领域都带来了革命性的影响和深刻的变化，也带来了一系列值得我们反思和亟待解决的社会问题。从卡尔·马克思（Karl Marx，1818—1883）的精神生产、瓦尔特·本雅明（Walter Benjamin，1892—1940）的“光晕”忧思到法兰克福学派马克斯·霍克海默（Max Horkheimer，1895—1973）和西奥多·阿多诺（Theodor Adorno，1903—1969）的文化工业批判，从皮埃尔·布尔迪厄（Pierre Bourdieu，1930—2002）的多元资本之维到克莱顿·克里斯坦森（Clayton M. Christensen，1952—2020）的破坏式创新之术，不同的思想家站在不同的价值立场和思考维度，针对这些问题提出了不同的解决方案。新时代为文化产业的理论体系提出了新要求，迫切需要丰富和完善文化产业学的范式建构。

文化产业学的宏观思维是一种洞察文化趋势的战略思维，密切关注文化产业的行业环境、文化市场的竞争格局。新时代新发展格局的增长动力要实现从物质要素向符号要素的转型。如今，从社会生产要素来看，物质资源（如土地、矿产、劳动力）已让位于非物质资源（如大数据、技术专利、故事版权）。社会财富日益表现为一种符号价值和数据资本，包括商标、专利和版权在内的文创IP成为经济社会发展的核心生产要素之一，也是一个文化企业和地方政府的核心资产之一。

新时代新发展格局的增长效益要实现从时间经济向场景经济的转型。随着互联网尤其是移动互联网的发展，以及5G、大数据、人工智能、区块链、云计算、机器人、3D打印等数字新基建的加快布局和场景应用，那些决定经济增长的主要方式已经从时间过渡到场景，或者说时间也被置换到场景之中。场景是人与人在智能时代的新连接方式，是一种基于共享的价值观连接，具有多元叙事的故事驱动和通感场域的统觉体验的后现代特点。

文化产业学的产品创意包括了由文化资源的开发、文化资产的转化、文化创意的赋能和文化科技的融合等手段所塑造的新文创经济开发模式。符号经济和场景经济的本质就是一种新文创经济。在这里，“新文创”表现为“文化＋”的融合赋能机制，即除了推动文化资源转化为文化产品外，还不断推动传统产品在功能价值基础上增添文化价值，也在纯文化产品上增添其功能价值。新文创融合了消费者对产品的“must have”（即“必须拥有”）和“nice have”（即“最好有”）的两种需求，实现了“鱼”和“熊掌”的价值兼得。新文创经济满足的是人们对美好生活的需求，这是一种“美的”生活加“好的”生活，是有品位的生活与有品质的生活的有机融合。广义上，文化产品分为纯文化产品（以精神文化消费为直接目的的产品，比如电影、音乐、图书等）、半文化产品（功能性与文化性兼具的产品，比如美食、茶、香、医药等）和泛文化产品（以功能性为主、文化性为辅的产品，包括任何以文化创意提升产品内涵的产品）。

新时代文化产业呈现为一种新文创经济，其本质是一种美学经济、体验经济、手感经济、心灵经济和惊异经济，需要一种软硬巧施的创新手段。我们将基于功能价值、科技手段和产品特性的创新称为“硬创新”，将基于意义、符号、故事的创意视为“软创新”。“硬创新”与“软创新”的融合即是“巧创新”，这是文化力3.0时代的一种典型创新模式。“巧创新”除了包括技术创新、工艺创新和产品创新外，更注重内容创新、风格创新、审美创新、情感创新。

人类社会的每个阶段都会有一个与之适应的技术系统。文化产业是技术的产物，也是文化和科技融合创新的结果，诞生于古登堡印刷术和后来人类第一次工业革命机械技术的发明与应用，成熟于人类第二次工业革命的电气时代，繁荣于人类第三次工业革命的信息时代。电气时代是对机械时代的超越，信息时代是对电气时代的超越，但无论是机械化技术、电气化技术还是信息化技术，其本质还是在于标准化、自动化和流水线的生产模式。科学技术极大地提高了社会生产力，大大地增加了社会财富，也促进了社会生产的专业分工和社会组织的科学管理。“巧创新”需要文化价值的深度挖掘，包括基于手工原创的膜拜价值、基于机械技术的展示价值和基于智能技术的体验价值。其中，膜拜价值具有原真性、唯一性和在地性的特点。比如，我们去看京剧，一定要看“角儿”的演出，京剧即是“角儿”的艺术，这个角儿对于他的戏迷，就具备膜拜价值。但是，具有膜拜价值的文化资源要么是一种公共资源，要么受艺术自律和道德伦理的约束，无法简单用经济手段实现价值交换，或整体价值恒大于单次交易价格。展示价值具有技术性、复制性和在场性的特点，比如英国国家剧院的把戏剧演出高清录制并在院线放映的NT Live模式。体验价值是通过互动、娱乐、参与等方式对价值观、情感等内容实现深度体验，比如现在流行的沉浸式展览、戏剧等形式，重新定义了传统的舞台和观演的方式。新文创就是巧用文化资源的三种价值属性，开发出具有“情理之中，意料之外”的体验产品。

文化产业学重塑了文化行业的企业运营、组织管理、领导模式、商业模式和文化金融的扶持模式。文化产业的价值创造来自生产端和消费端的统合，具有创造力生产和想象力消费的双重特点。生产资本与消费资本、生产力和消费力合二为一，原有的线性生产体系转变为网络式的社会生产体系。通信互联网、移动互联网和智能物联网的兴起，从根本上改变了我们原有的生活方式和生产方式，也推动了新文创经济发展为平台经济。平台经济依赖数据资产和数字平台，直接实现平台与个体的连接，催生了消费大数据的商业生态。

文化产业需要开发新文创 IP。新文创 IP 即新文创知识产权，是在文化 IP 和法律 IP 基础上发展起来的新文创经济的新生产要素。腾讯公司商业运营的本质是"连接＋内容"，其社交连接与内容平台之间的转化机制就是新文创 IP，并构建了新文创 IP 价值开发的一个金字塔（或洋葱）模型。这个模型从上往下（或从内向外）分为五个层次，依次是价值观/世界观、形象、故事性、多元演绎、商业变现。借用文化学家雷蒙德·威廉斯（Raymond Williams）关于文化形态的分类，我们可以将文创 IP 分成三类：第一类是老经典，表达了一种民族认同、族群认同和历史情怀；第二类是新经典，它由商业机构开发出来，并在知识产权保护时效之内，受到市场的检验，甚至塑造这个时代人们的价值观，其用户价值在于圈层区隔、怀旧满足；第三类是快时尚，是在移动互联网平台下孵化出来的"爆款"，由消费者来决定。[①] 快时尚文创 IP 可能会发展成新经典，也有可能随着消费趋势的变化而消失殆尽，其用户价值在于娱乐解压、猎奇满足和社交素材。

文化产业学提升了文化行业的宏观治理视野，从文化园区的集聚效应、文化贸易的国际推广到文化政策的公共治理，都呈现出新时代的独特趋势。具有新文创经济特征的文化产业的应用领域非常广泛。从文化创意到设计服务，从数字创意到联网文创，从美丽乡村到特色小镇，从非遗活化到文博文创，从文化商城到艺术社区，新文创的观念、策略与手段已经全面引入社会资源开发与产业价值提升的全流程，已然开创了文化新经济的新时代。

新时代文化产业的生产方式表现为人人都是创意者的新劳作模式。传统"旧经济"关注"物"的生产效力，现代"新经济"重视"人"的生命体验，实现了以"人"的文化力取代"物"的经济力。新文创的劳动者是创造无形资产的符号创意者和技术自造者，其劳动方式体现为概念巧思和创意想象，其劳动结果是生产出具有符号价值的创意产品。新时代文化产业的创意生产者也是一个共享者，其不再隶属于某个固定的经济组织和专门的劳动岗位，这体现了一种灵活性、及时性、自主式、任务型的劳作分工机制。

三、文化产业学的研究方法

文化产业学是一门跨越人文学科与社会科学的应用型学问，具有学科间性的专业特点，其研究方法包括定性研究方法与定量研究方法。

文化产业学的定性研究方法包括文献研究法、案例研究法、深度访谈法、田野调查法和扎根理论研究法等。其中，文献研究法是利用前人劳动成果获取科学认识的重要方法，是通过对相关文献的研究形成对事实的科学认识的方法。案例研究法始创于美国哈佛大学法学院，并逐渐扩展至医学和商业教育领域，以典型案例为素材，通过具体分析，建立真实的案例感受和寻

---

① 向勇，白晓晴．新常态下文化产业 IP 开发的受众定位和价值演进．北京大学学报（哲学社会科学版），2017(1)．

求解决案例问题的方案。深度访谈法包括结构式访谈、半结构式访谈和全开放式访谈，其目的在于揭示对某一问题的潜在动机、情感、态度和信念。田野调查法是一种参与观察法，要求调查者与被调查对象共同生活一段时间，从中观察、了解和认识他们的社会与文化。扎根理论研究法是运用系统化的程序，针对某一经验资料发展并归纳式地引导出理论的研究方法。扎根理论研究法要以追溯到其产生的原始资料为基础，一定要有经验事实作为依据，提出发展理论性概念，建立概念和概念之间的联系，通过三级编码，最终建立理论。

文化产业学的定量研究方法包括问卷调查法、内容分析法、科学实验法等。其中，问卷调查法以设问的方式设计问卷，对每个问题进行赋分，获得数据后利用SPSS分析软件，采用信度分析、描述性分析、差异分析等方法对调查数据进行分析。内容分析法指研究者运用文本的编码，采用清晰与详细的研究步骤，使大数据时代对文本内容从无结构式的原始文本转换成有结构式的计算机处理信息，并对这些信息进行客观、系统和定量描述的研究方法。科学实验法是通过定义因变量和自变量，通过环境的控制和变量的操控，以实验结果分析自变量与因变量间的因果关系的方法，包括实验室实验法和社会实验法。

文化生产是一种特殊的精神生产，有一种关乎审美的非物质创意劳动。审美人类学的研究方法是由荷兰学者威尔弗里德·范丹姆（Wilfried Van Damme）提出的，是一种跨文化和跨学科的研究方法。[①] 审美人类学注重审美表达的文化尺度，以人类学的方法探究审美的社会文化功能和比较跨文化的审美感知。按照范丹姆提出的审美人类学的研究领域，文化产业审美人类学研究采用经验主义、语境主义和跨文化比较视野，侧重于研究审美偏好，其研究范围包括对“审美的人”的审美体验的综合研究，对世界上不同社群的审美问题的调查，以及用不同的人类学方法对不同地域的审美感知进行的比较研究。[②]

美国历史学家威廉·麦克高希（William McGaaghey）在《世界文明史：观察世界的新视角》一书中指出，互联网技术的迅猛发展正在推动人类社会进入一个以娱乐为中心的文明阶段。[③]“娱乐”成为人类新文明的表现形态，“娱乐化生活”正成为我们每个人的生活日常。在这里，“娱乐”既包括感官层面的身体娱乐，也包括情感层面的情绪娱乐，更包括精神层面的审美娱乐。我们生于物质世界，长于社会世界，成于精神世界。文化产业是一种面向人们精神世界的文化生产范式，以人的知识、美感、信仰需求为发展目的。

古有庄子与惠子的“观鱼之辩”，今有文化产业的“义利之辩”。无论是庄子的“知鱼之乐”，还是惠子的“不知鱼之乐”，都告诉我们人在面对未知世界时要摒弃自身的知识盲点和自我偏狭，追求一种“天地与我并生，万物与我为一”的“大道”状态。这种“大道”状态是一种至简的状态，是对现实世界的超越，是我们当下的生命觉悟和自在体验。因此，文化产业的“文化”的立场，就是要在文化行业“见证、守卫和推动”的日常生活和当下实践中，去践行“人文内涵”的理想信念，去追求“审美价值”的神圣境界。

文化为体，产业为用。习近平总书记在庆祝中国共产党成立100周年大会上指出，我们坚持和发展中国特色社会主义，推动物质文明、政治文明、精神文明、社会文明、生态文明协调发展，创造了中国式现代化新道路，创造了人类文明新形态。立足新发展阶段的中国文

① 范丹姆．审美人类学：视野与方法．李修建，向丽，译．北京：中国文联出版社，2015.

② 范丹姆，李修建．审美人类学：一门跨文化和跨学科的研究．内蒙古大学艺术学院学报，2015（12）.

③ 麦克高希．世界文明史：观察世界的新视角．董建中，王大庆，译．北京：新华出版社，2003.

化产业，“中国性”与“现代性”将成为其价值追求的内在坚守和外在追求。在新技术、新消费的驱动下，迈向新发展征程的中国文化产业正拉开“东方文艺复兴”的时代大幕，开启文化产业高质量发展的新时代。奋进新时代，创意赢未来。新文创经济给新时代的我们每一个人都创造了无限的可能性。我们只有躬身入局，全力以赴，才能不辜负这个时代创造的历史机遇。

本章小结

2021 年，中国进入一个现代化建设的新阶段。我国社会进入社会经济发展的新时代，进入文化力创新发展的融合时代，进入满足美好生活需要的文化经济时代。文化产业学的宏观思维是一种洞察文化趋势的战略思维，密切关注文化产业的行业环境、文化市场的竞争格局。文化产业学的产品创意包括由文化资源的开发、文化资产的转化、文化创意的赋能和文化科技的融合等手段所塑造的新文创经济开发模式。文化产业学重塑了文化行业的企业运营、组织管理、领导模式、商业模式和文化金融的扶持模式。文化产业学提升了文化行业的宏观治理视野，从文化园区的集聚效应、文化贸易的国际推广到文化政策的公共治理，都呈现出新时代的独特趋势。文化产业学是一门跨越人文学科与社会科学的应用型学问，具有学科间性的专业特点，其研究方法包括定性研究方法与定量研究方法，特别重视考现学和审美人类学的研究方法。

思考与练习

一、基本概念

中国性与现代性　巧创新　文创 IP　审美人类学

二、思考题

1. 我国的文化产业与现代化进程的关系。
2. 东方文艺复兴的时代背景。
3. 新时代非物质创意劳动的主要特征。
4. 创造性生产与想象力消费之间的关系。

拓展阅读

1. 叶朗．中国美学史大纲．上海：上海人民出版社，1999.
2. 向勇．文化产业导论．北京：北京大学出版社，2015.
3. 康德．判断力批判．邓晓芒，译．北京：人民出版社，2002.
4. 马克思．资本论．北京：人民出版社，2004.
5. 布尔迪厄．艺术的法则：文学场的生成和结构．刘晖，译．北京：中央编译出版社，2001.
6. 霍尔．表征：文化表象与意指实践．徐亮，陆兴华，译．北京：商务印书馆，2003.
7. HESMONDHALGH D. The cultural industries. 2nd ed. London：Sage，2007.（中译本：赫斯蒙

德夫. 文化产业. 张菲娜，译. 北京：中国人民大学出版社，2016.）

8. HARTLEY J. Creative industries. Oxford：Blackwell，2005. （中译本：哈特利. 创意产业读本. 曹书乐，包建女，李慧，译. 北京：清华大学出版社，2007.）

9. CAVES R E. Creative industries：contracts between art and commerce. Cambridge：Harvard University Press，2002. （中译本：凯夫斯. 创意产业经济学：艺术的商业之道. 孙绯，等，译. 北京：新华出版社，2004.）

第一编 战略思维

第一章　文化产业的行业环境

本章概述

文化产业的行业环境是进行文化产业专业学习的基础，通过学习文化产业的形成与发展逻辑，可以了解文化产业诞生的内因和外因，以及文化产业的基本概念。学习文化产业发展的历史环境，可以认知世界和中国经济文化发展趋势，以及文化产业的发展脉络。通过从政治、社会文化、经济和技术等层面分析文化产业的发展环境，可以了解社会宏观环境对文化产业的影响方式。

学习目标

通过对本章进行学习，学生应掌握如下内容：

1. 了解文化产业的形成与发展历程。
2. 了解文创产业概念的形成逻辑。
3. 了解文化产业发展的历史环境。
4. 了解文化产业的宏观环境。

近年来，文化产业以朝阳产业的身份，在世界范围内逐渐受到了各国政府的高度关注，文化成为评估综合国力的重要因素，越来越成为当代社会发展的重要支撑。创意经济或审美经济作为一种新的发展范式，已经把经济和文化联系在了一起，创意、知识和信息越来越成为全球经济发展的强大动力，并渗透进社会生活的各个方面。了解文化产业的国内外行业环境，不仅有利于我们在国际文化产业竞争中高瞻远瞩、把握全局，也有利于我们更深入地认识文化产业的内在规律。

一、文化产业的形成与发展

20 世纪以来，随着科技的飞速发展，世界经历了翻天覆地的变化。科技进步提高了人类的工作效率和生活质量，一方面大幅增加了人类的闲暇时间，丰富了社会活动的类型，使人们能够在工作之余参加更多的休闲娱乐活动；另一方面，产能过剩的工农业分拨出了更多的劳动力，进入服务业、休闲业，以文化、娱乐、休闲产品和服务为主要生产对象的文化产业应运而生，并日益发展壮大。尽管以文化产品作为生产和销售的对象，自北宋及明代中期开始就偶有发生，但是产业形成的基础是大规模的商品市场，只有科技的进步和生产力的解放才能实现产业规模的扩大，因此，文化产业的形成与壮大主要源于科技对文化资源向文化产业转化的推动作用。

自第三次科技革命以来，媒介改变了人们的生活方式，全世界都开始经历一个发展的重要转型期，这种转型是从物质文明向精神文明转型。在数字媒体与高新科技快速发展的背景下，物质需求与精神需求的平衡就显得尤为关键。首先，精神与物质的失衡不仅会带来马克思主义所讲的人的异化，还会使国家和社会出现畸形，给人类的进步带来危机；过分关注科技的发展，无限度依赖科技来改变人类的社会生活，将会带来凯文·凯利（Kevin Kelly）所预言的人类社会的“失控”，致使人丧失主体性，逐渐丧失对世界的主导权。[①] 其次，精神追求的失焦也将破坏人的价值导向，过分追求肤浅的生活享乐，则会使人类的精神世界肤浅庸俗，成为享乐主义的俘虏。文化产业的属性是在消费社会寻求物质与精神的、科技与文化的平衡，并引导现代社会精神追求的方向，因此，文化产业既具有社会属性，又包含经济属性，既包含公共文化服务的社会职能，又包含商业文化经营的盈利目标。

经济学家对文化艺术持有困惑，他们的主要障碍是古典经济学的假设：“个体和组织对于稀缺性资源的配置需做出理性的决策，以追求财富最大化。”对于这样的观点，创意经济学给出了解释：首先，理性是一个相对的概念，人们往往会通过非理性的步骤达到理性决策所无法达到的目标；其次，创意并不是一种稀缺的资源，尽管才华、能力和专业知识等确实是稀缺的，但是这种无形的资源不会通过买卖而改变其稀缺性的高低；最后，财富最大化往往会通过不同时长的周期来实现，有的周期相对更长，但是获得的财富也将更加多元化，不仅限于经济层面。因此，创意产业意味着“无限需求，有限资源”这一经济学难题的崩溃。文化产业以文化创意为产品，尽管文化创意是无形的，且有创意的人似乎大多是古怪的、没有逻辑的，但是，只要对创意人才进行科学的管理，那么创意就是新时代的生产力。

自 20 世纪 90 年代开始，文化产业以新兴的产业形态走上了历史舞台。1998 年，我国在文化部设立文化产业司，负责文化产业的管理和调控，文化产业首次被提到国家战略的层面加以重视。2001 年，《中华人民共和国国民经济和社会发展第十个五年计划纲要》中提到了大力发展文化及相关产业，2002 年在党的十六大报告中提出了“积极发展文化事业和文化产业”“继续深化文化体制改革”，自此，我国文化创意国家战略正式开始形成。

事实上，在文化产业的概念被人们关注之前，以文化创意作为商品或服务的产业形态皆已存在并各自发展，很多产业形态，如电影产业、艺术品产业、设计产业、音乐产业等都已经相当成熟，文化产业不是对这些产业形态的一个统称，而是具有更丰富的意涵。首先，文化产业是一个由上至下的概念，是政府层面和行业层面，宏观统筹层面和协调管理层面的概念，并不是一个由下至上的、微观的或者空泛的概念。其次，文化产业不仅包含文化产业化的维度，还包含产业文化化的维度。文化产业化的发展维度就是指大力发展文化产业，推动文化体制改革；产业文化化的发展维度就是指文化生产力作为一种生产力，可以融入各行各业，带动各行

① 凯利．失控．东西文库，译．北京：新星出版社，2011．

各业的发展，推动整个国民经济发展。[①] 最后，文化产业具有丰富的外延，包括核心层、外围层和相关层。核心层包括新闻服务、出版发行和版权服务、广播电视电影服务和文化艺术服务；外围层包括网络文化服务、文化休闲娱乐服务和其他文化服务；相关层包括文化用品、设备及相关文化产品的生产和销售。这些不同的生产和服务行业，都具有一定的产业共性与运转规律，文化产业的统筹视角能够俯瞰微观产业，为不同的产业类别提供更多创新方法和发展模式，进而为经济发展提供新的风口。

二、文化产业发展的历史环境

（一）世界文化产业发展沿革

世界文化产业的萌芽期开始于 15 世纪，1450 年古登堡使用自己发明的金属活版印刷术印刷《圣经》，促进了印刷术的发展。随着印刷术的大规模产业化使用，出版业开始出现，对于该产业的政府管理和市场调节也相继出现。世界文化产业的探索期自 19 世纪开始，平版印刷术、摄影术和留声机等相继出现，摄影、广播、电视和电影成为新的文化艺术形式，工业化的文化生产方式也随之成形。世界文化产业的发展期开始于 20 世纪 40 年代，以计算机技术的发展和成熟为标志，全球性的文化市场和文化集团开始出现，文化产业不仅是发达国家的支柱性产业，更是发展中国家实现经济崛起，弯道超车的宝贵机会。在世界文化产业的发展过程中，文化产业的概念在不同的国家有着不同的表述方式，在世界认同上也经历了一个漫长的过程，从最初的“文化工业”到“文化产业”“文化创意产业”“内容产业”，概念和定义的变化也展现了不同国家战略和学术立场的演变路径。

1947 年，法兰克福学派的学者霍克海默和阿多诺合著经典之作《文化工业：作为大众欺骗的启蒙》，他们在其中提出了“文化工业”（cultural industry）的概念，并对文化工业进行了批判分析。他们认为文化工业剥夺了艺术应有的反抗批判功能；文化工业降低了文化产品的艺术价值，使其丧失了艺术的“光韵”；文化产品标准化、规模化的生产方式，破坏了传统文化应有的个性；文化工业使消费者逐渐丧失了判断能力。法兰克福学派认为，资本主义国家的极权主义通过文化工业完成了对大众意识形态的操纵。法兰克福学派没有看到大众作为文化产品的消费者在文化生产中所起到的积极作用，以及文化产品在生产过程中对创意和品质的追求，因此具有一定的历史局限性。但另一方面，他们所批判的很多现实，依然出现在当今的社会中，文化产业中仍旧充斥着很多娱乐至上的文化快餐，从业者和大众不应该满足于销量和娱乐，而是应该用批判的态度和理性的思维去评价这些文化产品。

1979 年，法国文化社会学家伯纳德·米亚基开始使用文化产业（cultural industries）的概念来指代生产文化产品和提供文化服务的行业。1980 年，欧洲议会所属的文化合作委员会举行会议，共同探讨“文化产业”和社会发展等相关议题，文化产业的概念开始得到广泛的传播。联合国教科文组织从 1979 年开始大幅推出文化产业资助计划，并从生产和经济两方面对文化产业进行了界定，指出“文化产业是那些有形或无形艺术性与创意性产品创制的产业，是按照工业标准生产、再生产、储存以及分配文化产品和服务的一系列活动，其目标是追求经济

---

① 向勇．文化立国．北京：华文出版社，2012：8.

利益而不是单纯为了促进文化发展”[①]。

1978年，瑞典提出了“版权产业”的概念，自此，德国、奥地利、美国等国家都开始沿用这一概念，并开始系统地对版权产业进行分类、管理和研究。美国的版权产业分为核心版权产业、部分版权产业、关联版权产业和非专一支援版权产业。其中，核心版权产业就相当于文化产业的概念。总体而言，美国是世界上文化产业最发达的国家，文化产业推动着美国经济的持续发展，其早已成为美国的支柱性产业。

20世纪90年代，英国的制造业衰退，年轻人在择业的过程中更愿意选择那些工作环境更好、收入更高的金融业或媒体业，但是新的产业形态又趋于饱和，英国经济需要寻找新的发力点。1997年，布莱尔（Blair）的新政府依然推动着旧的议程，其白皮书《构建知识驱动型经济》中没有谈到创意，英国的儿童教材中还认为创意仅能在艺术中应用。因此，英国的文化、媒体和体育部希望让国会相信艺术和创意也能够带来财政收入，于是他们收集了财务数据，并赋予文化活动和相关组织一个新的名字——“创意产业”，还得出了一个结论：这个行业具有很大的提供就业的潜力，且其对经济的贡献比以前认为的要多很多。时至2000年，创意产业开始受到政府和社会的认可，广告、建筑、设计、电影等13个行业都被划入创意产业的行列。

在20世纪90年代，日本和韩国也在政府的强势推动下开始大力发展文化产业，2001年，日本通过《文化艺术振兴基本法》，采取行政指导体制，给文化产业注入了巨大的活力。1997年，韩国成立文化产业基金会，随后确立了文化立国的发展战略，并通过设立文化产业振兴院等机构，提高行政能力，提升扶植效能，在以“故事强国”为核心的战略下，在以亚洲为主的全世界范围内推广“韩流”，以提高文化产业的经济效益，并提升韩国文化的国际影响力。

近年来，国际上对文化创意、创意产业、创意城市等概念的讨论已经进入一个全球性实践的阶段，进入了全球发展的共同机制层面。联合国教科文组织近年来高度关注创意经济，并在其2014—2021年中期战略中提出，创意经济能为“更均衡和更包容的经济增长做出贡献”，“教科文组织将支持出现拥有活力的文化创意产业和市场”。为了推动全球实践，联合国教科文组织还积极发起了“创意城市网络”活动，目前已接纳全球近40个城市成为网络成员。欧盟对创意产业也相当重视，率先提出“创意欧洲”的未来发展规划，将通过财政等支持和援助成员国众多的文化创意活动。联合国贸易和发展会议也开始积极推动创意经济的发展，其编纂的《创意经济报告》对全球创意经济发展发挥了重要作用。从世界范围来看，创意经济的发展一直领先于其他经济部门，且这个事实正在被越来越多的国家认同。

在我国，文化产业被政府文件和大众媒体广泛地使用。其定义是“为社会公众提供文化、精神、娱乐产品和服务的活动，以及与这些活动有关联的活动的集合”，文化产业的概念强调了社会效益与经济效益的共同增长，并以社会效益为先。北京市使用了文化创意产业的概念，2006年《北京市国民经济和社会发展第十一个五年规划纲要》中采用“文化创意产业”，而非中央政府所提倡的“文化产业”的概念，在此，文化创意产业指的是“以创作、创造、创新为根本手段，以文化内容和创意成果为核心价值，以知识产权实现或消费为交易特征，为社会公众提供文化体验的具有内在联系的产业集群”，突出了对创意内容和知识产权的重视。

（二）中国文化产业发展沿革

中国的文化产业史可以分为四个阶段。第一阶段是从19世纪末20世纪初到1949年前夕

---

① 林炎旦．文化创意产业理论与实务．台北：师大书苑有限公司，2011：7.

的神话期，此阶段文化产业从无到有，电影业、唱片业和新闻出版业等都取得了令人瞩目的发展成就。第二个阶段是1949—1985年的初步发展和冬眠期，文化生产在初步发展期呈现蓬勃发展、百花齐放之势，然而随着“文化大革命”的开展，文化生产以国家意识形态灌输为主，文化成为政治批判的工具，文化市场和产业活动基本停滞。第三个阶段是1985—1998年前夕的浪漫期，标志性事件为国务院颁布《关于第三产业统计的报告》，文化市场改革促进了多类文化机构的快速发展。第四个阶段是1998年至今的史诗期，文化部文化产业司成立，随着中国加入世界贸易组织（WTO）和党的十六大报告中提出“积极发展文化事业和文化产业”，中国文化体制改革不断深化，文化产业成为当代中国社会经济文化发展的重要时代命题。

与台湾地区相比，中国大陆的文化产业发展相对滞后。早在1995年，台湾地区就提出了“文化产业化、产业文化化”的概念，并于2002年将文化创意产业确立为重点政策发展方向，台湾地区在“挑战2008”台湾发展重点计划中提出了“文化创意产业”的概念，并强调了科技、文化、艺术、经济的融合发展，以制造新的经济增长点。2010年，台湾发布所谓“文化创意产业发展法”，其中对文化创意产业的定义是“源自创意或文化积累，透过智慧财产之形成和运用，具有创造财富及就业机会潜力，并促进全民美学素养，使全民整体生活环境提升之产业”。台湾地区不仅产业规模增长较快，而且在国际文化创意比赛中取得了优异的成绩。如在2008年德国iF奖和红点奖中，台湾获奖数高达150个。此外，在文化产业园区的建设方面，台湾也取得了不错的成果，如台北市华山创意文化园区、台北故宫博物院，以及台中、花莲、嘉义和台南创意文化园区，都规划和发展得相对成熟，极大地拓展了文化创意产业的市场规模，开掘了潜力。台湾拥有相对成熟的创意管理能力、创意生产经验和理论研究水平，大陆地区的优势在于市场潜力、资金储备和人力资源，通过借鉴台湾地区的经验，并充分发挥比较优势，两岸可以实现合作互补。

从生产端来看，文化产业是当前经济发展寻求转型的重要机遇。尽管自改革开放以来，中国取得了举世瞩目的经济成就，但是这种快速的经济增长是高消耗、高排放，以牺牲自然环境为代价的粗放式增长。与传统工业相比，文化产业是一种低消耗、零排放，且具有较高经济效益的绿色产业。文化产业所需要的文化资源是无限的，我国拥有五千年悠久而灿烂的历史文化，中华民族五十六个民族也拥有丰富多彩的民族文化，这些构成了宝贵的文化资源库。当这些文化资源与优秀的创意能力、先进的技术手段、新型的传播形式、成熟的营销手段相结合，中国文化产业一定能够取得优异的成绩。重点发展文化产业，不仅可把握住新的经济发展机遇，优化产业结构，降低产能过剩，减少环境污染，而且能够在中国人富裕起来之后，促进人的全面发展，提升精神追求，提高国民素质。

从消费端来看，2015年中国全年国内生产总值（GDP）68.9万亿元，在世界排名第二，仅次于美国，人均GDP为5.2万元，约合8 016美元。中国国民在基本的生活消费之外，开始有较大的余力参与到休闲与文化消费之中，2015年中国游客在境外消费约1.2万亿元，是世界主要旅游消费群体。其中，大量中国人在欧洲、北美、日韩购买当地的商品，以文化商品、高品质的实用商品为主。财富品质研究院数据显示，2015年中国消费者全球奢侈品消费达到1 168亿美元，2015年全年中国人买走了全球46%的奢侈品。由此可见，中国国民的消费能力有了大幅提升，有需求，也有能力购买高价优质的产品，但是中国的本土产品还未能满足国民的需求，以致大量的国民消费外流。以奢侈品为例，其价格高昂一方面是由于采用了优质的材料和工艺，另一方面尤为关键的是其包含具有独特文化内涵的品牌形象、富有精妙创意的设计理念和极具吸引力的营销手段。而这些重要因素都是产业文化化过程中要发展提高的因素，是文化产业发展的重要组成部分。在这种消费条件下，打造自己的优质品牌，优化本土的文化产品对中国企业来说迫在眉睫。

从价值链来看，文化产业的价值链环节包括创意研发、生产制作和交易体验三个环节，处在前端的创意研发利润率为45%，而中间的制作环节和复制环节利润率分别为10%和5%，后端的服务交易利润率为40%，在国际合作中，过去的中国文化产业发展主要集中在中间环节。因此，文化产业在新时期的发展方向就是要推动文化企业从中间环节向前端和后端环节转移。如鼓励内容原创、加强知识产权保护、强化文化品牌建设、提升文化服务水平和加强创意人才培养等，以促使我们的文化产业处于价值链的更高级位置，以无限的创意带动经济发展，提升中国文化产业创造的价值。

三、文化产业发展的环境分析

PEST 分析法是产业外部环境分析的基本工具，通过政治的（politics）、经济的（economic）、社会的（society）和技术的（technology）四个方面的因素，能够从总体上把握中国文化产业发展的宏观环境。下面逐一分析四个因素。

（一）政治环境

在当今的国际社会，文化越来越成为综合国力的一部分，在国际社会相继将文化产业列入新时期国家发展的重点领域后，我国也适时地抓住了这个时代特征，把文化创意作为立国之本加以重视，开始实施文化立国的战略。文化具有社会属性和文化属性的双重属性，因此，文化产业发展也面临着公共文化事业和文化产业发展的双重任务。20 世纪 90 年代，文化产业成为一种新兴的产业形态进入人们的视野，世界上很多发达国家，如英国、澳大利亚、日本和韩国等开始从国家层面积极推动文化产业的发展，以增加本国就业，并创造国民经济发展新的机遇点。尽管文化产业在不同国家和地区的名称不尽相同，但是文化创意是这种新的产业形式之内核。文化是一个民族的生活方式，是一个国家的整体形象，源于传统而又包含创新，具有民族性和时代性。积极发展社会文化，不仅仅是经济转型发展的发力点，更是提升国家形象，赢得其他国家和民族尊重、向往、认同的时代要求。日韩等国家之所以在成为中等收入国家后，积极发展社会文化，将文化与经济并重，正是因为只有文化强国，才能真正意义上得到其他国家的尊重。近年来，我国的国际地位已经有所提升，但是经济层面的攀升还不够，还需要文化强国的觉醒，才能够赢得国际普遍的价值认同和民族认可。

在我国，文化产业被提升到国家战略层面始于 1998 年，中国在文化部成立文化产业司，集中负责文化产业的行业管理和政策制定。2001 年的《中华人民共和国国民经济和社会发展第十个五年计划纲要》提出了大力发展“文化及相关产业”，2002 年党的十六大报告中提出加快文化体制改革和文化产业发展，中国进入了文化市场经济时代。2007 年党的十七大报告再次强调大力发展文化产业，并开始使用提升文化软实力的概念。2010 年政府颁布了《关于金融支持文化产业振兴和发展繁荣的指导意见》。2011 年，党的十七届六中全会以来，文化产业更是成为重点发展目标。2012 年，党的十八大报告在论述全面建成小康社会和全面深化改革开放的目标时指出，在支柱性产业目标的基础上，要让“文化产品更加丰富，公共文化服务体系基本建成”，并“提高文化产业规模化、集约化、专业化水平”。2014年开始，文化产业政策高密度出台，在财政、金融、税收、内容等方面加强了对文化产业的监管和促进。2014年3月出台的《国务院关于推进文化创意和设计服务与相关产业融合发展的若干意见》是一个新的开端，该文件明确了文化创意和设计服务与装备制造业、消费品工业、建筑业和旅游业等融合发展的重点任务，标志着融入实体经济成为我国文化产业的一个突出发展动向。2015年，在鼓励大众创业万众创新、积极推进“互联网＋”的浪潮下，更多更细化的文化产业政策相继出台，政策红利释放，文化生产的活力被大大激发。2016年11月，《中华人民共和国电影产业促进法》正式颁布，填补了我国文化产业立法领域的空白，制定了很多扶持电影产业发展的政策措施，为我国成为文化产业强国提供了法制保障。《公共文化服务保障法》的出台为推进基本公共文化服务标准化发展，保障人民群众基本文化权益提供了有力的法律依据和制度保障，对文化事业的建设具有里程碑意义。2017年，《文化部“一带一路”文化发展行动计划（2016—2020年）》的颁布也为加强与“一带一路”沿线国家和地区的文化交流和文明传播，增强中华文化传播力和影响力提供了新的发展思路。

文化立国的战略包含五大方面：第一，提升中国文化的人文内涵，提升国民的精神高度。第二，推动中国传统文化的当代传播。第三，推动各个政府部门积极落实文化责任。第四，鼓励国民文化消费。第五，加强文化的国际推广。① 当前，国家各级政府已经开始释放各种政策红利，以支持文化产业的发展，如《关于推动网络文学健康发展的指导意见》《关于加快构建现代公共文化服务体系的意见》《关于加快发展服务贸易的若干意见》等，都从比较细的领域通过财政税收、公共服务、投融资体系、人才队伍、国际合作等渠道为文化产业的发展做好基础配套的保障。但是，文化产业发展的核心还是文化产品的内容，也就是需要从业者发挥专业技能和灵感才华，通过创意创新来提升内容端的品质。根据理查德·佛罗里达（Richard Florida）的3T理论，一个城市要吸引创意阶层，必须具备三个基础条件，即技术（technology）、人才（talent）和宽容（tolerance）。② 其中，宽容就是指一个城市或地区的包容性，不仅能够让外地人融入当地的文化生活环境，还能够使其获得深层次的舒适感和满足感。尽管政策无法直接激发创意人才的创造活力，但政策的支持能够带来充足的资本保障、便捷的城市配套设施和产业交流合作平台，这些都是能够促进创意人才聚集和激发创造文化活力的重要因素。

（二）经济环境

近年来，世界经济复苏缓慢，国际贸易和投资疲弱，受贸易保护主义抬头、逆经济全球化趋势加剧、欧元区政治经济困局等影响，全球增长动力不足，世界经济仍处于“低增长陷阱”。在世界经济不景气的大背景下，中国经济不仅取得了瞩目的成绩，并且通过推动制定《二十国集团全球贸易增长战略》和《二十国集团全球投资指导原则》等，大力推动全球贸易自由化、投资自由化、服务便利化，为世界经济复苏提出中国方案。2016年，各经济部门适应经济发展新常态，并坚持全面深化改革和创新驱动发展，加快经济发展方式转变和经济结构调整，实现了“十三五”时期的良好开局。2016年我国国内生产总值约为2000年的4.22倍，提前4年实现了党的十六大提出的国内生产总值到2020年比2000年翻两番的目标。在市场经济经历了

① 向勇．文化立国．北京：华文出版社，2012：15.

② 佛罗里达．创意阶层的崛起：关于一个新阶层和城市的未来．司徒爱勤，译．北京：中信出版社，2010.

几十年的发展后，消费已成为我国经济增长的最大动力。2010 年之后，我国最终消费支出的比重持续上升，2015 年消费支出占 GDP 的 52.4%，2016 年我国消费品市场规模位居世界第二，最终消费支出占世界消费总量的比重超过 8%。可以说，国民消费已成为拉动我国经济增长的发动机，我国经济的增长模式已经从投资驱动转化为消费驱动。

我国经济正在向以第三产业为主导的后工业化时代转变，以工业为主导的时代已经成为过去时。我国即将拥有金融密集、知识密集、科技密集、人力资本密集的第三产业，这是走向比较发达经济体的重要结构特征之一。当代文化产业是后工业时代的产物，且在数字化、智能化技术不断革新的趋势下，文化产业中不断分化出不同类型的子产业形态。21 世纪初期，中国文化产业以平均超过 15%的增速发展，文化产业不仅发挥着拉动经济增长、优化产业结构、吸纳新增就业、改善居民消费结构、促进文化服务出口的作用，还从文化思想层面上丰富着当代中国人民的精神生活，弥补着改革开放以来文化贫瘠的国民社会状态。党的十八届五中全会提出了创新、协调、绿色、开放、共享五大发展理念，文化产业是最契合这套理念的产业类型之一，可谓是中国经济转型的重要抓手。

近年来，我国的工业结构在不断优化升级，高知识技术产业增速明显快于一般工业。2016 年开始，供给侧结构性改革取得了一系列重大成果，我国的新旧增长动能正在加速转换。互联网等科技型企业对文化产业的入驻也给文化产业的发展带来了一系列新业态和新机遇，以阿里巴巴、腾讯、百度三巨头为代表的大型互联网企业频频将触角伸到文化产业领域。以阿里巴巴为例，收购文化中国、入股优酷土豆、入股光线传媒……科技型企业与文化产业的融合发展，不仅为文化产业带来了新的投融资方式，而且促进了新产业形态的生成，为文化产业的发展带来了更多的可能性。

（三）社会文化环境

美国学者罗伯特·萨缪尔森（Robert Samuelson）曾指出，全球化是一把双刃剑，它既是经济增长、新技术传播的有效途径，同时也是侵犯一个国家的主权、侵蚀当地文化和传统的一个具有很大争议的过程。[①] 改革开放以来，经济全球化给我国带来了文化冲击，西方资本主义社会凭借经济和科技优势，通过电影、游戏、音像制品等文化产品，大力宣传西方价值观和生活方式，使其成为中国民众尤其是中国青少年向往的对象。维护文化的民族性，抵御文化霸权是经济全球化趋势下我国发展先进文化所面临的严峻考验。当然，多元文化的传播有利于促进不同民族间的国际交流，但是这种传播不应该是单向性的渗透和不对等的入侵，而应该是具有对等性和相互性的。我们自己的文化应当在国际舞台中保持独立性和自主性，中国人民应该具有足够的文化自信心和民族自豪感，而不是被西方文化潜移默化地影响了思维方式和价值观念，转而质疑和贬低自己的民族文化，唱衰中国文化和中国体制。

习近平总书记在 2014 年 10 月发表的《在文艺工作座谈会上的讲话》中指出："中华优秀传统文化是中华民族的精神命脉，是涵养社会主义核心价值观的重要源泉，也是我们在世界文化激荡中站稳脚跟的坚实根基。要结合新的时代条件传承和弘扬中华优秀传统文化，传承和弘扬中华美学精神。"中国拥有悠久的历史，中华文化博大精深、底蕴深厚，不仅是中华民族的立足之根本，还是发展文化产业的丰富的资源宝库。在新时代，中国的传统文化要有所发展，

---

① 萨缪尔森．全球化的利弊．国际先驱论坛报，2000-01-04.

就必须保持自己的特色，同时又要积极吸收外来优秀文化的精华，兼容并包，实现时代性与民族性的统一。国家层面对传统文化和中华美学的重视，为文化产业的发展指引了方向，尽管中华民族拥有极为丰富的文化资源，但是文化资源大国不代表文化强国，只有通过大力发展文化产业，将文化资源转化为文化资本，使文化产品和服务成为人们日常生活中必不可少的消费品，才能够用自己的文化资源满足人民群众的精神文化需求，并在此基础上创造新的经济增长点。

约翰·霍金斯（John Howkins）在《创意生态》中提出“十亿新一代”（the new billion）的概念，就是说每隔几年，世界上就会有十亿新的年轻人，以新的消费方式和思维方式生活。在互联网高速发展的时代，大众文化信息呈现出了扁平化和碎片化的趋势。QQ和微信等实时通信软件大幅提升了沟通的效率和传播的速率，同时也消解了内容的系统性和专业性。微博、微信公众号和Twitter等内容发布平台，内容篇幅缩短、信息时效性增强，因此，流行文化的迭代速率相当之高，能够沉淀下来，成为当代经典文化组成部分的内容则极为稀缺。尽管互联网时代是一个浮躁的时代，但不可否认，这也是一个文化高度繁荣的时代，网络文学、网络漫画、网络影视剧、自媒体频道等新型文化产品的生产呈井喷之势。在这样的时代背景下，数字创意产业的概念应运而生。数字创意产业的发展就是要从根本上优化网络文化产品的内容质量，促进互联网文化产品的多元化生产和专业化管理，充分利用互联网的传播优势，生产和传播传统文化资源等。

美国学者小约瑟夫·奈（Joseph S. Nye，Jr.）提出了国家“软实力”的概念，相对于由经济、科技、军事实力等表现出来的“硬实力”，“软实力”则通过文化和意识形态表现出来。软实力主要由三部分构成，分别是文化、政治价值观和外交政策。[①] 在信息时代，文化软实力的作用更加突出，文化软实力包括认同性、培养性、创新性、规模性、扩散性和民生性等基本要素。一个国家可以通过文化外宣、文化交流和文化贸易等方式，形成国家文化走出去的整体战略，借此展示自身的文化软实力。[②] 在经济全球化的语境下，各民族的文化处在相互碰撞和博弈中，文化软实力强的国家，其文化具有更强的独立性、包容性和渗透力。因此，我国政府层面也多次重点提及文化软实力的概念，并在国家战略层面重视对文化软实力的提升。但是，生产具有跨文化传播力的文化产品，推动中国文化走出去，以提升国家的文化软实力，还需要文化产业人坚持不懈的努力。

（四）技术环境

近年来，互联网尤其是移动互联网的高速发展冲击着社会各个领域，而且这种变化还在继续。互联网带来的第一波变化首先冲击的是媒体传播行业，第二波变化随后冲击到整个生活服务行业，而第三波变化则带来了生产方式的变革。也就是说，在第三阶段，互联网不仅仅解决传播和生活问题，甚至改变着整个经济形态和社会形态，进而塑造了当代人们全新的思维方式，互联网的普及使人类进入了工业4.0时代。工业4.0时代是一个服务型市场的时代，文化产业领域将出现六个新常态：第一，物质产品供给的需求是可以计划的，计划、生产、消费会趋向于静态，但是文化产业的优势在于不确定，可以实现永远繁荣，文化产业将进入一个数字

---

① 奈．软实力：权力，从硬实力到软实力．马娟娟，译．北京：中信出版社，2013.

② 向勇．文化产业导论．北京：北京大学出版社，2015.

文艺复兴时代；第二，文化产业市场全球化与文化消费高度个性化并存；第三，文化企业与文化生产个体之间的关系呈现竞合共存的多元化形态；第四，在优质内容的基础上，数字商业模式创新愈发重要；第五，技术创造与人力创意共同发展；第六，营销数字生活化与传播个人精准化成为文化产业营销传播的重要趋势。

科技的重大突破往往带来文化产业的裂变，科技的发展对文化产业新业态的出现起到了以下几方面的作用：一是借助新一代互联网技术创新内容产业的传播方式，如微博、微信等自媒体以及在此基础上出现的微电影、网络剧等内容形式；二是借助智能制造技术丰富文化内容的载体，如智能手机、平板电脑等，新兴文化产业往往依托新的媒介形式而出现，新的媒介形式则随着虚拟现实、人工智能等新技术的成熟而成为主流；三是借助新能源、新材料、新工艺提升创意设计、工艺美术等行业的水平，如纳米、3D 打印等技术的应用改变着大众生活；四是借助云计算、大数据等技术对文化产业生产和营销进行优化；五是借助移动互联网、计算机软件等支撑的文化经营与消费模式，如各类 O2O 产品，将线上服务与线下观影、旅行等相联结的服务；六是借助计算机技术、虚拟现实、增强现实等推进内容创新，提升内容效果。这些新的技术形式都对文化产业的商业模式和价值创新产生了重要的影响。①

此外，传统文化产业的转型与创新也常常依赖科技与文化的融合而实现，科技的元素为传统文化产业带来了新的领域和机遇，如数字化生产与新闻出版，网络化影视传播，虚拟现实化实景演出的出现，等等。互联网等通信技术的飞速发展也促进了多种文化子产业之间的联动发展，如当前以 IP 为核心的文化创意生态，就是建立在互联网连接一切属性之上的、新的文化产业发展模式。最后，科技不仅带来了新的生产模式，还改变了文化产业生产者的思维方式。以互联网带来的文化生态为例，内容创造者开始由线性叙事发展为立体叙事，由讲述故事开始发展为建构世界，以世界框架的形式将不同的角色、形象、故事等联合在一起，形成了包括电影、电视剧、漫画、动画片、游戏等多种文化产品多元跨界、共生共赢的发展态势。

随着科技的高速发展，世界范围内将会有更多更高智慧级的科技成果出现。美国学者雷·库兹韦尔（Ray Kurzweil）在《奇点临近》中提出，根据摩尔定律，人类创造技术的速度不断加快，技术发达的程度正在呈指数级增长，它始于平缓而微小的增长，经历奇点，而后又会以陡峭的趋势飞速增长，在短时间内获得爆发式的增量。当奇点临近，人工智能、基因技术和纳米技术都会发生突破性的发展，更多更深层次人机交互的媒介将会出现在我们的生活中，文化的创造、传播、传承甚至定义都会发生颠覆式的改变。当人类的生产力被最大限度地解放，人类在农业和工业领域的绝大多数工作将被机器取代，由于艺术、创意和情感的生产无法由机器人替代，因此以创意为核心的文化产业极有可能成为人类就业最主要的流向。

本章小结

1. 我国文化创意国家战略正式形成于 2001 年，《中华人民共和国国民经济和社会发展第十个五年计划纲要》中提到了大力发展文化及相关产业，党的十六大报告中提出了“积极发展文化事业和文化产业”“继续深化文化体制改革”。

2. 文化工业的概念源于 1947 年，法兰克福学派的学者霍克海默和阿多诺合著经典之作

① 李凤亮，等．经济新常态背景下文化业态创新战略．北京大学学报（哲学社会科学版），2017（1）．

《文化工业：作为大众欺骗的启蒙》，他们在其中提出了“文化工业”的概念，并对文化工业进行了批判分析。他们认为文化工业剥夺了艺术应有的反抗批判功能；文化工业降低了文化产品的艺术价值，使其丧失了艺术的“光韵”；文化产品标准化、规模化的生产方式，破坏了传统文化应有的个性；文化工业使消费者逐渐丧失了判断能力。

3. 文化产业的属性是在消费社会寻求物质与精神的、科技与文化的平衡，并引导现代社会精神追求的方向，因此，文化产业既具有社会属性，又包含经济属性，既包含公共文化服务的社会职能，又包含商业文化经营的盈利目标。

4. 文化产业包含三重内涵。首先是政府层面和行业层面，宏观统筹层面和协调管理层面的概念。其次，文化产业不仅包含文化产业化的维度，还包含产业文化化的维度。最后，文化产业包括核心层、外围层和相关层。

5. 中国的文化产业史可以分为四个阶段。第一个阶段是从 19 世纪末 20 世纪初到 1949 年前夕的神话期；第二个阶段是 1949—1985 年的冬眠期；第三个阶段是 1985—1998 年前夕的浪漫期；第四个阶段是 1998 年至今的史诗期，文化产业成为当代中国社会经济文化发展的重要时代命题。

6. 理查德·佛罗里达的 3T 理论，指的是一个城市要吸引创意阶层，必须要具备三个基础条件，即技术、人才和宽容。

7. 软实力的概念由美国学者小约瑟夫·奈提出。相对于由经济、科技、军事实力等表现出来的“硬实力”，“软实力”则通过文化和意识形态表现出来。软实力主要由三个部分构成，分别是文化、政治价值观和外交政策。

思考与练习

一、基本概念

文化产业　文化工业　创意产业　版权产业　PEST 分析法　3T 理论　软实力

二、思考题

1. 简述文化产业的定义。
2. 文化产业在各国的不同表述有哪些?
3. 文化工业的内涵和历史背景是怎样的?
4. 我国文化产业的发展包含哪些时期，各时期有什么特点?
5. 不同的宏观环境对文化产业发展产生了哪些影响?
6. 软实力与文化产业发展之间的关系是什么?

拓展阅读

1. 向勇．文化立国．北京：华文出版社，2012.
2. 林炎旦．文化创意产业理论与实务．台北：师大书苑有限公司，2011.
3. 奈．软实力：权力，从硬实力到软实力．马娟娟，译．北京：中信出版社，2013.
4. 向勇．文化产业导论．北京：北京大学出版社，2015.
5. 李凤亮，等．经济新常态背景下文化业态创新战略．北京大学学报（哲学社会科学版），

2017（1）.

6. 佛罗里达．创意阶层的崛起：关于一个新阶层和城市的未来．司徒爱勤，译．北京：中信出版社，2010.

7. 赫斯蒙德夫．文化产业．张菲娜，译．北京：中国人民大学出版社，2007.

8. 陈少峰．文化产业商业模式．北京：北京大学出版社，2011.

9. ADORNO T，HORKHEIMER M. The culture industry：enlightenment as mass deception. London，New York：Verso，1979.

10. THROSBY D. Economics and culture. Cambridge：Cambridge University Press，2001.

11. TOWSE R. A textbook of cultural economics. Cambridge：Cambridge University Press，2010.

12. GIRARD A. Cultural industries：a handicap or a new opportunity for cultural development//Cultural industries：a challenge for the future of culture. Paris：UNESCO，1982.

第二章　文化产业的市场格局

本章概述

文化产业的市场格局主要从空间维度对现阶段国内外的文化产业市场进行透视。通过对本章的学习能够了解当前国际上具有代表性的文化产业发展类型，包括市场驱动型、资源驱动型和政策驱动型，以及国内文化产业发展的总体特征、行业状况和区域状况等，从而对当前文化产业的市场格局有较为宏观的认识。

学习目标

通过对本章进行学习，学生应掌握如下内容：

1. 了解文化产业的国际市场格局。
2. 了解世界上文化产业发达的代表性国家的产业发展特征。
3. 了解文化产业发展的国内市场格局。
4. 了解国内文化产业发展的子行业状况。
5. 了解国内文化产业发展的区域状况。

一、国际市场格局

文化产业已经日益成为经济发展的最新驱动力，其蕴藏的巨大发展潜力，已经得到了国际社会的认可，成为全球发展的一股重要新力量。联合国教科文组织 2016 年发布的研究报告《文化时代：全球文化创意产业总览》显示，2013 年，全球文化创意产业创收总额 2.25 万亿美元，占世界各国 GDP 总量的 3%，超过了通信业（1.57 万亿美元）；为世界各国创造了 2 790 万个就业岗位，占世界就业总人口的 1%，高于欧洲、日本和美国汽车制造业就业人口的总和（2 500 万）。同年，《联合国 2030 年可持续发展议程》正式生效，在接下来的 15 年里，文创创意在全球，尤其是发展中国家得到政策层面的进一步支持，世界各国都将根据网络技术和数字时代的新特征来规划本国的文化产业发展。当前，文化创意产业在世界不同地区全面开花，总体而言，世界各国文化产业的市场格局主要分为三种模式，即以北美为代表的市场驱动型，以欧洲为代表的资源驱动型，以及以日韩为代表的政策驱动型。下面将以美国、英国和韩国为例，介绍三种模式的基本特征和参考经验。

（一）市场驱动型——美国

美国是世界文化创意产业大国，属于典型的市场驱动型发展模式。自20世纪的中后期起，美国数量最大的出口商品不是工业产品或农业产品，而是文化产品。《美国经济中的版权产业(2018)》报告显示，2017年，美国总体版权产业增加值为2.2万亿美元，占美国GDP的比例达到11.59%，美国的版权产业出口额已经超过了飞机制造、汽车及配件产业，成为最大出口项目。① 美国的核心版权产业相当于国内常用的文化产业概念，以生产和分配具有版权的文化产品为主要方式，包括图书出版、唱片、报纸和期刊、电影、电视和广播等，美国通过加强版权保护，快速有序发展文化经济。美国推崇自由主义市场经济，在文化政策制定方面与世界其他国家有所不同，联邦政府对文化产业的资助比例极低，政府资助不会超过文化机构所得的20%。美国至今未设立文化部，也没有出台过官方的文化政策，但美国是世界上第一个文化立法的国家。美国文化政策的基本原则是对内放松管制，对外扩张，通过制定技术标准扩张市场。在自由和安全的环境下，美国文化产业采取多方投资和多种经营的方式，鼓励非文化部门和外来资本的投入，这是建置美国文化产业跨国经营的基础，正因如此，文化产业才能吸引更大的投资，使流动的资本继续集中在文化产业中。美国创意产业主要分布在加利福尼亚州、纽约州、得克萨斯州、佛罗里达州这四个州。其中位于纽约州的纽约大都会博物馆是"世界三大艺术殿堂"之一，拥有苏荷（SOHO）现代文化艺术、百老汇等著名创意集聚区；洛杉矶是美国八大电影公司总部所在地，好莱坞和世界上第一个迪士尼游乐园都汇聚于此；佛罗里达是全球著名的滨海文化旅游胜地。

从产业分类来看，首先，美国的影视业堪称世界之最。美国的影视产业以洛杉矶市为核心地带，好莱坞已经成为美国电影文化的代名词。20世纪，好莱坞的八大电影公司——华纳兄弟公司、米高梅电影公司、派拉蒙影业公司、哥伦比亚影业公司、环球影片公司、联美电影公司、20世纪福克斯电影公司和迪士尼电影公司，共同建设起了世界上最大的电影制作工业和电影产业集群。美国还设有令人向往的、众多电影制片商竞相角逐的奥斯卡奖，深刻影响着各国电影产业的发展。奥斯卡金像奖的前身是学院奖，由非营利组织"电影艺术与科学学院"颁发。奥斯卡奖不仅仅是电影评奖活动，还是政治方向、文化价值等国家软实力的展示。在商业价值方面，奥斯卡评奖市场每年能给美国带来巨额的利润，同时还能给主办地洛杉矶带来辐射性的经济利益，当地的电影、电视、旅游、餐饮和时装等产业都可以获得非常可观的收益。

美国的表演艺术产业是美国文化产业的重要组成部分。19世纪，纽约的公园剧院、百老汇剧院、美国剧院、奥林匹克剧院相继建成。尽管20世纪美国的表演艺术产业受到了唱片业、电视产业的冲击，但是1965年美国成立国家艺术基金会，提供了更多的融资手段，有力地扶持了美国表演艺术产业，使其在20世纪60年代再次兴旺起来。在整个西方戏剧行业中，美国的百老汇可谓是一个典型代表，每年都有几百万来自世界各地的游客到纽约观看百老汇的歌舞剧。百老汇的创作原则是让观众的视觉受到挑战，很多著名舞台剧如《猫》《歌剧魅影》等，虽然是在其他地区创作而成，但都是在进入百老汇演出之后才红遍全球的。美国表演艺术的经

---

① 姚静．美国文化产业发展举措对中国的启示．人民论坛，2016 (35)：134-135.

营模式是由演出内容制作商、演出场所经营商和演出经纪商三方独立或联合经营。美国的演出市场则主要由经理公司、表演团体或表演个体、剧团或演出协会三方形成。① 总的来说，美国表演艺术产业的发达不仅仅是由于其拥有较强的剧目创作能力和舞台表现能力，还由于其整个表演艺术产业拥有成熟的运营、管理和宣传机制。

美国的视觉艺术产业也发展得非常成熟。美国的视觉艺术产业由非营利机构和商业机构组成，其中非营利机构占 89%，商业机构占 11%。美国博物馆除了有藏品陈列、主体展览和导览服务等功能外，还有公共教育、学术研究、休闲娱乐等功能。博物馆不仅常常举办主题展览，还拥有成熟的策展体系，展览能够充分协调文物、灯光、背景和相关材料，给观众以独特的视觉体验。美国博物馆的教育设施和娱乐设施都很齐全，如大都会艺术博物馆就有家庭活动区、公共图书馆和教室等用于教育学习的空间，还设立了视听室、剧场、餐厅、咖啡厅、礼品店等，为观众提供舒适的文化休闲服务。美国的博物馆在记载和传承文明的同时，为一个城市、区域造就了无可替代的文化平台，推动了一个国家公众文化的发展和繁荣。

总的来说，美国的文化产业在全球范围内都具有很强的竞争力，其发展经验可以分为以下几个方面。

1. 兴建文化园区，孵化文化企业

20 世纪初，美国一大批电影人和电影公司从纽约转移到加利福尼亚州寻找新的拍摄地点。这一片区域地价低，地形复杂，四季如春，非常适合电影的拍摄，且当地的劳动力价格相对低廉。1913 年，这片区域被命名为好莱坞（Hollywood），大量制片商和拍摄组入驻此地。随着影视产业的发展，各种相关的文化企业和传媒企业都聚集于此并形成规模。产业集聚促进了大量影视公司联合创建配套设施并实现资源共享，拍摄基地、后期制作公司、发行公司等部门的集聚可以节省电影制作的时间，并且可以节约成本。文化产业是高知识高信息产业，从业者需要频繁的沟通，产业集聚可以打破地域阻隔，使整个行业了解世界电影的发展情况、市场需求和风格潮流，信息的联动也提升了整个行业的工作效率。此外，各个企业可以在不断地合作与竞争中建立电影制度和行业规范，从而更好地促进整个产业的发展。

2. 推动文化立法，保护知识产权

自 1790 年起，美国就颁布了第一部文化产业相关法律，即《版权法》，且美国政府根据社会经济文化科技的发展，多次修订《版权法》，加强对文化产业的保护。根据《版权法》的规定，文化产品如书籍、电影、音乐和卡通形象等个人著作权的保护期为著作人终生加死后 70 年，公司版权保护期为 95 年，从而保障了迪士尼、好莱坞影视公司等文化企业的利益。当前，美国已经形成一套完善的文化知识保护法律体系，包括联邦宪法、版权法、国家艺术及人文事业基金法等，都为文化工作者和文化团体开展文化创意活动提供了有力保障。在规范文化市场方面，通过《美国统一商法典》《克莱顿法》等联邦和各州商业法律法规维护市场秩序。在数字版权方面，美国政府又增加了《反电子盗版法》《跨世纪数字版权法》《防止数字化侵权及强化版权赔偿法》以及《家庭娱乐与版权法》等。

3. 注重人才培养，鼓励创意创新

美国文化产业的高度发达还得益于其注重引入和培养大量的优秀文化人才。二战后，美国

---

① 李思屈，等．文化产业概论．杭州：浙江大学出版社，2010：194.

在全球范围内网罗文化艺术人才，如美国《移民法》明确规定具有特殊才能、商业或科技专长以及拥有杰出研究成果的人才都是美国吸纳移民的首选对象。这些移民为美国的版权产业做出了巨大贡献，如好莱坞的很多优秀的演员、导演、电影制作人都是外来人口。此外，美国也非常重视文化艺术人才的培养。美国的移民人口来自不同的民族和国家，不同文化传统和思维方式的碰撞，也有利于文化的创新和创意的生产，进而促进版权产业的文化资源开发。同时，美国的艺术教育和管理教育也相当发达，美国有超过 30 所大学开办了文化艺术管理专业，针对日益繁荣的新媒体产业，美国的一些高校也开设了交互媒体、游戏设计、数字艺术等领域的相关课程，这些举措的实施可以源源不断地为美国版权产业提供创意人才。

4. 制定全球战略，促进文化出口

随着经济全球化的发展，美国版权产业开始实施全球化战略，首先，美国一系列文化传媒企业开始跨行业兼并重组，多家跨国文化产业集团逐渐形成。文化产业的市场主体突破了传统条块分割的产业边界，从单一产业内的合并扩展到跨行业的兼并，形成了跨广播影视、新闻出版、娱乐休闲、互联网服务、电信、体育、广告等众多行业的融合性文化集团。美国文化产业的发达使其吸引了大量国际资本，如澳大利亚传媒巨头鲁伯特·默多克（Rupert Murdoch）收购 20 世纪福克斯电影公司，并联合派拉蒙投资拍摄《泰坦尼克号》等优质商业影片，在国际电影市场上获得了 18.45 亿美元的票房收入。这种跨行业经营的产业集团可以充分运用资金、技术、人才和传播等多方面的手段，来优化产业结构，实现优势互补的协同发展。此外，美国文化产业还擅长开发国外文化资源，如对中国传统人物形象花木兰的改编，不仅可以为电影产业创造利润，还能够增强美国电影在全球市场的影响力。

5. 加强科技融合，刺激市场消费

科技在文化产业领域发挥着重要作用，二者的融合不仅可以提高文化产品的生产效率和产品品质，还能够催生新的产业形态，提供全新的创意思维。在这方面，美国是全球引领者，数字化电影、3D 动画、网络视频等新型文化产品都最先在美国出现并普及。以谷歌、苹果等企业为例，这些企业运用先进的互联网和信息技术，将网络文化产业的内容和用户的需求很好地结合在一起，运用平台思维，提供丰富、便捷的文化产品和服务，满足人们对文化产品的新需求。除了新兴的产业形态外，美国的传统艺术产业也因采用新的科技手段而更新发展，如表演艺术和电影艺术领域，新的科技手段的运用能够在视觉效果和场景建构上给观众带来震撼的效果，促进了产业的持久性繁荣。

6. 尊重市场规律，促进良性竞争

表面上，美国政府在文化管理上遵循“无为而治”的原则，既没有设置专门管理文化发展的政府机构，也尚未设立各州政府的分支管理机构，而是尊重文化艺术创作的自由和活力。实际上，美国政府对版权产业发挥着宏观调控的作用，政府不仅支持那些维护国家利益和民族传统文化的文化事业，而且在市场失灵的领域也发挥着“看得见的手”的作用。美国在文化管理上采用了“去中心化”的模式，对版权产业进行间接管理，如通过设立国家艺术基金会的方式，通过资助文化业务、文化机构的方式促进产业发展。美国各级政府为了促进版权产业发展，在税收方面给予其政策红利，如减免捐赠人财产税和销售税，并鼓励企业和个人向文化艺术事业捐赠，仅2009年一年全美就有40多个州对影视业实行了5%～30%的税收减免。[①]

（二）资源驱动型——英国

英国于1989年提出“创意产业”的构想，该构想已成为英国提升国际竞争力，赢得世界各国肯定的重要举措。2019年，英国创意产业年产值为1 159亿英镑；受新冠肺炎疫情影响，2021年降至1 041亿英镑。英国创意经济学者霍金斯在《创意经济》中指出，全世界创意经济每天创造220亿美元的产值，并以5%的速度增长，文化产业发达国家美国的增长率是14%，英国则为12%。根据英国跨部门商业注册机构的统计，在创意产业的推动下，英国已成为仅次于美国的世界第二大创意产品生产国。

英国的政府创意产业管理按照“大文化”概念，改革政府文化管理机构，合并管理职能，扩大管理范围。1992年，英国政府将原先分散隶属于艺术和图书馆部、环境部、贸工部、就业部、内政部、科教部等6个部门的文化职责整合在一起，成立了国家文化遗产部，统一管理全国的文化艺术、文化遗产、新闻广播、电视电影、图书出版、园林古迹、体育和旅游等事业。1997年，布莱尔政府将其更名为文化、媒体和体育部，该部成为英国创意产业的政府管理核心。

英国的创意产业以广告、建筑、艺术和古玩、工艺品、设计（包括服装设计）、影视与广播、软件和电脑服务、音乐、表演艺术、出版等为主。伦敦是欧洲的第一大创意产业中心、世界第三大电影摄制中心；曼彻斯特是欧洲第二大创意产业中心，数字媒体产业颇具国际竞争力；爱丁堡是英国重要的文化旅游城市；格拉斯哥和利物浦分别在1990年和2008年获“欧洲文化之都”的称号；伯明翰的国际会议中心吸引了全球众多知名艺术团；谢菲尔德将工业革命时期的老城区改建成了多个创意文化产业园区；德里于2010年当选首个“英国文化之城”。

从产业分类上来看，首先，音乐产业是英国的支柱性创意产业。英国音乐领域人才辈出，拥有世界知名的交响乐团、室内乐团、歌剧团和合唱团，如世界一流的伦敦交响乐团、皇家利物浦交响乐团、皇家合唱团等。流行音乐在英国也发展得极为成熟，英国是世界摇滚乐的发源地，英国的歌手和乐队在世界流行乐坛始终保持着领先地位。从20世纪60年代的甲壳虫到90年代的辣妹组合再到西城男孩，包括近年来活跃在世界流行音乐界的酷玩乐队（Coldplay）、阿黛尔·阿德金斯（Adele Adkins）、单向组合（One Direction）等，都风靡全球，并获得了大量世界级的主流音乐奖项，如格莱美奖等。英国还承办一系列名目繁多的音乐节，政府也大力支持音乐产业的发展，如英国政府通过“音乐出口增长”等计划对音乐产业的长远发展进行投资，助力英国音乐未来之星进行宣传推广。政府还十分重视年轻人的音乐教育，如2014年政府投资1.71亿英镑用于“音乐教育枢纽”计划，以确保每个5～18岁的孩子都有机会学习唱歌或者一门乐器。

在艺术品产业，英国拥有欧洲最大的艺术中心——伦敦，它是世界著名的艺术品交易市场，其艺术品拍卖销售额位居世界第二，仅次于纽约。从21世纪开始，共有700多家拍卖行在英国注册，包括苏富比（Sotheby's）和佳士得（Christie's），这些拍卖行很多都久负盛名，拥有世界顶尖级水平及专业资格认证。英国的艺术品销售产业已经形成了产业集聚效应，画廊、艺术品修复、艺术品保险、艺术品鉴定和艺术品托运等相关产业形成了完善的产业链条。

---

① 余冬林.2002—2012年美国版权产业发展变迁及其原因.中国出版，2015（10）：57-61.

英国成熟的艺术品市场，不仅吸引着世界各地的艺术品消费者，还吸引着世界资本的投入，带动了英国的旅游产业等相关行业的发展。

英国的表演艺术产业也非常活跃，从高雅的古典戏剧到前卫的实验戏剧，英国戏剧都贡献了非常优秀的作品。从莎士比亚到王尔德，英国的戏剧拥有悠久的历史，英国戏剧以创意和品质闻名遐迩，伦敦西区是与纽约百老汇齐名的世界两大戏剧中心之一，且历史更加悠久。《猫》《歌剧魅影》等世界名剧均是在伦敦西区创作的，《悲惨世界》《西贡小姐》《哈姆雷特》等历史名剧常演不衰。伦敦西区是一个文化出口创汇大户，吸引了无数的海外游客。英国的艺术表演团体还通过丰富多样的活动来提高公众的艺术修养，如“公众课程”“表演示范”等公众教学活动，还有“家庭日”“小小道具箱”等公众体验活动。由此使普通民众也会对表演活动产生兴趣，不仅能够提高民众参与艺术教育和艺术从业的概率，还可以在普遍意义上丰富民众的精神文化生活，提高民众的生活品质。

英国的文化产业发展属于资源驱动型，围绕具有一定优势的资源，政府在一定程度上提供后续的支持和鼓励。其发展经验主要包含以下几个方面：

1. 文化管理宽松，采用“一臂之距”原则

英国采用三级文化管理体制，文化、媒体和体育部是英国的国家一级文化管理机构，其主要职能是制定文化政策、规划行政拨款、管理文化事业单位和协调政府与公共组织的合作。二级管理机构是地方政府和非政府公共文化执行机构，负责执行文化政策和分配文化经费。三级管理机构是地方艺术董事会和各种行业联合组织。这三级机构各自独立，不构成直接行政领导关系，而是通过执行统一的文化政策和分配经费构成合作，即根据“一臂之距”的原则独立运行。“一臂之距”的具体表现是在中央政府部门和接受政府拨款的文化艺术团体或企业之间，设置一级作为中介的非政府公共机构，主要负责向政府提供建议，同时接受政府委托，实施财政拨款工作并进行评估和监督。这样的管理原则保证了文化团体的独立运作，大量经费被用于自由创作，使文化活动免受政治的影响。

2. 创造创意氛围，注重人才培养

在英国，教育行业——主要是英国高校打破了传统的封闭性空间，创造了与城市高度融合的文化生活环境。以伦敦为例，每年大学本科新生中，有十万以上的学生是留学生，学生的多样化混合创造了一个国际化的信息交流平台，在多样化的碰撞与磨合中产生了无数的创意火花。在英国，封闭性的校园受欢迎程度逐年降低，而与城市完美融合的校园，如谢菲尔德、剑桥等大学，一方面创造了自由多元的学习环境，为伦敦提供了大量的创意资源，另一方面也形成了自身的吸盘效应，多元化的社会环境与包容性的文化氛围使城市的人才吸引力大幅提升，无论是学校招生还是企业招聘都能在更长的时间内借此获益。

3. 挖掘传统资源，打造文化城市

英国拥有悠久的历史，英国充分挖掘历史文化资源，推动城市转型，如格拉斯哥文化设施的修复与重建，曼彻斯特等工业城市的创意改造，都是在文化引导的重新规划下，实现了文化创意城市的建设。英国非常重视城市文化的发展，21 世纪初，伦敦市提出了“伦敦计划”，旨在推动“文化之城”空间发展战略，增强伦敦作为文化名城的世界影响力。“伦敦计划”辐射了英国几乎所有的创意产业，旨在强化伦敦的国际化城市身份，通过承办重要的国际活动，吸引全世界的合作伙伴进入伦敦，并丰富伦敦市民的创意文化生活。曼彻斯特作为老牌的工业城市，也提出了“文化之都”“文化经济”等战略，实现了整个城市定位的转型。

（三）政策驱动型——韩国

1997年金融危机期间，韩国经济受创，为了调整产业结构，创造新的经济发力点，韩国于1997年成立了文化产业基金会，随后确立“文化立国”战略，将文化产业作为经济恢复的重要力量。在韩国的产业结构中，文化产业已经成为最活跃、成长最快且就业人数最多的支柱产业之一，占GDP的15%以上，韩国成为世界公认的文化创意产业强国。韩国的文化产业发展是全方位的，其中也催生了游戏、影视等达到世界顶尖水平的特色产业。2014年，韩国文化产业的销售额为97.9万亿韩元，从2010年起保持数据增长，但涨幅有所下降，标志着韩国文化产业相对成熟，快速发展期逐渐结束。

在影视产业方面，韩国的电影和电视的出口创造了世界文化传播和经济增长的奇迹，韩国将这一现象称为“韩流”。韩国电影振兴委员会2014年发布的《韩国电影产业结算报告》显示，2014年韩国电影产业销售额达到20 276亿韩元，其中海外年度收入为6 308万美元。[①] 韩国的影视作品制作精良，凸显韩国民族特色，且与时尚、设计等行业紧密结合，创造了一条具有韩国特色的文化产业道路。韩国的《大长今》《继承者》《来自星星的你》等电视剧，《雪国列车》《釜山行》等电影，在整个亚洲风靡一时，并带动了饮食业、旅游业和服装业的发展。韩国通过废除电影审查制度，建立分级制，鼓励百花齐放和非影业资本注入电影产业；推出独立制片人制度，扶持中小型企业；建立和支持多个投资基金管理机构，为投资电影的大小基金提供系统专业的咨询和管理服务。这些举措都保证了整个产业拥有充沛持久的活力。

在游戏产业方面，韩国游戏产业自20世纪70年代起开始发展，制作出了《天堂》《劲舞团》《跑跑卡丁车》《泡泡堂》《剑灵》等一系列世界知名的游戏。在国家政策支持、企业努力、国民认可的基础上，韩国企业从美国、日本、欧洲等游戏发达国家主导的全球游戏产业市场中脱颖而出。根据文化体育观光部刊发的《2014年韩国游戏白皮书》，2013年韩国游戏市场规模是9.72万亿韩元（约92.24亿美元），游戏年产值高达33.6亿美元，位居全球第六。韩国游戏出口额占整个“韩流”文化输出的50%，成为国民经济的支柱之一。2015年，韩国政府划拨约77亿韩元资金用于支持相关企业的海外项目，用于推动手机游戏全球发行、建设游戏全球服务平台，以及在国内外举办游戏产品出口协商会等，大力支持韩国游戏走出去。

韩国的电子竞技产业是文化产业的新主体，电竞产业依附于游戏产业，但是其自身也有一定的独立性和完整性。自1998年的《星际争霸》到近年来大受欢迎的《英雄联盟》，韩国的电子竞技成绩世界领先。韩国专门成立了韩国电子竞技协会，负责统筹管理电竞产业。2015年，韩国政府出资1 400万美元，建造了有史以来最大的电竞馆，可容纳1 000人以上同时操作游戏，大力推动了电竞产业发展。韩国的电竞市场十分成熟，每年会举办多个职业联赛，并且媒体对此高度关注，电竞明星在韩国的影响力不亚于电影明星。韩国电竞产业也衍生出了电竞培训产业、网络直播产业等相关的产业形态，电子竞技选手也成为非常严肃和竞争非常激烈的职业之一。

总的来说，韩国文化产业的发展特点有以下几个方面：

1. 政府积极引导，建立相应组织

韩国文化产业的主管部门是文化体育观光部，此外，在不同的产业管理中，情报通信部、

---

① 姜剑云，孙耀庆．韩国文化产业研究综述．当代韩国，2016（2）：120－127.

科学技术部和产业资源部会配合工作。自韩国提出“文化立国”的发展战略以来，政府相继出台了《国民政府的新文化政策》《文化产业发展五年计划》《文化产业发展推进计划》等相关政策文件，为文化产业发展提供了有力保障。2001年，韩国文化体育观光部又下设文化产业振兴院，负责文化产业政策的制定和海外市场的拓展。2002年，文化体育观光部下属的文化产业振兴院、广播影像振兴院、电影振兴委员会、游戏产业开发院、国际广播交流财团五个部门组建了“文化产业支援机构协议会”，对整个文化产业领域进行统筹管理，提高了规划和引导工作的整体性。政府在文化内容产业发展中不仅是行业的监督者，更是行业的推动者。

2. 健全法律体系，建立产业规范

1999年，韩国政府颁布《文化产业振兴基本法》，将文化产业界定为与文化商品的生产、流通、消费有关的产业。随后，从1999年制定《文化产业振兴基本法》到2013年制定《文化基本法》，其间不断出台与文化产业相关的法律。在韩国文化内容产业飞速发展的十几年间，相关的法律系统不断健全，文化产业从业者有法可依，产业规范日渐成熟，总体上促进了韩国文化产业的快速发展。

3. 注重文化出口，拓展国际市场

以政府主导文化产业的韩国，非常注重本国的文化走出去。韩国通过文化产业国际化战略来拓展国际市场，同时针对不同地区开发不同的文创产品。自韩国大力发展文化产业以来，其文化内容出口额逐年增长，在世界文化内容市场份额中占了较大比重，排名也一直靠前。究其原因，就是以国际市场为导向，找准文化产业推向世界的突破口。为了促进具有国际市场的文化产品的生产和优化，韩国政府采取动员社会投资、官民共同融资的策略，广设各项文化创意产业投资基金等，鼓励相关产业发展。2010年，韩国推出“新话创造计划”项目，旨在打造“故事强国”战略，标志着韩国正在通过网络技术和新媒体手段，在政府的推动下，推行新时代的“韩流”走向世界。

二、国内市场格局

当前，我国文化创意产业的发展具有以下几方面特征：第一，多元化的文化资源和现代化的电子信息技术共同促进着城市的发展；第二，文化与创意成为文化资本，与创意阶层和知识共同成为经济发展的动力；第三，政府通过推行合理的文化产业政策可以推进新兴产业的发展，且效果显著；第四，文化产业的发展在地理层面依赖于城市范围内的产业集聚，文化产业和城市的综合发展表现出了良性的互动关系。

(一) 文化产业发展的总体特征

随着中国文化体制改革的不断深入，在十多年的时间里，文化体制改革营造了公平的市场环境，实现了文化资源的自由配置，不断满足着广大人民群众日益增长的文化消费需求。通过学习借鉴国际上市场驱动、资源驱动和政策驱动的不同发展模式，我国基本上已经解决了文化产业市场化程度不高的问题，实现了绝大部分文化事业单位的“转企改制”，并形成了现代化的文化企业制度。以前处于完全事业垄断状态的广播电影业、出版业和演艺业等已经大部分实现了市场化，文化产业更多领域的市场开放程度也在进一步提高。

从生长周期的角度来看，中国的文化产业已经超越了起步阶段，并处于时有波动的快速发展阶段。2010—2019 年十年间，我国的文化产业实现了飞跃发展（见图 2-1）。自 2013 年起，文化产业统计的相关数据增幅趋于稳定，自文化体制改革以来，文化产业的增长近十年大幅超出了国民经济的其他部门，这是一种非常态的经济现象，很大程度上源于政府提供的“外生动力”，受经济新常态大环境的影响，文化产业也顺势进入了新的发展机遇期和战略调整期。2020 年，随着文化新业态的涌现，国家对文化及相关产业的统计方式进行了调整，全国规模及以上文化及相关企业实现营业收入 98 514 亿元，文化新业态特征较为明显的 16 个行业小类实现营收 31 425 亿元。① 党的十八大以来，为了纠正过度市场化问题，中央开始推动文化产业的高质量发展，文化产业正在经历由无序的增量发展转向“双效统一”的存量发展。

在新时期，文化产业面临着一系列新的机遇和挑战：第一，文化产业在优化经济结构上的作用更加凸显；第二，随着改革告一段落，政策效应必将递减，产业发展动力必将从政府转向市场；第三，文化产业主体进一步扩大，龙头企业不断涌现，中小型企业也将更加活跃；第四，消费对文化产业的促进作用进一步增强；第五，文化产业各领域均衡发展，文化走出去呈现新的面貌。总的来说，文化产业的发展既需要市场需求导向，又需要政府政策的驱动，只有两者充分结合，才能够推动文化产业取代实体经济，成为新的经济增长点，促进产业业态向更高端、更精细、更科学的阶段演进。

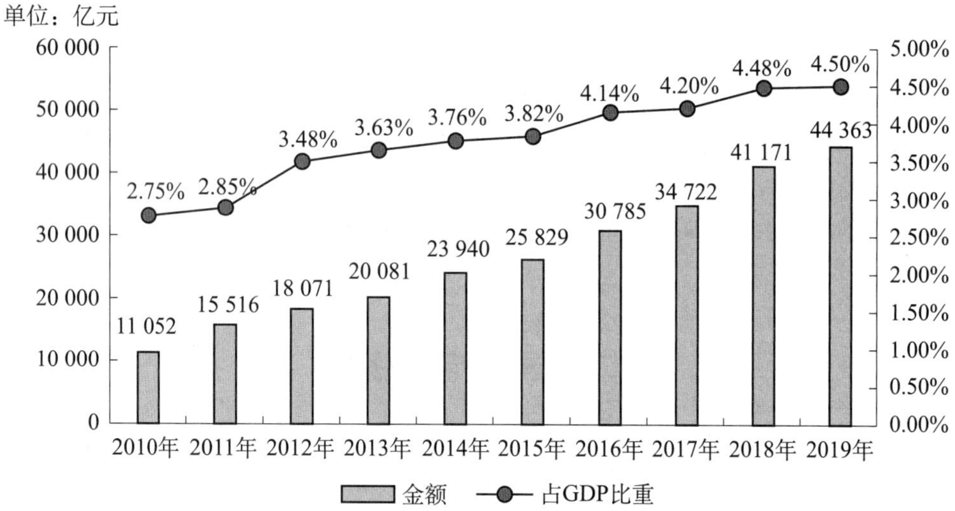

图 2-1　2010—2019 年我国文化产业增加值变化情况

(二) 文化产业发展的行业状况

电影业在中国具有很大的社会影响力，市场运营程度相对较高。近年来，中国电影产业迎来爆发期，2011—2015 年，中国电影总票房的增长率保持在 30%左右，2015 年全国票房 440.69 亿元，国产影片市场份额达 61.58%，中国电影实现了从 100 亿元到 440 亿元的纵身一跃。根据《电影蓝皮书：全球电影产业发展报告（2019）》，2017 年，国家颁布了《中华人民

---

① 新业态特征明显的 16 个行业小类是：广播电视集成播控，互联网搜索服务，互联网其他信息服务，数字出版，其他文化艺术业，动漫、游戏数字内容服务，互联网游戏服务，多媒体、游戏动漫和数字出版软件开发，增值电信文化服务，其他文化数字内容服务，互联网广告服务，互联网文化娱乐平台，版权和文化软件服务，娱乐用智能无人飞行器制造，可穿戴智能文化设备制造，其他智能文化消费设备制造。

共和国电影产业促进法》，这是中国文化产业领域的第一部法律，进一步规范了电影市场秩序，也为中国电影“走出去”开拓了更为广阔的道路。该报告还指出，近年来，中国的电影产业环境与支撑条件已经位于世界第一阵营，仅次于美国，电影产业综合实力稳步上升。随着数字技术和移动互联网的普及，电影在营销方式、传播方式、创作方式上实现了数字化、网络化和工业化的转型。随着中国城镇化进程的推进，电影市场从一二线城市扩展到了三四线城市，“小镇青年”成为中国电影观众的新力量。自2019年起，中国电影的票房增速放缓，电影市场呈现出分众化、类型化、多样化的格局，观众的审美水平也逐渐提高，中国电影的发展还需要更多的内容创新和技术突破。

电视产业离开了行政化的严格管制，在市场化运营中也取得了一定的成绩。中国拥有居于世界首位的电视机构数量、频道数量以及节目播出时间，观众基础良好，在2010年之后发展迅速。2014年4月，原国家新闻出版广电总局推出“一剧两星”制度，随后接连出台政策加大对电视剧内容的规范与审查力度，限制娱乐性内容播出，提高网络平台内容审核标准。受政策促进及多屏传媒的影响，电视剧行业呈现出了总量低、精品化的发展态势。从中国电视剧的行业经营情况来看，2014—2019年，我国电视剧发行数量在整体上呈减少的趋势，原国家新闻出版广电总局的统计数据显示，2019年，我国电视剧发行数量约为254部，跌幅显著。2020年，国家广播电视总局出台了《关于进一步加强电视剧网络剧创作生产管理有关工作的通知》，提倡剧集不超40集，加强对剧集“注水”现象的监管，同时控制演员片酬，电视剧行业结构不断优化。在当前的电视剧作品中，由小说、漫画改编而成的电视剧作品不断涌现，作品题材也呈现出了多元化的特征，电视剧行业开始向着高质量发展的模式演进。

出版业是传统的优势文化产业类型，绝大多数出版机构已经完成了事业单位的企业化转型。21世纪初，数字出版初具规模，快速发展，对纸质出版形成越来越强烈的冲击。经过十余年的发展，数字出版和纸质出版的市场格局相对稳定，呈现出了相辅相成、双线发展的态势，产值持续提升。自2016年开始，在我国政府的倡导下，全民阅读成为出版业关键词，《国务院2016年立法工作计划》把《全民阅读促进条例》列入文化立法的预备项目，标志着公共文化服务法制化进程的加速。根据国家新闻出版署公布的数据，2019年中国新闻出版产业实现营业收入18 896.1亿元，同比增长1.1%，全国共出版图书、期刊、报纸、音像制品和电子出版物450.7亿册，其中，电子出版物2.9亿份，增长13.1%，数字出版业正在不断扩张，传统媒体和新兴媒体正在从产品、渠道、平台等层面深入互动，以融合出版的形式重焕行业的生命力。此外，出版单位正在积极推动中国图书走出去，着眼于讲好中国故事，塑造良好国家形象，打造了中国梦、中国道路、中国制度、核心价值观、中国传统文化等多个走出去图书产品线。①

音乐产业是传统文化产业类型之一，近年来，中国音乐产业主体规模稳步提升、产业结构不断优化。2019年音乐演出市场总体规模达200.41亿元，数字音乐产业规模达到664亿元，数字音乐用户规模超过6.07亿人，网络音乐用户渗透率达到71.1%。② 音乐产业正经历着注重文化品质内涵、加快数字创新的转型期，中国数字音乐的市场规模日益扩大。互联网资本的介入、线上直播的常态化以及国际化程度的提升，正改变着音乐演出市场的运作机制和模式。

---

① 2016年中国图书出版行业回顾及2017年行情预测．中国新闻出版广电报，2017-01-15.

② 中国传媒大学音乐产业发展研究中心项目组．2020中国音乐产业发展总报告.

二次元、国风、电音等细分领域的经济收益已逐渐赶超主流音乐节市场，虚拟现实、交互技术、沉浸式音乐创演正在创新观演体验，在综艺节目及明星效应的带动下，音乐剧演出等高雅艺术形式正在走近大众，市场份额持续拓展。音乐产业发展的新生态以优质原创内容为核心、以跨界共生为路径、以分享经济为纽带，创新、跨界、融合是新时期中国音乐产业发展的关键词。

艺术品产业作为传统的文化产业领域，已经成为世界艺术品产业的重要组成部分。中国艺术品平台的市场规模已经由2015年的36.58亿元增至2019年的134.37亿元，复合年增长率为38.4%。① 总的来说，中国艺术品的三级市场皆表现活跃。一级市场主要通过画廊和美术品公司等来完成，通过直接买卖完成艺术品所有权的转换；二级市场由拍卖和经纪公司、文化产权交易所等机构完成，通过第三方中介服务及评估、鉴定、展览等其他服务来完成所有权转换；三级市场通过综合性国际化的大型艺术博览会来进行艺术品交易。近年来，中国艺术品市场买家结构发生了较大变化，在可投资资产有限和通货膨胀预期的情况下，大量的企业家资金入场艺术品投资，艺术品市场集中度较高，与金融市场高度重合，主要集中在北京、长三角和珠三角等经济发达地区。艺术品基金、艺术品信托、艺术品资产组合、艺术品份额化交易、艺术品指数和艺术品回购等艺术品金融产品的创新和探索不断。②

动漫产业是相对新兴的文化产业类型，其受众的年龄段越来越广泛。中国拥有全球最大的动漫消费市场，但是，整个中国的动漫产业仅处于初级发展阶段，尚未形成中国本土原生的动漫文化。当下流行的 bilibili 和 AcFun 等高热度动漫网站均主要传播来自海外的所谓“二次元”动漫文化产品。随着中国动漫产业总规模的扩大，国内动漫企业实力开始迅速增强。2018年我国动漫产业产值为1 712亿元，电视动画生产数量为241部，时长为8.63万分钟。③ 2019年的《哪吒之魔童降世》的高票房（49.7亿元）也昭示着国产动画电影在崛起，并开始走向一个新高度。此外，国内动漫产业与互联网的合作越来越紧密，爱奇艺、腾讯等大型互联网企业打造生态化动漫平台，为动漫原创作者提供了零门槛的传播平台，功夫动漫、奥飞娱乐等垂直动漫企业也不断扩大企业规模，积极培育和输出原生动漫作品，国产动漫产业的前景乐观、发展迅速。

游戏产业作为新兴文化产业，在我国规模保持高速增长，“十二五”期间，我国游戏产业基本保持18%的年增长率，内容创意普遍提高，技术水平明显提升，品种形式更为丰富，经营模式更趋多样，市场环境成熟稳定。2020年，我国游戏产业的总收入为2 786.87亿元，比2019年增加了接近500亿元，用户数量也在稳定增长，其中，手机游戏收入2 096.76亿元，海外收入也达到了154.50亿美元。在诸多子类别中，移动游戏市场成为份额最大、增速最快的细分市场，VR游戏、电子竞技、游戏直播成为中国游戏产业热点。④ 2016年，腾讯占领了全球市场的10%，游戏的销售额达到102亿美元，在全世界范围内的游戏公司中位列第一，国际影响力获得了较大提升。2016年，教育部将电竞列入高等院校专业目录，中国电子竞技游戏市场实际销售收入达504.6亿元，占比30.5%，电竞赛事的管理与规范日渐完善。游戏产业的发达，带动了相关的网络创意产业（包括网络视频、直播产业）的发展，与影视产业的影游

---

① 中商产业研究院.2020—2025年中国艺术品平台市场前景及投资机会研究报告，2020.

② 2015年我国艺术品行业市场现状分析.人民网，2015-03-02.

③ 前瞻产业研究院.2021—2026年中国动漫产业发展前景预测投资战略规划分析报告.

④ 中国音数协游戏工委、伽马数据、国际数据公司（IDC）.2016中国游戏产业报告.

联动也成为热门发展趋势。国家相关部门则进一步明确分工，加强对网络游戏的监管，引导游戏产业向着高质量方向理性、合理发展，促进了游戏市场的规范化。

演艺产业属于传统的文化产业类型，近年来，各类演艺公司和剧团都在探索发展模式，以适应市场和政策的变化。2019 年，全年全国艺术表演团体共演出 296.80 万场，比上年降低 5.0%，国内观众 12.30 亿人次，其中农村观众 7.68 亿人次，演出收入 127.77 亿元，比上一年降低 16.1%。总的来说，演艺产业在近几年的发展较慢，一方面是由于互联网娱乐产业对文化市场造成的冲击；另一方面是由于演艺行业的复制成本低，价值的延展性较弱。近年来，国家主导精品路线，将文艺作品作为反映国家社会发展主题、实现主流文化价值引领的重要载体，对演艺产业的扶持力度逐渐增强。演艺产业还需要与新兴技术和产业业态进一步融合，推动演艺产业与文化产业其他子部门的联动发展，以品牌授权、直播演出等形式，打通传播渠道，拓展发展路径。

在文化产业的众多领域中，创意设计业的主要任务是对产业文化化的实现。文化创意与设计服务已经渗透到了社会经济的各个领域，为第一产业和第二产业产品附加新的价值，提升着诸多实用性商品的审美效益。近年来，国内许多品牌企业开始将设计创新作为企业竞争力的关键要素，纷纷成立企业内部的设计部门，如海尔、海信、联想、华为等品牌企业成立了专门化的设计研究机构，并且在全球进行设计布点，推动产品国际化水平的提高。此外，一些专业设计公司也初具规模、日益壮大，其设计实力越来越受到国际关注。从品牌策略到产品线规划，从用户研究到造型设计，从产品包装到市场营销，洛可可、指南、浪尖等一批国内设计公司接连获得很多国内外设计大奖，如红点奖、iF 奖、红星奖等，洛可可还曾参与北京奥运会设计项目，取得了很好的社会经济效益。

（三）文化产业发展的区域状况

从地理划分上来看，我国文化产业拥有三个阶梯、三种模式。首先是东部发达地区，以珠三角、长三角、环渤海地区尤其是北上广为第一阶梯；其次是中部的发展中地区，以武汉、郑州、长沙、太原、合肥等为第二阶梯；最后是西部地区，以云南、青海、新疆、内蒙古、广西、贵州、甘肃等省、市、自治区为第三阶梯。① 总体上看，东部发达地区的创意经济发展水平和产业规模明显高于中西部地区。

东部地区是中国经济发展的主体区域，第三产业发展成熟，传统与新兴文化产业发展相对迅速。总的来说，可分为三大文化产业集聚区，第一是以北京、天津、大连为核心的环渤海文化产业集聚区；第二是以上海、杭州、南京为核心的长三角文化产业集聚区；第三是以香港、澳门、深圳为核心的泛珠三角文化产业集聚区。中部地区经济以第一产业和第二产业为主体，中部地区拥有丰富的文化历史资源，通过不断开发当地的文化资源，并与其他新兴的产业加以结合，发展出了两种经典的产业融合模式，如以山西、河南为代表的文化旅游模式，以及以湖南为代表的湘湖娱乐与媒体产业结合的发展模式。西部地区的经济发展速度相对缓慢，第三产业所占的比重更小，但是西部是少数民族主要聚集的地区，民族与地域风情是促进传统文化产业发展的有利要素，历史文化、民俗文化、自然资源的开发与保护，成为区域经济发展的重要

---

① 金元浦．我国文化创意产业发展的三个阶梯与三种模式．中国地质大学学报（社会科学版），2010（1）：20－24.

命题。当前西部地区形成了具有区域特色的文化产业生态区，分别是以云南、广西为代表的民族文化与南国生态旅游区，以四川、重庆为代表的蜀地休闲文化旅游区，以新疆、内蒙古为代表的民族宗教文化与草原风光旅游区，以西藏为代表的民族宗教文化与高原风情旅游区。[①]

北京市是中国文化产业发展重镇，是世界设计之都，文化创意产业是北京市的重要支柱性产业，拥有融合度最高的产业发展体系。北京文化产业在总体规模、企业综合实力、居民文化消费、国际文化贸易等多项指标上继续领先全国，发挥着全国文化中心的示范引领作用。2019年，全市规模以上文化产业实现收入12 849.7亿元、增加值3 318.4亿元，是“十二五”期末的1.7倍。[②] 近年来，北京市大力推动“文化+”战略，文化创意产业的发展呈现出以下几个特点：第一，文化产业持续充能，综合实力全国领先。北京是全国的政治文化中心，拥有丰富的历史文化资源，其代表性的古都文化、红色文化、京味文化和创新文化，使北京文化产业的发展具有先天优势。北京还拥有全国领先的艺术传媒产业，有助于形成全国文化中心，对全国文化产业发展发挥辐射和引领作用。第二，市场主体多元化，国企改革不断加深。北京的国有文化企业众多，并积极与新科技和新平台进行合作，企业竞争力不断增强，中小型企业集聚趋势显著，以各类产业园区形式协同发展，市场格局多元化特征明显。第三，新兴产业发展迅猛，核心动能加速转换。北京数字新媒体、动漫游戏、数位出版等一批新兴文化融合业态发展势头良好，融合新媒体平台不断涌现，在新技术新平台的驱动下，文化新产品、新业态层出不穷。第四，传统产业增长稳健，发展注重提升质量。广告会展、旅游休闲娱乐、广播电视电影、其他辅助服务四大行业发展成熟，有力支撑着北京文化创意产业的发展。新闻出版、艺术品交易、设计服务以及文化艺术四类行业经过了快速发展期，现在正进入市场调整期，开始呈现出内涵化、品质化和高端化的发展特征。

上海市作为国际化大都市，无论是经济发展还是文化内涵方面都受到世界关注。改革开放以来，上海的文化产业得到了长足的发展，总体规模不断扩大，产业机构持续优化。2015年，上海文化产业实现增加值1 632.68亿元，同比增长8.1%，占地区生产总值比重为6.50%。上海的文化产业发展具有以下几个特点：第一，市场资源配置能力强。全市文化产业向规模化、集约化、专业化发展，全市文化产业投融资并购持续升温。上海骨干文化企业的国际化程度较高，影视、游戏等领域骨干企业拥有对全球资源的利用驾驭能力和资源配置能力。近年来，文化产业投资基金不断涌现，不断为文化产业发展进一步注入原动力。第二，传统文化产业发达。上海的文化产业多以园区形式在空间上形成集聚，多分布在黄浦、徐汇、长宁、静安等中心城区，依托废旧厂房和高校建立。影视业、会展业、时尚业等园区，文化传媒园区，动漫产业园区，各类文化园区百花齐放，娱乐性和综合性较强。在艺术品市场领域，上海拥有浦东自贸试验区国际艺术品交易中心、浦西普陀文化艺术品展示交易中心等艺术品交易机构，徐汇滨江积极打造艺术走廊，私人美术馆掀起建馆办展热潮，上海艺术展览在数量和品质上均呈现热潮涌动态势。第三，文娱休闲业发展迅速。上海市在时尚、娱乐、休闲等领域不断创新，具有较强的综合产业带动力，其中，文化元素与商业业态结合紧密，积极推动了展览、演出、节庆等文化项目与商业活动的融合，拥有一批优质的文商联动品牌。第四，对外文化贸易水平较高。上海市不断加大文化领域的对外开放力度，充分利用中国国际进口博览会和自贸试验区建

① 向勇．文化产业导论．北京：北京大学出版社，2015：99.

② 中国人民大学文化产业研究院．中国省市文化产业发展指数，2021.

设的战略机遇，积极培育对外文化贸易示范基地和交易平台，国际竞争力不断攀升。上海积极推动本市优秀文艺节目走向国际市场，组织优秀文化企业和文化产品参加洛杉矶艺术展、布鲁塞尔文化中心媒体活动、美国国际品牌授权博览会等国际文化艺术节，积极为上海文化企业搭建国际合作平台。

深圳市是中国第一个国际认定的“设计之都”，这一国际头衔标志着深圳最先迈上现代化、国际化建设的台阶。深圳文化产业已经形成了以周边层为主体、以核心层和相关层为新兴增长点的产业结构体系。纵观深圳文化产业的发展现状，可总结出以下几个特点：第一，产业集聚效应明显。在政府的有力引领和推动下，深圳文化创意产业采用行业集聚、区域集群、空间集中等发展策略，建立了田面设计之都创意产业园、华侨城 OCT-LOFT 创意产业园、怡景动漫产业基地等 40 多个具有一定规模和影响力的文化产业园区和基地。第二，文化走出去效果显著。以深圳文博会为例，作为深圳文化产业的金字招牌，已成功举办 15 届，成交额从 2015 年第 11 届的 1 535.36 亿元增至 2019 年第 15 届的 2 340.12 亿元，增长 52.42%，是文化资本的融资平台、重大专案的孵化平台与合作平台，是推动中国文化产品“走出去”的巨大引擎。第三，新兴产业发展迅速。一批以高新技术为依托、以数位内容为主体的高成长型文化科技型企业正在迅速崛起，深圳的文化产业在和数位化结合方面有很强的优势。腾讯、华为等高成长型文化科技型企业迅速崛起，在全世界范围内建立了品牌影响力。第四，政府积极扶持文化企业和创意个体，深圳市政府自 2012 年起每年拿出 1 亿元来支持工业设计的发展，2020 年，深圳工业设计总产值为 134.56 亿元，同比增长 16%，带动上下游产业产值超千亿元。① 通过促进文化创意与实体经济深度融合，深圳持续提升城市综合实力和市民生活品质，不断打造具有国际影响力的创意先锋城市。

台湾地区已进入后工业化时期，大规模制造业衰退，文化创意产业作为新兴的产业形态成为振兴经济的发力点之一。台湾文化产业的发展初期是 1990—1995 年，转型期是 1995—2002 年，主要表现为由文化产业向文化创意产业的转变。2003—2010 年是台湾文化创意产业的政策推动期，2010 年至今处于相对成熟期。台湾的文化创意产业发展具有以下几个特点：第一，凸显地方文化。台湾的文化创意与传统产业的融合度高，文化创意产业发展贴近生活，如创造了文化品牌三义木雕、美浓纸伞、白米木屐等，通过创造新的文化生活方式，整合创意、传统、情感和功能，充分发掘了其社会效益和文化效益。近期，台湾推动“文化创意产业”与“新故乡社区营造”融合发展，就是以文化创意为内容来发展区域经济，重塑社区生活，提升台湾人民的精神生活品质。第二，注重人才培育，推动科技引领。政府通过协助高校来培育不同层次的创意人才，同时建立国际人才引进机制，推动产学研的结合，为创意人才提供包容性强的城市环境。此外，传统产业的科技创新能力强，能够有效提升产品品质，提升附加值，如创立于 2001 年的台湾法蓝瓷品牌，融合了创新、人文、艺术、时尚等元素，采用釉下彩、倒角脱模等先进技术，在国际上都享有盛誉。第三，促进政企互动，实现公私协力。台湾行政部门积极为文化创意产业培育人才，提供资金和技术支持、租税优惠，并建设文化创意园区和文化展演设施，提供产业发展的肥沃土壤。同时通过各种产官学政的交流和互动，建立生产、营销、研发等多种网络促进产业发展。例如，为加强文化创意产业的集聚效应，政府先后从台湾烟酒公卖局租赁了台北、台中、嘉义、台南以及花莲等 5 处旧厂房，进行基础设施修缮，并导

---

① 两大国际设计奖数量连续十年居全国首位．深圳特区报，2021-07-11.

人产业活动，建设了一系列文化创意园区，如著名的松山文创园。台湾的文化创意产业在具有经济发展功能的基础上，提升了公民的文化艺术生活品质，极大地提升了他们的生活美学品位，从长远上发展了台湾地区的社会文化。

香港融汇中西文化，在不同文化的碰撞中形成了多元文化的独特环境。香港的优势行业包括建筑设计、广告业、演艺产业和影视产业。此外，在数码娱乐、设计、漫画、出版等方面，香港在亚洲也占据重要位置，在业内赢得了广泛的影响力。香港拥有健全的自由市场体制，政府承担着协助和引导的角色，建立有效人才引进机制的同时，建立司法制度对产业发展予以保护。香港处于泛珠三角经济圈中，其独特的文化背景、独具优势的地理位置和国际金融贸易中心的身份，都对其文化产业的发展有着极大的促进作用。

澳门是具有特色的世界文化遗产城市，博彩业发达，在其辐射作用下，澳门的旅游业和会展业也获得了一定程度的发展，但是澳门文化产业的发展起步较晚，影视产业、音乐产业、数字媒体产业都还处于初级阶段。国务院在《中华人民共和国国民经济和社会发展第十一个五年规划纲要》中明确提出澳门经济要“适度多元化”，在澳门第三届特区政府成立的首份施政报告中，提出需重点推动会展业、文化创意产业等新兴产业发展，培育新的经济增长点，自此，文化产业成为推动澳门适度发展多元经济的一种重要战略手段。政府在机构设置和政策制定上积极推动文化产业发展，如 2010 年在文化局内新设“文化创意产业促进厅”，作为启动文化产业首阶段发展的职能部门，并于同年 5 月成立了文化产业领域的咨询机构“文化产业委员会”。2013 年，澳门特区政府成立了“文化产业基金”，2014 年，澳门颁布《文化产业发展政策框架（2014—2019）》，更加系统地厘清了澳门文化产业的定位、政策的具体目标和工作内容。此外，澳门近年来推出了一系列青年创业扶持政策，鼓励年轻人从事文化产业的创意创新工作。在政府的强驱动力下，澳门的文化产业发展前景十分广阔。

本章小结

1. 世界各国文化产业的市场格局主要分为三种模式，即以北美为代表的市场驱动型，以欧洲为代表的资源驱动型，以及以日韩为代表的政策驱动型。

2. 版权产业的概念最早由美国提出，美国的核心版权产业相当于国内常用的文化产业概念，以生产和分配具有版权的文化产品为主要方式，包括图书出版、唱片、报纸和期刊、电影、电视和广播等，美国通过加强版权保护，快速有序发展文化经济。

3. 美国文化产业发展的主要经验包括兴建文化园区，孵化文化企业；推动文化立法，保护知识产权；注重人才培养，鼓励创意创新；制定全球战略，促进文化出口；加强科技融合，刺激市场消费；尊重市场规律，促进良性竞争。

4. 创意产业的概念最早源于英国，由英国政府主导发展。创意产业是指起源于个体创意、技巧与才能，透过知识产权的生产与利用，而有潜力创造财富和就业机会的产业。

5. 英国创意产业的发展经验主要包括：文化管理宽松，采用“一臂之距”原则；创造创意氛围，注重人才培养；挖掘传统资源，打造文化城市。

6. 韩国文化产业的发展经验主要包括：政府积极引导，建立相应组织；健全法律体系，建立产业规范；注重文化出口，拓展国际市场。

7. 从地理划分上来看，我国文化产业拥有三个阶梯。首先是东部发达地区，以珠三角、长三角、环渤海地区尤其是北上广为第一阶梯；其次是中部的发展中地区，以武汉、郑州、长沙、太原、合肥等为第二阶梯；最后是西部地区，以云南、青海、新疆、内蒙古、广西、贵州、甘肃等省、市、自治区为第三阶梯。

思考与练习

一、基本概念

文化产业国际市场格局主要模式　市场驱动型　资源驱动型　政策驱动型　文化体制改革

二、思考题

1. 简述文化产业国际市场格局的三种模式及其特点。
2. 简述美国、英国和韩国文化产业的市场格局基本特征。
3. 简述我国文化产业发展的各行业现状。
4. 简述我国文化产业发展的区域状况。

拓展阅读

1. 邹广文，徐庆文．全球化与中国文化产业发展．北京：中央编译出版社，2006.

2. 冯华，温岳中．产业链视角下的我国文化产业发展．国家行政学院学报，2011（5）：82-86.

3. 向勇．文化属性与产业命脉：以深圳创意城市的生成机制和优化策略为例．美术观察，2017（12）.

4. 赵浩华，陈辉．欧洲“一臂之距”公共文化管理模式探究．人民论坛，2017（1）.

5. GARNHAM N. From cultural to creative industries：an analysis of the implications of the industries：approach to arts and media policy making in the United Kingdom. International Journal of Cultural Policy，2005（11）.

6. UNCTAD. Creative economy report 2010. New York：United Nations，2010.

7. POTTS J. Why creative industries matter to economic evolution. Economics of Innovation and New Technology，2009，18（7-8）.

第二编

产品创意

第三章　文化资源的开发利用

本章概述

文化资源是文化产业最基础和最重要的驱动要素。它的形态丰富，主要包括物质文化资源、非物质文化资源和自然文化资源。对文化资源进行开发，首先要对其进行评估，明确核心资源体系、事业发展方向和产业发展格局，进而确定文化发展战略。经过评估的文化资源，确定可以科学、合理地发展文化产业，则可以开始进一步开发，包括基础性开发和深度性开发。

学习目标

通过对本章进行学习，学生应掌握如下内容：

1. 了解文化资源的定义和基本类别。
2. 了解文化资源的主要特点。
3. 了解文化资源开发的价值链结构。
4. 了解文化资源评估的主要内容和基本方法。
5. 了解文化资源的开发模式。

一、理论：文化资源研究模型

（一）文化资源的定义

文化产业的资源要素包括文化资源、人力资源、信息资源、金融资本、技术资源、物质材料等不同层面。但文化资源是文化产业最基础、最重要的驱动要素。文化资源是文化产业发展的第一个基础环节，在此基础上，它才能转化成经济资本，进而产生产业效益。离开文化资源，文化产业的发展也就无从谈起。

文化资源主要是指具有文化特征和人类精神活动痕迹，具有人文价值和传统价值的资源。[①]

① 向勇．文化产业导论．北京：北京大学出版社，2015：111.

它的形态是十分丰富的，包括历史遗迹、民俗风情、民族传统、宗教文化、地域文化等不同类别。文化资源和自然资源的区别，主要在于其中包含了人类的物质劳动和精神劳动。当然，也存在一些文化资源是与自然资源密切结合的。因此，总体来看，文化资源可以分为三类，即物质文化资源、非物质文化资源和自然文化资源。

文化资源的多样性也意味着文化的多元化。一个国家或地区文化资源的丰富程度往往代表着其对多元文化的包容程度。文化资源无好坏之分，却有高低之别。其中，文化遗产是文化资源中级别较高的资源。

对于文化遗产这一概念，学界和国际社会并未做出统一的界定，这一概念涵括的范围不尽相同。但总体来说，文化遗产一般是由国际/世界组织或国家相关的权威部门来认定的。

联合国教科文组织（以下简称 UNESCO）《保护世界文化和自然遗产公约》（1972）将世界遗产分为三类，即自然遗产（natural heritage）、文化遗产（cultural heritage）以及文化和自然混合遗产（mixed cultural and natural heritage）。1992 年 12 月，在美国圣塔菲召开的第 16 届世界遗产委员会上，将文化景观（cultural landscapes）纳入世界文化遗产的范畴，并将其定位为世界遗产全球性策略的重点，认为这是未来应该扩充的领域之一，明文列于《〈保护世界文化和自然遗产公约〉的操作指南》中。

因此，综合 1972 年公约及美国圣塔菲会议的决议，UNESCO 框架下的文化遗产主要类型有以下四类。

（1）文物古迹（monuments）："从历史、艺术或科学角度看具有突出的普遍价值的建筑物、碑雕和壁画、考古元素或结构、铭文、洞窟以及特殊联合体。"

（2）建筑群（groups of buildings）："从历史、艺术或科学角度看在建筑式样、整体和谐或与所处景观结合方面具有突出的普遍价值的独立的或相互连接的建筑群。"

（3）遗址（sites）："从历史、审美、人种学或人类学角度看具有突出的普遍价值的人类工程或自然与人联合的工程以及考古发掘所在地。"

（4）文化景观（cultural landscapes）："自然与人联合的工程。"①

上述 UNESCO 对文化遗产的界定主要是针对物质文化遗产。在我国，《中华人民共和国文物保护法》规定了中国物质文化遗产主要包括："（一）具有历史、艺术、科学价值的古文化遗址、古墓葬、古建筑、石窟寺和石刻、壁画；（二）与重大历史事件、革命运动或者著名人物有关的以及具有重要纪念意义、教育意义或者史料价值的近代现代重要史迹、实物、代表性建筑；（三）历史上各时代珍贵的艺术品、工艺美术品；（四）历史上各时代重要的文献资料以及具有历史、艺术、科学价值的手稿和图书资料等；（五）反映历史上各时代、各民族社会制度、社会生产、社会生活的代表性实物。……具有科学价值的古脊椎动物化石和古人类化石同文物一样受国家保护。"② 在我国，物质文化遗产（也即文物）的认定标准和办法由国务院文物行政部门制定，并报国务院批准。

随着全球化带来的对文化多样性的思索以及人类认识的不断深入，文化遗产的概念也在不断充实和完善。由于 1972 年 UNESCO 公约主要针对物质文化遗产，不适用对非物质文化遗产

---

① 联合国教科文组织世界遗产中心，国际古迹遗址理事会，国际文物保护与修复研究中心，中国国家文物局．国际文化遗产保护文件选编．北京：文物出版社，2007：272－273.

② 国家文物局．中华人民共和国文物保护法．（2017－11－04）［2021－12－15］．http：//www.ncha.gov.cn/art/2017/11/28/art_2301_42898.html.

(以下简称“非遗”)的保护，因此，针对非遗发展现状，结合一些国家的非遗保护实践，2003年10月，UNESCO通过了《保护非物质文化遗产公约》，并于2006年4月正式生效。该公约明确了非遗的定义：“被各群体、团体、有时为个人视为其文化遗产的各种实践、表演、表现形式、知识和技能及其有关的工具、实物、工艺品和文化场所。”① 非遗主要包括五个方面的内容：“(a) 口头传说和表述，包括作为非物质文化遗产媒介的语言；(b) 表演艺术；(c) 社会风俗、礼仪、节庆；(d) 有关自然界和宇宙的知识和实践；(e) 传统的手工艺技能。”②

我国也于2011年通过和施行了《中华人民共和国非物质文化遗产法》。其中，对中国非遗进行了界定，主要包括以下这些：传统口头文学以及作为其载体的语言；传统美术、书法、音乐、舞蹈、戏剧、曲艺和杂技；传统技艺、医药和历法；传统礼仪、节庆等民俗；传统体育和游艺；其他非物质文化遗产。

自然资源会成为文化资源的一部分，起重要作用的仍然是人。正因为人们以审美眼光而非功利的眼光审视自然景观，创造情景交融、物我同一的审美意象，自然资源才具有审美价值，成为一种文化资源。中国古代的思想家认为，大自然（包括人类）就是一个生命世界，天地万物都包含活泼泼的生命和生意，这种生命、生意是最值得观赏的；人们在这种观赏中，体验人与万物一体的境界，从而得到极大的精神愉悦。③

(二) 文化资源的特点

文化资源最重要的特征是具有文化价值，这是发展文化产业的基本条件。它们具有自身的特点，具体主要有以下四个方面。

第一，独特性。文化资源以一定的表达形式存在，不论是有形的遗址、建筑、手工艺品，还是无形的风俗习惯、传统技能、语言等，都构成表达身份以及阐释地方特色的重要方式。④它们体现了特定民族国家或地域内人民独特的创造力，具有各自的独特性和不可再生性。而且，文化资源中所蕴藏的意识、情感、价值观也都具有地域或民族的独特性，是难以被模仿和复制的。

第二，公共性。因为文化资源的存在，我们可以认识自己、了解历史以及生活的意义。因此，文化资源无论是公共的还是私人所有的，它们的共同特点就是能够为公民所享用，成为一种重大的社会公共福利。

第三，群体性。从文化资源的传承状况来看，有的传承表现为个体性，比如民间工艺的独门绝艺只为某几位传承人所掌握；但是，从总体来看，文化资源的传承与发展，不单是个人的行为，更是集体智慧和集体创造的产物。文化资源在诞生之初，或许是由某个个体的偶然行为引发的，但在其传播和发展的过程中，吸收和积累了众人的经验与才智，因此主要是群体创造的产物。

第四，综合性。文化资源不是一时一世的产物，它们的积累有一个漫长的历史过程。它们是各个时代生活的有机组成部分，因此也包含着丰富的历史、文化、政治、经济、社会等各个

---

① 联合国教科文组织世界遗产中心，国际古迹遗址理事会，国际文物保护与修复研究中心，中国国家文物局．国际文化遗产保护文件选编．北京：文物出版社，2007：229.

② 同①.

③ 叶朗．美在意象．北京：北京大学出版社，2010：204.

④ 联合国教科文组织．世界文化报告（2000）：文化的多样性、冲突与多元共存．关世杰，等，译．北京：北京大学出版社，2002：125.

方面的信息，并由此可以反映出相关群体的思维、情感和价值观。这种综合性可以通过文化资源的表现形式体现出来，例如文物古迹、音乐、美术、文学等多种多样的构成因素。从其功能来看，文化资源也具有认知价值、娱乐休闲价值、教育价值、经济价值等多种功用。

（三）文化资源开发模型

文化资源作为文化产业发展的核心，其开发需要经历一些关键环节（见图 3－1）：通过对文化资源的创意设计和项目策划，可以将其发展为有计划、有目标的文化项目；有形的文化产品与无形的文化服务都属于文化项目，而文化项目一般要通过版权、专利、商标等手段实现知识产权化；具备知识产权的文化项目就形成了文化资产，进而可以与文化市场相结合，进行价值评估，进一步形成文化资本的资产化；当文化资产进一步发挥产业价值链效益时，就可以转变为文化产权；当文化产权与金融资本进一步结合，就形成了文化金融；最后，通过对文化产品/文化服务的持续化经营，可以形成文化品牌。[①]

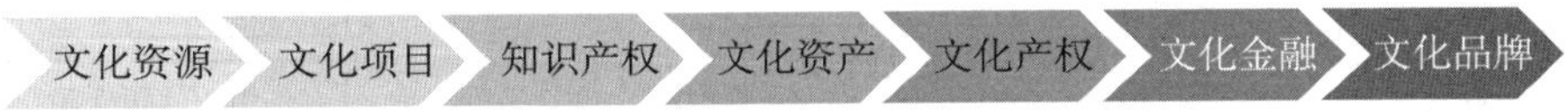

图 3－1　文化资源开发的价值链结构

资料来源：向勇．文化产业导论．北京：北京大学出版社，2015：109.

因此，从文化资源到文化品牌是一条环环相扣的价值链，而文化资源是这一价值链的逻辑起点。我国若要大力发展文化产业，就必须对文化资源的开发有一个权责分明、目标清晰的操作框架，也即文化资源的开发模型。这也是我国作为文化资源大国，发展文化产业的基本要求。

在总体文化发展战略的格局下，要对文化资源进行开发，首先要对其进行调研、分析和评估，包括三方面的内容（见图 3－2 左侧）。

第一，核心资源评估。形成文化项目的前提是对该区域内的核心资源进行专业、详尽的评估。正如前文所述，文化资源包括有形的历史古迹、文物、建筑等，也包括无形的民俗文化、民间技艺等。因此，核心资源评估的对象包括历史文脉、文物古迹、民间文化、自然资源，可通过定性分析与量化评估的方法来建构核心资源体系。

第二，事业发展评估。文化资源同时具有事业属性和产业属性。一方面，它们可以应用于公众的教育、艺术欣赏等公共目标；另一方面，又可以应用于社会的经济发展、产业更新等商业目标。因此，在进行核心资源评估的同时，还应对当地现行文化体制、公共文化服务、艺术创作、对外交流、文化遗产保护等现状进行总结，并与其他地区进行比较，得出可以借鉴的经验。

第三，产业发展评估。文化资源要实现产业发展，就需要对当地的宏观环境、支撑条件、产业状况和园区建设等情况进行全面的考察，通过区域竞合、SWOT 分析等方法确定产业发展格局。

在完成以上三个维度的评估，明确了核心资源体系、事业发展方向和产业发展格局后，就可以确定文化发展战略（见图 3－2 右侧）。文化发展战略是一个综合、全面的战略，涉及总体要求和发展目标、公共文化服务体系、管理体制与运营机制、城市文化传播、重点文化行业与布局、精品文化项目建设、文化产业聚集区建设、优秀文化企业扶持、组织政策保障等九个方面的内容。

---

① 向勇．文化产业导论．北京：北京大学出版社，2015：109.

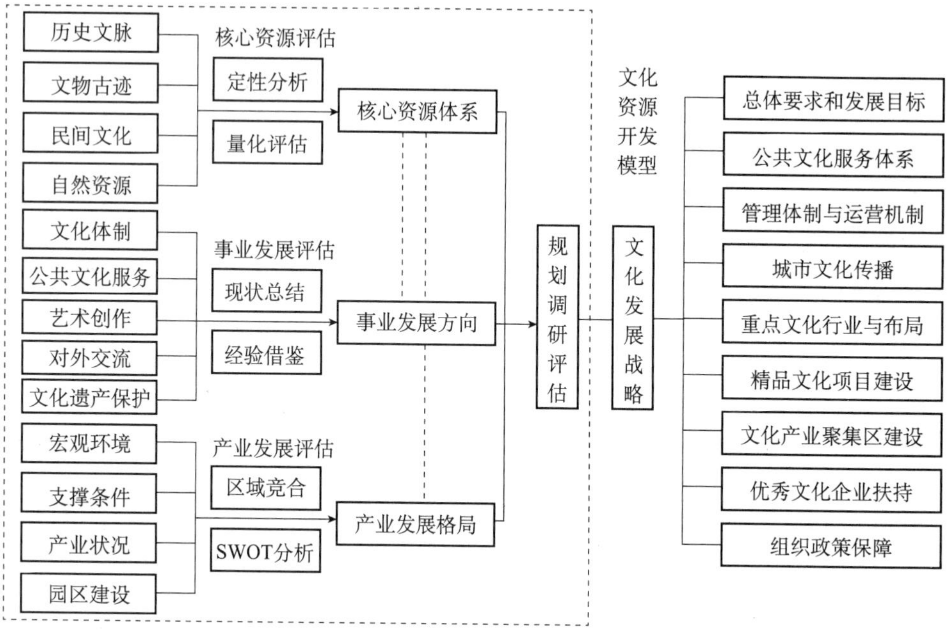

图 3-2 文化资源开发模型

资料来源：向勇．文化产业导论．北京：北京大学出版社，2015：110.

二、方法：文化资源的评估与开发

（一）文化资源评估指标

1. 文化资源开发效益评估指标体系

根据文化资源的开发模型，我们可以看到，文化资源开发的首要步骤是对文化资源进行评估。文化产业是否能很好地发展，取决于是否对文化资源进行了科学、合理的评估。文化资源的开发是综合性的，会产生经济效益和社会效益。经济效益包括增加就业、创造财税、提高区域人均收入等；社会效益包括提升当地文化形象、满足当地民众文化需求、促进文化资源可持续发展等。因此，建立一套科学、完备的文化资源开发效益评估指标体系尤为重要。

评估指标的建构，一般要符合 SMART 原则。

（1）明确性原则（Specific）——指标体系需要明确目标；

（2）可衡量原则（Measurable）——该目标是可衡量的；

（3）可达成原则（Attainable）——该目标是可以达到的；

（4）相关性原则（Relevant）——指标之间具有相关性；

（5）时限性原则（Time-bound）——指标有确定的实现时间。

除此之外，指标的设立还需具有科学依据，同时具有可操作性，且符合国际、国家法律、政策等要求。[①]

① 向勇．文化产业导论．北京：北京大学出版社，2015：117.

本书着重介绍北京大学文化产业研究院的一套评估指标体系（见表 3－1）。[1] 这是基于多年参与区域文化产业规划的经验，并参考国内外相关评估指标体系而建构的。

表 3－1 文化资源开发效益评估指标体系

一级指标	二级指标	三级指标	指标权重
人文价值	奇特价值	独特性	注：各指标权重来自德尔菲法的专家评分合成的结果，需根据当地文化产业发展的实际情况进行设定，并定期予以调整。
		稀缺性	
		惊奇性	
	传承价值	对学术的积极意义	
		对提高人文修养的意义	
		增强凝聚力促进和谐的意义	
	认同价值	本地人的膜拜程度	
		外地人的膜拜程度	
		向外人推介意愿的强烈程度	
	艺术价值	体现的民族性和地域性	
		艺术个性和水准	
		知名度	
	历史价值	久远程度	
		历史地位	
		遗存完整度	
	社会价值	提高居民生活品质	
		科教意义	
		区域品牌提升意义	
经济价值	规模价值	批量化复制与生产程度	
		现代型生产及传播方式运用程度	
		规模化发展的可能性	
	投资价值	投资规模	
		投资回报率	
		回报周期	
	带动价值	与被带动产业的相关性	
		带动周边产业数量	
		带动周边产业规模	
	产业基础	技术和人才状况	
		现有市场情况以及发展水平	
		产业政策状况	
	配套服务	交通便捷程度	
		配套硬件设施水平	
		配套软件设施水平	
	前景价值	与现代技术的融合	
		与现代生活方式的吻合	
		与国家政策的契合	

① 向勇．文化产业导论．北京：北京大学出版社，2015：118－119.

该体系由三级指标构成。①

首先，人文价值与经济价值构成 2 个一级指标，分别对应文化资源的社会效益和经济效益，这是文化资源开发效益评估的基础。

其次，2 个一级指标下分别设 6 个二级指标。其中，奇特价值、传承价值、认同价值、艺术价值、历史价值和社会价值构成人文价值的二级指标；规模价值、投资价值、带动价值、产业基础、配套服务和前景价值构成经济价值的二级指标。

再次，每个二级指标下均包含 3 个三级指标，一共有 36 个三级指标。在人文价值的指标体系中，独特性、稀缺性、惊奇性对应奇特价值；对学术的积极意义、对提高人文修养的意义、增强凝聚力促进和谐的意义对应传承价值；本地人的膜拜程度、外地人的膜拜程度、向外人推介意愿的强烈程度对应认同价值；文化资源所体现的民族性和地域性、艺术个性和水准、知名度对应艺术价值；文化资源的久远程度、历史地位、遗存完整度对应历史价值；文化资源对于提高居民生活品质的意义、科教意义、区域品牌提升意义则对应社会价值。

在经济价值的指标体系中，规模价值涉及文化资源批量化复制与生产程度、现代型生产及传播方式运用程度、规模化发展的可能性；投资价值涉及投资规模、投资回报率、回报周期；带动价值涉及与被带动产业的相关性、带动周边产业数量、带动周边产业规模；产业基础包括技术和人才状况、现有市场情况以及发展水平、产业政策状况；配套服务包括交通便捷程度、配套硬件设施水平、配套软件设施水平；前景价值包括与现代技术的融合、与现代生活方式的吻合、与国家政策的契合。

最后，各项指标的权重应该是来自德尔菲法②的专家评分合成的结果，应根据当地文化产业发展的具体情况进行设计，并定期予以调整。每个指标可赋值 0～5 分，通过定量的数据分析、问卷调查和专家评分法获取数据，并运用平均值进行数据整理。最终，根据每个单项指标被赋予的相应权重，可以得到该项文化资源人文价值的总分值与经济价值的总分值。③

2. 文化资源的品级分类

文化资源经过评估，必定会呈现出不同的特征，大致会形成四种文化资源品级（见图 3-3）。

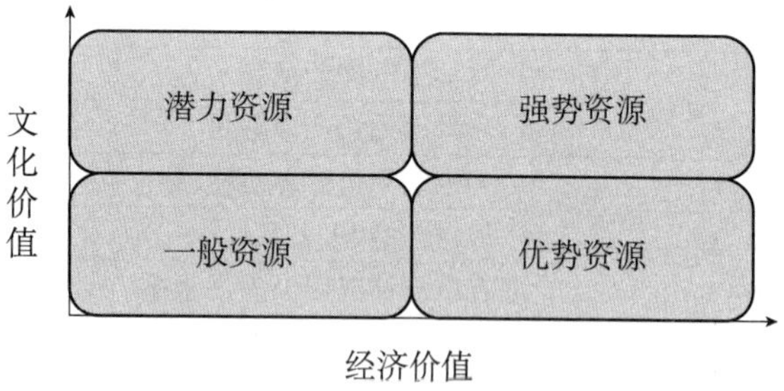

图 3-3 文化资源品级分类

① 向勇．文化产业导论．北京：北京大学出版社，2015：117-118.

② 德尔菲法（Delphi Method），又称专家规定程序调查法。该方法的操作程序是，首先由调查者拟定调查表并以函件的方式分别向专家组成员进行征询；然后专家组成员以匿名的函件提交意见。这样经过反复几次的征询与反馈，当专家组成员的意见趋于集中时，最终获得具有较高准确率的集体判断结果。

③ 同①118.

（1）强势资源：文化价值与经济价值均较高，综合价值高，因此可以以政府扶持政策来促进市场主体参与，积极推动文化项目的开发。

（2）优势资源：文化价值较低但经济价值颇高，对于这类资源，在加强政府规范的基础上，主要是要发挥市场的主体性，营造自由竞争的开放环境。

（3）潜力资源：与优势资源相反，文化价值较高但经济价值较低，对于这一类文化资源主要应以政府的公共财政投入为主，激励市场主体充分承担社会责任，积极参与公益文化事业。

（4）一般资源：与强势资源相反，这类资源文化价值和经济价值均较低，综合价值低，因此在现阶段开发难度较大，尚不具备开发条件。[①]

需要注意的是，文化资源的评估是一个动态的过程，会因为评估工具的更新、评估人员的主观性、评估周期的相对性等因素而发生变化。因此，文化资源的品级分类也是与特定阶段相对应的。随着社会经济发展水平、产业开发能力的不断提升，应该适时对文化资源进行再评估。

正因为文化资源品级的不同，在一个阶段内存在强势资源、优势资源、潜力资源与一般资源的区别，因此，文化资源存量丰富并不一定带来文化产业的必然发展。从某种角度来看，文化资源的深度和广度所构成的历史性是一把双刃剑：一方面，文化资源深厚代表其文化价值高，影响的受众范围更广；但另一方面，文化资源越深厚，可能带来的文化惰性就越强，要激发文化创新的难度就越大，这是不利于文化产业发展的。因此，经过评估分出品级的文化资源，可以选择究竟是进入市场还是进入公共治理的领域。强势资源和优势资源都更易于进行文化产业开发。

雷蒙德·威廉斯认为某一特定阶段的文化形态主要是主流的（dominant）、剩余的（residual）和新兴的（emergent）三种状态，分别朝向现在、过去和未来。主流形态代表的是官方叙事，剩余形态代表的是历史叙事，而新兴形态则代表着未来叙事。具体到中国：一方面，我国是一个有着五千年文明的传统国家，也是一个经济迅速崛起的现代国家，因此，在当前的中国，对剩余形态和主流形态强调得很多，而对新兴形态的重视非常不足；另一方面，中国也是一个面向未来的世界大国，因此要以更加开放、包容的态度创造新兴文化资源。[②]

（二）文化资源的开发模式

经过评估，确定可以科学、合理地发展的文化资源，可以进一步加以开发。文化资源的开发总体上分为基础性开发和深度性开发。其中，基础性开发属于传统型开发，“以资源型文化产业和制造型文化产业为发展模式”[③]；而深度性开发属于创新型开发，“以内容型文化产业和生态型文化产业为发展模式”[④]。基础性开发主要包括文化旅游开发模式、主题公园开发模式、节庆会展开发模式和文化地产开发模式等（见图 3－4）；深度性开发主要包括创意产品开发模式、科技创新开发模式、特色产业带开发模式、生态博物馆开发模式和文创造镇开发模式等。

1. 文化旅游开发模式

从我国文化资源开发的现状来看，目前首选的模式是与旅游产业进行融合。国际古迹遗址

---

① 向勇．文化产业导论．北京：北京大学出版社，2015：119.

② 同①121－122.

③ 同①122.

④ 同①122.

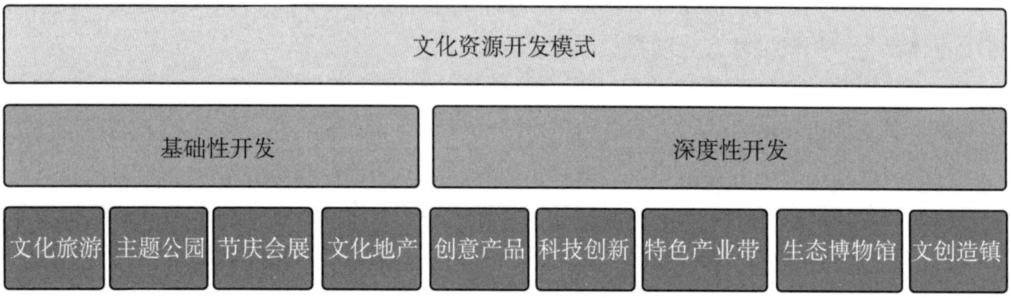

图 3-4 文化资源的开发模式

理事会（ICOMOS）在其第二份文化旅游宪章即《国际文化旅游宪章》（1999）中指出：国内或国际旅游已逐渐成为文化交流最重要的工具之一。“旅游应该为东道主社区带来经济效益，为它们提供一个重要的途径和动力，来重视保护它们的遗产和文化活动。当地和/或土著社区代表、古迹保护积极分子、旅游业运作者、资产主人、制定政策方、国家发展计划制定者和场地管理者之间的合作非常必要，以实现可持续发展的旅游业，为子孙后代促进遗产资源的保护。”也就是说，在文化资源所在地发展旅游，可以在为当地带来经济收益的同时，促进文化资源的保护与传承。

文化旅游具有多重效益：一方面，优质的文化资源可以提升旅游的内涵与品质；另一方面，旅游的大众消费性质又可以促进文化资源的传播与推广。我国近年出台了多项政策，以推进文化与旅游的融合发展。在 2014 年的《国务院关于推进文化创意和设计服务与相关产业融合发展的若干意见》中就提出：“以文化提升旅游的内涵质量，以旅游扩大文化的传播消费。支持开发康体、养生、运动、娱乐、体验等多样化、综合性旅游休闲产品，建设一批休闲街区、特色村镇、旅游度假区，打造便捷、舒适、健康的休闲空间，提升旅游产品开发和旅游服务设计的人性化、科学化水平，满足广大群众个性化旅游需求。加强自然、文化遗产地和非物质文化遗产的保护利用，大力发展红色旅游和特色文化旅游，推进文化资源向旅游产品转化，建设文化旅游精品。加快智慧旅游发展，促进旅游与互联网融合创新，支持开发具有地域特色和民族风情的旅游演艺精品和旅游商品，鼓励发展积极健康的特色旅游餐饮和主题酒店。”

文化资源与旅游的结合是一把双刃剑：一方面，旅游能为当地带来经济收益、解决就业，同时也为公众创造访问文化资源的机会；另一方面，旅游作为大众消费行为，很可能会对当地文化资源造成破坏。因此，需要及时追踪资源地的旅游开发是否合理，游客人数是否符合当地承载能力，保护措施是否落实到位等问题，这就需要对文化资源的旅游开发设置合理的监测系统。

目前，国际组织关于文化遗产地旅游管理与监测的相关指导文件主要有《世界文化遗产地旅游管理手册》（ICOMOS，1993），《世界遗产地旅游管理：世界遗产地管理者实用手册》（UNESCO 世界遗产中心，2002），“世界遗产监测”研讨会成果《世界遗产监测》（ICCROM，UNESCO 世界遗产中心，2002），以及《旅游目的地可持续发展指标手册》（UNWTO，2004）。[①] 我国可以参考英国《世界遗产监测指标工具草案》（2006）编制适合国情的监测指标

① 张朝枝，郑艳芬．文化遗产旅游影响监测：国际经验方法与指标体系构建//旅游学刊．中国旅游研究年会会议论文集．北京：旅游学刊，2011.

体系。英国制定该草案的工作组成员是来自英国国内不同类型世界遗产地的专员。工作组可以全面照顾到不同类型的遗产地，选出各自对应的重要指标；同时，又可以较为便利地从各遗产地收集到相关的数据以检验指标的有效性。这一工作方式使英国在遗产地监测指标的构建上体现出民主决策的特点，做到了因地制宜。由于各种类型的遗产地需要观照的重点不同，也可能存在特殊情况，因此这一草案体现出“求同存异”的特点，既有遗产地都需要参照的关键指标，也有只针对特定类型遗产地的其他类型指标。这给我们带来的启示是：资源地的监测应该覆盖全面又因地制宜，体现监测体系的完整性和灵活性。

2. 主题公园开发模式

主题公园（theme park）是为了满足旅游者多样化的休闲娱乐需求和选择而建造的一种拥有创意性活动方式的现代旅游场所，是根据特定的主题创意，通过文化复制、文化移植、文化陈列以及高新技术等手段，以虚拟环境塑造与园林环境为载体来迎合消费者的好奇心，以主题情节贯穿整个游乐项目的休闲娱乐空间。①

1955年，迪士尼乐园诞生并使主题公园这种形态被大众认同和接受，这也意味着一种新型文化资源开发模式的诞生。1989年，我国第一个主题公园“锦绣中华”开园，当年回收1亿元投资的轰动效应，也使中国主题公园发展进入了快车道。

从2015年的数据来看（见表3-2），在全球排名前10位的主题公园集团中，中国就有4家上榜，分别是华侨城集团、长隆集团、华强方特、宋城集团，而且都表现出了强劲的增长势头。

表3-2　全球排名前10位的主题公园集团

排名	公司名称	变化（%）	2015年游客量（人次）	2014年游客量（人次）
1	迪士尼集团（美国）	2.7	137 902 000	134 330 000
2	默林娱乐集团（英国）	0.2	62 900 000	62 800 000
3	环球影城娱乐集团（美国）	11.8	44 884 000	40 152 000
4	中国华侨城集团（中国）	7.8	30 180 000	27 990 000
5	六旗集团（美国）	11.4	28 557 000	25 638 000
6	雪松会娱乐公司（美国）	4.9	24 448 000	23 305 000
7	长隆集团（中国）	26.4	23 587 000	18 659 000
8	华强方特（中国）	77.4	23 093 000	13 020 000
9	海洋世界娱乐集团（美国）	0.3	22 471 000	22 399 000
10	宋城集团（中国）	53.4	22 338 000	14 560 000
2015年排名前10位的主题公园集团的游客总量			420 360 000	382 853 000

资料来源：根据相关资料整理而成。TEA/AECOM. 2015 Theme index & Museum index.（2017-04-29）[2021-12-15]. http://www.teaconnect.org/Resources/Theme-Index/.

主题公园这一开发模式主要是以主题化、情景化、立体性、空间感的方式呈现文化资源的体验价值，其核心就是体验。影响主题公园体验价值的核心要素包括体验主题的提炼与升华、体验项目的设计与更新、体验活动的构思与变化、体验场景的布置与渲染、体验服务的完善与

① 董观志．旅游主题公园管理原理与实务．广州：广东旅游出版社，2000：15.

优化、体验回忆的再现与沉淀等方面。①

以迪士尼乐园为代表的欧美主题公园往往围绕卡通人物、童话故事等元素为游客创造独特的体验，模糊真实与非真实的界限。而文化资源的主题公园开发模式，主要应该依托在地的文化资源，可以包括历史再现、风情展演、科技娱乐等多种类型。这些类型的共同特点应该是注重文化氛围的营造，引导游客体验文化意蕴，在该情境中了解历史与社会风俗。

3. 节庆会展开发模式

节庆会展开发模式是指“以传统节庆、定期会展为载体和平台，在一段时间内通过对区域文化资源的全方位整合和综合性发掘，最终实现节庆经济和会展经济综合效益的文化资源开发模式”②。

节庆会展开发模式是一种事件经济（event economy）和活动经济，它可以对全区域的资源进行全方位整合，构建价值的网络效应。节庆会展业的国际化和规模化发展，在促进各地文化企业参与国际文化交流与合作的同时，也有力地推动了资本、项目和人才的聚集，促使丰富的文化资源转化为优质的文化资本。从我国的情况来看，随着上海世博会和世界园艺博览会等展会的成功举办，文化会展业在中国的热度得到保持和延续。随着国际交流的加强，节庆会展活动也将进一步发挥促进文化交流与商业合作的桥梁作用，并成为展示中华文化和中国文化产业发展成果的窗口。

节庆会展作为一种准公共文化产品，应该以政府扶持为辅，企业经营为主；其策划要充分利用当地文化资源，紧扣时代主题。这种开发模式应该以高度整合地方文化资源为出发点，其目标是要使市民有充分的参与机会。节庆会展开发模式产生的经济影响除了基本的门票收入、商品零售收入，还包括对周边产业的经济辐射，从而形成规模化、长期性的商业价值，重要的是还可以形成文化品牌，产生良好的社会口碑。③

4. 文化地产开发模式

文化地产开发模式是“房地产企业为了在激烈的市场竞争中获得优势，以文化创意作为转型升级的途径，以文化资源作为竞争力要素实施的一种差异化和品牌化的开发模式”④。

“文化地产”这一提法体现了房地产业与文化产业的融合。作为一种新的地产模式，社会各界对其褒贬不一。有人认为这是房地产企业为了从文化产业的繁荣中分一杯羹而制造的噱头，也有研究者认为这是文化资源为寻求地产载体而进行的一种文化创新。

文化地产开发模式的主要特征是在原有地产开发的基础上融入文化艺术的元素，以多样化的形式，例如以主题社区、文化小镇、艺术商场、旅游地产等来提升地产行业的附加值，适应现代服务业的高水平发展。如果说传统房地产业的核心是建筑，营销的重点是建筑的品质，那么文化地产的核心就是生活在其中的人，提倡的是一种文化的生活方式，营销的重点是文化生活的概念。文化地产的关键在于主题策划、整体规划、故事挖掘以及社区营造，要打造将艺术欣赏、人文体验和商业活动充分结合的创意商业品牌。

5. 创意产品开发模式

文化资源一般包含两个层面的内容：一是人类的思想智慧；二是与之相应的物质基础。总

---

① 肖轶楠，夏沫．论主题公园体验价值的创造：以深圳华侨城主题公园为例．旅游学刊，2008（5）：57－60.

② 向勇．文化产业导论．北京：北京大学出版社，2015：124.

③ 同②124－125.

④ 同②125.

体上，文化资源是一种物质基础上的符号建构。这种“符号”构成文化资源最核心的价值。文化资源一般都有历史传承的性质，历经数代人的保护与发展，直至今天，它们仍然保持吸引力的重要原因，是其所包含的代表历史、艺术造诣、人类经验等内容的核心质素，这些质素因代代相传而具有神圣性，引起人们的关注与崇敬。文化资源作为一种传统，也会随环境变化而更新。文化资源的价值只有在与人类互动时才会生产和流通；文化资源生命力的鲜活程度取决于与人类的互动程度。因此，文化资源的深度开发，就是要结合创意、科技等手段，挖掘文化资源的符号象征和精神价值，创造更多的符合现代消费习惯的产品，例如影视作品、动漫、舞蹈等，使文化资源与当代人的生活发生互动。

“文化资源的创意产品开发模式是一种可持续、可循环的资源开发模式。”[①] 如果说之前的四种基础性开发模式是以空间为载体、以服务为中心的话，那文化资源的深度性开发就是以产品为中心、以渠道为载体。

文化资源创意产品的开发一般分为三个阶段：创意阶段、生产阶段和流通阶段。第一个阶段是基于文化消费的市场分析，寻找文化资源转化为文化产品的关键点，激发创意灵感；第二个阶段是进行文化资源的配置，进行文化商品设计，将创意有形化，将资源商品化；第三个阶段就是进行创意营销。[②]

博物馆的文化创意产品一直是大众关注和喜爱的热点，国内外博物馆皆如此。以英国的维多利亚与阿尔伯特博物馆为例，该博物馆的特色是艺术与设计，因此博物馆的文创产品也主打设计感。博物馆内的纪念品商店主要有书籍、首饰、雕塑、文具、家居用品、配饰等，设计都充分利用了馆内藏品的重要元素；除此之外，也会随时根据最新的特展设计创意产品，体现时尚、潮流的特点，颇受年轻人喜爱。而我国故宫博物院文创产品的设计与营销也引领了国内博物馆发展文创产品的潮流。以往我们印象中的故宫文化产品往往都是具备历史性、知识性，但是缺乏趣味性、互动性。为了使人们真实感受和理解故宫所传递的文化信息，故宫的创意产品都是以藏品研究成果为基础的，但设计在注重文化属性的同时，也强调创意性与功能性，从创意、品质、策划、营销四个方面着手，缩短传统文化与现代生活的距离。通过分析当代人喜爱的文化元素、接受文化信息的方式，以及不同年龄段人群差异化的文化需求，确定产品研发和营销策略。[③]

6. 科技创新开发模式

文化资源的开发可以借助科技手段，发挥科技创新对文化创意的引领作用，从而凸显文化产业在高附加值之外的高科技含量特征。文化资源的科技创新开发模式“以市场牵引、应用驱动为原则，通过技术集成和模式创新，整合文化资源，统筹产业发展”[④]。

我国科技部、中宣部、财政部、文化部等六部门在 2012 年 6 月颁布的《国家文化科技创新工程纲要》中提出，我国未来实现文化科技创新的总体目标是：“突破一批共性关键技术，增强自主创新能力，以先进技术支撑文化装备、软件、系统研制和自主发展，提高重点文化领域的技术装备水平；加强文化领域技术集成创新与模式创新，推进文化和科技相互融合，促进

① 向勇．文化产业导论．北京：北京大学出版社，2015：125.

② 同①126.

③ 李贞．单霁翔告诉你故宫文创为啥这么“火”．人民日报（海外版），2016-04-30（8）.

④ 同①127.

传统文化产业的调整和优化，推动新兴文化产业的培育和发展，提高文化事业服务能力，加强科技对文化市场管理的支撑作用；开展文化科技创新发展环境建设，建设一批特色鲜明的国家级文化和科技融合示范基地，培育一批创新能力强的文化和科技融合型领军企业，加强文化领域战略性前沿技术前瞻布局，培养一大批文化科技复合型人才，培育发展以企业技术创新中心、技术创新战略联盟、专业孵化器、大学科技园、工程（技术）研究中心为核心，以科研院所和高校为重要支撑的文化科技创新体系。”①

在文化遗产领域，数字化技术的应用如摄影、三维图像、虚拟图像、多媒体应用等方式可以更为便捷地保护和传承文化遗产。敦煌莫高窟的数字化工作就是我国文物保护的典范。例如，2014 年莫高窟建成的游客中心，通过放映数字化影片，不仅可以使游客提前体验遗产地的魅力，还能加强游客对遗产的知识储备和保护意识。除此之外，莫高窟也通过遥感技术、影像检测等方式建立了预警监测体系，对向游客开放的 65 个洞窟实行实时监控。洞窟内的温度、湿度、二氧化碳浓度、游客人数等数据都及时被呈现，据此进行调控，从而使文物得到及时防护。

7. 特色产业带开发模式

特色产业带开发模式是“以特色文化资源为开发对象、以文化产业集聚区为开发形态、以发展特色文化产业为目的的文化资源开发模式”②。所谓特色文化资源，一般包括某个区域内或某个民族内独具特色的自然生态资源、民俗风情资源和历史人文资源。在此基础上，可以发展的特色文化产业包括文化旅游、特色工艺美术、特色表演艺术、特色节庆会展等。由于特色文化资源具有区域集聚性的特点，因此特色产业带开发模式特别借助于园区、产业带和特色功能区的空间形态，以实现区域内的文化资源开发的过程互助和成果共享。③

“带状发展”是新时期我国文化产业区域化发展的一个重要特征，主要是指文化产业的空间布局将突破传统区域环状分布而代之以线性带状分布，突破行政区划的阻隔和产业门类的隔离，在相关联的区域内对文化产业的诸多要素进行有机的市场化配置与整合，从而实现国际化生产、交换与消费的整体共赢的文化产业发展格局。④

从当前我国文化产业发展现状和已有空间布局来看，主要有“一带一路”文化产业发展空间、长江经济文化产业带、环渤海湾经济文化产业带、藏羌彝文化产业走廊、京杭大运河文化带等。特色产业带开发模式注重跨区域合作，也强调因地制宜。因此，各地所依托的文化资源各不相同，发展路径也存在区域差异。例如，长江经济文化产业带区域内的山水文化、民族文化、书院文化、宗教文化、民俗文化、红色文化等异彩纷呈，构成长江经济文化产业带建设的文化优势。除此之外，该区域还具备良好的经济基础；交通基础设施发达；产业带内的上海、南京、武汉等中心城市，是我国高校和科研院所集中之地，为产业带建设提供了充分的智力基础。因此，该文化带的发展可以坚持发展先进的、与国际接轨的文化产业，积极参与国际竞争。而藏羌彝文化走廊文化产业发展的基础则是浓郁的民族文化风情资源，因此主要目标可以

---

① 中央政府门户网站．科技部 中宣部 财政部 文化部 广电总局 新闻出版总署关于印发《国家文化科技创新工程纲要》的通知．(2012－08－04)[2021－12－15]. http://www.gov.cn/zwgk/2012－08/24/content_2210057.htm.

② 向勇．文化产业导论．北京：北京大学出版社，2015：127.

③ 同②.

④ 范建华．“十三五”中国文化产业带状发展新趋势．中国文化报，2015－05－20 (6).

是发展民族文化旅游，发掘和开发民族特色文化产业，促进民族特色文化的创意生产及市场链接。[①]

8. 生态博物馆开发模式

“生态博物馆”（ecomuseum）是法国人乔治-亨利·里维埃（Georges-Henri Rivière）和雨果·戴瓦兰（Hugues de Varine-Bohan）所倡导的博物馆运动，提倡生态学（ecology）和博物馆（museum）的集合。他们主张将特定地域整体作为博物馆来考量，将其中的自然生态和历史文化信息都统一于现代人的生活环境中，以使其更加完整地被保存和更具活态化地被展现。[②]

生态博物馆开发模式是注重文化资源与生态资源共生、文化传统与地理环境和谐的一种开发模式，对文化资源的开发注重活态化、生活化、社区化。和传统的文物典藏博物馆不同，生态博物馆将山明水秀的物理场景和人们行住坐卧的起居空间联结起来，将某个特定的区域整体作为一座没有围墙的活的博物馆。这种开发模式实现了文化的原生地保护，可以维护文化生态的可持续发展，因此是一种保护性的开发方式。[③]

在我国，对非物质文化遗产的保护方式有设立文化生态保护区，这也是生态博物馆开发模式中的一种。2010 年 2 月，文化部发布了《关于加强国家级文化生态保护区建设的指导意见》，对文化生态保护区建设原则予以规定：“坚持以保护非物质文化遗产为核心的原则，坚持人文环境与自然环境协调、维护文化生态平衡的整体性保护原则，坚持尊重人民群众的文化主体地位的原则，坚持以人为本、活态传承的原则，坚持文化与经济社会协调发展的原则，坚持保护优先、开发服从保护的原则，坚持政府主导、社会参与的原则。”[④] 至今，我国已建立 23 个国家级文化生态保护实验区。文化生态保护区的建立，无疑加强了非物质文化遗产与周边环境的联系，有利于促进其与物质文化遗产的协调发展；同时，有利于调动当地民众的积极性，发挥其遗产保护与传承的主体角色。保护区也可以成为发展旅游、带动当地经济发展的重要资源。

9. 文创造镇开发模式

随着当代中国经济、社会的发展，城镇化的脚步也在加快。从人类的根本生存需求来看，城镇化并不仅仅意味着田园被摩登大楼替换，农民进城变成市民，这只是城镇化的初级阶段。当社会、经济发展到一定程度时，人们会更注重生活质量的提升与生存环境的舒适。这就需要改变原有平地建楼、同质发展的城镇化思路，实现新型城镇化道路的转向。新型城镇化的模式有很多种，以发掘文化资源、发展文化城镇为目标的“文创造镇”是其中一种重要模式。日本最先开始了“文创造镇”运动，我国台湾地区紧随其后，也开展了一场以文化为主旨的“社区总体营造”运动。

我国许多城乡拥有丰富的文化遗产、农业遗产、风土民情以及山水风光，这些都构成重要的生产资源。文化产业的发展逻辑是重视开发文化资源的无形资产，将文化资源、文化资本、知识产权、符号价值作为城镇化的重要生产要素。“文创造镇”的战略不同于传统工业兴镇、制造业代工兴镇，这种开发模式是城镇化发展理念的根本性转变，它以文化为出发点和目标，

---

① 范建华．“十三五”中国文化产业带状发展新趋势．中国文化报，2015－05－20（6）.

② 张誉腾．生态博物馆：一个文化运动的兴起．台北：五观艺术管理有限公司，2004：14－16.

③ 向勇．文化产业导论．北京：北京大学出版社，2015：128.

④ 陈平．中国非物质文化遗产发展报告（2015）．北京：社会科学文献出版社，2015：13－14.

以“文化立镇”为发展理念，以“经济搭台、文化唱戏”为行动主轴，同时将“人、文、地、景、产”等多个面向作为城镇化发展的主要着力点，将文化资源转变为城镇化管理和文化建设的核心资源，最终通过“文化故事”塑造城镇文化品牌。[①]

三、案例：文化资源在山水实景演出中的新生

2004 年 3 月，一场前无古人的演出在桂林阳朔的碧山秀水中上演。绵延的漓江水与周围 12 座青峰，构成了一个天然剧场，竹排、渔火、蓑衣这些广西地区典型的生活元素点缀其中，被传唱为经典的刘三姐的故事，以一场全新的视听盛宴呈现在观众面前。在依地而建的梯田状座席上，观众尽览山水风光与精彩演出。这就是中国第一部山水实景演出——《印象·刘三姐》。时至今日，它已在此演出 18 年。

这部带动中华大地山水实景演出兴盛之势的作品，并非一蹴而就，从最初的创意构思到作品成功上演，历时 5 年零 5 个月。山水实景演出《印象·刘三姐》开了实景演出行业之先河，不仅艺术形式优美，而且植入了深刻的文化内涵，“不着痕迹”地将文化融于自然山水中。这种创新与发展，对我国文化产业的发展和文化产品的开发颇有借鉴意义。

（一）四度创新模式

克里斯·比尔顿在其《创意战略：商业与创新的再连结》中，提出了“六度创新”的战略。第一度，价值创新（创意或延长产业链）；第二度，成本创新（缩短链条）；第三度，容量创新（加宽链条）；第四度，市场创新（重塑链条，使其更接近顾客意愿）；第五度，边界创新（融合链条）；第六度，学习创新（通过产品/服务的互相作用使之适合链条）。其中价值创新与创意的培育有关，成本创新主要是减少或去除，而后四度创新是以创意的姿态使用价值链。[②]梅帅元[③]山水实景演出的创新和发展体现了其中的价值创新、容量创新、边界创新与学习创新。

价值创新与著名的“蓝海战略”密切相关，要求企业突破传统的市场竞争，开辟新的领域，发现更大的价值。这种创新能创造新的价值链甚至新的产业，从而去开拓新的需求类型。在《印象·刘三姐》之前，演出的舞台一般都在室内，观众在传统的剧场中欣赏演出。即使偶尔有露天的演出，场次也很少，并没有人考虑将演出长期地放置于大自然中。梅帅元看到了这片“蓝海”，国内外都没有人用以天为盖地为庐的自然舞台，而他具备创造这一新形式的各种优势：他的家乡广西拥有闻名世界的风景资源；多年的文学积累和之前多次获得国家大奖的经验可以帮助他顺利地完成演出创意；常年在壮剧团、桂剧团工作使他有能力整合各方面资源运作一台演出。由于中国的文化消费水平并不高，因而很多演出作品即使具有较高的艺术水准，也很难在市场竞争中生存下来。梅帅元选择突破传统的演出形式，开辟一种新的演艺模式。虽然中途阻碍重重，但梅帅元坚毅地完成了这一形式的创新。经过十几年的市场检验，实景演出由梅帅元的创意实践发展至全国，甚至输出至海外，该行业逐渐成为文化旅游中的一支重要

---

① 向勇．文化产业导论．北京：北京大学出版社，2015：129－130.

② 比尔顿，卡明斯．创意战略：商业与创新的再连结．向方勇，译．北京：金城出版社，2015.

③ 梅帅元，山水盛典文化产业有限公司董事长，中国山水实景演出创始人，一手打造出《印象·刘三姐》等作品。

力量。

容量创新主要是拓宽产业链条，以比传统方法所能提供的更大的数量去生产、提供或销售产品与服务。对于传统的演出行业来说，观众主要在剧场观演，座位和人数有限，演出的场次也有限，很难实现每天演出。在中国，也缺少驻场演出的优秀剧目。梅帅元将实景演出的观众定位于旅游区的游客。他之所以对演出地的选址特别重视，是因为要判断游客人数能否支撑一台实景演出的长期运营。只有旅游区的游客量有保障，演出的观众数量才能有保障。在旅游区，除了特别恶劣的天气，实景演出几乎每天都可以进行，一次创意，可以赢得长期的回报。虽然前期投资较大，但梅帅元的作品一般都会在 4 年内收回成本，之后实现盈利。和传统剧场里的观众相比，在观众的人数上实现突破，靠近更庞大的游客群体，就可以极大地拓展观众容量。

边界创新一般是超越或蔑视传统的边界，将一些正常视角看起来完全不能混杂的事物重新匹配或融合。在《印象·刘三姐》之前，演艺行业和旅游行业并没有直接的联系。梅帅元跨越了两个行业之间的界限，开辟出新的实景演出行业共享产业链条，丰富了文化旅游的类型，成为文化旅游业的突出代表。他所打造的每一台演出既是艺术精品，又是地方旅游业的一张文化名片。中国旅游业的发展一直处于较为初级的阶段，主要靠门票收入及餐饮、住宿来实现营收，仅仅开发了自然和文化资源的展示价值，缺少对本地特色文化的深度挖掘和对当地民众生活的现实观照。没有文化观照的旅游业缺乏可持续发展的动力。而演出作品高居庙堂，缺少能欣赏的观众，或者能欣赏的观众也很难有机会随时去欣赏一台大型演出。文化消费习惯需要一些时日来养成，在人数众多的旅游者中，慢慢培养这样的文化消费习惯，也是一种尝试。在白天游览完名胜古迹后，晚上享受一场视觉盛宴，既可以放松身心，又能从中得到艺术与传统文化的熏陶，更好地理解当地文化。

学习创新主要是通过产品或服务的相互作用使之适合链条，是在创新和将其带到市场的过程中发展的进一步的创新。主要有三种类型：前市场的学习、市场成功后的学习和市场失败后的学习。梅帅元的山水实景演出在取得良好的市场反响与声誉，并在全国布局的同时，也在开发新的形式以发掘更多潜在的观众。《文成公主》剧场版在北京的演出，《锦宴》在南宁的演出，都是于都市中还原山水体验。虽然音乐剧和歌舞秀都移步室内，但在舞台的打造上，仍然努力营造自然山水的真实感。通过这种形式，让没有机会去看实景演出的观众在城市内就能与自然山水接近。这是在实景演出取得成功的基础上的再创新，使原有产业链条上的品类更丰富了。

（二）日常生活审美化

20 世纪 90 年代迈克·费瑟斯通（Mike Featherstone）在其著作《消费文化与后现代主义》中，就将消费文化的研究重点放在日常生活审美化上。[①] 在消费文化的影响下，艺术与审美将日益渗入日常生活中，模糊原来的界限。一方面，艺术与审美将逐渐渗入日常生活中，它们之间的界限不再泾渭分明，艺术创作逐渐向生活靠拢，高雅艺术逐渐向大众靠拢；而另一方面，生活也逆向追寻艺术与审美活动，日常生活审美化成为全球发展的趋势。在这样的背景下，消费也具有一些特性。首先就是大众性，争取更多的消费者，就需要更贴近消费者的生活以满足

① 费瑟斯通．消费文化与后现代主义．刘精明，译．南京：译林出版社，2000.

他们真正的需求，这也是遵循市场规律的体现；其次是符号性，人们选择消费更注重其符号价值，而非使用价值，商品的符号价值往往与身份、地位匹配；最后是娱乐性，人们选择消费更倾向于身心愉悦、轻松自由的方式。

山水实景演出正是艺术性和大众性结合的产物。剧场被置于室外，作品每天上演，使更多观众可以欣赏到演出；演出创作向大众靠拢；同时，演出让艺术形式走进了更多人的实际生活，可以慢慢带动文化消费习惯养成。人们往往对不同地域的风土民情充满兴趣，梅帅元的山水实景演出在内容上注重地方文化资源的发掘，同时也观照当代生活，进行了现代转换，符合当前消费者的审美趣味，满足了大众消费的需求，可以赢得较多的观众。除了亲自策划或担任导演，他的创作团队中还有知名的艺术家或其他行业名人加盟，众星云集是他塑造演出符号价值的王牌。出于对名人创作的认可，观众更容易接受其作品。除此之外，每台演出都是一场视听盛宴，观众沉醉在自然山水之中，这是对原有单一的旅游项目的很好补充。

本章小结

1. 文化资源主要是指具有文化特征和人类精神活动痕迹，具有人文价值和传统价值的资源。它的形态是十分丰富的，总体来看，文化资源可以分为物质文化资源、非物质文化资源和自然文化资源。

2. 文化资源最重要的特征是具有文化价值，这是发展文化产业的基本条件。其自身的具体特点主要有四个：独特性、公共性、群体性和综合性。

3. 从文化资源到文化品牌，是一条环环相扣的价值链，文化资源是这一价值链的逻辑起点。我国要大力发展文化产业，就必须对文化资源的开发有一个权责分明、目标清晰的操作框架，也即文化资源的开发模型。

4. 对文化资源进行开发，首先要对其进行调研、分析和评估，包括三方面的内容：核心资源评估、事业发展评估、产业发展评估。

5. 文化资源经过评估，大致会形成四种品级：强势资源、优势资源、潜力资源和一般资源。文化资源的评估是一个动态的过程，会因为评估工具的更新、评估人员的主观性、评估周期的相对性等因素而发生变化。因此，文化资源的品级分类也是与特定阶段相对应的。

6. 文化资源的开发总体上分为基础性开发和深度性开发。基础性开发属于传统型开发，以资源型文化产业和制造型文化产业为发展模式；深度性开发属于创新型开发，以内容型文化产业和生态型文化产业为发展模式。

思考与练习

一、基本概念

文化资源　文化遗产　文化资源开发模型　效益评估　强势资源　优势资源　潜力资源　一般资源　基础性开发　深度性开发

二、思考题

1. 简述文化资源的定义。

2. 文化资源的主要特点是什么？

3. 文化资源开发的价值链结构中有哪些关键环节？
4. 对文化资源进行评估，主要包括哪些内容？
5. 如何进行文化资源开发效益评估指标体系建构？
6. 经过评估的文化资源主要有哪些品级？
7. 简述文化资源的开发模式。

拓展阅读

1. 比尔顿，卡明斯．创意战略：商业与创新的再连结．向方勇，译．北京：金城出版社，2015.

2. 费瑟斯通．消费文化与后现代主义．刘精明，译．南京：译林出版社，2000.

3. 陈平．中国非物质文化遗产发展报告（2015）．北京：社会科学文献出版社，2015.

4. 陈少峰，张立波．文化产业商业模式．北京：北京大学出版社，2011.

5. 董观志．旅游主题公园管理原理与实务．广州：广东旅游出版社，2000.

6. 胡红一．中国式山水狂想：梅帅元与《印象刘三姐》．桂林：广西师范大学出版社，2012.

7. 联合国教科文组织．世界文化报告（2000）：文化的多样性、冲突与多元共存．关世杰，等，译．北京：北京大学出版社，2002.

8. 联合国教科文组织世界遗产中心，国际古迹遗址理事会，国际文物保护与修复研究中心，中国国家文物局．国际文化遗产保护文件选编．北京：文物出版社，2007.

9. 向勇．特色文化资源的价值评估与开发模式研究．北京联合大学学报（人文社会科学版），2015，13（2）.

10. 向勇．文化产业导论．北京：北京大学出版社，2015.

11. 叶朗．美在意象．北京：北京大学出版社，2010.

12. 张誉腾．生态博物馆：一个文化运动的兴起．台北：五观艺术管理有限公司，2004.

第四章　文化资产的价值实现

本章概述

文化资产是文化产业发展的基础，将多种多样的文化资源通过有效手段进行资产化，是现代化产业发展的必要前提。首先，本章梳理了现代产业逻辑下文化资产的概念内涵，梳理了从古典经济学时期一直到价值二元性确立的理论发展历史，辨析了文化资本的概念形成过程与布尔迪厄、索罗斯比等学者进行的相关理论探讨；其次，本章从文化资产的价值二元性出发，分别介绍了大卫・索罗斯比（David Throspy）、布莱恩・摩尔安（Brian Moeran）、阿尔君・阿帕杜莱（Arjun Appadurai）等学者提出的文化价值的评估方法，以及收益评估法、市场评估法、成本评估法及其他经济价值评估方法；再次，详细介绍了结合中国文化产业发展实际制定的文化产业无形资产价值评估体系，从基本原则、指标设定、评测过程、权重与计算、结果应用等方面进行了细致的介绍；最后，本章介绍了当今文化资产评估的典型案例，聚焦于现实中影视剧本这一特殊的文化资产类型，介绍了最前沿的价值评估行业实践。

学习目标

通过对本章的学习，学生应了解或掌握如下内容：

1. 了解文化资产与文化资本的概念内涵。
2. 了解文化资产与文化资本的相关理论。
3. 了解文化资产的文化价值与经济价值评估方法。
4. 了解文化产业无形资产价值评估体系的设计思路。
5. 掌握文化产业无形资产价值评估体系的应用方法。

文化资产是文化产业发展的核心所在，丰富的文化资源只有被开发转化为文化资产，才能够真正进入市场经济和消费社会的现代语境中。文化产业的发展遵循经济学基本规律，但其生产要素和结构组合与传统产业形态有所不同，“投入与产出中始终涉及富含文化价值的资产投入和产品的产出，其中的关键是将无形的文化价值转变为在产业层面可操作的资产来运作”①。

---

① 牛宏宝．文化资本与文化（创意）产业．中国人民大学学报，2010（1）：145.

这种可操作性的资产就是文化资产。

了解文化资产的理论脉络和应用实践，能够帮助我们更好地理解文化产业的运作原理，在现实应用中更好地开发利用文化资源的文化价值与经济价值，为产业的发展和文化的繁荣做出贡献。

一、理论：文化资产的观念演变

在文化产业的理论发展中，文化资本理论为文化资源开发提供了基础，文化资本是文化资源在价值实现过程中的具体表现形式，它主导了文化产业全产业价值链的发展，其商业积累形成了文化财产，进而成为具有产权特征的文化资产，在文化企业的生存发展中发挥着核心作用。

（一）文化资本的理论范式

资本是用于投资得到利润的本金或财产，是人类创造物质和精神财富的社会经济资源的总称。以亚当·斯密（Adam Smith）为代表的西方古典经济学奠定了劳动价值论的基础，为资本主义的发端提供了理论支持。然而，在其资本主义经济学体系中强调物质生产部门能够创造财富，而忽视了文化等非物质资本的作用。

20世纪中后期，西方发达国家步入后工业社会，文化渗透扩张到生活的各领域，日常生活审美化成为社会的潮流，文化在社会发展和价值创造中的独特地位被逐渐发现。法国文化社会学家皮埃尔·布尔迪厄将资本从经济学引入社会科学的研究范畴，创造性地指出资本是社会发展的基础，是“期望在市场中得到回报的资源投资”①，在不同的历史阶段，社会内在结构的不同带来了资本的不同类型和分布结构，构成社会的结构性因素的是各种形态的资本。基于此，他认为资本可以表现为经济资本、文化资本和社会资本三种不可忽视的形态，经济资本具有基础性作用，且三者可以相互转化。②

文化资本泛指任何与文化及文化活动有关的无形资产及有形资产。文化资本有身体化、客观化和制度化三种存在形式。身体化的状态与人紧密相连，主要是从家庭背景、教育投资等方面获得的能力、惯习、资源、趣味，以及由此带来的文化地位配置等，无法转让；客观化的状态指具有实物资本的形态，基本等同于文化产品的概念，可以转让和代际传承；制度化的状态，偏重于社会制度认可的文化能力方面的资格、证书或荣誉，能够赋予拥有者文化的、约定俗成的、经久不变的、有合法保障的价值。③

布尔迪厄认为，三种资本共同构成“场域”，进而带来了社会结构和社会行为，但缺少在经济学层面的深入思考。大卫·索罗斯比则将资本分为实物资本、人力资本、自然资本和文化资本，将文化资本定义为“作为贡献文化价值的资产”，强调文化资本是一种文化价值存量，可以形成一定时间内的货物、服务流或商品，可以同时具有文化价值与经济价值，同时存在于有形和无形的形式中。④ 这种定义和划分更强调文化资本的经济价值，利用经济学框架探索文

---

① 林南．社会资本：关于社会结构与行动的理论．上海：上海人民出版社，2005：3.

② 布尔迪厄．文化资本与社会炼金术．包亚明，译．上海：上海人民出版社，1997：192.

③ 同②200.

④ 索罗斯比．文化经济学．张维伦，等，译．台北：典藏艺术家庭股份有限公司，2003：54－55.

化资本在社会生产中投资、经营、管理、效益回收的全过程运营，有助于产业的形成完善，进而发展为现代性的文化生产模式。

(二) 文化资产的概念内涵[①]

资产是指由企业过去的交易或事项形成的、由企业拥有或控制的、预期会给企业带来经济利益的资源。文化资产是一种不具备实物形态的无形资产，是一种将“历史性、社会性、共享性”的文化资源转化为文化资本，并以知识产权形式确保的现代资产，具有“现实性、独占性、排他性”的资产特性。

无形资产包含专利、著作权（版权）、商标、商业秘密（营业秘密）、服务商标等不同形式。而由定义可见，文化产业无形资产具有以下特点：

第一，独创性和独占性。文化企业的核心竞争力在于不断创新，文化资产拥有独创性才能获利，法律为保护独创性，禁止他人非法取得和使用无形资产。独创性与独占性也使得替代品相对较少，产生无价格参考的情况，同时有些资产只对特定企业有意义，因此难以确定其市场价值。

第二，敏感性和流动性。与实物买卖相比，无形资产的盈利能力和经济寿命受各类因素影响较大，价值对于环境因素的波动较为敏感，因此价值不确定性强。此外，文化资产的流动性强，例如企业员工的流动可能带来知识产权和核心技术的改变。

第三，高收益性。无形资产的增值空间巨大，一个版权产品诞生后，后期针对版权不需要投入太多的研发和维护费用，边际成本极低，而其可带来的边际收益却能够随着产业运作不断增加。

根据我国（尤其是北京市）文化产业发展的特点，一般在产业发展中可评估的文化资产有如下类别（见表 4-1）：

表 4-1 文化产业无形资产评估范围

无形资产分类	内容举例
销售类	商标、网站域名、品牌标识、营销网络、老字号
技术类	发明专利、实用新型专利、外观设计专利、专有技术、技术方法、秘诀
艺术类	书籍版权、音乐版权、美术作品版权、影视作品版权、动漫版权
数据处理	软件所有权、软件版权、自动化数据库
工程类	工业设计、设计图、商业秘密、工程图纸集成电路
客户类	客户名单、合同、未结订单
合同类	优惠供应合同、许可证、特许经营权、独家协议
人力资源类	高素质配套员工队伍、雇佣合同或协议、管理团队、企业家个人价值
地理位置	租赁权、控制权、路权、特殊景观
商誉类	企业商誉、机构商誉、专业人士个人商誉

① 向勇．文化产业无形资产价值评估：理论与实务．北京：北京大学出版社，2016.

(三) 文化资产的价值内涵

在现代市场经济中，资产评估是市场价格生成机制的重要环节，是市场优化资源配置的重要手段。[①] 准确了解文化资产的价值内涵，才能准确衡量价值，进行市场定价。文化资产的价值是文化价值与经济价值的共时并存，这种“价值二元性”适用于文化经济领域的所有现象。[②] 这一价值属性是随着经济学的逐渐发展而明确的。

在古典经济学时期，亚当·斯密将商品的价值分为使用价值和交换价值，认为二者相互依赖、不可分割，前者指物品能够满足人们某种需要的能力，后者指的是一种使用价值同另一种使用价值相交换的量的比例或关系，对于商品而言，价格取决于消费者愿意为它的“价值”所支付的数量。在马克思主义政治经济学中，强调商品价值的一般度量标准是“社会必要劳动时间”，价格是价值的表现，市场中的价格会在价值周围上下浮动，社会竞争使得价格趋近于价值。

然而随着社会经济的发展，物质价值决定论的弊端逐渐显现。对于新的产业经济尤其是文化产业而言，物质价值决定论的弊端有三个。首先，价格仅仅能衡量个人得到的利益，却不能反映文化产品对于社会的外部效用；其次，许多艺术品在历史中被创造出来，其价值无法用现代劳动生产来衡量；最后，功能几乎相同的产品会因为其中的文化艺术元素而具有更高的价值，这一点是传统价值理论难以解释的。

为适应经济的不断变化，19 世纪 70 年代后，边际效用价值论出现，认为价值量取决于边际效用量，即满足人的最后的亦即最小欲望的那一单位商品的效用，指出物品市价是供求双方对物品主观评价达到均衡的结果。美国行为经济学家丹尼尔·卡内曼（Dainel Kahneman）通过心理学方法进一步发展了效用理论，认为心理快乐是社会发展的根本目标，并且将效用区分为传统经济学的边际效用和反映快乐与幸福的体验效用，其中体验效用是新经济学的基础。大卫·索罗斯比则认为，文化经济学是人类经济思想和文化思想融合形成的新思维模式，经济思想被个人主义驱动，文化概念则为集体主义所驱动。[③]

价值二元性的逐渐确立，实现了从单一物质价值决定论到物质价值与文化价值协同决定的发展转变，为文化资产的价值评估奠定了必要的理论基础。

二、方法：文化资产的价值评估与体系建设

(一) 文化资产的价值评估

在价值二元性当中，经济价值可以用一般的经济术语加以解释，并通过市场方法进行客观量化，其估值方法准确且可以重复，相比之下，文化价值却是复杂的、多元的、不稳定的，缺乏统一的衡量标准。[④] 为了满足文化产业的客观发展需求，学界与业界积极探索，结合传统经济价值评估方法，提出了许多适用于文化资产价值评估的实际方法。

---

① 张国春．文化资产价值与评估．上海经济，2015（1）：28.
② 向勇．文化产业导论．北京：北京大学出版社，2015：185.
③ 索罗斯比．文化经济学．张维伦，等，译．台北：典藏艺术家庭股份有限公司，2003.
④ 索罗斯比．文化政策经济学．易昕，译．大连：东北财经大学出版社，2013：21.

1. 文化价值评估方法

文化价值的组成是复杂的。许多评估文化价值的探索尝试，都首先将文化价值分解为若干个组成部分，分别给出确定的标准；其次则用数值或等级等方式做出对价值的判断。[①]

大卫·索罗斯比认为文化价值是审美价值、精神价值、社会价值、象征价值、历史价值和真实价值的价值组合，所以可以先分别评估每一个价值属性，然后通过加权系统汇总成一个总体评估。他提出了五种具体评估方法。(1) 关系图法：分析对象的背景环境，建立起地理、物理、社会、人类学及其他方面的关系图，构建全面性的关系结构；(2) 深度描述法：通过描述文化对象、环境或过程，使难以理解的现象合理化，从而使人们能够更加了解行为的背景动机与实际意义；(3) 态度分析法：借鉴社会调查、心理测量等方法，评估个人的真实反应、群体的态度或共识，适合于对精神价值、社会价值的评估；(4) 内容分析法：通过分析内容确认并描述价值意义，适合于对象征价值的评估；(5) 专家评价法：通过引进具有专业知识、技术、训练和经验的专门人才，为价值评估提供专业判断，适合于审美价值、历史价值和真实价值的评估。[②]

布莱恩·摩尔安基于吉布森的可供性理论和布尔迪厄的场域理论，提出可供性场域的概念，认为经济系统产生了可供性回路，而可供性回路在文化场域和经济场域之间形成了五种可感知价值。(1) 技术-材料价值：一方面是设计或制作文化产品时所使用的材料的价值，比如不同材质的服装、不同技术要求的电影在价值和价格上都会有区别；另一方面是创造者自身具有的专业技能和知识带来的价值，例如面对同样的风景、使用同样的器材，不同的摄影师会拍摄出不同风格的作品。(2) 社会价值：表现为个人与个人之间、个人与组织之间、组织与组织之间的社会联结和关系网络，会同时影响到文化产品的生产与交换。例如，在选择艺术创作者时可能会选择有名望的或者有过合作历史的人，在销售中创作者的社会认可度会影响产品的价格。(3) 情境价值：从时间维度看，稀缺性与原真性会影响物品的价值——某个特定时间的绝版产品，其价值往往难以估量；从空间维度看，产品所在的空间环境会影响其价值——同样的产品如果放在展览馆的玻璃展柜中，制造出与观众间的空间区隔，往往会让人感觉其价值更高。(4) 审美价值：指消费者可以感受到的产品美感，这与产品自身的艺术创作有关，也与消费者的知识背景有关。(5) 使用价值：既包括产品本身的使用性，也包括潜在的使用性。例如，一个茶杯可以用来喝水，也可以被当作纪念品、笔筒等等。这五种价值是评价文化产品时不同的参考标准，都在一定程度上影响着消费者的决策。摩尔安认为，五种价值共同形成象征价值，并被交换为可量化的经济价值，从而使文化产品的文化价值和经济价值间可以建立等值，并达到总体价值的评估。[③]

此外，也有文化价值的评估方法更关注文化产品价值生成的总体过程。阿尔君·阿帕杜莱将商品视为物的社会生命周期的阶段之一，用“价值锦标赛理论”分析文化价值的估值原理，认为价值锦标赛揭示出，复杂的周期性活动可以通过文化性定义的方式从日常经济生活中分割出来，参与活动代表在权力阶层具有优先权，也是进行竞争的手段。在价值锦标赛中，各类文

① 索罗斯比．文化政策经济学．易昕，译．大连：东北财经大学出版社，2013：24.

② 索罗斯比．文化经济学．张维伦，等，译．台北：典藏艺术家庭股份有限公司，2003.

③ MOERAN B. The business of creativity：toward an anthropology of worth. Walnut Creek，CA：Left Coast Press，2013：50.

化产品的汇率通过约定俗成的文化差异被区分，在此过程中，地位、排名、名望、参与者的声誉等要素都十分重要，而锦标赛的象征性意义、作为最核心的价值在社会中的地位也值得关注。尽管价值锦标赛发生在特定的时间和空间，但是其形式和结果永远对普通生活中更为平常的权力和价值的实现产生影响。阿帕杜莱认为："类似于价格的东西不是通过与个人无关的供给与需求的力量，而是通过一些协商的过程而最终达成。"① 此后，布莱恩·摩尔安等学者进一步将价值锦标赛理论应用在时装周、艺术节、电影节等不同文化生产活动当中。② 与价值锦标赛理论类似的是约瑟夫·兰佩尔（Joseph Lampel）所发展完善的场域建构型活动理论（Field-Configuring Event，简称 FCE 理论），这一理论关注市集、节庆等使业务相似的组织聚集在一起形成场域的活动。这类活动的特点是将不同身份背景的人集中在特定的区域、活动期限受到限定、提供非结构化的面对面社交的机会、打造进行信息交换和塑造集体意识的场合。通过场域建构型活动，"网络被构建，名片被交换，名誉被提升，交易被达成，新闻被分享，成就被认可，标准被设定，主流的设计被选择"，人们对于文化产品的价值和价格也就能够达成共识。

2. 经济价值评估方法

文化资产的经济价值评估多由"法律、商业模式、技术知识"等评估资源组成，以经济价值与商业分析为基础，以产业为单位，针对不同竞争形态、产业结构、产品及技术特性进行分析。③

目前在国际上，文化资产经济价值评估的方法分为传统评估方法和现代评估方法——传统评估方法包括成本法、市场法、收益法等，现代评估方法则包括现金流折现法、市盈率分析法、资产法等。而依照我国《文化企业无形资产评估指导意见》，在文化企业无形资产评估的过程中，需要"根据……相关条件，分析收益法、市场法和成本法三种资产评估基本方法的适用性，恰当选择一种或者多种资产评估方法"④。

（1）收益评估法。

收益评估法，是以现值考虑文化资产在未来的预期收入。通过预测文化资产在未来特定时间周期（每年或每月）可以获得的利润，再选择合适的折现率将未来的价值换算为当前的价值，从而评估当前总体价值。文化企业产业链较长，其价值贡献与投入存在非匹配性特征，资产的价值很少取决于投资成本的多少⑤，因此收益评估法是文化企业价值评估最适用的方法⑥。

收益评估法的基本计算公式为：

$$P=\alpha\sum_{i=1}^{n}\frac{R_i}{(1+r)}i$$

公式中，P 为文化资产的实际价格，n 为文化资产预计使用的年限，r 为折现率，R_i 为使用该资产后第 i 年带来的超额收益，α 为文化资产在产生的现金流中的贡献程度。

在具体计算上，收益评估法又可以细分为直接评估法和间接计算法两种方式。直接评估法：当知识产权能够直接地创造增益价格或节省成本时，可以利用创造的现金流量来评估其价值。

---

① APPADURAI，A. Commodities and the politics of value//APPADURAI A. The social life of things：commodities in cultural perspective. Cambridge [Cambridgeshire] New York：Cambridge University Press，1986：3-63.

② MOERAN，B. A tournament of value：strategies of presentation in Japanese advertising. Ethnos，1993（58）：1-2，73-94.

③ 向勇．文化产业导论．北京：北京大学出版社，2015：197.

④ 中国资产评估协会．文化企业无形资产评估指导意见，2016.

⑤ 刘云波，李挺伟．探索大数据在文化产业版权资产价值评估中的应用．中国资产评估，2015（4）：16-22.

⑥ 刘玉平，王奇超．期权定价模型评估知识产权资产的研究．中国资产评估，2013（2）：32-36.

间接计算法：当拥有知识产权可以节省权利金支付时，通过间接计算利润与预期金额的差值，可以估算知识产权价值。

尽管收益评估法应用范围较广，但仍然存在一些局限性。首先，文化企业以创意为核心，但一旦创意被普遍化，产业的收益就会减少，价值也会下降，这种高风险性为评估预期收益和折现率带来了困难①；其次，当文化公司为跨国经营时，知识产权与制造、销售等环节处于不同地点，计算收益时如何分摊相关费用会为估值带来困扰②。

（2）市场评估法。

市场评估法，是以行业内过去发生交易时的价格为参照对象，结合宏观产业环境的可变影响因素进行综合评估的方法。市场评估法的逻辑出发点在于当最近有类似的交易事例时，一般的卖者不会以低于类似买卖事例的价钱出售。由于需要类似的文化市场交易作为参考，因而市场评估法适用于买卖行为较为频繁的文化资产评估。

在评估过程中，过去交易发生的时间点、事例内容的市场性、价格水准、可使用期、市场占有率、是否存在代替内容的开发、事例与当前评估对象的相似度等都会影响到价格的具体评估。

在具体计算上，市场评估法将文化资产的经济价值区分为四种：一是商业价值，通过市场结构与规模结构、预期市场与市场接受度、市场扩散力与促销力等指标衡量；二是技术价值，通过产权条件、产品信用、有利条款结构及交互授权关系等指标衡量；三是知识产权价值，通过技术创新及竞争力结构、技术支持与风险结构、技术适用性及科学引用能力等指标衡量；四是市场价值，指潜在和可行的经济回报，亦即期望的总体价值。测算前三种价值在整体文化市场中占据的比重，乘以市场总值，就得到该文化资产的市场价值。

市场评估法能够全面考虑各种影响因素，使估算的市场价值趋近于实际价值。但市场评估法需要参考前期的类似交易，尽管文化企业的知识产权交易数量在不断增长，但总体来看频次和规模仍然有限、信息相对匮乏，缺少充足的可比较指标。此外，当遇到全新的创意产品时，缺少可以参考的市场情况，也阻碍了市场评估法在文化产业领域的运用。

（3）成本评估法。

成本评估法，是以文化产业价值链中知识产权“生产”或“产生”的成本来评定知识产权价值的方法。成本评估法的逻辑出发点是认为知识产权的价值可以直接在构建成本中评估。在经济学的基本假设中，在一个达到供需平衡的完全竞争市场当中，人们愿意为一项知识产权付出的成本，基本等于其能够获得的回报，否则市场就会通过供需变化重新达到平衡。因此知识产权的开发成本或购置成本，不会低于其所贡献的经济价值。

成本评估法在估算的过程中不需要考虑市场状况或其他因素，仅仅评估投入的成本，是各类评估方法中最简单的一种。成本评估法的基本公式是：

资产评估值＝重置成本－实体性贬值－功能性贬值－经济性贬值

其中，重置成本又称现行成本，是指按照当前市场条件，重新取得同样一项资产所需支付的现金或现金等价物金额，也可以简单地理解为文化资产的总开发费用，包括直接投入研发的费用和器材、人员、评估等间接投入费用；实体性贬值，指的是因朽坏衰退、损伤、灾害发生等造成的价值折旧；功能性贬值，是指因为时尚潮流、市场观念等变化而引发的价值折旧；经

① 李小荣，刘晴．文化企业知识产权评估方法研究．中国资产评估，2017（3）：21－27.

② 向勇．文化产业导论．北京：北京大学出版社，2015：201.

济性贬值，是指因为周边经济环境萧条等变动带来的价值折旧。

尽管操作较为简单，但是成本评估法的弊端也较为明显。首先，文化产品的自身特性使市场与环境因素在其价值衡量中具有很重要的作用，忽略这些因素会导致结果不够客观[①]；其次，在文化资产的开发过程中，由于其成本具有不完整性、弱对应性和虚拟性，因而重置成本与具有的价值可能没有直接关系[②]；最后，正如市场评估法所强调的，文化资产具有价值增值性和衍生性，成本评估法在计算过程中很难考虑到和资产相关联的未来收益与产业链衍生收益[③]。

（4）其他评估法。

在三种传统评估方法之外，国际社会上还有许多评估方法值得学习借鉴。

现金流折现评估法（discounted cash flow method，简称 DCF），将现金支付期间与到期即付风险加以考虑，从而将未来的现金换算成现在的价值。DCF 法首先预测未来所有的现金流量，然后根据成本与投资、配合风险及资产配置，以评估未来的投资报酬率，超过的价值按照比例分配给买方和卖方，可以视为对收益评估法的改良和提升。DCF 法具备很强的精准性与关联性，但对于选择及分析各项经济指标有很高的要求，需要在专家指导下进行审慎评估。

评等评估法，又称技术因素法（technology factor method），通过分析相关因素来弥补市场评估法等方法的不足。评等评估法将知识产权、竞争性知识产权及对应市场状况进行分析，找出关键因素进行排序，形成矩阵，将两者相结合作为计算权利金或收益的基础。评等评估法通过分析企业的国际化能力、领先能力、成长趋势、产品的市场占有率、权利延伸潜力等因素，易于向投资人或股东说明文化资产的价值，也能够为企业的产品开发提供参考。

市盈率分析法（price earnings ratio method，简称 PE），是当前我国证券市场上运用最广泛的指标之一，在其计算过程中不考虑业绩增速和其他风险，适用于评估经营较为成熟稳定的企业。市盈率的计算方式为公司每股股价除以每股收益，从而反映公司的价值，体现公司未来的盈利能力。

（二）文化产业无形资产价值评估体系[④]

对文化资产进行价值评估，能够有效促进文化资源转化为文化产品，是文化产业得以规范发展的重要前提。建设文化产业无形资产的价值评估体系，能够为创意价值的评估提供通用参考，破除企业、政府、金融机构、投资商等主体在投融资时遇到的障碍，为文化企业的发展提供方向参考，为投资者发现具有较大市场潜力的优质产品，为金融机构提供更好的评估依据，为产业的良好运用和文化社会的健康发展保驾护航。

1. 文化产业价值评估的基本原则

文化资产具有文化价值和经济价值的价值二元性，在衡量其价值内涵的过程中，需要兼顾这两种价值。综合文化产业无形资产的各方面特性，可以从艺术性、差异性与服务目的的准确性三个维度进行归纳、整理与评估。这三种属性，也是准文化资产能够真正投入文化产业生产中的必要条件。

（1）艺术性，代表了内容价值，也就是审美价值，包括基本美学元素的浓度与结构以及一般的

① 向勇．文化产业导论．北京：北京大学出版社，2015：198.

② 董晓峰，李小英．对我国知识产权评估方法的调查分析．经济问题探索，2005（5）：119－125.

③ 李小荣，刘晴．文化企业知识产权评估方法研究．中国资产评估，2017（3）：21－27.

④ 向勇．文化产业无形资产价值评估：理论与实务．北京：北京大学出版社，2016.

综合效用。例如，内容的风格、题材、质量上的艺术性，以及现实中能够完整呈现的艺术性。

(2) 差异性，反映了文化产品传统的稀缺性属性，指文化产品在内容上的独特性、创新性，在特定市场环境中的稀缺程度。受品牌、发行渠道和传播媒介的影响，差异性可以在市场竞争中及时进行调整，进一步增强。

(3) 服务目的的准确性，即生产方提供的服务与市场预期的重合度，指文化产品内容的社会服务性，文化企业针对细分市场，通过开发自身资源和科学运营管理，能够准确选定和满足受众需要。

在文化资产评估的过程中，只有同时具备艺术性、差异性和服务目的的准确性三种特性，无形资产才能转化为有效的文化产品，才可能成为规范的、可评估的文化标准品，成为文化资产价值评估的明确对象（见表 4-2），进而为开展文化资产价值评估工作做好准备。

表 4-2 文化资产的价值评估对象

序号	行业分类	文化产品
1	策划方案类	节庆策划方案；开幕式策划方案；展览策划方案；会议策划方案；旅游项目策划方案；娱乐项目策划方案；传统文化保护与开发策划方案；网络文化项目策划方案；体育赛事活动策划方案；教育培训方案；等等
2	广告创意类	LOGO 文案；广告内容创意文案；广告投放渠道与广告绩效提升策划方案；广告新技术应用方案；广告新媒体开发方案；等等
3	文学作品与影视、戏剧、美术创作文本类	小说、诗歌、小品、词曲、影视剧、戏剧脚本、舞美设计与美术作品等；广播、电视频道的策划等
4	工艺品与时装设计类	手工艺品设计；家具设计；珠宝设计；时装设计；工业包装设计；等等
5	建筑、装修设计方案	文化地产开发方案；住宅小区规划；室内装潢设计；等等
6	区域文化产业发展规划类	区域文化产业发展战略；区域历史与自然文化资源保护和开发规划；区域文化产业链规划；文化产业园区规划方案；区域文化产业集聚区规划；文化一条街规划；区域文化市场规划；区域品牌文化产品创建规划；等等
7	文化企业管理类	文化企业管理新理念；文化企业管理新技术；文化企业跨行业、跨区域与跨国发展战略；文化企业产品开发计划新产品策略；文化企业市场营销策划；文化企业品牌建设方案；文化企业投融资策略；等等
8	公共文化服务类	公共文化服务规划；公共文化服务的艺术品；公园、绿地、植物园、动物园和其他文化公园与休闲地带规划与创意；群众文化活动项目；广场演出；公共场所电子显示屏策划；等等

2. 文化产业价值评估的指标设定

由文化产业无形资产的三种属性出发，可以设定评估体系的核心指标。从文化企业可掌握的文化资产和经营行为的角度看，艺术性、差异性和服务目的的准确性可以分别对应市场价值、内容价值和企业价值，这是评估体系的三个一级指标。

在此基础上，结合文化产业具体门类的行业特征、文化产业的发展水平以及文化企业的经营能力等实际状况，可以将一级指标进一步细化，得到 12 个二级指标和 52 个三级指标（见表 4-3）。

表 4-3 文化资产价值评估指标体系结构表

指标类别（一级指标）	指标名称（二级指标）	指标属性（三级指标）					指标作用
市场价值	受众范围 传播媒介 发行渠道 品牌影响	覆盖率	转化率	影响力	主导性	持续性	针对特定的项目和产品，市场价值既决定了投资收益和回报，也为产品开发和项目实施确定了目标和方向
内容价值	内容风格 内容题材 内容质量 实现技术	独特性	创新性	艺术性	专业性	社会性	在市场价值目标明确和准确的前提下，适合受众群体消费需求且具有差异化特征的内容产品可为市场价值的实现提供载体和保障
企业价值	财务管理 资源保证 管理体系 生产开发	完备性	执行性	有效性			企业的资源保障、基础设施（组织机构、管理制度等）和运营能力（包括团队及核心技术）是实现内容价值、市场价值的重要基础，企业价值必须与市场目标、产品目标相匹配

在评估指标体系的运用过程中，评测人员为每一项打出 0～5 分之间的分数，为统一规范要求，指标设计了 A、B、C 三个层次的评测依据（见表 4-4），分数保留小数点后一位，从而为一般性评估提供较为统一精确的衡量尺度。

表 4-4 文化资产价值评估指标评测依据表

指标类别	指标名称	单项评分					评估标准
		覆盖率	转化率	影响力	主导性	持续性	
市场价值	受众范围	A. 范围较大 B. 范围一般 C. 范围偏小	A. 转化较高 B. 转化一般 C. 转化偏低	A. 影响较大 B. 影响一般 C. 影响较低	A. 主导市场明确 B. 主导市场基本清晰 C. 市场无主导性	A. 受众市场十分稳定 B. 受众市场基本稳定 C. 受众市场不稳定	评估人员根据 A、B、C 对应的分值进行打分。A、B、C 对应分值如下：A＝4～5 分（不含 4 分）；B＝3～4 分（不含 3 分）；C 为 3 分以下。满分为 5 分，打分保留小数点后一位
	传播媒介	A. 综合利用 B. 利用一般 C. 利用不足	A. 效果显著 B. 效果一般 C. 效果偏低	A. 实力发达 B. 实力一般 C. 实力偏弱	A. 主导媒介明确 B. 主导媒介基本确定 C. 媒介无主导性	A. 媒介资源十分稳定 B. 媒介资源基本稳定 C. 媒介资源不稳定	
	发行渠道	A. 渠道较广 B. 渠道一般 C. 渠道偏窄	A. 转化较高 B. 转化一般 C. 转化偏低	A. 渠道发达 B. 渠道一般 C. 渠道偏弱	A. 主导渠道明确 B. 主导渠道基本选定 C. 渠道无主导性	A. 渠道资源十分稳定 B. 渠道资源基本稳定 C. 渠道资源不稳定	
	品牌影响	A. 影响面广 B. 影响一般 C. 影响面小	A. 效果显著 B. 效果一般 C. 效果偏低	A. 竞争较强 B. 竞争一般 C. 竞争偏弱	A. 主导品牌较多 B. 主导品牌一般 C. 主导品牌较少	A. 品牌的知名度较高 B. 品牌的知名度一般 C. 品牌的知名度较低	

续前表

<table>
<tr><th rowspan="2">指标类别</th><th rowspan="2">指标名称</th><th colspan="5">单项评分</th><th rowspan="2">评估标准</th></tr>
<tr><th>独特性</th><th>创新性</th><th>艺术性</th><th>专业性</th><th>社会性</th></tr>
<tr><td rowspan="4">内容价值</td><td>内容风格</td><td>A. 风格独特
B. 风格鲜明
C. 风格一般</td><td>A. 与众不同
B. 特色明显
C. 一般水平</td><td>A. 感染力较强
B. 感染力一般
C. 感染力偏弱</td><td>A. 符合行业
B. 贴近行业
C. 与行业不符</td><td>A. 符合市场需求
B. 贴近市场需求
C. 与市场需求不符</td><td rowspan="9">评估人员根据A、B、C对应的分值进行打分，A、B、C对应分值如下：
A＝4～5分（不含4分）；
B＝3～4分（不含3分）；
C为3分以下。
满分为5分，打分保留小数点后一位</td></tr>
<tr><td>内容题材</td><td>A. 题材独特
B. 题材新颖
C. 题材一般</td><td>A. 独出心裁
B. 特色明显
C. 一般水平</td><td>A. 文化性较强
B. 文化性一般
C. 文化性偏弱</td><td>A. 符合行业
B. 贴近行业
C. 与行业不符</td><td>A. 符合市场需求
B. 贴近市场需求
C. 与市场需求不符</td></tr>
<tr><td>内容质量</td><td>A. 特色显著
B. 特色明显
C. 质量一般</td><td>A. 独具创意
B. 创意显著
C. 一般水平</td><td>A. 文化特色显著
B. 文化特色一般
C. 文化特色偏弱</td><td>A. 文化内涵深厚
B. 文化内涵一般
C. 文化内涵偏弱</td><td>A. 符合产业发展需求
B. 贴近产业发展需求
C. 与产业发展不符</td></tr>
<tr><td>实现技术</td><td>A. 技术特色明显
B. 技术特色一般
C. 技术特色偏弱</td><td>A. 自主创新技术
B. 引用先进技术
C. 采用一般技术</td><td>A. 技术应用灵活
B. 技术应用得当
C. 技术应用不当</td><td>A. 满足项目需要
B. 基本满足项目需要
C. 无法满足项目需要</td><td>A. 高于社会平均水平
B. 贴近社会平均水平
C. 低于社会平均水平</td></tr>
<tr><td rowspan="5">企业价值</td><td></td><td colspan="2">完备性</td><td colspan="2">执行性</td><td>有效性</td></tr>
<tr><td>财务管理</td><td colspan="2">A. 规章、机构设置完备
B. 规章、机构设置基本完备
C. 规章、机构设置不足</td><td colspan="2">A. 计划执行、监督较好
B. 计划执行、监督基本满足要求
C. 计划执行、监督满足不了要求</td><td>A. 能够完成预期目标
B. 基本完成预期目标
C. 不能完成预期目标</td></tr>
<tr><td>资源保证</td><td colspan="2">A. 资源保证完备
B. 资源保证基本完备
C. 资源保证不足</td><td colspan="2">A. 资源配置完备
B. 资源配置基本满足要求
C. 资源配置不足</td><td>A. 资源提供达到预期目标
B. 资源提供基本满足要求
C. 资源提供没有达到目标</td></tr>
<tr><td>管理体系</td><td colspan="2">A. 规章、机构设置完备
B. 规章、机构设置基本完备
C. 规章、机构设置不足</td><td colspan="2">A. 计划执行、监督较好
B. 计划执行、监督基本满足要求
C. 计划执行、监督满足不了要求</td><td>A. 能够完成预期目标
B. 基本完成预期目标
C. 不能完成预期目标</td></tr>
<tr><td>生产开发</td><td colspan="2">A. 规章、机构设置完备
B. 规章、机构设置基本完备
C. 规章、机构设置不足</td><td colspan="2">A. 计划执行、监督较好
B. 计划执行、监督基本满足要求
C. 计划执行、监督满足不了要求</td><td>A. 能够完成预期目标
B. 基本完成预期目标
C. 不能完成预期目标</td></tr>
</table>

3. 文化产业价值评估的评测过程

在具体的评估过程中，评估人员根据上述各表对文化资产进行专业评估和打分，并得出指标体系中各三级指标的具体分数，填入《文化资产价值评估指标体系评测表》（见表 4-5）。

表 4-5　文化资产价值评估指标体系评测表

项目编号						
项目名称						
企业名称						
评估组长						
评分记录						
指标类别	指标名称	单项评分				
市场价值		覆盖率	转化率	影响力	主导性	持续性
	受众范围					
	传播媒介					
	发行渠道					
	品牌影响					
指标类别	指标名称	单项评分				
内容价值		独特性	创新性	艺术性	专业性	社会性
	内容风格					
	内容题材					
	内容质量					
	实现技术					
指标类别	指标名称	单项评分				
企业价值		完备性	执行性	有效性		
	财务管理					
	资源保证					
	管理体系					
	生产开发					
填制人						
填制时间						

4. 文化产业价值评估的权重与计算

尽管各项因素都会对文化资产的价值产生影响，但各类因素带来的价值变化并不完全相同，因此对各项指标得分不能简单加总。根据各级指标在项目整体评测体系中的重要程度和参考价值意义的不同，在考虑文化产业行业共性的基础上，运用德尔菲法反复征求专家意见，最终确定各级指标的计算权重（见表 4-6）。

表 4-6　文化资产价值评估指标体系指标权重系数表

指标类别	权重系数	指标名称	权重系数	指标属性	权重系数
市场价值	0.4	受众范围	0.3	覆盖率	0.15
		传播媒介	0.2	转化率	0.2
		发行渠道	0.2	影响力	0.2
		品牌影响	0.3	主导性	0.15
				持续性	0.3
内容价值	0.4	内容风格	0.2	独特性	0.15
		内容题材	0.2	创新性	0.2
		内容质量	0.3	艺术性	0.15
		实现技术	0.3	专业性	0.2
				社会性	0.3
企业价值	0.2	财务管理	0.25	完备性	0.3
		资源保证	0.3	执行性	0.3
		管理体系	0.2	有效性	0.4
		生产开发	0.25		

结合上述指标的权重，可以计算得出文化项目的综合评测表（见表 4-7）。将评估专家评测的指标得分进行汇总，通过评估软件自动参照权重进行计算，得出项目总体的评价结果。

表 4-7　文化资产价值评估综合评测表

<table>
<tr><td>项目编号</td><td colspan="4"></td></tr>
<tr><td>项目名称</td><td colspan="4"></td></tr>
<tr><td>企业名称</td><td colspan="4"></td></tr>
<tr><td>评估组长</td><td colspan="4"></td></tr>
<tr><td colspan="5">评分记录</td></tr>
<tr><td>指标类别</td><td>指标名称</td><td>一次加权
（三级指标）</td><td>二次加权
（二级指标）</td><td>项目总评分
（三次加权）</td></tr>
<tr><td rowspan="4">市场价值</td><td>受众范围</td><td>分值×权重</td><td rowspan="4">一次加权后的
分值×权重</td><td rowspan="12"></td></tr>
<tr><td>传播媒介</td><td></td></tr>
<tr><td>发行渠道</td><td></td></tr>
<tr><td>品牌影响</td><td></td></tr>
<tr><td rowspan="4">内容价值</td><td>内容风格</td><td></td><td rowspan="4"></td></tr>
<tr><td>内容题材</td><td></td></tr>
<tr><td>内容质量</td><td></td></tr>
<tr><td>实现技术</td><td></td></tr>
<tr><td rowspan="4">企业价值</td><td>财务管理</td><td></td><td rowspan="4"></td></tr>
<tr><td>资源保证</td><td></td></tr>
<tr><td>管理体系</td><td></td></tr>
<tr><td>生产开发</td><td></td></tr>
<tr><td>填制人</td><td colspan="4"></td></tr>
<tr><td>填制时间</td><td colspan="4"></td></tr>
</table>

5. 文化产业价值评估的结果应用

根据综合测评结果得分，首先可以在总体上对文化资产的价值进行评价。综合评测总分大于等于 3 分，结论为通过，表明文化资产在文化市场中具有较高的价值；综合测评总分小于 3 分，结论为未通过，表明文化资产尚有不足之处，应当进一步完善。无论文化资产价值评估的最终得分如何，企业都可以根据测评的各项得分，找出目前企业文化资产存在的优势与不足，有针对性地提出改进建议，从而推动产品文化价值和经济价值的再增长。

此外，因为市场价值是文化资产进入市场交易、得以立足的根本，如果市场价值这一一级指标的评分小于 2 分，则该项目不具有评测意义，也就表明该项目尚不具备进入市场交易的条件，应当终止测评。

三、案例：海马轻帆剧本评估系统

由于文化资产自身的特性，文化产业的商业变现往往伴有较大的风险，对影视行业来说更是如此。探索设计一套完善的价值评估系统，准确预测文化产品及服务的开发价值，是许多文化企业长期以来追求的目标。在这方面，我国数字化影视创作公司海马轻帆自主研发了“剧本智能评估”3.0 服务系统，面向视频平台、影视公司、投资机构、经纪公司等影视制作参与方，对院线电影、网络电影、电视剧、网剧等影视作品的剧本进行智能数据化分析。

近年来，在影视作品开发中，发掘优质的小说特别是网络小说 IP，在改编为电影、电视剧等形式时借助原作的观众群体和市场基础，逐渐受到影视企业的青睐。评估系统使用人工智能分析网络小说文本，从而判断小说是否适合影视改编，预测将来收益如何。总的来看，AI 系统的剧本价值评估主要集中在以下几方面。

（1）人物形象：形象鲜明是潜力 IP 跨界开发的落脚点，拥有识别度较高的个性形象，就能获得消费者的青睐，具有巨大的开发价值。[①] 通过智能文本分析，系统可以为文学作品计算人物命运走势以及情感对象输出，绘制复杂人物关系网。在这种网络当中，清晰地看到人物的权重分析、互动关系。通过标绘两两人物之间的对话、发生的事件及其起始位置，能够进一步突出这些人物关系的关键性转折点、核心的剧情点、人物关系走势等，进而为判断人物是否个性突出、角色间互动是否密切且有看点等提供帮助。

（2）剧情故事：故事在某些创作语境中又被称为世界观，具有共鸣性的内容表达，能够在不同载体的转化下保持故事的延续性。将网络文学改编为影视作品，对于原作的故事展开与剧情冲突有着较高的要求，只有原作的情节适合改编为影视剧情的文学作品，才有较高的市场价值与较低的市场成本。传统意义上，需要通过人工阅读对网络文学 IP 的价值做出判断，需要付出高昂的时间成本，也会受到个人阅历和偏好的影响。为解决这一问题，技术团队观察到文本情绪总量和冲突情节的对应关系，通过技术手段计算文本情节，从而对小说的冲突情节完成结构化数据定义。在完成目标文本的分析后，利用大量的数据扫描和模型，将一本小说跟几百万、几千万本经过市场、读者验证的优秀文本来做对比，从而给出是否适合进行影视改编的建议，运算时间仅为几分钟，同时避免了受个人阅历与偏好影响而可能产生的误差。

---

① 向勇，白晓晴．新常态下文化产业 IP 开发的受众定位和价值演进．北京大学学报（哲学社会科学版），2017（1）：123－132.

（3）网络评论：网络评论能够准确反映消费者对于作品的喜好态度，为影视化改编提供参考，在原始文本和市场需求之间找到平衡。对于IP型文化产品来说，获得消费者的认可是实现商业价值与文化价值的根本所在。在具体操作上，系统将小说的相关剧情和人物的评论，从全网筛选出来并进行分类汇总，可以具体到对某一具体角色的评论，并且定位到喜欢这个角色的粉丝，为剧本改编完善和与粉丝的互动提供有益参考。此外，通过分析小说的搜索指数以及各种社交平台的讨论数据，系统能够为影视公司提供精确的读者画像，将性别、年龄、区域、热词等重要信息精准呈现，为进一步巩固已有受众群体、拓展新的潜在粉丝提供帮助。

文化产业无形资产的价值评估是一项富有挑战的重要工作，信息技术的不断发展能够为这项工作提供新的视角与方法。海马轻帆的“剧本智能评估”系统通过文本智能分析、大数据等多种方式，在传统文化产业价值评估之外提供了文化资产价值评估的新思路，相应的技术手段也必然会在今后对文化产业进行价值评估和开发的过程中发挥重要作用。

本章小结

1. 文化资产是文化资源转化为文化资本并以知识产权形式确保的现代资产，是文化产业发展的核心所在。文化资产有独创性和独占性、敏感性和流动性、高收益性等特点。

2. 评估文化资产的价值是市场经济的必然要求，随着经济学的不断发展，对商品价值的认识从最初的使用价值与交换价值，到后来的边际效用价值，再到新经济学的体验效用，文化资产的“价值二元性”逐渐被认可，文化资产的价值被理解为经济价值与文化价值的共同作用，为文化资产的价值评估奠定了理论基础。

3. 文化资本是文化资源在价值实现过程中的具体表现形式，它主导了文化产业全产业价值链的发展，这一概念的引入是对传统资本理论的补充完善。文化资本有身体化、客观化和制度化三种存在形式。大卫·索罗斯比将文化资本定义为“作为贡献文化价值的资产”，强调其作为一种文化价值存量，在社会生产的全过程中得以运营。

4. 在文化价值评估方法上，大卫·索罗斯比提出了包括关系图法、深度描述法、态度分析法、内容分析法、专家评价法等五种具体评估方法。布莱恩·摩尔安则认为文化价值应当从技术-材料价值、社会价值、情境价值、审美价值、使用价值等五个维度进行评价。阿尔君·阿帕杜莱用价值锦标赛理论来解释文化价值的协商评价体系，并将其应用在时装周、艺术节、电影节等文化活动的价值评估分析上。约瑟夫·兰佩尔则发展了场域建构型活动理论，以分析市集、节庆等活动是如何帮助人们达成文化价值共识的。

5. 在经济价值评估方法上，文化资产的评估方式与普通商品的评估方法类似。传统评估方法包括成本法、市场法、收益法等，现代评估方法则包括现金流折现法、市盈率分析法、资产法等。根据我国《文化企业无形资产评估指导意见》，主要采取收益评估法、市场评估法和成本评估法三种资产评估方法。其中，收益评估法，是以现值考虑文化资产在未来的预期收入；市场评估法，是以行业内过去发生交易时的价格为参照对象，结合宏观产业环境的可变影响因素进行综合评估的方法；成本评估法，是以文化产业价值链中知识产权“生产”或“产生”的成本来评定知识产权价值的方法。此外，国际上常用的评估方法还包括：现金流折现评估法，将现金支付期间与到期即付风险加以考虑，从而将未来的现金换算成现在的价值；评等评估法，通过分析相关因素来弥补市场评估法等方法的不足，将知识产权、竞争性知识产权及对应市场状况进行分析，找出关键因素进行排序，形成矩阵，将两者相结合作为计算权利金或收益的基础；市盈率分析法，在其计算过程中不考虑业绩增速和其他风险，其计算方式为公司每股股价除以每股收益，从而反映公司的价值，体现公司未来的盈利能力。

6. 在我国文化产业无形资产价值评估的实践探索中，总结形成了一套较为完备的评估体系。这一体系综合文化产业无形资产的各方面特性，从艺术性、差异性与服务目的的准确性三个维度进行归纳、整理与评估，对应形成了市场价值、内容价值和企业价值三个一级指标，并结合多个层次的评分规则，实现对文化资产价值的有效评估。

思考与练习

一、基本概念

文化资本　文化资产　无形资产　知识产权　价值二元性　可供性场域　价值锦标赛理论　场域建构型活动理论　收益评估法　市场评估法　成本评估法　现金流折现评估法　评等评估法　市盈率分析法　文化产业无形资产价值评估体系

二、思考题

1. 什么是文化资产？试举例说明生活中有哪些常见的文化资产？

2. 如何理解文化资产对于文化产业的基础作用？为什么说文化资源必须首先转化为文化资产？

3. 请运用文化价值评估方法中的任一种，对比你最喜欢的两部电影在文化价值上有何异同。

4. 选择你最关注的某类文化产业中具体的文化资产，结合本章的相关理论和案例介绍，试提出一种评估该文化资产的指标体系。

拓展阅读

1. 牛宏宝．文化资本与文化（创意）产业．中国人民大学学报，2010（1）.

2. 向勇．文化产业无形资产价值评估：理论与实务．北京：北京大学出版社，2016.

3. 张国春．文化资产价值与评估．上海经济，2015（1）.

4. 索罗斯比．文化经济学．张维伦，等，译．台北：典藏艺术家庭股份有限公司，2003.

5. 林南．社会资本：关于社会结构与行动的理论．上海：上海人民出版社，2005.

6. 布尔迪厄．文化资本与社会炼金术．包亚明，译．上海：上海人民出版社，1997.

7. 索罗斯比．文化政策经济学．易昕，译．大连：东北财经大学出版社，2013.

8. MOERAN B. The business of creativity：toward an anthropology of worth. Walnut Creek，CA：Left Coast Press，2013.

9. APPADURAI A. Commodities and the politics of value//APPADURAI A. The social life of things：commodities in cultural perspective. Cambridge［Cambridgeshire］New York：Cambridge University Press，1986.

10. MOERAN B. A tournament of value：strategies of presentation in Japanese advertising. Ethnos，1993（58）.

11. 刘云波，李挺伟．探索大数据在文化产业版权资产价值评估中的应用．中国资产评估，2015（4）．

12. 刘玉平，王奇超．期权定价模型评估知识产权资产的研究．中国资产评估，2013（2）．

13. 李小荣，刘晴．文化企业知识产权评估方法研究．中国资产评估，2017（3）．

14. 董晓峰，李小英．对我国知识产权评估方法的调查分析．经济问题探索，2005（5）．

15. 向勇，白晓晴．新常态下文化产业 IP 开发的受众定位和价值演进．北京大学学报（哲学社会科学版），2017（1）．

第五章　文化内容的创意生产

本章概述

文化生产的过程是故事驱动的过程，因此故事力是文化产业发展的重要动力。故事驱动的创意生成方式有两种：一是借由生命体验，二是借由故事原型。生命体验主要由经典阅读和身体行走的结合涵养而成，而故事驱动的起点在于人们的精神共识和价值认同的构建。文化创意的思维方法分为发散性思维和收敛性思维，前者主要运用直觉、想象、非逻辑性的联想和感性的情绪感受，后者主要运用理性、聚合、逻辑的方法。故事驱动的创意思考可以通过训练进行，例如使用“六顶思考帽”来训练创意思维。

学习目标

通过对本章进行学习，学生应掌握如下内容：

1. 理解故事驱动的基本定义。
2. 了解创意生成的主要方式以及生命体验和故事原型的内涵。
3. 了解原型在不同领域的含义。
4. 了解品牌原型理论。
5. 了解如何进行故事的“一源多用”。
6. 了解文化创意产生的思维方法，并使用“六顶思考帽”训练创意思维。

一、理论：从创意生成到创意运用

人类生活的任何地域空间都不是真空存在的，而是充溢着具有知识性、文化性、道德性等特点的各样信息，我们的生活由这些信息形塑而成。小到社区、乡村，大到城市、国家，每个单位都有通过这些信息建构起来的一套属于自己的故事和叙述体系。这些故事，赋予生活在其中的个体集体的认同。从某种意义上来说，文化生产的过程就是故事驱动的过程（storydriving）。所谓故事驱动，就是“以故事为核心，运用无形的想象力把文化资源转化为文化产品，形成包括故事创作、故事改编、故事内容的跨媒体应用、跨渠道运营和跨产业融合在内的故事产业价值链”①。许多经典的文化产品以及成功的文化企业，都是故事演绎的典范。而文化产业运营的核心就是文化创意，也即内容创意。② 因此，故事力（storytelling）是文化产业发展的重要动力。

创意生成的方式有两种：一是借由生命体验，二是借由故事原型。

（一）生命体验

生命体验，不是一般的生活经历，不是社会经验，而是对生命的反思，是对生命内在本质的把握。这是一种对生存意义的终极体验，是对人类共同价值的普遍体验，具有偶然性、当下性、独特性和无限性等特征。而生命体验对生活经历情感化、心灵化、意义化和价值化的转化过程，正是文化创意的独特建构过程。③

“体验”，无论在中国古代哲学、美学中，还是在当代西方哲学中，都是一个被高度关注的概念。不同人所说的“体验”，可能表达方式不同，也具有不同的意义。比如中国古代孟子的“尽心”、严羽的“妙悟”等，都体现了中国传统哲学或美学的审美意蕴、生命关怀；而柏拉图的“迷狂”、康德的“游戏”等，则体现了西方人对人生意蕴的把握。但是，中西相通之处是，生命体验不是物理世界，而是活生生的、真实的生命世界。人们生活在一个有意味、有情趣的生命世界里；人在审美活动中建构的意象世界正是展现了这个生命世界。④

生命体验主要由经典阅读和身体行走的结合涵养而成，也就是朱熹的“致知力行”、王阳明的“知行合一”。

经典阅读，“就是进行人类历史上广泛的经典检阅，这些经典包括文学经典、绘画经典、影像经典、建筑经典、音乐经典、戏剧经典等各种文本形式”⑤。“经典”是各个时代、国家或民族的文化结晶，人类文明的成果，正是通过对经典的阅读而传承的。每个民族在现实生活中遇到问题的时候，往往都可以从经典中汲取精神的养料。每个国家也都会有属于自己的家喻户晓的经典，这是渗透到每个人心灵深处的。仅就文学经典而言，中国有《论语》、唐诗宋词、《红楼梦》等作品，英国有莎士比亚的戏剧，德国有歌德的名著，等等，这些都是民族文化的精神源泉。学者钱理群就提出：“阅读经典，不仅是为了增长知识，更是要从中吸取精神资源；经典的选择与阅读，必须有开阔的视野，不仅要读古代经典，还要读现代经典，不仅要读中国经典，而且要读外国经典，不仅要读西方经典，还要读东方国家的经典，不仅要读文学经典，还要读社会科学、人文科学和自然科学的经典，等等，绝不能将任何一个经典绝对化，神圣化。”⑥ 当然，也不能为读经典而读经典，读经典的目的是“立人”，促进自己的精神成长。因此，在进行经典阅读的同时，也要关心、参与现实生活的创造，从而在生活实践中加深对经典的理解。

这一观点也引出了我们对“身体行走”的讨论。所谓身体行走，“就是将身体置于不确定性之中，把身体流放到一个异域的地理环境，让生命的体验在一个特殊的生活空间中产生冲

---

① 向勇．文化产业导论．北京：北京大学出版社，2015：244.
② 同①219.
③ 同①233，234.
④ 同①233.
⑤ 同①234.
⑥ 钱理群：为什么要读经典？．（2015－01－29）[2021－06－20]．http：//edu.qq.com/a/20150129/078677.htm.

击，以原住民日常性的衣食住行的方式去体悟陌生的异乡”①。中国有孔子周游列国，而在18世纪的欧洲也曾盛行“壮游”（grand tour）②。壮游者最特别的经历就是有机会去体验不同国家的风土人情，获得在本国难以获得的体验。当今许多英国庄园、博物馆收藏的绘画、雕塑等艺术作品，都是他们的祖辈壮游时在欧洲大陆购买的。有的壮游者甚至会专门建造庄园或美术馆来展示这些艺术作品。

无论是经典阅读还是身体行走，都是为了获得更丰富的生命体验，从而滋养创意的灵魂。当然，经典阅读不仅限于阅读文字，还包括身体其他感官的阅读行为。我们去听音乐会、看歌剧，是经典阅读的范畴；同样，我们在博物馆看文物展览，在美术馆品鉴绘画作品，在剧院观看舞蹈演出等等，也属于经典阅读的范畴。经典阅读，就是调动所有的身体实践去体验生活的味道。“经典阅读积淀的‘文化素材’和身体行走积累的‘文化体验’结合在一起，成为最好的故事创意之源。”③

（二）原型理论

“故事驱动的起点在于人们的精神共识和价值认同的构建，即建构人类想象的共同体。人类想象的共同体来自超越时间的相对性、空间的差异性和文化的多样性而存在的‘集体无意识’。”④

瑞士心理学家荣格在弗洛伊德个体无意识基础上发展出了集体无意识观点，认为集体无意识是人类先辈留下的精神遗存，反映了普遍的原始先民的集体记忆，是人类共同的一种心理遗产。这种集体无意识是“集体的、普遍的而非个人的，它不是从个人那里发展而来，而是通过集成和遗传而来，是由原型这种先存的形式构成的，原型只有通过后天的途径才能为意识所知，它赋予了一定精神内容以明确的形式”⑤。集体无意识通常不会被个体明确地感知和察觉，但它作为一种无形的力量，很可能影响着个体的思维模式、情感结构和行为方式。如果说集体的心理是一片汪洋大海，那个体心理只不过是表层的浪花。集体强有力地影响或改变着我们的个人生活、整个世界，也创造着历史。

集体无意识作为人类共同存在的力量，主要体现为“原型”和“本能”。两者的区别在于：原型是典型的领悟模式，而本能是典型的行为模式。⑥ 荣格认为，所有神话学、宗教等的基本内容都是原型的。

所谓“原型”，就是“最初模式”的意思。原型的最早运用，是在宗教、神学与哲学领域。在宗教、神学领域，原型一般是指人类物质世界的精神本源；而在哲学领域，原型概念类似于柏拉图提出的“理念”概念；荣格最早将原型的概念应用到心理学领域。他将原型界定为一种普遍一致和反复发生的领悟模式；原型构成集体无意识的深层内容和承载方式，它最初可能是具体可感的图像，但在经过历史数代的变迁之后，逐渐转变成无意识的知觉行为模式。⑦ 在个

---

① 向勇．文化产业导论．北京：北京大学出版社，2015：234.

② 最初盛行于英国，是英国贵族子弟在欧陆城市进行的旅行，目的是探索文化根源；后来扩展到意大利、西班牙等国的中产阶级。

③ 同①235.

④ 同①237.

⑤ 以上荣格的观点，参考下列著作：冯川．荣格文集．北京：改革出版社，1997.

⑥ 同①237.

⑦ 邱于芸．故事与故乡：创意城乡的十二个原型．台北：远流出版事业股份有限公司，2012：72－73.

人层面，通过原型可以追寻生命的意义与存在的价值；而在集体层面，通过原型可以追寻集体共享的意义与价值。

故事驱动所指称的“故事”，并不完全是个体意义上的，也即不仅包括个人层面的主体问题意识，还包括在特定时空中所形塑的集体无意识以及能够集中体现文化意义的原型。在人类历史的发展中，故事对于民族知识、文化等信息的传承与创造起着重要的作用。故事有个体的与集体的之分，例如，《格林童话》就是集体传播的故事。在了解了各国的神话、童话、民间故事等不同类型的故事后会发现，这些故事虽然来自不同的地域，传播的人群也不尽相同，故事的形式也在不断变化，但许多故事背后的内容却拥有相同的母题，展现出人类的某种人格原型。故事之所以打动人，也是因为其中传递了人类共通的原型基础和情感结构。“不论是神话或民间集体故事，所传承的就是一种人类共享的生命原型力量，故事是日常生活的重要元素，不只是对世界的描述与诠释方式，更是我们认识世界的框架与雏形；故事的意义不只是前人智能与经验的结晶，也是现代个人与集体的创意能力与开发未来社会发展的可能空间。”故事通过“集体共同的价值与意义”赋予个人生命存在的价值与意义。①

例如，神话就是人类最古老久远的集体故事。著名神话学者约瑟夫·坎贝尔（Joseph Campbell）受荣格集体无意识的影响，认为神话同样只有一个原型。他引用了印度《吠陀经》中的一句话：“真理只有一个，而哲人以不同的名字说出。”神话的“主题永远只有一个，我们所发现的是一个表面不断变化但内在却十分一致的故事。其中的神奇与奥秘是我们永远体验不完的”②。坎贝尔通过整合世界上众多象征普通人命运的故事，总结出一个共同的模式，即“启程—启蒙—回归”三个阶段的英雄之旅。第一阶段主要是英雄从正常世界分离，包括：“历险的召唤”，即英雄事业的征兆；“拒绝召唤”，即逃离神的愚蠢行为；“超自然的援助”，即历险者所得到的意外协助；“跨越第一个阈限”；“鲸鱼之腹”，即进入黑夜的通道。第二阶段是英雄被传授奥秘的过程中所经受的考验以及取得的胜利，包括：“试炼之路”，即诸神的危险面；“与女神相会”，即重拾婴儿期的幸福；“女人的诱惑”，即俄狄浦斯的领会与痛楚；“向父亲赎罪”；“神化”和“终极的恩赐”。最后一个阶段是英雄清除了所有障碍，得到应有的认可，包括：“拒绝回归”，即摒弃世界；“魔幻脱逃”，即普罗米修斯的遁逃；“外来的救援”；“跨越回归的门槛”，即返回日常生活的世界；“两个世界的大师”；“自在的生活”，即最终恩赐的本质与功能。③

学者卡罗尔·皮尔逊（Carol S. Pearson）结合动机理论和原型理论，将生命归类为12种原型，分别是：天真者、孤儿、战士、照顾者、追寻者、破坏者、爱人者、创造者、统治者、魔法师、智者和愚者。这12种原型，每一个都负责不同的人生历程，每一个都是我们内在探索的指引以及自我觉醒的阶段。④ 12种原型代表着12种人格，存在于人类的潜意识中，与人类心理发展的不同阶段相对应。第一，准备期：为达成更高理想而证实自己的能力、勇气和忠诚。第二，探索期：远离安全的家和熟悉的环境，面对生死折磨、爱恋苦痛和超越自我。第三，返回期：学会接受真正的本我，放下渴望及幻想，真正得到自由。⑤

---

① 邱于芸．故事与故乡：创意城乡的十二个原型．台北：远流出版事业股份有限公司，2012：31，59.

② 坎贝尔．千面英雄．朱侃如，译．北京：金城出版社，2012：14.

③ 同②24.

④ 皮尔逊．影响你生命的12原型．张兰馨，译．北京：中国广播电视出版社，2010：8，10.

⑤ 同④11，12.

当一个集体或国家成为故事的主角时，也可以运用皮尔逊所提出的生命发展阶段来叙述不同的生命历程故事。“即使集体、民族、国家都会因不同的地理因素、文化差异与社会脉络而具有不同的独特性，但在看似差异极大的外表下，还是由上述几种原型特质所支配，例如美国强调个人自由主义就凸显出天真者与冒险家的原型特质，印度强调通过静坐、冥想来提高个人心灵修养就凸显了智者与魔法师的原型特质。”①

与市场相结合，通过研究世界各大知名品牌，玛格丽特·马克（Margaret Mark）与皮尔逊提出了品牌原型（brand archetype）理论，认为有生命力的品牌是具有人格原型的，同样可以归纳出12种品牌原型。这12种品牌原型可以分为4类：向往天堂（天真者、探险家和智者）；刻下存在的痕迹（英雄、亡命之徒和魔法师）；没有人是孤独的（凡夫俗子、情人和弄臣）；立下秩序（照顾者、创造者和统治者）。例如，专为儿童和家庭设计的麦当劳，就是“天真者”品牌原型的代表；将公司产品的价值与提升居家生活品质的能力相结合的通用公司就是照顾者的品牌原型。他们同样列举了一些奥斯卡获奖影片的原型价值，例如《勇敢的心》是胜利的英雄的原型；《英国病人》和《泰坦尼克号》是蜕变的情人的原型；《莎翁情史》是将失恋的痛苦转化为高贵艺术品的创造者的原型；等等。因此，通过分析这些原型与品牌之间的关系，马克和皮尔逊建立了运用原型理论与意义管理系统塑造知名品牌的方法，提出以神话原型打造深入人心的品牌。② “成功的品牌之所以变得价值连城，不只是因为这些品牌具备了创新的特征或优点，也是因为这些特质已经被转变为强而有力的意义，它们已经拥有一种普遍且巨大的象征意义。”③ 原型品牌就是塑造某一品牌的专属形象，并让这个形象成为满足目标受众内心渴望的符号，使之引发消费者的深层情感，激发意义与产品的连接。

除了以上马克、皮尔逊将原型理论运用于品牌管理，美国著名编剧顾问克里斯托弗·沃格勒（Christopher Vogler）也创造性地将荣格的原型理论与坎贝尔的英雄神话研究相结合，将其运用到创意故事的写作中，并由此推演出一套讲故事的理想原则和故事创作的神圣模式。在他看来，“所有的故事都是由几个常见的结构组成的，它们出现在各国的神话、童话故事、戏剧和电影里。它们被统称为英雄之旅”④。“所有的好故事其实都是整个人类的故事，讲述了一系列人类共同面对的情况：出生、成长、学习、作为个人而奋斗，还有死亡。故事即是全人类处境的隐喻，角色则象征着人类共有的原型式人格，对于群体和个人来讲都很容易理解。”⑤

沃格勒总结了在故事创作中最常出现、最有用，甚至是不可或缺的原型，包括以下这些：英雄、导师（智慧的长者）、边界护卫、信使、变形者、阴影、伙伴、骗徒。⑥ 其中，英雄与自我牺牲相联系，是愿意为他人而牺牲自我利益的人，一般是故事中的男性/女性主角。英雄通过学习和成长，采取必要的行动或作为，最终超越自我的限制和幻觉，受众也由此被引导对英雄产生认同感。导师是帮助或训练英雄的正面人物，代表“自性”，即我们体内的神，这一高级的自我是我们体内最智慧、最崇高、最接近神的部分。导师代表以前的英雄，他们经历过人

---

① 邱于芸．故事与故乡：创意城乡的十二个原型．台北：远流出版事业股份有限公司，2012：82，86.

② 马克，皮尔森．很久很久以前：以神话原型打造深植人心的品牌．许晋福，戴至中，袁世珮，译．汕头：汕头大学出版社，2003.

③ 同①240.

④ 沃格勒．作家之旅：源自神话的写作要义．王翀，译．北京：电子工业出版社，2011：XXV.

⑤ 同④22－23.

⑥ 同④23.

生的试炼，现在又把知识和智慧作为礼物传给英雄。边界护卫一般不是故事中的主要反派，而是非常世界里的中性角色；在少数情况下，他们是设置在英雄之旅上检验英雄决心和技能的秘密帮助者。信使的角色主要负责提出挑战并告知即将发生的重大变革，从而激励英雄并推动故事的发展。信使可以是正面人物、反派或中立人物。变形者角色常变换外表和情绪，把怀疑和悬念带到故事里，让英雄和受众对其难以定位；在一些故事里，分辨他们的正邪立场是英雄的一大任务。阴影的原型象征着事物阴暗的、未曾出现的、未曾实现的或者被抛弃的一面；代表着我们身上被自己厌恶的部分或是不愿承认的秘密。阴影象征着心灵感受到的被压抑的能量，并且作为强力的对手向英雄发起挑战。伙伴是与英雄结伴而行的角色，有很多功能：陪伴、争论的对手、良知或喜剧调剂，他们将英雄人性化，给英雄的人格添加厚度。骗徒是恶作剧能量和求变欲望的化身，也承担着喜剧调剂的戏剧功能。① 除了所有故事的角色有原型可寻，“英雄之旅”还可以分为 12 个阶段，并被概括为常规的三幕结构。

总之，故事创作的“英雄之旅”模型是一种指导，故事的需要决定了故事的结构。好的故事能引起读者或观众的某种情感反应，是一种最可靠并最具娱乐性的方式。②

（三）创意运用：故事的“一源多用”

从以上品牌原型理论和“英雄之旅”的创意写作可以看到，“故事驱动的精髓在于人性中普遍共有的情感基础和价值认同的原型构造。故事连接了过去和现在、在地和全球，透过故事的转化可以将传统的价值以创新的方式流传下去，将本土的传奇以普世的方式传播出去”③。故事驱动最重要的是需要结合在地资源，既包括有形的自然资源和公共建设，也包括无形的人文与文化宝藏，从而找到当地特殊的文化特色与在地精神。唯有掌握这种当地文化的深层精神，才能打造出超越时空局限的经典。④

好的故事创意是文化产业的源头，可以用于任何需要进行故事讲述的领域，无论是电影、文学、戏剧、舞蹈创作还是在品牌塑造、产品研发、市场营销等方面。韩国的文化产业（内容产业）就非常注重故事的讲述，将其视为广播电视、电影、动画、游戏等文化产品的创作方法，由此实施“一源多用”（One Source Multi-Use，简称 OSMU）的文化战略。所谓“一源多用”，就是把同一内容用电影、游戏、动画、卡通形象、出版等多种方式进行加工，从而使内容的附加值得到最大限度的开发利用。“一源多用”是通过某一核心内容的成功，带动其他领域衍生品的开发，最终实现内容开发的协同效应。虽然是同一故事内容，但借用不同的媒介或载体来呈现，其表现方式和类型都各不相同。因此，要实现“一源多用”，进行内容整合的平台建设和创意技术的手段应用是关键。近年来，也出现了“一源多用”向“多源多用”（Multi-Source Multi-Use，简称 MSMU）转变的发展趋势。⑤

二、方法：创意产生的思维方法

故事驱动的创意生成源于由经典阅读和身体行走涵养的生命体验，也源于人类共通的情感

---

① 沃格勒．作家之旅：源自神话的写作要义．王翀，译．北京：电子工业出版社，2011：27－77.

② 同①317.

③ 向勇．文化产业导论．北京：北京大学出版社，2015：244.

④ 邱于芸．故事与故乡：创意城乡的十二个原型．台北：远流出版事业股份有限公司，2012：279.

⑤ 同③220.

结构和价值认同决定的原型构造。在文化产业的视野下，故事创意也是创意思考的结晶。这种创意思考，不是天马行空的自由散漫式想法，也不是偶然的灵光乍现，而是一种人生态度、生活习惯，甚至是一种可以训练的技能。①

文化创意的思维方法分为发散性思维（divergent thinking）和收敛性思维（convergent thinking）两大类。前者是“一种创意议题的推衍式思维方法，运用直觉、想象、非逻辑性的联想和感性的情绪感受，围绕创意问题往不同的观点和角度去扩张，不断产生新的联想，产生新的想象空间和发想机会。一般的头脑风暴、脑力激荡就是一种发散思维”；后者则是“以理性、聚合、逻辑的方法加以归纳和整理，然后根据创意任务的需要，产生创意共识和一致性的决策，最终达成实际的执行方案和行动规划”②。从理论上来看，发散性思维是创造性思维的重要形式，思考的重点在于想象，尽可能延展各种可能性、塑造情境、扩张联结、创造类型、探索可能的做法等；而收敛性思维是逻辑性思维的重要形式，思考的重点在于聚焦，看到类同或差异、看到联结、回溯既往等。进行文化创意的各种思维方法，都是在发散性思维和收敛性思维基础上进行的演变。③

创意思维的训练，或者说创意的激发，需要创意人尝试夸大自己的创意身份，刻意转换思考的创意角色。创意思考训练的方法有多种。例如，美国创意思考训练师罗杰·冯·欧克（Roger von Oech）提出了创意人的四种身份，分别是探险家、艺术家、法官和勇士。安奈特·穆瑟-魏曼（Annette Moser-Wellman）则提出了灵视者、观察者、炼金师、愚者和智者五种角色扮演。创意人通过虚实交错，过去、现在与未来互相置换，自我与他人对调，明喻与暗喻等方式训练创意思考的链接能力。④ 在此，笔者将重点介绍英国学者爱德华·德博诺（Edward de Bono）创立的“六顶思考帽”（six thinking hats）的方法，以此来训练创意思维。

“六顶思考帽”是一种平行思考法（parallel thinking），已在世界各地得到广泛应用。思考的最大困难在于混乱，而“六顶思考帽”的思维方法，主要就是训练思考者区分情感、逻辑、创意和信息等，一次只处理一件事情。每次只戴其中一顶帽子就意味着仅采纳某一特定的思考类型。这种方法能让大脑在不同的时间、不同的方向上获得并保持最大的敏感度。⑤

西方思维的基本逻辑是由古希腊“三巨擘”（苏格拉底、柏拉图、亚里士多德）基于辩论而设计的，关注“是什么”，结论是经过分析、判断和辩论而得出的。虽然这个体系精巧而实用，但还有另一种思考方式，即平行思考，关注“能够怎样”，关乎建设性思考和创造性思考，这就是“六顶思考帽”所关注的内容。平行思考在团队创意中的思维优势更为明显，这意味着在任何时刻，每个人都会从相同的角度进行思考。

（一）帽子的角色标定

德博诺选定帽子作为思考象征的价值就在于，它标定了一种角色——人们戴上某种帽子就意味着他/她持某种立场。帽子还有一个优点就是可以轻松摘戴，周围的人也都可以清楚地看到你头上戴的是哪顶帽子。

---

① 向勇．文化产业导论．北京：北京大学出版社，2015：228.

② 同①229－230.

③ 同①230.

④ 余佩珊．与创意思奔：思考连环套方法学．台北：前程文化事业有限公司，2009：130－131.

⑤ 德博诺．六顶思考帽：如何简单而高效地思考．马睿，译．北京：中信出版集团股份有限公司，2016：X，1－3.

正确使用“六顶思考帽”取得的效果主要体现在：

(1) 强大有力。把众人的思考能力聚焦到一个问题上，每个人都朝着同一方向努力，从同一角度看问题，团队中所有成员的智慧、经验和知识都可以得到充分利用。

(2) 节省时间。在平行思考中，在每个时间点，每个思考者从同样的视角看问题，想法是被平行地罗列出来的。参与者无须回应上一人所说的话，而仅需要添加另一个平行的想法。并非每一环节都有辩论，因此可以节约时间。

(3) 摒弃自大。快速、高效思考的最大障碍就是自大，因为人们往往会将思考用作攻击和战胜他人的工具，利用思考来展示自我。冲突和对抗性思考让自大的问题恶化。而“六顶思考帽”的方法促使参与者中立客观地考察当前的议题，这种对自我的展示表现为戴上任何一顶帽子都能出色地进行思考。

(4) 逐一思考。人们总是试图同时处理很多事情，例如，在进行信息查找时，会受到情感干扰，既要寻求意见和解决方案，又需保持谨慎。混乱也是高效思考的大敌。而每次只解决一件事情就容易多了。“六顶思考帽”的方法就是每次只关注一个面向，最终，问题的所有面向逐一呈现。①

(二) 六种颜色：六顶帽子的功能解析

六顶思考帽的每一顶都有一种独特的颜色，分别是白、红、黑、黄、绿和蓝（见图 5-1）。选择颜色命名思考帽的原因是颜色更容易在人们头脑中留下鲜明的印象。为了增强记忆，可以将它们看成对应的三组帽子。

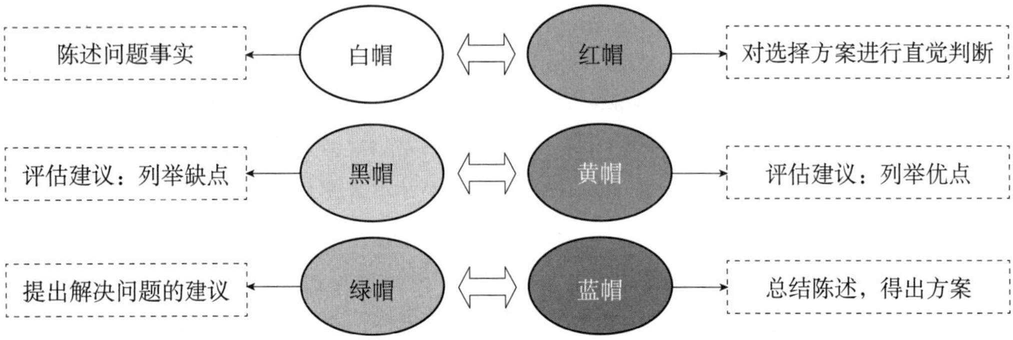

图 5-1 六顶思考帽

白帽：白色是中立、客观的颜色，因此白帽与客观事实和数据有关，戴上白帽意味着陈述问题事实。

红帽：红色可能表示愤怒、生气等情绪或者其他情感，因此红帽提供的是感性的看法，主要对各项选择方案进行直觉判断。

黑帽：黑色是阴郁而严肃的，因此黑帽代表着谨慎小心，在评估建议中主要列举缺点。

黄帽：黄色是阳光积极的颜色，因此黄帽代表着乐观、积极的思考，在评估建议中主要列举优点。

绿帽：绿色会让人联想到草木等植物葱郁繁茂的生长，因此绿帽代表创造力和新点子，主

---

① 德博诺．六顶思考帽：如何简单而高效地思考．马睿，译．北京：中信出版集团股份有限公司，2016：12-16.

要是对如何解决问题提出建议。

蓝帽：蓝色清爽，也是天空的颜色，因此蓝帽与控制、整理思考过程，以及有条理地使用其他思考帽有关；蓝帽负责总结陈述并得出方案。①

白帽与信息有关，它是中立的，使用白帽时，每个人直接且仅关注信息。信息包括可以被检验的确切的事实和数据，也包括意见和情感等模糊信息。表达自己的情感属于红帽思考，但报告他人的某种情绪、情感则属于白帽思考。白帽通常在思考会议开始之前使用，从而为即将进行的思考提供背景。②

红帽思考关乎情绪和情感，以及思考的非理性方面，它是中立、客观的信息的对立面。红帽让情绪和情感变得合理，是思考的重要组成部分。它使思考者有了一种方便的办法，在情感模式和非情感模式之间自由切换。红帽包括两大类情感：一类是普通情感，如恐惧和厌恶；另一类是复杂的判断，诸如预感、直觉、品味、审美情趣等情感类型。红帽是个人的思考行为，只可用于某种确定的观点或情形，思考者不可改变该观点本身。必须非常明确红帽的具体适用范围，否则会引发混乱。③

黑帽是谨慎之帽，在六顶思考帽中，黑帽被使用得最多，用来阻止人们去做非法、危险的事情。黑帽寻求的是避免危险和困难，为我们指出哪些事项存在不足或有害之处。传统辩论的基础就是指出对方的矛盾或不合理之处，因此黑帽是西方文明的基础，是批判式思维的基础。黑帽会指出某种事物不符合我们的资源、政策、战略、伦理和价值观等条件。但需要注意的是，首先，不能过度使用黑帽，花太多时间在吹毛求疵上。其次，黑帽思考不是辩论，不可退回到辩论模式，黑帽思考的目的是在地图上标出谨慎点。④

黄帽是积极探索之帽，头戴黄帽的思考者要去寻找提议中可能存在的任何优点。黄帽是基于判断而非幻想的思考帽，这需要我们培养一种“价值敏感性”。黄帽思考是一种具有建设性和启发性的思考方式，可以产生具体的方案和建议，它与操作技能和付诸实践的行动力有关。因此，黄帽思考与创造力并不直接相关，但黄帽思考的积极评估和建设方面对创造力来说是不可或缺的。黄帽思考是前瞻性的，力图寻找机会，允许愿景和梦想存在，它覆盖了一个积极的范围，从一端的逻辑和事实到另一端的梦想、愿景和希望。⑤

绿色思考帽是为创造性思考而设计的，关注摆脱旧观念，发掘新点子，与新创意和我们看待事物的新视角有关。创造力是思考的关键组成部分。绿色思考帽的机制使参与者转向创意角色，使用绿帽时，人们需要使用创造性思考用语，周围的人需将其思考结果视为创造性结果。寻找备选方案是绿帽思考的基本方面，进行绿帽思考时，参与者可以提出各种可能性，可能性在思考中也扮演着极为重要的角色。绿帽思考时，既可以包括“临时迸发”的创意，也可以包括“深思熟虑”的创意。⑥

蓝帽是控制之帽。不论使用什么序列的思考帽，蓝帽始终应该在会议的开始和结束时使用。第一顶蓝帽需要表明为什么开会，需要考虑什么问题，当前形势如何，希望取得什么成

---

① 德博诺．六顶思考帽：如何简单而高效地思考．马睿，译．北京：中信出版集团股份有限公司，2016：18.
② 同①62－88.
③ 同①90－119.
④ 同①150－168.
⑤ 同①122－148.
⑥ 同①170－207.

果，拟定使用思考帽的顺序等。而最后一顶蓝帽需要表明已取得什么结果、有什么解决方案以及会采取哪些后续行动等。蓝帽思考意味着掌控思考，头戴蓝帽的人通常是会议的协调人、主持人或领导人，确保人们遵守游戏规则，这是常任角色；此外，在具体的蓝帽会议期间，任何人都可以提出与程序有关的建议。专注也是蓝帽思考的关键作用之一，可以提出正确的问题，定义问题并列出思考任务。①

（三）六顶思考帽的使用方法

使用思考帽的基本方法有两种：

（1）在需要某种特定类型的思考时，可以单独使用某一颜色的思考帽。在没有思考帽时，有时让人们思考的要求既无说服力，也容易显得像人身攻击。例如，在日本，在任何时候下属对上级的话提出批评都是不礼貌的。而思考帽是创造出来的概念，是一个没有褒贬的中立信号，这也是它的优势。戴上思考帽，就是用一种形式化的手段，要求人们进行某种类型的思考。

（2）在探索主题或解决问题时，可以在一个序列中相继使用不同类型的思考帽，但不必每顶帽子都用到。按序列使用思考帽也分两种类型：按照自然发展或是预先设定的顺序使用。如果按照自然发展的顺序使用思考帽，会议协调人可以随机选择第一顶帽子，然后依次选择下一顶帽子。这种类型适合在使用思考帽方面经验比较丰富的人。否则，团队成员容易争论下一轮该用哪顶思考帽；而且不管最终选择的顺序如何，都有可能被看作操纵会议以达到自己期望的结果。按照预先设定的顺序，在会议开始时先戴上蓝帽，然后再设定好顺序，按序执行，也可根据实际情况进行微调。②

关于思考帽的使用，还需要注意的是：第一，思考帽代表的是方向而非描述，也就是说，要沿着特定的方向思考，而不是对现已发生的事件做出描述。描述关注已发生的事件，而方向关注未来将会发生什么。③ 第二，思考帽正确的用法，应该是在某一个指定的时间段内，所有在场的人都戴上同一颜色的帽子；在另一个时间段再选择其他颜色的帽子，而不是在同一时间段内选择不同颜色的帽子。这才能体现出平行思考的优势，最大限度地利用每个人的智慧和经验。④ 第三，在“六顶思考帽”的思维方法中，“游戏”元素至关重要。在玩游戏时，大家都必须遵守游戏规则，否则会被视为不合作。思考帽的方法同样是列出行为规则，让参与的每个成员按规则行事。例如，在大家都选择黄色帽子的情况下，有人仍坚持戴黑帽，那此人就会被视为拒绝参加游戏。让人们参与游戏，是改变行为的一种非常高效的方式。⑤

三、案例：创意城乡的故事驱动⑥

世界上各个国家不同的发展历程造就了不同的认知。因此，每个国家其实与每个个体一样，都拥有自己的独特性格。而说故事，就是展现国家性格的方式之一。在故事背后，我们同

① 德博诺．六顶思考帽：如何简单而高效地思考．马睿，译．北京：中信出版集团股份有限公司，2016：32-59.

② 同①23-24.

③ 同①6-7.

④ 同①9.

⑤ 同①10-11.

⑥ 邱于芸．故事与故乡：创意城乡的十二个原型．台北：远流出版事业股份有限公司，2012.

样可以发现国家的某种人格“原型”。

西欧社会经历了17世纪科学革命和18世纪工业革命，逐渐迈入现代社会。此时，实质性传统开始变得不合时宜，理性取代了感性、科学战胜了传说。故事逐渐也成为一种可有可无的现代消遣。现代人被各种工具主义、理性计算和逻辑思维渗透掌控，慢慢失去了聆听故事的耐心，说故事的能力也在退化。但一个民族或国家失去说故事的能力是非常危险的，因为“说故事不只是人与人之间的沟通交流，更重要的是一种文化的创造、传承与发扬”①。

事实上，每个国家或城市都有自己独特的文化基础，也都具备与众不同的创意潜力。因此，在目前以经济论述为主的单一文化支配下，诉说在地故事或许是另辟蹊径的方式之一。可以将城市的核心与成就“从可见的宏伟壮丽的建设与亮眼的生产数值，转移到不可见的创意活力”②。

我国台湾学者邱于芸在其著作《故事与故乡：创意城乡的十二个原型》中，将故事原型的概念应用到打造创意城乡上。通过运用原型理论分析12个国家的文化代表是如何述说他们自己家园的故事的，作者建构了塑造创意城乡的参考框架，提出了“创意城乡”的重点是探讨具有共同感的集体聚落如何建构属于自己的论述与故事，如何赋予自己全体生命历程的价值与认同。

根据马克和皮尔逊动机理论所提出的四个基本动机模式——独立、征服、归属、稳定，作者发展出一些重要神话原型；而每一个动机模式又可衍生出三种相对应的神话角色；每一个神话角色，也都分别与相应的国家原型对应（见图5-2）。在下文中，我们将按照动机模式的四大类属逐一探析如何将12种重要神话原型具体应用到创意城乡的叙事中。

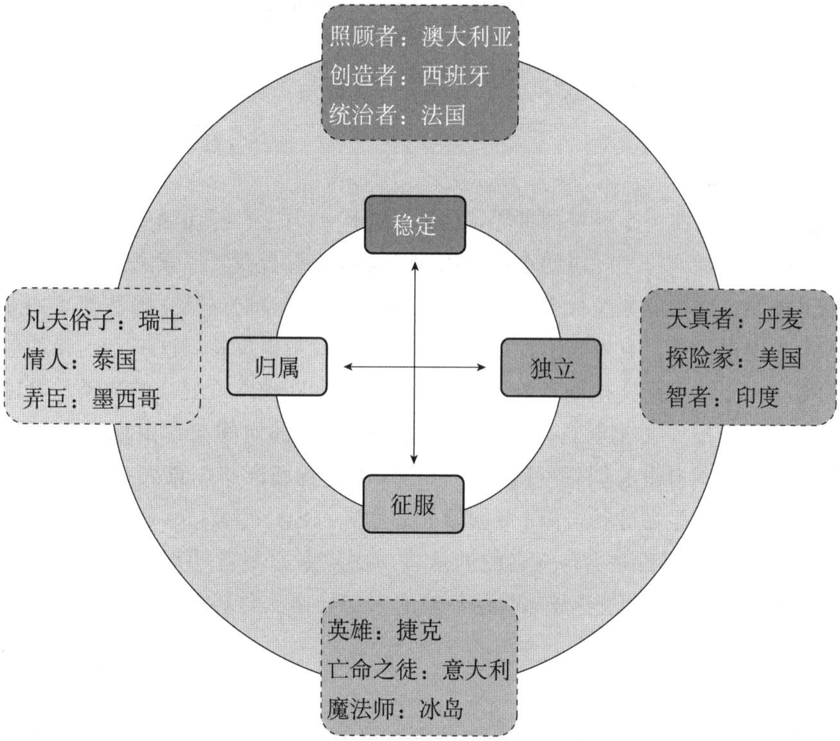

图5-2　12个国家的神话原型

---

① 邱于芸．故事与故乡：创意城乡的十二个原型．台北：远流出版事业股份有限公司，2012：62-63.

② 同①52，57.

(一) 独立——向往天堂

对天堂、理想国度的渴望引发了三种不同原型角色的发展策略，分别是天真者、探险家与智者。这三种原型都是注重自我而非他人，也更注重自主而非归属。①

1. 天真者：丹麦

在创意城乡中，天真者的性格是一种较为普遍的原型。天真者原型的表现是，认为生命并非要如此辛苦，只要遵循一些简单的原则，就可以随心所欲做自己。天真者需要的是一种平静、轻松、自然的生活方式。根据马克与皮尔逊的说法，在每一种文化中，都会出现关于某个太平盛世的传说和乌托邦的梦想。前者的叙述主要表现一种理想的生活，而后者则是对这种理想生活如何再现的想象。天真者心中永远有一个天堂，其天赋就是信心与乐观，他们是浪漫主义者与梦想家。

丹麦是世界上最快乐、最廉洁的国家之一。丹麦人普遍认为，让丹麦成为世界上最具创意与最幸福国度的原因是，童话世界中无限可能的想象力。丹麦推崇梦想作为价值的文化底蕴与生活态度。安徒生童话中的小美人鱼形象在世界各地流传，不仅深植于人们的童年记忆，也成为丹麦的国家精神象征。小美人鱼的意象突破了童话意义，成为一种在逆境中寻找希望和爱的丹麦精神。丹麦善用自己的这些文化资源，创造了更多的丹麦故事，通过各种艺术形式与文化遗产叙述丹麦的古老传统，以旧传统创造新文化。例如，丹麦首都哥本哈根就是一个创意与设计之都，从建筑到家具，都是简朴与科技结合的风格。丹麦还创造了世界知名的玩具品牌"乐高"。由此可以看出，故事是建立国家或民族认同感与向心力的载体。而向心力的传播也需要结合科技与人才优势，增强品牌效应。建立品牌的价值与定位，是创意城乡自我营销策略的根本。②

2. 探险家：美国

探险家主动向外寻找一个更好的世界，他们的探险动力来自深切渴望在外在世界中找到与他们内在需求、偏好和期待相呼应的东西。探险家强调追寻自我，探索意义的自由与空间。

美国正是探险家原型的典型代表。美国向来以自由国度自居，其立国基础《独立宣言》就旨在维护每个人追求生存、自由与幸福的权利，其文化政策也反映出这一点。和其他国家文化发展的最大差异在于，美国文化创意的发展是各种不同的在地元素混合的结果。美国并非通过文化部作为权力核心推广文化创意，而是给地方提供充分的空间与自由来孕育不同的创意文化。正因为有如此强调自由的创意空间，才能孕育出创意城市与创意人。例如，21世纪的电脑革命、资讯革命都发生在硅谷；Apple创始人乔布斯（Steve Jobs）、Facebook创始人扎克伯格（Mark Zuckerberg）等都是全球知名的创意者。探险家原型对外来文化也具有包容心。美国被称为"大熔炉"，它吸纳许多来自世界各地的人与异国文化，移民为美国打造了一个与众不同的多元文化社会。③

3. 智者：印度

智者相信人类有能力学习与成长，并由此创造更美好的世界。在此过程中，他们希望能够

---

① 邱于芸．故事与故乡：创意城乡的十二个原型．台北：远流出版事业股份有限公司，2012：107.

② 同①107－114.

③ 同①114－121.

自由地独立思考并主张自己的想法。智者原型的使命就是找到与自己和世界、宇宙有关的真理。探寻生命的真理，使人活得既有尊严又谦卑。

印度是智者原型的最佳代表，讲究身心灵合一，多数与印度相联结的文化印象都会与灵性、心灵修炼等有关。至今，印度仍是以智者原型的特质向内追寻文化成长。真正的智者并不会故步自封，印度也是如此，古老的传统并没有妨碍创新与进步。当前，印度的电脑制造、软件设计、数学的推广应用等在世界相关技术领域都占有重要地位，而且印度的科学家与工程师人数跃居世界第二。这意味着印度积极投入新科技，培养新人才，将智者专心研究以获得知识、智慧的精神发挥到了极致。①

（二）征服——刻下存在的痕迹

征服象征着权力的展现与扩张，这些原型的共同特征是为现状带来改变或变革。对于英雄、亡命之徒、魔法师来说，采取行动与展现力量是他们最大的愿望。这三个原型都有能力面对挑战、打破常规、改变世界，但引发的结果却有所差异。

1. 英雄：捷克

英雄原型通常是依照自己的原则目标生活和奋斗，英雄希望让世界变得更美好。因此，英雄原型主导的社会必然强调公平竞争，追求自我价值与意义，不断超越与进步。

典型的英雄历程都是童年被虐待或束缚，没有自由成长的环境。为了逃离困境，英雄用毅力和勇气克服困难实现理想生活。而捷克的历史就非常贴近英雄原型。1918 年，捷克斯洛伐克共和国成立之时，就面临多元民族利益冲突的困境。1993 年，捷克与斯洛伐克进行和平分治，捷克与斯洛伐克的人民以民主、和平的手段达成了这个结果。在此过程中遇到很多难题，但这些问题的解决都仰赖于政治家的创意。捷克的历史就是一趟英雄之旅，受英雄原型的主导，以积极的行动改变令人不满的世界；当遇到重大压迫时，依然选择坚持自己的理想，即使有所牺牲也不放弃追求独特的生存价值。我们能从闻名世界的捷克作家与其作品中感受到捷克人对国家的认同与骄傲。②

2. 亡命之徒：意大利

亡命之徒与英雄都有反抗现状的拼劲，两者的区别在于历史观的不同。成功推翻旧体制，建立新秩序的人被称为英雄；而无力颠覆秩序者，只能被视为秩序的破坏者。亡命之徒代表了文化的阴暗面。

在意大利身上可以看到亡命之徒的原型。威尼斯的狂欢节就是一种颠覆原有社会阶级秩序的极端放纵。意大利位于地中海中心，拥有丰富多元的历史文化，兼具传统与现代、古典与时尚、风雅与混乱等各种矛盾复杂的风格。也正因为意大利拥有叛逆、混乱、多元的个性，才能激发出其丰富又极具吸引力的文化色彩。现在的意大利在时尚、设计、饮食、艺术、建筑等领域都发展出了知名的文化企业。③

3. 魔法师：冰岛

魔法师原型的力量是借着改变意识层面来改变现实的力量。魔法师最基本的条件是渴望发

---

① 邱于芸．故事与故乡：创意城乡的十二个原型．台北：远流出版事业股份有限公司，2012：121－128.

② 同①129－137.

③ 同①146－148.

掘事物运作的基本规律，并用这些原则来实现心中的想法，强调一种内心与外在相连的状态。

冰岛就是符合魔法师原型的国家。冰岛人对精灵（elves）的存在深信不疑。当然，不只是精灵的传说，冰岛人也相信梦的预言和灵魂学说，他们认为生活周遭充满了超自然现象。冰岛人就像魔法师一样将大自然的危机转化为创造力的来源，首都雷克雅未克的一栋栋建筑物，不是艺廊就是音乐点，或者是咖啡厅，里面坐满了在创作着冰岛小说的作家。①

（三）归属——没有人是孤独的

人类是群体性生物，个人的自由当然崇高而珍贵，但生命的价值还包括创造自己与他人、集体的连带关系。个人自由与社会稳定非但不是两个对立的极端，反而都是人类最根本的需求。同样有三种原型帮我们实现与人群联结的需求：凡夫俗子、情人和弄臣。

1. 凡夫俗子：瑞士

凡夫俗子最希望的是逃离孤独感，他们需要融入人群，甘于平凡。融入众人之中的愉悦源于人们内心深处对归属感的需求。

平凡的幸福在瑞士表现得最为突出。不喜欢炫耀式生活，以普通平凡为乐，瑞士人的生活低调、中庸。凡夫俗子也是民主的基本原型，每个人都享有同等的权利。实施直接民主的瑞士正符合这种原型。瑞士人在复杂多变的世界里，寻找自己习惯的一种步调与归属，这是一种平凡的伟大。②

2. 情人：泰国

情人的原型强调爱与本能。情人原型传达了热情、活力和亲密感。

最符合情人原型的国家是泰国。泰国人的乐天知足与乐观开朗也带动了活泼的文化创意。在泰国，人们可能过得不太富裕，但他们依然享受生活，人与人之间的关系是亲密的，而非冷漠疏离的。泰国旅游业较为发达，“以微笑闻名世界的国家”，“好客、善良、以服务他人为出发点”等这些形容，都可以表现出泰国人充满热情活力、亲切自然的特质。③

3. 弄臣：墨西哥

弄臣（愚者）不受世俗礼教约束，反映出内在孩童的一面，以原始的、自然的创造力来表达自己。这个原型是活力的来源。当弄臣的原型支配生活时，会以天生的好奇心来探索世界，创造单纯的快乐。

弄臣大智若愚，知道人生要面临的考验，仍能将生命视为一种恩赐，也提醒人们及时行乐。墨西哥就是符合这一原型的国家。墨西哥人的生活态度非常随性，根据当下的心情不断改变安排。这种率性的态度和忙碌的现代社会大相径庭。不要计划、秩序、规矩，享受随时降临的惊喜，这就是墨西哥人“活在当下”的智慧。④

（四）稳定——立下秩序

追求秩序与稳定，也是人类内心重要的动机，这种心态反映在三个原型上：照顾者、创造者和统治者。这三者都会在看似稳定的环境中得到满足。这三种原型在城市与国家的叙事中较

---

① 邱于芸．故事与故乡：创意城乡的十二个原型．台北：远流出版事业股份有限公司，2012：148－152.

② 同①160－166.

③ 同①166－171.

④ 同①171－176.

为常见，因为城市与国家的基本功能之一就是提供集体认同与归属的对象。

1. 照顾者：澳大利亚

照顾者的原型是父母，他们愿意尽一切力量照顾子女。照顾者是利他主义者，由慷慨和助人的意愿推动，其生命意义在于付出。

澳大利亚就是一个照顾者原型主导的国家。澳大利亚被殖民的历史是其民族主义、民族意识与政策发展的重要根源。澳大利亚一直坚持发展本土文化产业，不以市场取向为发展核心。澳大利亚文化产业的发展一直由政府出资支持，这样能免于面对国际市场竞争的压力，专注于发展民族主义的文化产业。澳大利亚政府在 1994 年推行了第一个国家文化发展战略，极力推广创意产业概念，把创意产业发展作为一项国家战略。这也促使澳大利亚在建筑、设计与视觉艺术，电影、广播与电视，音乐与表演艺术等领域得到极大发展。①

2. 创造者：西班牙

创造者原型最常见于艺术家、作家、发明家和创业家，以及任何积极探索人类想象力的人。任何领域的创造者都拒绝因循惯例，倾向于探索自己独特的能力。

西班牙就是一个包容与孕育了许多创新艺术文化的国家。西班牙各个城市都有自己独特的样貌，例如，巴塞罗那是高迪、达利、米罗等现代建筑与艺术史上重要艺术家的长期居留地，高迪风格独具的建筑也成为该城市的文化地标。西班牙孕育了众多伟大的艺术天才，这些创作者通过各种方式掌握人类内心的意识与感动，以令人惊叹的艺术表现形式，将这些情绪升华为永久珍贵的艺术品和伟大建筑。②

3. 统治者：法国

统治者是最重要的稳定秩序的原型。对于个体而言，当个体由统治者原型主导时，会乐于担任领导者角色；对于集体而言，统治者是让集体守秩序、守规律、正常运转的关键。统治者是掌握权力、控制全局的人，他们有意愿也有能力负担起所有责任。

符合统治者原型的国家是法国。在法国文化经济的创意政策中，可以看到法国政府高度主导下的统治者原型。在文化产业上，法国政府拟订了相当多的政策补贴与推广计划。法国政府毫不掩饰国家在政策中的权力面向，这也打破了文化与政治二元对立的迷思。文化与政治相互合作的例子在法国不胜枚举。法国政府通过四种途径执行文化政策：法律、税收、社会福利制度、政府投资与补助。法国政府在文化政策上的强烈主导性格，表露出统治者意欲塑造一个社会理想行为的典范。③

通过以上对 12 种创意城乡叙事原型的分析可以看出，创意城乡成功的关键在于要凝聚起在地认同感与向心力，建立起跨界共享的在地文化与故事。故事驱动会让社区成为一个能源源不绝地再生与演化的生态系统。

本章小结

1. 故事驱动是以故事为核心，运用无形的想象力把文化资源转化为文化产品，形成包括

① 邱于芸. 故事与故乡：创意城乡的十二个原型. 台北：远流出版事业股份有限公司，2012：190 - 199.

② 同①200 - 207.

③ 同①208 - 217.

故事创作、故事改编、故事内容的跨媒体应用、跨渠道运营和跨产业融合在内的故事产业价值链。故事力是文化产业发展的重要动力。

2. 创意生成的方式有两种：一是借由生命体验，二是借由故事原型。生命体验，不是一般的生活经历，不是社会经验，而是对生命的反思，是对生命内在本质的把握。故事驱动的起点在于人们的精神共识和价值认同的构建，即建构人类想象的共同体。人类想象的共同体来自集体无意识，而集体无意识主要体现为“原型”和“本能”。

3. 在个人层面，通过原型可以追寻生命的意义与存在的价值；在集体层面，通过原型可以追寻集体共享的意义与价值。故事驱动所指称的“故事”，并不完全是个体意义上的，也即不仅包括个人层面的主体问题意识，还包括在特定时空中所形塑的集体无意识以及能够集中体现文化意义的原型。

4. 故事驱动最重要的是需要结合在地资源，既包括有形的自然资源和公共建设，也包括无形的人文与文化宝藏，从而找到当地特殊的文化特色与在地精神。唯有掌握这种当地文化的深层精神，才能打造出超越时空局限的经典。

5. “一源多用”，就是把同一内容用电影、游戏、动画、卡通形象、出版等多种方式进行加工，从而使内容的附加值得到最大限度的开发利用。“一源多用”是通过某一核心内容的成功，带动其他领域衍生品的开发，最终实现内容开发的协同效应。

6. 文化创意的思维方法分为发散性思维和收敛性思维两大类。发散性思维思考的重点在于想象，尽可能延展各种可能性、塑造情境、扩张联结、创造类型、探索可能的做法等；收敛性思维思考的重点在于聚焦，看到类同或差异、看到联结、回溯既往等。

思考与练习

一、基本概念

故事驱动　故事力　生命体验　集体无意识　原型　一源多用　发散性思维　收敛性思维　六项思考帽

二、思考题

1. 简述何谓故事驱动。
2. 故事驱动的创意生成方式主要有哪些?
3. 故事驱动的精髓在于什么? 需要结合哪些资源?
4. 简述“一源多用”的含义。
5. 文化创意的思维方法主要有哪些? 有何区别?
6. 简述“六项思考帽”的思维方法以及使用方法。

拓展阅读

1. 沃格勒．作家之旅：源自神话的写作要义．王翀，译．北京：电子工业出版社，2011.
2. 皮尔逊．影响你生命的 12 原型．张兰馨，译．北京：中国广播电视出版社，2010.
3. 马克，皮尔森．很久很久以前：以神话原型打造深植人心的品牌．许晋福，戴至中，袁世珮，译．汕头：汕头大学出版社，2003.

4. 坎贝尔．千面英雄．朱侃如，译．北京：金城出版社，2012.

5. 德博诺．六顶思考帽：如何简单而高效地思考．马睿，译．北京：中信出版集团股份有限公司，2016.

6. 冯川．荣格文集．北京：改革出版社，1997.

7. 邱于芸．故事与故乡：创意城乡的十二个原型．台北：远流出版事业股份有限公司，2012.

8. 向勇．文化产业导论．北京：北京大学出版社，2015.

9. 余佩珊．与创意思奔：思考连环套方法学．台北：前程文化事业有限公司，2009.

第六章　文化科技的融合发展

本章概述

文化技术作为推动产业升级的重要手段，带来了文化产业由功能价值向文化价值、膜拜价值、展示价值、体验价值的价值转向。本章以洛可可设计公司为例，重点说明了产品、流程、材料、组织、市场的“硬创新”和膜拜、展示、体验、感官、情感、精神的“软创新”相结合的“巧创新”策略对文化和科技融合发展的重要作用。

学习目标

通过对本章的学习，学生应了解或掌握如下内容：

1. 掌握文化技术对文明分期、艺术门类的历史影响。
2. 掌握文化技术对现当代文化产业基本形态形成的贡献。
3. 了解不同哲学观念下文化和科技的辩证关系。
4. 掌握文化产品的膜拜价值、展示价值和体验价值。
5. 掌握文化产业领域“软硬兼施”的巧创新策略。

一、理论：文化技术的价值创新

文化产业发展过程中形成规模经济离不开技术的发展，从手工、机器到网络，技术的发展奠定了文化产业的基本形态与规模。文化技术作为文化产业的发展要素，对实现文化产业的价值创新有着重要意义。

（一）技术作为文化产业的发展要素

在人类文明演进的历史长河中，文化与科技作为评价社会发展进步的经纬坐标，是衡量一个国家或地区经济发展、文化繁荣、社会稳定的重要尺度。历史经验表明，任何一次跨时代的革命都伴随着文化与科技的更迭：一方面，科学发现与技术进步是社会文化形态演进发展的催化剂；另一方面，先进文化与知识积累又是科技创新的重要动力和源泉。威廉·麦克高希从历史文明的角度创造性地提出“文化技术”的概念，将现今为止影响文明发展的文化技术按时代归纳为表意文字（ideograms）、音标字母（phonetic alphabets）、印刷技术（printing）、电子影像（electronic images）、计算机或数字技术（computers or digital technology）。文化技术通过文化变革来推动世界文明的发展分期，不同的文化技术推动形成了不同文明的价值体系和社会环境①，为产业结构一代代转型升级奠定基础。文化技术正是文化与技术的双重逻辑的联系纽带，推动了文化产品的价值转换，是文化产业发展壮大和结构调整的内在机制。

现代文化技术发端于印刷技术的发明与应用，推进了社会分工的深化和产业结构的优化，依照印刷技术时代、电子影像时代、计算机和数字技术时代的分期，世界文化产业也经历了萌芽期、探索期和发展期，在21世纪以互联网、虚拟现实、多媒体等为代表的新兴技术催生了众多新兴文化业态，如体验经济、版权经济等。

众多学者指出文化技术在现代文化产业发展中扮演着越来越重要的角色，文化产业钻石模型“3TEA”认为技术是文化产业的发展要素，是推动文化产业发展重要的外动力。兰佩尔等认为“新兴文化产业的开辟得益于电子录音、电影摄影、电视广播和互联网等一系列技术创新。而文化产业的扩展依赖的并不是技术知识，而是创意和商业人才”②。他们将技术类比为司机，但道路的终点却并不是技术本身，因为在文化产业中技术终将被具有内容和创意的个人或商业组织所掌握。穆纳尔（Munar）等指出互联网和信息通信技术（ICT）使信息媒体和社会互动的数字化程度提高，消费者依靠数字媒介进行社交、工作和决策，改变了个人和组织生产与消费的定义。③ 例如，在影视行业，赫希和格鲁伯（Hirsch & Gruber）指出互联网导致了传统演员和专业导演、影评人权力的瓦解，消费者话语权增加④；在音乐和表演艺术领域，YouTube等在线平台使艺术家有机会在线上发布创作内容，从而直接与听众接触；在泛知识生产领域，互联网实现了知识在全球范围内的同步上传和下载，用户生成内容（UGC）跨越了历史上生产者-消费者的边界而共同创造价值，重新定义了中介、看门人、专家的角色。综上，在数字时代，通信技术和社交媒体改变了传统创意产业价值链生产、评论、流通和消费的各个环节，对文化产业产生了颠覆性的影响，并促进了文化产业的价值转向。

（二）技术带来文化产业的价值转向

文化技术作为文化产业的驱动要素，推动了文化产品的价值从单一的膜拜价值向展示价值和体验价值的转换，使文化产品在文化产业语境下呈现出三大价值共生的复合形态。当然，文化技术创新难以取代文化创意本身，文化技术的表现形式必须服务于文化产品的价值内容。从本雅明“机械复制艺术”导致经典艺术“光晕”消逝，到法兰克福学派代表人物阿多诺和霍克海默对资本主义“文化工业”欺骗本质的解释，再到海德格尔对现代科技的技术沉思，以及费瑟斯通对大众媒介碎片化影像的警惕，都反思和批判了技术所带来的文化产业的价值转向。

---

① 麦克高希．世界文明史：观察世界的新视角．董建中，王大庆，译．北京：新华出版社，2003：347.

② LAMPEL J，SHAMSIE J，LANT T K. Towards a deeper understanding of cultural industries//LAMPEL J，SHAMSIE J，LANT T K. The business of culture：strategic perspectives on entertainment and media. Mahwah，N. Y.：Lawrence Erlbaum Associates，2006.

③ Munar A M，Gyimóthy S. Critical digital tourism studies//Munar A M，Gyimóthy S. Tourism social media：transformations in identity，community and culture. West Yorkshire：Emerald Group Publishing，2013.

④ HIRSCH P M，GRUBER D A. Digitizing fads and fashions//Jones C，Lorenzen M，Sapsed J. The Oxford handbook of creative industries. Oxford：Oxford University Press，2015：420－436.

1. 科学技术：从功能价值到文化价值

德国哲学家海德格尔从人文主义技术哲学的反思立场出发，提出应警惕技术对文化的消解作用，提醒人类观照技术与艺术的关系时应该保有伦理价值与人文精神。作为工艺、技能的技术是人类关于“制作的智慧”，海德格尔认为技术的本质是以对象化的方式显现世界的一种真理。技术不仅是作为手段的“纯工具”和人的行为，而且是作为“座架”（gestell）的解蔽方式，用“摆置”和“促通”的展现方式解蔽真理之领域。在这里，“座架”具有聚集的特性，现代技术以“预置”的方式展示“物”、构造世界，具有现代主义的建构性特征。现代技术渗透到了社会生产与经济生活的各个领域，使“物”成为“持存物”，乃至日益丧失独立性的人自身也有成为“持存物”被技术奴役的危险。

现代技术以“强求性的要求”把人类从地球上连根拔起，使人类对自然实施无穷无尽的掠夺和压迫，把“有用性”作为评价事物的唯一标准。在海德格尔那里，承载人的实用目的、实现一定实用功能的人造物即是器具。艺术作品虽是一个物，但不是一个纯然物，而是对存在真理的召唤，唤起人们对蕴含在存在者之存在那里的世界与大地的原始争执的记忆，“以自己的方式开启存在者之存在。这种开启，也即解蔽，亦即存在者之真理，是在作品中发生的。在艺术作品中，存在者之真理自行设置入作品。艺术就是自行设置入作品的真理”①。天、地、生命、神是一个连续的整体，现代技术打破了这个整体，造成了它们之间的分离与冲突，人应该诗意地栖居，从技术统治进入艺术救赎之路。海德格尔人文技术观之“思”，不是简单的技术悲观论变成技术乐观论，而是站在更高层次的意义上，赋予理性的技术工具以自在的艺术神思。

海德格尔“存在”“座架”“解蔽”“诗意地栖居”等西方技术思想与庄子的传统“技艺”观形成对照。庄子所代表的中国传统技术思想主张“技中见道”，指出人所从事的各种技艺，都应该能够与“道”之运行对应合一，进入“道”之化境。庄子在《天地》篇中写道：“故通于天地者，德也；行于万物者，道也；上治人者，事也；能有所艺者，技也。”尽管“道”为本，“技”为末，但二者可以相通，技亦是实现道的途径。技艺所需的工具称为“机械”，庄子认为：“有机械者必有机事，有机事者必有机心。机心存于胸中则纯白不备；纯白不备则神生不定，神生不定者，道之所不载也。”人对机械的使用、依赖和臣服会导致机器反作用于人，内化为主体心灵的结构特性，即人心的机械化，从而丧失可贵的天真。在庄子看来，艺术的本质也是纯白的朴素，“朴素而天下莫能与之争美”，与他主张的“天道自然”的哲学观相一致，将朴素的艺术实质提到了“道”的高度加以认识。徐复观更是提出“道的本质是艺术精神……庄子所追求的道，与一个艺术家所呈现出来的最高艺术精神，在本质上完全相同，所不同的是：艺术家由此而成就艺术的作品，而庄子则由此成就艺术的人生”②。艺术所固有的创造性、身体性和游戏性使艺术家脱离了人为物所遮蔽产生的控制、算计、占有等“机心”，最终趋向真理。

二者均将人的异化和自由的失落归咎于工具理性的统治，认为人类的生存状况和精神生态并非与技术的发展同步，甚至是相互对立的。海德格尔对“技术”（technology）的词源进行追溯：“首先，techne 并非仅仅表示人工的活动和技艺的名称；它还是心灵的艺术及美术的名称。

① 海德格尔．海德格尔选集．孙周兴，选编．上海：上海三联书店，1996：1165－1180.

② 徐复观．中国艺术精神．沈阳：春风文艺出版社，1987：43－44.

techne与产生、创造（poiesis）同属一列，它是诗意的东西。”[①] 因此，techne一词的关键不在于对工具的使用，而在于工具背后某物出于自身的显现。这与庄子所援引的“庖丁解牛”一例中追求“依乎天理”“以神遇而不以目视，官知止而神欲行”（《庄子·养生主》）的“道技”相类似。而艺术是引领人们在“人为物役”的残酷现实中寻找超然物外的自由真理最为直接的途径。

随着科学的发展，技术与艺术的边界也在不断融合，著名物理学家李政道提出“物艺相通”和“科艺相通”的命题，认为科学与艺术的融合在于二者都“源于人类活动最高尚的部分，都追求着深刻性、普遍性、永恒和富有意义”[②]，并多次亲自策划科学与音乐、绘画、诗歌等艺术的交流、对话、研讨和展览活动。著名科学家钱学森和文学家季羡林生前都曾呼吁，要培养原创型的创新人才，就要在学校大力推进科学、技术与人文、艺术的结合。著名文学家、博物学家弗拉基米尔·纳博科夫在艺术创作、文艺理论和蝴蝶博物科学等领域同时取得了重要成就。他之所以能成为杰出者，不仅因为家教、贵族气质的熏染，更因为他看到了“真之美”和“美之真”的和谐统一。他认为“没有幻想就没有科学，没有事实就没有艺术”，以“诗歌之精确性、纯科学之激情”的科学艺术融合观念作为人生追求的驱动力。

在科技飞速发展的今天，人们也越来越重视技术满足日常需求的工具价值之外的艺术价值，设计美学成为工业与艺术的交汇处。英国工艺美术家、文学家威廉·莫里斯（William Morris）正是有感于机械化大生产导致产品工艺粗糙、艺术风格同质化的倾向，强调艺术与技术的结合、实用与美的结合，重视艺术为大众服务，倡导以古典时期美观实用的手工艺运动和设计行动抵制资本主义工业化大生产，他也被誉为“现代设计之父”。莫里斯的艺术设计思想影响了德国包豪斯风格和设计教育理念，成为工业设计的美学典范。工业设计所追求的技术美，崇尚实用功能与艺术美感的有机统一，实现了产品功能价值与符号价值（文化价值）的和谐统一。工艺美术和工业设计追求“有效用的艺术品”和“限量的收藏品”的辩证统一，实践着“艺术生活化”和“生活艺术化”的创意生产活动。西方社会三个“苹果”的隐喻正是暗示了这一转向的必然趋势：人类始祖亚当和夏娃偷吃的禁果是“文化的苹果”，蕴含着伦理道德与知识智慧；启发牛顿发现“万有引力”的苹果是“科学的苹果”，蕴含着人类使用工具发明创造、发现自然规律的科学；乔布斯所创造的苹果产品是“第三种文化的苹果”，蕴含着实用的科技功能和简洁的艺术美感，代表“文化与科技的苹果”，昭示了技术由功能价值向文化价值的转化。

2. 机械技术：从膜拜价值到展示价值

本雅明提出“光晕”的概念来阐释机械复制技术对艺术创作和文化生产产生的深远影响，“光晕”的神圣性、原真性、不可接近性彰显了艺术原作的膜拜价值。机械复制技术使对艺术品的复制、模仿更为便利，如运用照相机突出艺术品原作的不同侧面、将摹本带到原作无法到达的地方，解除艺术品观众的时空、阶层限制，从而改变了艺术品的价值形态。

机械复制技术促使文化产品完成了膜拜价值到展示价值的转化。艺术作品的开端是生产为膜拜服务的塑造物。膜拜价值源于早期的巫术礼仪与宗教礼仪，社会生活中的沉思冥想被保留在物态形式的艺术品之中，因此人在观赏时反映了现实中的等级制、神权观。随着复制手段的

---

① HEIDEGGER M. The question concerning technology and other essays. New York: Harper & Row, 1997: 13.

② 李政道．科学与艺术．光明日报，1996－06－24.

不断创新，艺术作品的可技术复制性逐渐将艺术作品从依附于礼仪的生存中解放出来。现代艺术供人观赏，不复有神圣性和神秘性，艺术的膜拜价值弱化，日益受到重视的展示价值满足了大众展示和观看自身形象的需要。复制技术满足了现代人渴望贴近对象、通过占有对象复制品来占有对象本身的欲望。摹本代替了独一无二的存在，使被复制的对象获得了新的活力。

展示价值有如下特点：以电影为例，第一，注重人机互动。演员须经受视觉测试，电影演员必须放弃氛围，演员的表演被分解为一系列片段。第二，表现客观世界。电影猛烈地进入现实，特写镜头延伸了空间，慢镜头延伸了时间，新式技术设备丰富了人们的感知领域。电影画面被一个个镜头拼接在一起，这种画面是由机械技术创造的直接现实的景象。第三，尊崇大众消费。现代艺术作为机械复制时代的产物，日渐成为供人观赏之物，而且也总是被制作得适宜展示。然而本雅明站在无产阶级文化解放的立场上，对机械复制带来的可能性给予了深切的观照。观众站在镜头的位置，而不是演员的位置，这便提升了一种批判的姿态。在新技术原则下，作者与观众并非处于固定不变的等级制位置，而是处于可逆的位置，这从根本上瓦解了艺术维护权威政治手段之一的功能。[①] 机械复制技术开启了“光晕”文化膜拜向“民主”文化展示转化的过程。

3. 数字技术：从展示价值到体验价值

在麦克高希看来，计算机或数字化时代预示着人类已经进入以娱乐为中心的时代，“计算机图像创造了一种新的引起视觉感官兴奋的景象，以及从能产生幻觉的机器中得到乐趣的新的机会”，娱乐成为“取代过去500年旧文明的新的基础”，成为20世纪晚期以来人类社会占据优势地位的文化表征。[②] 美国学者派恩（Pine）和吉尔摩（Gilmore）由此指出：“我们正进入一个经济的新纪元：体验经济已经逐渐成为继服务经济之后的又一个经济发展阶段……体验经济就是企业以服务为舞台，以商品为道具，以消费者为中心，创造能够使消费者参与、值得消费者回忆的活动。”[③] 人们进行消费行为，不仅仅是为了购买产品的功能价值，更为了得到一种娱乐体验、情感体验或审美体验。相比于艺术品的膜拜价值、展示价值，这种体验价值更具有消费性，更注重平民化的个性感知。

事实上，这种娱乐体验、情感体验或审美体验背后是“身体觉醒”的美学转向。受禁欲主义的压制，无论是中国“伦理至上”的儒学传统还是西方基督教“彼岸救赎”的神学传统，都可知人类历史曾有一段漫长的理性压倒感性的“身体缺席”期。鲍姆加通（Baumgarten）把美学定义为“感性知识的完善”，美学的诞生宣告了感性知觉“被压抑的解放”。尼采宣称“身体出场”，身体是一切事物的起点，包括从身体到感知到激情到理性到精神到意志的全部。人作为身心一体的存在物，首先呈现出来的是身体，莫里斯·梅洛-庞蒂（Maurice Merleau-Ponty）认为“‘身体图式’体现在各个身体感官和感知行为的统一”。比如看，不仅可以看到颜色，还可以看到声音和气味。由于感知的统一性，当人们看时，其他感官会渗入进来。感知不仅是空间中的互动，还是时间上的进行。身体的统一性使得“当静听时，视觉、嗅觉、味觉和触觉，也在与听觉一道运行”。不仅如此，当某一感官起作用带动其他感官协同加入时，还可以产生

① 闻娱．本雅明技术复制艺术理论述评．安徽师范大学学报（人文社会科学版），2005（5）：537-540.
② 麦克高希．世界文明史：观察世界的新视角．董建中，王大庆，译．北京：新华出版社，2003：289-336.
③ 派恩，吉尔摩．体验经济．毕崇毅，译．北京：机械工业出版社，2012：7-10.

想象、回忆、语言和推理的运行。[①] 因此，体验包括了从感知到情感到精神的全部体验。在消费社会里，身体不再受道德伦理的压制和理性知识的诘难，而变得主动、积极和可塑。身体成为哲学、艺术和审美文化中最重要的主体、对象与活动，成为审美体验本身。美国实用主义美学家理查德·舒斯特曼（Richard Shusterman）从身心合一出发提出了“身体美学”（Somaesthetics），不仅关注身体的外在形式与表现，也关注身体的活生生的体验。身体美学把身体的感官感知、心灵情感和精神意识沟通起来，让身体成为日常生活的中心，让美学在日常生活中发挥引领作用。美国心理学家米哈里·契克森米哈赖（Mihaly Csikszenmihalyi）提出“心流理论”[②]，将全身心融入的体验和感觉称为“沉浸式体验”，是一种将个人精神力完全投注在某种活动上的感觉，心流产生的同时会有高度的兴奋及充实感，而外界活动机制的设定、物理空间氛围的营造更易使人达到心流状态。例如，日本的 teamlab 光影互动展就用电脑编程、传感器、投影、灯光、互动动画、音乐效果和玻璃设计出了能与观众产生实时互动的虚拟花海，春夏秋冬四个季节的花分布在不同区域，观众用手触碰后花朵会开始凋谢，人群聚集的地方会百花齐放，使体验者从感官的体验进入认知和情感的交流，从而使体验者流连忘返沉浸其中。

消费社会是一个身体展现和身体表现的体验经济社会。体验经济社会是继农业社会、工业社会和服务社会之后的人类社会发展第四阶段。体验经济关注用户的消费满足。身体意识的觉醒与身体美学的观照，昭示人们在体验经济时代开始强调身体化的体验消费。体验意味着人们亲身体验的一切，包括感觉、意向、记忆、作用和要求。体验是人的生命本质，不是一般的经验，而是主体在活动或经历过程中积累的经验内容，是有感情色彩和审美意义的体味和升华。派恩和吉尔摩把体验分为娱乐、教育、通世和审美等四类，伯恩德·施密特（Bernd Schmitt）在《体验式营销》（*Experiential Marketing*）一书中将体验分为感官、情感、思维、行动和关联等五个类型。在这里，我们从文化产品的价值维度出发，为了区别同样有审美体验特征的膜拜价值和展示价值，按照本能、行为和反思三个层次，把体验价值分为感官、情感和精神三类。在审美经济和文化产业的规训下，数字传媒、智能网络和智慧技术将文化产品的展示价值进一步转换为感官体验、情感体验和精神体验的体验价值，以满足身心双修的身体美学的需要。其中，感官体验包括眼、耳、鼻、舌、身等五官所发生的视觉、听觉、嗅觉、味觉和触觉等五感，有机协同，动“一官”而牵“五觉”，营造一个浸入式的交感体验。情感体验是人的基本存在范畴，是主体受到外界刺激，情绪得到激发和感染，产生“喜、怒、哀、乐”和“爱、欲、憎、恨”的某种感情反应，表现出客观对象是否符合主体需求的心理态度。精神体验是主体由于某种外界刺激，受到启发，引发思考，进而获得认知，达到精神共识，获得全新的认同体验，最终建构主体的新的生活方式。人的身体意识与对产品的体验价值的消费，具有互动、参与、娱乐和时尚的特点。因此，本能层次的感官体验是“以身感之”，行为层次的情感体验是“以心体之”，反思层次的精神体验是“以道验之”。在体验经济时代，体验已经成为商品的一种可供性，创造体验价值是获得商业成功的重要手段。

综上可以看出，技术对艺术形态的演进产生了巨大影响，表 6－1 按照文化技术自身的发展生命周期对艺术门类进行了划分，这一分类并非静态僵化的，也不是线性进化的，而是逐渐打破空间的限制，在全球范围内呈现跨界融合、价值创新、协同发展的特性。

---

① 张法．身体美学的四个问题．文艺理论研究，2011（4）：2－9.

② 契克森米哈赖．心流：最优体验心理学．张定绮，译．北京：中信出版集团股份有限公司，2017.

表 6-1 按技术时期划分的艺术门类

	传统艺术	现代艺术	新兴艺术
技术时期	手工劳动时期	机械技术时期	数字技术时期
特色	原真性、在地性、距离性带来的“光晕体验”	复制性、在场性、时尚性带来的“震撼体验”	审美性、娱乐性、互动性带来的“交感体验”
功能	膜拜价值	展示价值	体验价值
观看方式	凝神专注	闲散消遣	沉浸感知
与观者关系	距离远，观者进入作品，被作品吸收	距离近，作品渗入观者，被观者吸收	零距离，观众沉浸在作品之中
类型	传统雕塑、绘画	摄影、电影	电子游戏、VR 艺术

二、方法：“软硬兼施”的巧创新策略

人类的社会进步是以科学技术的重大突破为标志性事件的，文化产业的升级亦需要科技创新的推动。文化科技融合创新成为实现传统文化产业转型、现代文化产业升级和新兴文化产业超越的重大突破点。它不仅会改变历史文化资源的传承方式和文化产业的生产方式，更会重构人们符合新时代文化样式的符号系统、制度系统和价值系统，重塑人们的当代生活方式。

（一）“硬创新”与“软创新”

文化技术可以分为硬技术和软技术，基于文化技术的创新模式可以分为“硬创新”和“软创新”。创新理论先驱熊彼特提出了产品、流程、材料、组织和市场等五种创新类型，将创新作为一种工艺转变和技术变革的生产函数，把创新看作资本主义工艺流程中发明、创新和传播三阶段的一个环节。现代管理理论之父彼得·德鲁克（Peter F. Drucker）将创新作为企业家精神的核心要素，将创新行为与市场法则结合在一起，认为创新是赋予资源新能力、创造财富的一种活动。① 经济合作与发展组织（OECD）于 2006 年发布《奥斯陆手册》（Oslo Manual），对创新做了整体性的描述，将“创新”定义为“在商业实践、组织内部的工作现场或外部关系中，一种新颖而有价值的改进提升，一种针对产品（包括商品和服务）、工艺流程、营销模式或组织方式的改进提升”，从而将创新分为产品创新、流程创新、组织创新和营销创新。这些创新都属于“硬创新”范畴，都是“功能性”创新，侧重于对产品实施技术性、科学性的功能改变，以科技为主导。

英国学者保罗·斯通曼（Paul Stoneman）提出了“软创新”的概念，认为传统的“硬创新”忽略了“创作和出版一本新书，发展和记录一个新的光盘，创作、排练和演出一个新剧场，创作、制作和上映一部新电影，开发和推出新的广告和宣传作品，设计、开发和推出新的服装系列，开发和推出一些新的金融工具，设计和生产一系列的新家具，设计者的新一代建筑形式设计及建筑活动，有关机动车辆的设计活动”等创新形式，而这些被忽略的创新大部分就是“软创新”。“软创新”是一种“主要影响产品和服务感官知觉、审美情趣、知识认知、情感

① 德鲁克．创新与企业家精神．蔡文燕，译．北京：机械工业出版社，2007：19-28.

诉求、社会认同的非功能性表现"① 的创新。按照康德的判断力批判，"软创新"就是满足眼、耳、鼻、舌、身等五官所产生的视觉、听觉、嗅觉、味觉和触觉等"五觉"的审美创新。"软创新"更是针对产品文化价值的创新。如前文所述，文化价值包括膜拜价值、展示价值和体验价值三种样式，其中体验价值又分为三个层次：感官体验、情感体验、精神体验。简·帕克（Jan Parker）和罗伊·巴兰坦（Roy Ballantyne）据此衍化出十种概念化观众体验——身体、感官、认知、情感、娱乐、复原、反省、转化、精神、社交，可归纳为基于感官的认知体验（触觉、视觉、听觉等），基于情感的精神体验（开心、愉悦、痛苦、忧伤等），精神体验之上的反省、内心对话（重塑了世界观、改变了生活方式等）。如图 6－1 所示。因此，简言之，"软创新"就是以审美变革为主导的文化创新。

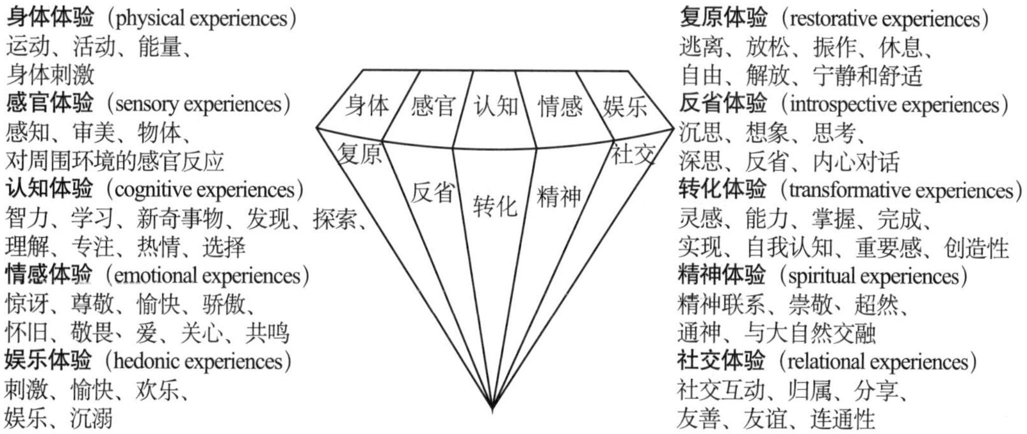

图 6－1　简·帕克和罗伊·巴兰坦的十种概念化观众体验

（二）文化科技融合的"巧创新"

文化产业受文化和科技双轮驱动，文化创意与科技创新正是推动产业升级和经济转型的两翼，"文化创意是内容的创造，在有限的自我实现中拥有更精彩的实现。科技创新为消费者提供新的更高的价值。文化创意为产品和服务注入文化要素"②。"巧创新"是"以科技创新为表征的硬创新"与"以文化创意为表征的软创新"的高度融合。

文化与科技的融合创新，是文化与科技的一体化发展，就是要超越单一的"硬创新"和"软创新"，关注"硬创新"与"软创新"的融合创新，达到"巧创新"（smart innovation），实现"软硬兼施"（见图 6－2）。"巧创新"分为产品的文化价值创新和产品的功能价值创新两个面向。其中，文化价值的巧创新推动了文化的产业化发展，带来了文化产业规模效益；功能价值的巧创新是基于技术变革和价值突破的创新活动，包括垂直差异化和水平差异化，提高了文化产业的功能性。"巧创新"推动了产业边界的消失，推动了产业之间的融合。"硬创新"大多以专利的形式得到保护；"软创新"大多以版权、商标和工业设计权的形式得到保护。"巧创新"的保护机制最为关键的手段就是对知识产权的坚决捍卫，只有这样，才能创造文化品牌，

---

① STONEMAN P. Soft innovation：economics，product aesthetics and creative industries. Oxford：Oxford University Press，2010.

② 厉无畏．创意改变中国．北京：新华出版社，2009：18－19.

最终落实文化产权。因此，从整体意义上讲，创新驱动就是文化创意与科技创新的双轮驱动，就是要实现“巧创新”的驱动模式。“巧创新”是一种智慧创新，是一种创意创新。如果说“硬创新”属于红海战略，“软创新”属于蓝海战略，那么“巧创新”就属于绿海战略，是一种可持续的绿色创新。

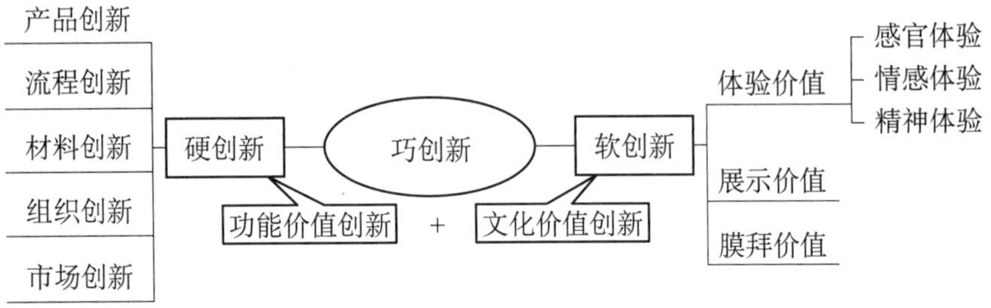

图 6－2　巧创新示意图

三、案例：数字时代洛可可的“巧创新”

（一）硬创新：从洛可可到洛客平台

LKK 洛可可创立于 2004 年，18 年间迅速由一家工业设计公司发展为一家实力雄厚的整合创新设计集团，总部位于北京，已布局深圳、上海、成都、南京、苏州、杭州、宁波、厦门及英国伦敦等地，包揽了“红点至尊、红点、F 金奖、iF、IDEA、G-Mark、红星奖、金点奖、金投赏”等国际国内 313 项创新设计大奖，公司以“设计美好世界”为企业使命，坚持以设计为核心竞争力，致力于连接用户、企业、设计师，通过社会化产品创新平台协作创新，共同创造好产品。2016 年，LKK 洛可可成立旗下专注产品创新的共享设计平台洛客（LKKER），以 C（用户）、B（企业）、D（设计师）众创模式，聚集超过 100 万全球创造者，3 万名专业设计师，为企业提供产品众创-产品设计-研发供应链-产品营销-投资等覆盖产品打造全流程的服务，实现由工业设计到文创设计的转型。

1. *产品创新：IP 衍生*

洛可可的产品创新策略是依靠 IP 为产品增值。以旗下产品“故宫猫”IP 设计为例，2015 年，洛可可团队通过分析大众心中的故宫传统符号，发现这一国家文化符号与大众距离较远，难以吸引年轻观众与之接触、互动，甚至产生持久关联的兴趣。800 名设计师在深入了解故宫的历史文化和宫廷文化的符号体系后，梳理出 12 个产品线创意思路，并产生超过 600 款的创意产品，搭建了故宫文创开发的框架。以“故宫猫”系列为例，故宫里生活着 200 只流浪猫，它们消灭鼠类，保护着故宫有 600 年历史的木建筑，被称为故宫卫士。洛可可的设计师以它们为原型设计了“故宫猫”系列，该系列产品具有软萌可爱的“人格”化形象，以此形象延展出来的文具、3c 产品、AR 大内咪探套装等系列产品，深受年轻人的欢迎，在洛可可合作运营的故宫神武门的文创产品店和天猫故宫文创店中保持热销，用故宫猫形象转化的智能机器人现已进入故宫猫生活馆，为游客提供咨询服务（见图 6－3）。

与传统的工业设计相比，故宫猫以与“耄耋”谐音、有吉祥寓意的猫为切入点，并赋予 IP 以形象、性格、故事，除了完成儿童教育、导览咨询等产品功能需求外，还提升了工艺产品的

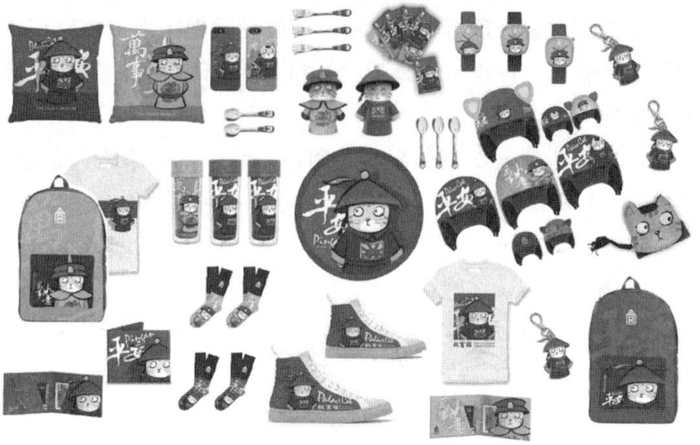

图 6-3　故宫猫系列文创设计

文化价值和精神内涵，实现了产品创新。

2. 流程创新：协同普惠

2019 年，洛可可洛客联合钉钉推出专属生态在线沟通协同创新平台洛客云设计中心，让每个需要想象力创新、创新落地的企业，都可享受到智能设计的高品质服务，让人的想象力得到最大限度发挥。平台能够快速搜索产业报告，计算和优化出用户可能喜欢的标识，设计出成千上万套模板方案，节省了人工检索所需的大量时间。企业在钉钉添加“洛客云设计”应用后，即可通过首页“0 元做设计”入口体验“洛”智能设计，输入企业需求信息就可以 3 秒设计出 LOGO。更低的创新门槛，是期望每个需要创新创造力落地的企业，都可享受到洛客云设计、智能设计的高品质服务。

洛可可还与阿里云达摩院达成合作设计“洛”普惠智能设计，专为小微企业、创业者、个体商户提供 LOGO 设计。LKK 洛可可创新设计集团总裁李毅超指出：“智能设计将不仅停留在 LOGO 设计、智能分析、智能渲染、智能包装等设计服务领域，相信加入 AIoT、算法等技术之后，设计可以结合到产业当中，构建可并行、柔性、可协作的多边网络平台，开启产品创新创造的新模式（PIM 超级大脑）。”

3. 材料创新：数智技术

云平台依托的技术材料是人工智能和大数据。阿里的人工智能设计师鲁班 AI，通过机器学习、需求理解、草图框架制作、文化元素补充、细节完善、系统选择最优方案、输出消费终端一系列全智能化流程，能达到日均设计 4 000 万份海报。在 2017 年“双 11”期间设计出完全不同的 4 亿份海报，这是 100 个专业设计师 600 年的工作量。运用 AI 技术减少大量重复性执行操作能真正解放设计师、创造者的双手，每年平均减少 20%～30%的设计时长。

阿里云精准的数据库则有效地推动了商品的触达率和展现率。以 LOGO 形象设计为例，云设计平台把顶级品牌大咖的研究思路和维度，包括 LOGO 设计所需要的调研逻辑、专业知识和规范、真实场景模拟等经验，集合到相应的数据库中，通过大数据计算＋智能算法自动匹配生成设计意向方案。后续提供一键场景效果模拟和动态视频植入的功能，甚至将所展示的效果对接供应链，实现一键生产、营销。

由此可见，让人工智能参与烦琐复杂而有规律的文化内容创作生产，发挥技术辅助功能，告诉人们创作规律，把需要的素材进行整理，可以使设计师把精力主要放在高端创意部分，从而提高文化产品创作生产效率，促进文化科技产品和服务的规模化、集约化发展。

4. 组织创新：在线平台

为了打造好产品，洛可可的创新设计囊括了用户研究、产品策略、企业咨询、产品设计、结构设计、研发供应链、UED等在内的全产业链服务。洛可可的研发供应链管理9年来聚集了5 000多家行业细分供应商数据，100多位工程师。2016年成立的洛客众创共享平台在两年间聚集了7万多名国内国际顶尖设计师，100多万全球用户创造者（参与前期痛点挖掘，后期产品测评），即参与众创的深度用户。2019年，洛可可与钉钉合作，将所有资源整合为一个平台——生态在线沟通协同创新平台，连接用户、企业、设计师，通过社会化产品创新平台协作创新，实现组织在线、沟通在线、协同在线、业务在线、生态在线。

组织在线帮助洛可可从以前自上而下决策、阶梯状金字塔结构，变成扁平化、透明化、动态化的环形结构，让客户、渠道、伙伴、员工之间扁平对接、信息透明，发挥员工的自驱力，防止产生信息孤岛。沟通在线为任务参与成员自动创建专属服务群，精准到人，成员可随时沟通，实现了沟通快；借助钉钉的视频会议和直播功能，解决跨地域沟通的难题，有效缩短出差和提案时间，实现了提案快；通过洛钉钉项目流，为每个成员呈现任务执行架构，让他们直观地了解每个人在项目中的角色，并且通过钉钉、电话、钉消息、钉任务等多种形式进行沟通或留言，其他人可第一时间响应，实现了响应快。协同在线使平常的办公流、审批流以及相关的文档、任务、日程全面实现在线化，在任何地方都可以展开协同。业务在线指仓库、周报、进度等业务流都通过大数据的抽取和分析进行汇报。钉钉智能报表会自动统计结果，生成数据报告。生态在线是渠道、客户、伙伴全部在线化，相互之间的沟通、协同、反馈在线，实时为决策做贡献。

在互联网的技术优势下，洛客平台充分融合两种路径，实现了互联网平台经济与全产业价值链开发模式的有机结合，整个在线平台形成了培育、竞争、过滤、开发、整合的价值开发回路。

5. 市场创新：众创调研

洛客平台以C2M的市场创新逻辑，用消费数据反向驱动研发数据和设计数据。洛客平台上的每一位用户既是新时代的创意劳动者、创意生产者，也是创意共享者，通过洛客平台发布的调研、设计、征集任务实现资源和智力共享。

众创调研就是从需求出发做产品，从竞争中分析市场，洛可可创新设计集团副总裁、洛客研发供应链总经理邓泽茂介绍："洛客平台上有一百多万用户，他们会找到相关的人群，然后发动这些专业的用户在平台上投票，做调研，了解最真实的市场需求与反馈。洛客有部门专门针对用户去做产品策略和用户的个性化需求开发。做差异化的产品也是一种有效的竞争策略。"以和中粮集团的"中国茶叶"合作为例（见图6-4），洛可可在超过7个城市发放2 000份定量问卷，与9位资深茶客进行定性访谈后，发现人们向往茶叶和喝茶代表的文化生活，但在采购茶叶过程中有很大的信息压力。根据调研，洛可可将用户分为小白用户、普罗大众、资深茶友、发烧行家等四个群体，不同群体对茶有着不同的了解和期待，其购买认知和行为特征也不同。产品线梳理分成了四个系列，不同的产品系列切合不同层级消费者的价值预期。根据四个产品系列梳理和设计了超过百款的产品包装，引导消费者由浅入深地了解茶文化，选购适合自己的茶产品。

图 6-4　中国茶叶概念图

众创设计则是在前期数据调研的基础上在平台发布需求精准的设计任务，以直达设计师的方式高效招募创意力量，在和湖南常德桃花源景区合作时，为打造桃花源旅游目的地超级 IP，洛可可团队通过品牌分析以及人群定位输出 IP 策略，创新尝试了恋人 IP。并在洛客共享设计平台面向全球设计师发布众创任务，通过洛客供应链平台在 30 天内完成了对 IP 形象的三维落地化转化。

（二）软创新：从工业设计到文创品牌

从 2004 年创建伊始，定位为工业产品设计的洛可可就以“仿生遥控器”斩获 iF 产品设计大奖。2009 年，洛可可调整发展战略，迁至文化底蕴深厚的北京市西城区西海南沿，在“一路一山一水一寺”间，将丰富的人文内涵融入工业设计，实现了向文创设计标杆的跨越。

1. 膜拜价值创新

本雅明提到的“光晕”原本指宗教圣画中圣人头部背后的光圈，象征宗教信仰的神圣感，具有神秘和令人顶礼膜拜的特性。乐山大佛是中国最大的摩崖石刻造像，佛像的神秘性、独一无二性和不可接近性使其具有极高的膜拜价值。尽管机械复制技术能够将景区的照片拓印千万遍，但大佛在千万年历史谱系中确立的艺术品原真性是难以通过摄影技术还原的。

洛可可充分掌握了佛像朝拜者、景区游客的膜拜心理，为景区工人定期清理的大佛身上长出的杂草赋予“一花一世界，一叶一菩提”的宗教禅理，将乐山大佛每年修缮采集的土、石、草进行收集与筛选，并加入纸浆，制作草木纸张，将“吉祥圣地之土石水具足享用胜地缘起”“吉祥福地之草木具足享用悦意增上果的缘起”印制在纸上放入吉祥袋。洛可可将佛山的清洁工作与佛身的圣洁草木联系在一起，在保留物质原真性的同时，赋予了纪念品形象原真性和精神原真性（见图 6-5、图 6-6）。

图 6-5　乐山大佛文创产品设计

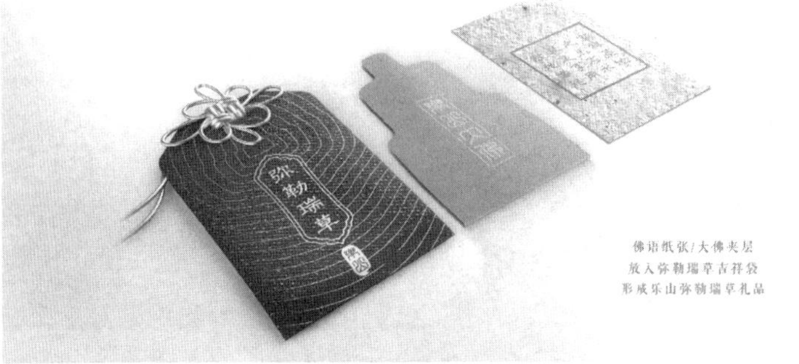

图 6-6 弥勒瑞草吉祥袋

乐山大佛是一尊弥勒佛，据佛经说弥勒出世就会“天下太平”，因此，弥勒有美好的祈福寓意。弥勒佛珠的外形是将佛光与盘香元素进行提炼，雕刻于黄铜佛珠之上，寓意佛光普照、轮回禅宗。搭配砗磲与蜜蜡，佛珠的黄与白代表了庄重与圣洁。头柱使用大佛剪影形态制作成圆柱佛塔状，有保佑平安、免除灾难的寓意（见图 6-7）。

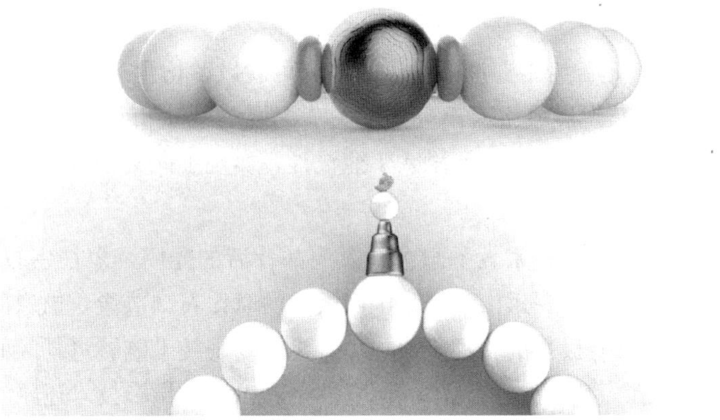

图 6-7 弥勒佛珠示意图

弥勒瑞草作为新时代的文创设计产品，没有采用流程化、抽象化、工业化的设计风格，而是将零落的佛土、佛草、佛石一一珍藏、打磨、赋意，品游客的纪念祈福之愿，体消费者的朝圣之心，使文创产品也能凸显出膜拜价值，兼顾原真性和创新性。该设计荣获 2018 年德国红点设计大奖。

2. 展示价值创新

现代艺术的展示价值是为了满足大众展示和观看自身形象的需要，而复制技术则满足了现代人贴近对象、通过占有对象复制品来占有对象本身的欲望。洛可可精准把握了这一消费心理，在 2016 年首届丝绸之路（敦煌）国际文化博览会上，洛可可创新提炼出飞天、九色鹿、三兔藻井等文化元素（见图 6-8），以标准化的设计图样丰富敦煌文创产品品类，提高产品品质，最终打造出敦煌文创专属的超级符号以及敦煌文创品牌视觉识别系统，提取出十大产品系列。洛可可在文创品类和产品打样质量方面高标准把控，短短几个月时间，一期合作就打造出一百款经典敦煌文创产品，并陆续投放市场，得到了游客及市场的高度认可。

图 6-8　三兔藻井标志图

在 2019 年“数字丝绸之路”一周年之际，受腾讯文创和敦煌研究院委托，洛可可洛客文创设计团队联合羿唐丝绸品牌打造了两款敦煌文创产品——“数字丝鹿”款丝巾和“飞天与神鹿”款丝巾（见图 6-9）。“数字丝鹿”的设计灵感来源于敦煌莫高窟北魏第 257 窟壁画《鹿王本生图》中的九色鹿形象和盛唐第 217 窟南壁《佛顶尊胜陀罗尼经变》中右上角的青绿山水（见图 6-10）。丝巾中的九色鹿跳出了原壁画中的横卷式构图，在山脉间停留、顾盼、飞奔。洛可可洛客文创设计师基于壁画形象将九色鹿形态进行了不同动作的延展，以青绿山水为背景的丝绸之路景象与九色鹿的超然神采交相辉映，再以山脉、祥云为分割线，形成敦煌壁画特有的“一图多场景”构图，从而在一个平面上呈现出多维空间和灵动生趣的动态视觉。

图 6-9　敦煌文创系列产品

图 6-10　“数字丝鹿”灵感来源

“飞天与神鹿”的设计灵感主要来源于莫高窟初唐第57窟四壁的千佛构图和西壁佛龛上方的飞天形象及第257窟北魏壁画《鹿王本生图》中的九色鹿。丝巾整体在第57窟色调的基础上进行了二度创作设计，选取了靛青、胭脂、桃红、青碧四个色块。飞天在有规则的重复连续纹样的排列下，与九色神鹿飞向同一方向。这款丝巾中的九色鹿如壁画中一样昂首挺胸、正气凛然，寓意神鹿与飞天一起肩负起开拓“数字丝绸之路”的使命（见图6-11）。

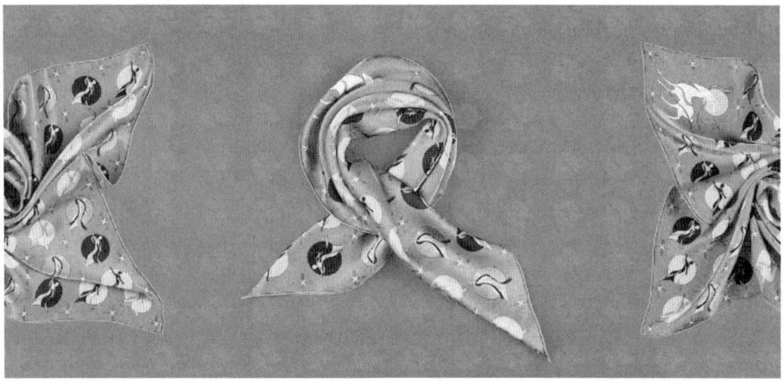

图6-11　“飞天与神鹿”丝巾

为了更加贴合年轻消费者展示自我形象的需求，敦煌文创丝巾特别推出了DIY设计款，年轻人可以通过小程序“敦煌诗巾”运用易搭配的敦煌文化标识系统DIY属于自己的文创产品，在凸显自我展示价值的同时，也通过互联网社交媒体使传统文化流行起来。

3. 体验价值创新

洛可可以创新的设计方式为饮食文化、自然生态、流行时尚、文化遗产和工艺文化等行业提供深度体验和极致美感，通过包装设计、文创设计、商业空间体验、用户服务等形式，力求以“完美体验提升产品商业价值，创新体验构建全历程品牌触点”。

4. 感官体验创新

洛可可通过对杭州手工艺博物馆的调研发现，在2 000平方米的空间范围内，手工产品的进店率、转化率和空间利用率都较低。针对用户“来玩一趟，我期望获得生活中不常有的体验”的感官体验需求，体验团队开始了解手工艺历史，观察手工艺制作过程，设计了基于手工艺多种类目（扎染、苏绣、皮制、木作等）的体验课程，手艺人变成了老师和技艺的展示人，而用户则通过简易手作产品包发挥自己的创造力，体验手作的乐趣。从售卖传统手工艺产品到开办手工艺体验课程，活态博物馆发生了重要的场景改变，增加了用户吸引、停留与转化的关键触点（见图6-12）。

5. 情感体验创新

洛可可新消费赛道创始人陈兵提出：“从功能消费型品牌到价格消费型品牌，到审美消费型品牌，再到情感消费型品牌，它不是一个递进的关系，而是一个整合包容的关系。”需要品牌与消费者建立信任、价值、感动的情感纽带，并让核心用户养成习惯。他强调要通过设计打磨产品，使之成为用户情感联系的触发器，从而增强用户在与产品互动时体验到的愉悦感。

以慕思·V6睡眠品牌为例，洛可可将升级用户睡眠体验作为核心任务，运用一系列黑科技满足睡觉前、中、后的情感价值。例如，设置自动感应的起夜灯，睡前免打扰沟通，定制个性化的叫早服务，用智能数据分析睡觉感受和睡眠质量等。在店铺体验空间，把客单相对较

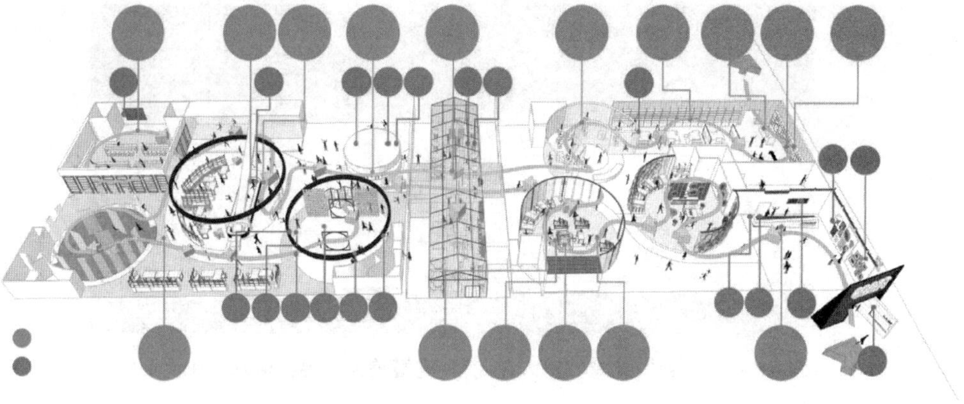

图 6-12　杭州手工艺博物馆体验服务

低、SKU 丰富的“短睡眠 & 睡眠工具”主题的产品铺货前置，把智能体验如 VR 体验模块与语音交互智能床样板间前置，吸引用户进店选购。要关照每一位用户的情绪体验，不仅需要品牌提供差异化的定制服务，更需要先进的情绪感知和人工智能技术的辅佐，这体现了“软硬兼施”的巧创新策略在引导深度体验上的优势。

6. 精神体验创新

在文创领域仅从五官感知、情绪感染角度进行“软创新”往往难以激发用户的主动性，唯有激发消费者主动进行思考，进而在认知上达成共识，才能构建牢固的互动纽带，定义全新的生活方式。晨光文具与洛可可共同打造的“盛世新颜”国粹系列产品就将坚持传承国粹文化，唤起国内消费者的文化自信和国际消费者的文化认同视为提升品牌文化理念的重要任务，让世界爱上我国国粹的同时，也使民族品牌走向世界。

该系列将国粹文化与潮流设计相融合，以京剧四大行当——“生旦净丑”为灵感，选用经典形象与服饰纹理，将传统京剧纹样与现代几何图像相结合，以线条勾勒的方式重新演绎京剧人物形象，把京剧脸谱艺术的美发挥得淋漓尽致，既有传统韵味，又符合现代审美。同时在包装设计上又有 AR 技术的加持，借以呈现京剧名角王珮瑜（新派京剧创始人）演绎的京剧之美，为用户带来了美轮美奂的视觉体验，更提升了用户对国粹文化与时尚潮流的认同，将自身性格、经历、体验融入产品的价值标签中（见图 6-13、图 6-14、图 6-15、图 6-16）。

图 6-13　“生”礼盒“机智如我”：来自诸葛亮的智慧闪光，男女通吃

图 6-14　“旦”礼盒“美人在此”：虞姬美人，温柔似水，少女心炸裂

图 6-15　“净”礼盒“霸王本人”：源自楚霸王项羽，史上最霸气礼盒

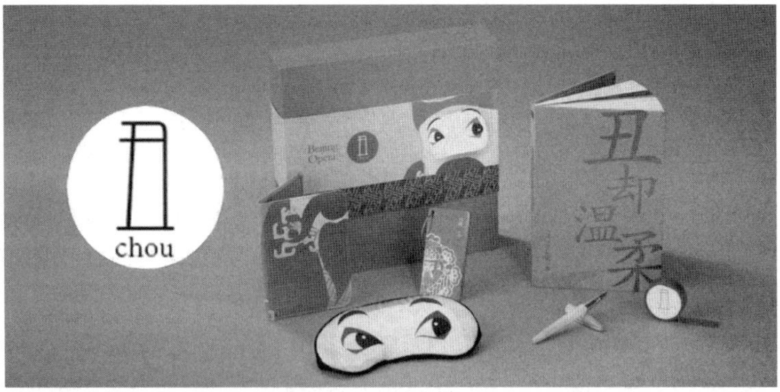

图 6-16　“丑”礼盒“丑却温柔”：新潮有趣，我很丑，但我很温柔

为了更好地传递晨光文具坚持将传统国粹与现代时尚相结合的全新品牌升级理念，2018年12月18日，晨光在南京举行了“盛世新颜·南京城墙时光戏院”的主题活动。活动现场运用高科技投影技术，在南京城墙上投射出融国粹艺术特色与时尚元素于一体的“4D时光戏院”，以传统京剧艺术演绎时尚新品，为观众呈现全景沉浸式大秀，向全世界传递中国传统文化和民族品牌的魅力。

洛可可运用产业互联网的思维为每一位创意设计师提供了自主灵活创作的平台和实现多元个人价值的舞台，将人工智能、云数据技术渗透到研发、设计、供给、消费这一完整的文创设计产业链条中，实现了快速扩张产业规模、提升设计功能效率的“硬创新”。同时，洛可可还注重产品原真性价值，建立标准化的符号展示系统，最大限度发挥合作对象的黑科技优势，如情绪感知、睡眠质量评估、自动感应、AR、全息投影等先进技术的优势，全方位、个性化地提升客户的感官、情感、精神体验，实现关注审美、创造趣味、刷新认知的“软创新”。洛可可团队“设计美好世界”的理念创新将“硬创新”与“软创新”相融合，“软硬兼施”实现了巧创新。

本章小结

1. 文化产业发展过程中形成规模经济离不开技术的发展，从手工、机器到网络，技术的发展奠定了文化产业的基本形态与规模。在数字时代，通信技术和社交媒体改变了传统创意产业价值链生产、评论、流通和消费的各个环节，对文化产业产生了颠覆性的影响。

2. 文化技术作为文化产业的驱动要素，推动了文化产品的价值从单一的膜拜价值向展示价值和体验价值的转换，使文化产品在文化产业语境下呈现出三种复合形态跨界融合、协同创新的特点。

3. 创新理论先驱熊彼特提出了产品、流程、材料、组织和市场等五种“硬创新”后，英国学者保罗·斯通曼提出“软创新”的概念，补充了在感官知觉、审美情趣、知识认知、情感诉求、社会认同等层面的非功能性创新。“巧创新”是以科技创新为表征的“硬创新”与以文化创意为表征的“软创新”的高度融合。

思考与练习

一、基本概念

文化技术　文化产业钻石模型　用户生成内容　膜拜价值　展示价值　体验价值　本雅明“光晕”思想　阿多诺和霍克海默的“文化工业”思想　海德格尔的“座架”“诗意地栖居”思想　庄子的“技道艺”思想　舒斯特曼的“身体美学”理论　米哈里的“心流理论”　沉浸式体验　感官体验　情感体验　精神体验　“硬创新”　“软创新”　“巧创新”

二、思考题

1. 简述威廉·麦克高希按照文化技术划分的文明时代。
2. 简述互联网等数字技术对文化产业流程、形态、规模的影响。
3. 试比较海德格尔和庄子的人文技术观念。
4. 你认为科学和艺术是相通的吗?
5. 如何理解机械复制技术能够改变艺术品的价值形态?
6. 试指出数字技术、消费社会、体验经济之间的关系。
7. 试用“软硬兼施”的巧创新策略分析一个互联网文化产品。

拓展阅读

1. 麦克高希．世界文明史：观察世界的新视角．董建中，王大庆，译．北京：新华出版社，2003.

2. LAMPEL J，SHAMSIE J，LANT T K. Towards a deeper understanding of cultural industries// LAMPEL J，SHAMSIE J，LANT T K. The business of culture：strategic perspectives on entertainment and media. Mahwah，N. Y. ：Lawrence Erlbaum Associates，2006.

3. Munar A M，Gyimóthy S. Critical digital tourism studies// Munar A M，Gyimóthy S. Tourism social media：transformations in identity community and culture. West Yorkshire：Emerald Group Publishing，2013.

4. HIRSCH P M，GRUBER D A. Digitizing fads and fashions//JONES C ，LORENZEN M，SAPSED J. The Oxford handbook of creative industries. Oxford：Oxford University Press，2015.

5. 徐复观．中国艺术精神．沈阳：春风文艺出版社，1987.

6. HEIDEGGER M. The question concerning technology and other essays. New York：Harper & Row，1997.

7. 李政道．科学与艺术．光明日报，1996－06－24.

8. 派恩，吉尔摩．体验经济．毕崇毅，译．北京：机械工业出版社，2012.

9. 契克森米哈顿．心流：最优体验心理学．张定绮，译．北京：中信出版集团股份有限公司，2017.

10. 德鲁克．创新与企业家精神．蔡文燕，译．北京：机械工业出版社，2007.

11. STONEMAN P. Soft innovation：economics，product aesthetics and creative industries. Oxford：Oxford University Press，2010.

12. 厉无畏．创意改变中国．北京：新华出版社，2009.

第三编

组织运营

第七章　文化企业的组织管理

本章概述

文化企业的组织形态不同于一般企业，有其特殊性。一般企业的组织形态如明茨伯格所论组织形态包含创业型、机械型、专业型、事业部、创新型、使命型与政治型七大类，各类有其特殊的结构，适用于不同的企业类型。传统制造业类组织的狭隘专殊化经营未必总能适用于文化产业，弹性的针对不同产品与方案的组合，不只能有效面对风险与不可预测性，也是此产业运作不可或缺的创新部分。高度自营的微型组织，是文创产业的特征，这在生产的过程中格外明显。

学习目标

通过对本章的学习，学生应了解或掌握如下内容：

1. 了解一般企业的组织形态概念。
2. 了解文化企业的组织形态与运作特征。
3. 了解文化企业组织类型与案例。
4. 分析我国企业组织类型与案例。

一、理论：组织形态概念

在论述文化企业组织前，必须先对管理学中的“组织管理理论”有所铺垫。在管理学的组织理论建构中，马克斯·韦伯（Max Weber）、切斯特·巴纳德（Chester I. Barnard）、赫伯特·西蒙（Herbert Simon）、彼得·德鲁克、迈克尔·波特（Michael Porter）、亨利·明茨伯格（Henry Mintzberg）等管理界学者皆对组织有深入的研究，也都是当今组织与管理学大师。其中，明茨伯格在20世纪70年代至80年代间出版了《组织的结构建立》（*The Structuring of Organizations：A Synthesis of the Research*，1979）、《组织内外的权力斗争》（*Power in and Around Organizations*，1983）、《明茨伯格论管理：洞悉我们奇特的组织世界》（*Mintzberg on Management：Inside Our Strange World of Organizations*，1989）等一系列组织管理学的论著，并提出组织结构的各种分类，奠定了他在组织管理学界的地位。因而，本书在理论铺垫方面集中于梳理明茨伯格的组织管理理论。

明茨伯格在《明茨伯格论管理：洞悉我们奇特的组织世界》一书中提出了组织结构（organizational structure）与组织构型（organizational configuration）的概念。如图 7-1 所示，明茨伯格将组织内部结构分为六个部分。

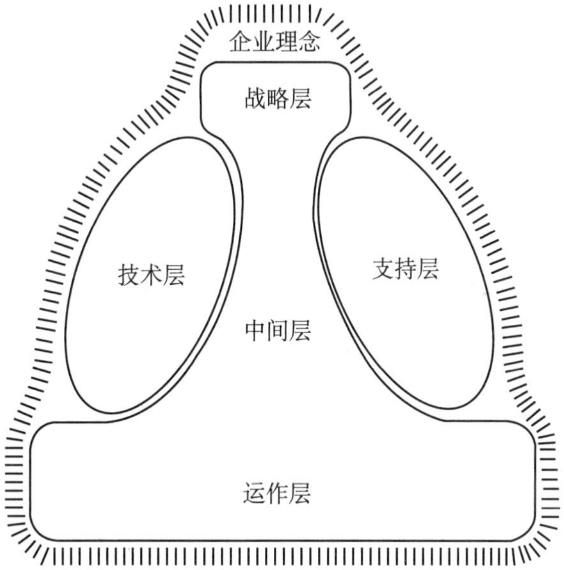

图 7-1　明茨伯格组织结构的六个主要部分

资料来源：MINTZBERG H. Mintzberg on management：inside our strange world of organizations. New York：Free Press，1989：98-100.

第一，战略顶点（strategic apex），即战略层，负责确保组织以一种有效的方式为其使命提供服务，同时也为那些控制组织或在组织中拥有权力的人提供服务；第二，运作核心（operating core），即运作层，从事与产品和服务生产相关的基本工作的人员；第三，中层管理者（middle-line managers），即中间层，以正式委托授权方式联系战略层和运作层；第四，技术层（techno structure），组织成长到一定阶段时，需要由技术层提供组织运作所需的专业指导，负责工作包括计划管理、市场、工程等分析性工作，以及为人员培训提供专业技术支持；第五，支持性人员（support staff），即支持层，虽不直接从事产品或服务的生产，但承担了使一个组织正常运转的各种支持性功能，一般包括财务、人力资源、法律、公关、后勤等部门；第六，企业理念或意识形态（ideology），为企业运行的精神与宗旨。

除了上述对企业内部组织结构所做的初步划分外，明茨伯格还深入企业内部，观察各类型企业的真实运转状况，全方位地对企业组织结构做了系统性的梳理，并将企业的组织形态划分为七种有效的组织构造，分别为创业型组织、机械型组织、专业型组织、事业部组织、创新型组织、使命型组织、政治型组织。

（一）创业型组织

创业型组织（entrepreneurial startup）又称简单型组织构型（simple structure）。创业型组织的最显著特点就是它还没有作为完型组织的详尽特征，因而其结构形态简单、非正式，具有弹性。如图 7-2 所示，创业型组织缺乏作为一个组织的技术结构、行政支持单位，部门和人员联系松散，部门间差异很小，部门层级较少。战略层直接指挥运作层，标准化较低，机动灵活，适用于变动的环境，是大多数创业型公司会采用的组织形式。

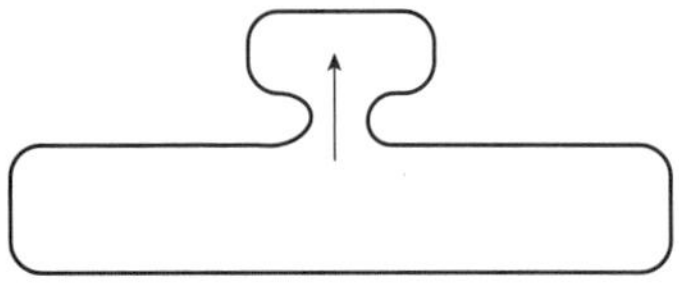

图 7-2　创业型组织（简单型组织）构型

一般而言，此类型组织死亡率很高，成长的可能性很小，但在创始人有极强的控制能力的情况下可能有所成长。很多组织在特殊情况下，如遇到外在危机时，由有极高威信的创始人暂时收回所有主要决策权，那组织在一段时间内会回到此结构。各项组织行为尚未形成规范化，组织运作缺少规划，并且没有给员工提供系统性的培训及协调活动。此外，创业型组织的简单性也反映在它的技术系统方面：既不复杂，也不规范。复杂的技术系统要求有精心设置的行政支持结构，规范的技术系统要求有层级配置的运营核心。组织的内部协调很大程度上由最高主管负责，尤其是重大决策权高度集中在最高主管者手中。因此，在创业型组织构型中战略顶点可以说是最关键的部分。换句话说，这一类型组织的战略顶点或者说运营核心很少有超过一人的。

大多数组织必须历经多年的成长，在逐渐形成成熟的组织形态之后，才能跨越这一构型阶段。创业型组织存在于一种简单易控却又充满动态变化的环境之中。因为对于组织最高主管来说，初创期简单的内部组织环境容易理解和掌握，有利于其做出准确的决策，并对决策的实施进行有效控制。然而，从组织的结构来看，初创期的组织环境又具有高变动性的特征，一方面组织未来形态无法预测，另一方面组织缺少协调一致的规范系统来应对外部环境的变化。①

（二）机械型组织

对于机械型组织（machine bureaucracy）的通常描述是：高度专业化、例行性的组织任务，形式化的运营流程，弥漫在整个组织中的繁文缛节、规章制度以及沟通形式，大规模的运营单元，组织任务所高度依赖的功能基础，相对中心化的组织决策，明晰的组织行政架构，以及在作业单位与支持单位之间的严格分界。机械型组织主要依赖于其标准化作业流程，在这一组织构型中技术结构（techno structure）是非常关键的部分，技术分析人员要不断提高组织的标准化程度（见图 7-3）。

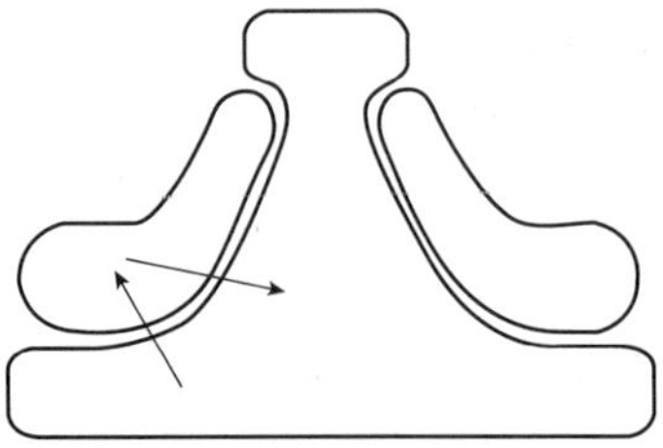

图 7-3　机械型组织构型

① MINTZBERG H. Mintzberg on management：inside our strange world of organizations. New York：Free Press，1989：116-130.

机械型组织多为成熟组织，这一成熟组织有足够强大的生产运营能力来进行重复的、标准化的生产活动；同时，它足够成熟，有能力设置、处理各种它所期望和需要的运营标准。规范化的技术系统也是机械型组织构型的一个重要特征，因为正是这些技术系统使例行性工作成为可能，并实现规范化。不过，机械型组织生存于简单、稳定的环境之中。复杂的、动态的工作任务是这类组织无法胜任的，因为多变的工作任务难以被预测、重复以及进行标准化处理。

位于机械型组织战略顶点的高级管理人员的作用主要是保证这台官僚机器顺畅运转。它是“任务导向型”的组织，而不是“解决问题型”的组织。所以它的高级管理人员会侧重于寻找如何提高标准化程度、更加高效地完成给定生产任务，而不会把精力过多地放在组织创新功能上。①

（三）专业型组织

专业型组织（professional bureaucracy）的典型例子是学校、医院、会计师事务所等。如图 7－4 所示，其最基本的特征是运作层的专业技术人员的专业化，即技能的标准化。这种组织的战略层很小，中间层、技术层也不是非常重要，由一个强大的运作层和一个辅助层组成。专业型组织往往在内部采用双重管理机制：一边是由专业能力很强的专业人员组成的运作层，权力从下往上产生影响；另一边是从事大量辅助行政工作的支持层，权力从上往下产生影响。专业型组织看起来简单，但这种双重管理机制往往使它们要完成内部的协调任务并不容易，很多管理得很糟糕的组织往往是学校和医院等专业型组织，这可能是其中一个原因。②

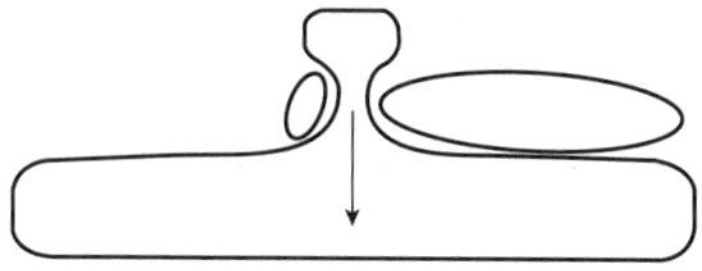

图 7－4　专业型组织构型

专业型组织依靠技术作业的标准化来达成协调，而技术标准化主要通过设计、培训以及教导来完成。这种组织会雇用受过训练的专业人员来作为它的作业核心（operating core），并给予他们较大的自主权。作业核心的人员拥有相当大的自主权，意味着他们在作业时相对独立于自己的同事，但是他们与所服务的顾客联系密切。专业人员之间所必需的协调通过标准化的知识与技能来进行，更为有效的交流取决于技术人员之间的互相学习。在机械型组织内标准是由组织自定的，而专业型组织的标准却大多源自组织外部，即由技术作业人员和他们来自其他组织的同行组成的专业自治协会。

专业型组织特别强调专家权威。换句话说，专业型组织的战略、决策在很大程度上是其组织内部专业人员的个人决策，或者组织外部专家协会的战略决策。而专业型组织自身的战略则表现为一种影响，一种由组织专业人员证明可行的项目、创意经年累月叠加起来的影响。

专业型组织的技术系统调节性能差，自动化程度低，因为专业型组织人员天生抵制技能合理化行为，也就是那些将他们所拥有和运用的个人技能进行规范简化变成可执行步骤的行为。

---

① MINTZBERG H. Mintzberg on management：inside our strange world of organizations. New York：Free Press，1989：130－152.

② MBA 智库百科．明茨伯格关于公司的五种不同组织形式．（2016－09－21）［2021－07－22］. https：//www. sohu. com/a/114797865 _ 264647.

这样一种程序化的技术结构将彻底摧毁他们的自主权，把组织构型引向机械型组织。与机械型组织相同的是，专业型组织也是一种僵化的组织构型，非常适合生产一成不变的标准化产品，不能满足创新调整，以及提供新产品和新服务的要求。专业型组织的变革往往不是那种惊天动地的改旗易帜，而是润物细无声，通过更换组织的专业人员来慢慢实现，即将那些学有专长的人吸引进组织，由他们提升组织的专业性。①

（四）事业部组织

事业部组织（diversified organization），其运作层由很多机器型组织组成，在此基础上，有一个包括战略层、技术层和支持层的规模相对较小的总部（见图 7－5）。事业部组织最早的典型是阿尔弗雷德·斯隆（Alfred Sloan）治理下的通用汽车公司。事业部组织标准化的对象不是具体的运作，也不是员工的技能，而是各事业部的产出。事业部组织结构亦称 M 形结构（multidivisional structure）或多部门结构，有时也称为产品部式结构或战略经营单位，即按产品或地区设立事业部（或大的子公司），每个事业部都有自己较完整的职能机构。此类型组织结构最大的好处自然是为进一步扩大组织的规模打下了基础。总部是战略中心，事业部是利润中心，事业部下面还包括各个层面的成本中心，简洁清晰的分工关系，秩序井然，让人觉得这种组织形式几乎是一种终极组织形式。所有上了一点规模的企业，几乎没有不采取这种组织形式的。

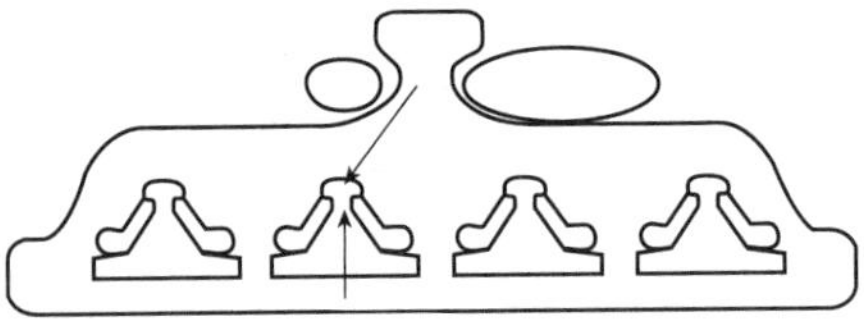

图 7－5　事业部组织构型

事业部在最高决策层的授权下享有一定的投资权限，是具有较大经营自主权的利润中心，其下级单位则是成本中心。事业部制具有集中决策、分散经营的特点。集团最高层（或总部）只掌握重大问题决策权，从而从日常生产经营活动中解放出来。事业部本质上是一种企业界定其二级经营单位的模式。事业部制适用于规模庞大、品种繁多、技术复杂的大型企业，是国外较大的联合公司所采用的一种组织形式，近几年我国一些大型企业集团或公司也引进了这种组织结构形式。②

（五）创新型组织

创新型组织（innovative organization），又称灵活型组织。灵活型组织属于高度的有机型结构，少有制式化的规定，根据专业训练进行工作分派（见图 7－6）。为了内部管理方便，往往把专家分配到各个功能性单位里，但根据市场导向，以相应的项目小组形式来工作。因为程序化规定少，为了鼓励、辅助项目小组间的相互协作，此类组织需要有专门的联络机构。这里存在一个非常关键的协调机制，不仅存在于项目组之间，也运作于项目组之内。俗话说不破不

① MINTZBERG H. Mintzberg on management：inside our strange world of organizations. New York：Free Press，1989：173－195.

② 同①153－172.

立，为了创新，必须打破既有的各种模式，所以，创新型组织不能依赖于任何标准化的协调形式和机制。在所有的组织构型中，创新型组织对传统管理原则、命令制度最为不屑。创新型组织需要的是，雇用那些受过高级训练、学有专长的专业人员，并授予他们权力。

不同于专业型组织，创新型组织的协调性不能仅仅依赖于专业人员的标准化知识与技能，因为那会产生标准化组织，而不是创新型组织。相反，专业人员的现有知识与技能应被视为创造组织新的效能的基础和源泉。在这一创造过程中，需要对组织内各种不同的现有知识进行整合。所以，创新型组织不仅不会允许某些专业人员或专业功能在组织内成为主导，反而会致力于打破传统的专业化、差别化的边界。也因此，在专业型组织内可以独立工作的专业人员，在创新型组织内必须联合作战。他们要围绕具体的创新型项目，进行多学科的团队作业。

创新型组织的另一个特征是拥有更多的管理人员，如功能经理、整合经理、项目经理等等。项目经理的人数尤其多，他们领导组织内的各种项目小组。为了鼓励充分地沟通交流，这些小组往往规模很小，但数量不少。项目经理成为项目小组内的功能型人员，扮演着沟通、协调的角色。在一定程度上，组织正式领导人的权威有所下降。在创新型组织内，专业人员与支持人员的区别和特征不是非常明显。①

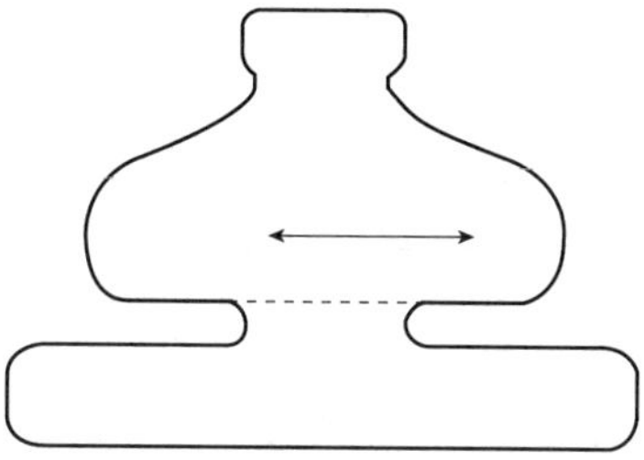

图 7-6　创新型组织构型

创新型组织通常还分为以下两个基本类型。

1. 作业型组织

作业型组织（the operating adhocracy）专门从事合约个案，代表客户解决创新难题，如智库型咨询公司、创新型广告公司、工程原形设备制造商等等。作业型组织多根据合约内容、要求来组建跨学科的专家团队。

作业型组织的一个显著特征是，它的行政支持单元与作业核心往往是混合在一起的。也就是说，对每一个专门项目而言，很难将项目规划、设计与项目执行细分开来。二者都需要视项目而定的、非常专业化的技能。在这种情况下，生产经理、支持专家与一线项目人员致力于同一个项目，因而，也很难将作业型组织的中层管理单位与作业核心单位区别开来。

2. 行政型组织

行政型组织（the administrative adhocracy）尽管像功能型项目团队一样运作，但它的团队构建目的不同。如前所述，作业型组织是为其客户执行具体项目，而行政型组织所负责的是自己的专案，不断采纳新的运作方式，是一种高度自动化的行政结构。与作业型组织明显相对的是，行政型组织的行政支持单元与作业核心泾渭分明。在行政型组织内部，其作业核心被裁减

① MINTZBERG H. Mintzberg on management：inside our Strange world of organizations. New York：Free Press，1989：196－220.

削弱，以至于行政支持单元的作用如整个完整形态的组织。

（六）使命型组织

使命型组织（missionary organization）又称意识形态型组织或教会型组织，是一种很特殊的结构配置（见图7-7）。该组织内的成员之所以能够紧密地在一起合作是因为规范已经完全标准化，换句话说，成员之间可以彼此分享文化、价值和信念，而且会通过制式化方式来加强成员对意识形态的认同从而形成相同信念。使命型组织可以形成最单纯的分权形式，所有成员都可以参与决策，但仍配置高强度的控制机制。在使命型组织中，组织控制的不是人的行为，而是他们的灵魂，通过分享的方式来获取成员的心，取得认同，并靠这种方法来达成一些必要的协调，降低权力冲突。在这种文化中，团队的目标就是要完成设定的任务。成员之间的地位是平等的，这里没有领导者，唯一的领导就是任务或者使命本身。有人认为这是最理想的组织模型之一，但这种文化要求公平竞争，而且当不同群体争夺重要的资源或特别有利的项目时，很容易产生恶性的政治紊乱。

图7-7　使命型组织构型

使命型组织文化的特征是着重于组织目标的一种清晰认知和目标的完成，诸如销售额增长、利润率或市场份额提高，以帮助组织实现目标。个人雇员一般对特定水平的绩效负责，组织给予相应承诺及特定的回报。管理者通过建立愿景和传达组织期望的未来状态来塑造雇员行为。因为环境是稳定的，他们可以把愿景转换为可度量的目标，并且评估雇员达到这些设定目标的水平。在某些情况下，使命型组织文化反映了一种高水平的竞争力和一种利润导向的方针确定模式。[①]

（七）政治型组织

首先，必须澄清一点，那就是政治型组织（political organization）并非政府单位，而是组织中一种非正式权力的动用取代了原先的组织协调机制。传统影响体系运作与协调的因素包括权威、意识形态、专家与政治。前三者都是被广泛认可的：权威建立在大家所共同认可的权力之上；意识形态建立在被广泛接受的信仰之上；专家则是建立在由官方证明的权力之上。然而，政治从学术角度而言，就其所采用的方法或是取得的成果来说，它反映的权力是不合理的或不合法的。换句话说，组织中的政治权力没有被正式授权，没有被广泛认可，也没有得到官方的承认。因而，政治活动通常会造成不和、引起冲突，并与组织中的合理权力形成对抗，缺少真正的协调机制。

政治占支配地位的组织所具有的特点是：不具有传统组织的规章章程。换句话说，“权力”

---

① MINTZBERG H. Mintzberg on management：inside our strange world of organizations. New York：Free Press，1989：221-235.

一词比“结构”一词更适合用来描述该组织；而且，政治型组织权力应用方式在传统组织中是不合法的。如图 7-8 所示，这种组织缺乏协调方法，组织支配权力并没有单一且固定的单位，也没有清晰的分权模式。一切问题都是依赖于非正式权力的流动汇集以取得个人胜利。①

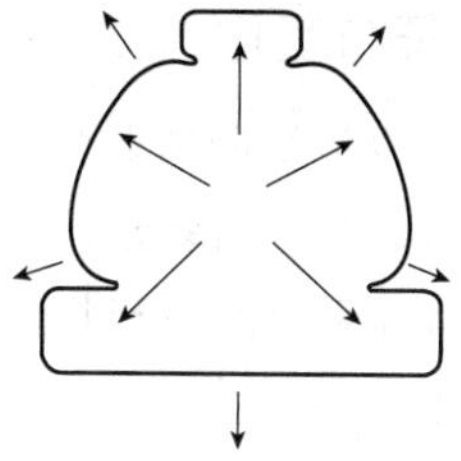

图 7-8　政治型组织构型

（八）小结：七类组织形态的比较与整理

在此利用表 7-1 对上述各类型组织形态做个简明的小结。第一，创业型组织由于组织属于草创期，因而结构简单，由领导者直接进行全面监督，组织核心处于战略层，分权方式则由最高管理单位进行纵向与横向的分权。第二，机械型组织，技术单位给组织施加了一个合理的拉力，在理想状态下往往是通过工作标准化过程施加的，这个拉力的施加仅仅激发了有限的横向分权。第三，专业型组织以“技能”为标准化依归，因而其组织核心是运作层，并进行横向分权。第四，事业部组织以“产出”作为标准化而形成组织的分部门结构，并由高层赋予中间管理阶层有限的纵向分权。第五，创新型组织是随着传统组织间的许多区别不断消失，并采取相互协调机制而形成的，该组织形态的各部分合并成一个单个的、基于选择性的纵向与横向分权系统。第六，在使命型组织中，当规范的标准化变成主要的协调机制时，意识形态也将具有支配性。此时组织如同教会，实现了纯粹分权形式，因为每个成员都被赋予信任，为了组织的整体利益而进行决策和采取行动。第七，政治型组织依赖的是非正式与非合法性权力的驱使，因而没有固定的协调机制与组织核心，分权方式则是多元化的。

表 7-1　各类型组织特征汇整

序号	组织形态	主要协调机制	组织核心	分权方式
1	创业型组织	直接监督	战略层	纵向和横向分权
2	机械型组织	“岗位”标准化	技术层	有限的横向分权
3	专业型组织	“技能”标准化	运作层	横向分权
4	事业部组织	“产出”标准化	中间层	有限的纵向分权
5	创新型组织	相互协调机制	支持性人员	选择性分权
6	使命型组织	“规范”标准化	任务意志 （组织的任务及理念信仰）	纯粹分权
7	政治型组织	无	无	多种类型

① MINTZBERG H. Mintzberg on management：inside our strange world of organizations. New York：Free Press，1989：236-252.

二、方法：文化企业的组织形态特征与运作

（一）文化企业的组织形态特征与运作

当前管理学中所建构的组织形态多以传统制造业为主要探讨案例并总结出一套理论论述。创意产业，也就是以文化为商品的产业，却极为多元且个人化。因此，要在电影制作者、唱片公司、舞台剧团等的市场、商品和管理体系之间找到共同基础并不容易。管理实务上应考量组织的多元性与复杂性，视其为有机的生命系统。[①] 在此脉络中，创意产业的“文化”出乎意料地鲜少被提及。[②] 因而，在探讨文化企业组织形态特征前，我们必须先厘清文化企业与传统制造类企业在运作特征上的差异，其特征的差异会影响组织结构的不同。因而，在厘清文化企业与传统制造类企业的差异后，更能体现出文化企业组织的特点。

1. 文化企业与传统制造类企业的管理差异

基于对创造力与文化产品的特殊需求，文化产业在西方后工业社会已发展出一套独特的管理思维，而这在当前的商管研究中却尚未引起重视。文创产业的产出，可被广泛地称为体验性商品，但它们又与多数体验性商品如奢华名车、高感计算机、精品时尚等不同，不同之处在于它的非功能性、非实用性。文创商品的“体验”特性，使其难以验证出一套明确的运作程序。一般商品较能于经验中推衍出系统化的检测标准，并建立稳定的产制销流程。文创产业的经营者，多半置身于漫无边际的创新中，整个营运充满不确定性。多数人认为产业运作的秘方（industry recipes）是借由先前的经验的累积，为商品的成败找到可靠的系数。然而，这样的系数定律却无法套用到文创产业中。全球文创商品在市场上的成功率，几乎都不到一成。以好莱坞为例，过去十年来获利的影片比例，平均只有 9.23%，而这是全球电影产业中最佳的成绩。

文创管理的概念，挑战了艺术作为一种自我表达的浪漫想法，也挑战了管理学中产业运作的古典概念，以及波特提出构成竞争优势基础的“价值链理论”。如图 7－9 所示，在价值链理论中，上方的支持性活动（support activities）与明茨伯格所提的公司内部组织——“战略层”“运作层”“中间层”“技术层”“支持性人员”具有很大的一致性。任何一位拥有管理专业背景的人，在面对一家企业时，提出的第一个问题通常是：它位于价值链的何处？借由这个提问，便可以分析眼前对手，以及上下游厂商的竞争威胁。面对一个从业人员，会提出的第一个问题则是：他位于企业组织部门的什么位置？借此可以了解其在组织中所扮演的角色与发挥的作用。

然而，多数文创经营者并不位于价值链的特定部分，而是分布在各个环节，其产品的生产与发行过程可能重叠并互相牵连。[③] 文创从业人员也难以将自己归类于组织中的特定部门与位置。文化企业与传统制造类企业最大的差异则是“重职务与重责任”的现象。文创活动在价值

---

① 比尔顿．创意管理：管理的文化与文化的管理//李天铎．文化创意产业读本 创意管理与文化经济．台北：远流出版事业股份有限公司，2013：144.

② NEGUS K. Music divisions：the recording industry and the social mediation of popular music// CURRAN，J. Media organizations in society. London：Arnold，2000：240－254；NEGUS K. Music genres corporate cultures. London：Routledge，1999.

③ 同①148.

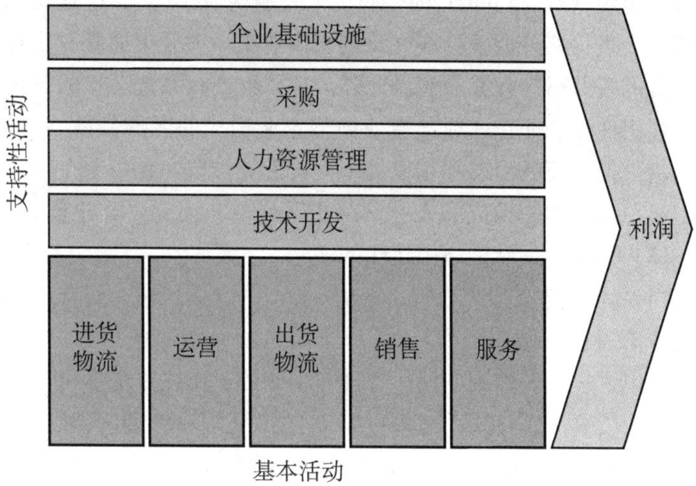

图 7-9　波特价值链

资料来源：波特．竞争优势．陈小悦，译．北京：华夏出版社，1997：36-52.

链上的延展，也弥合了原本创意和管理之间的鸿沟。经营管理者负责价值链的两端，一方面从事创意内容的研发，另一方面也对产出成果进行管理及运用。许多文化企业多重职务的运作，统合了价值链里的各个环节，从组织、开发、落实到传输，无所不包，这既是一种企业经营的方法，也是横跨多阶段的生产过程。因而，如图 7-10 所示，文化企业的内部支持性活动不同于波特的价值链，组织结构是无法被清楚划分的，取而代之的是一个“多功能、重职责”的创意管理团队，这个团队的人员会渗透到创意产业链中的创意、生产、发行、零售展示的各个环节。

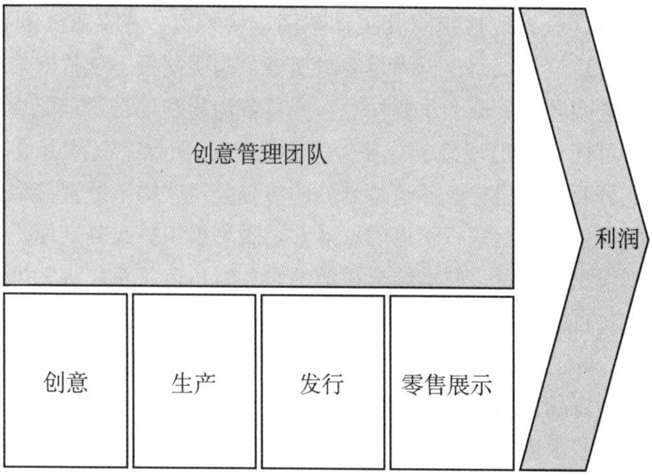

图 7-10　文化产业价值链

2. 文化企业的“高度自营”“多重职务”“多变”的组织特征

从上文的论述中可知，传统制造业组织的狭隘专殊化（specialization）经营未必总能适用于文化企业，弹性的针对不同产品与方案的组合，不只能有效面对风险与不可预测性，也是此产业运作不可或缺的创新部分。

高度自营的微型组织（micro unit）的全职员工普遍少于10人，这是文创产业的特征，这一点在生产的过程中表现得格外明显。在文化创意产业中，大公司通常专攻有利可图的发行事业，利用创作者产出的智慧财产权来获利。此外，智慧财产权系统运作的逻辑，实际上大多源自由非正式人脉、独资商号、非正式或半专业微型企业构成的无形领域。文创商品生产活动，并非由企业体系全盘总揽，而是由志趣相投的个人松散地结盟，在一个个项目中实践完成。商品生产是在由小型组织或个体户构成的人脉网络中运作的。因此，文化创意产业的文化生产，是在由小企业或个体户构成的人脉网络中运作的。①

文创产业发展出一种自营管理（self-management）的营运风格，叠合了行政管理和创制的工作，这一方面是迫不得已（限于经费），另一方面是不愿将职务分派出去。在游戏、电影、音乐、设计、艺术经纪、表演艺术等领域，管理与创制的工作往往密不可分，文化企业组织通常角色划分不严格、职阶平等，且一人兼多重职务与责任。② 此类组织形态如同明茨伯格所提的创业型组织（简单型组织，simple structure），它还没有作为完型组织的详尽特征，因而其结构形态简单、非正式，具有弹性，部门和人员联系松散，部门间差异很小，部门层级也较少。战略层直接指挥运作层，标准化很低，机动灵活，适用于变动的环境，这是大多数文化企业在草创阶段所采用的组织形式。

当代诸多管理理论认为，多重职务与责任的文化，也是一种高度的创新。心理学和社会学在讨论创造力时指出，创作的过程需要多方智慧的激荡，要能够切换于歧出与聚合的思考之间，并且能在矛盾异质的框架间转变自如。创意人游刃于不同思考模式，并在不同观点之间切换，使其能顺利解决问题。自然，文化企业组织结构也应有同样的包容力，涵纳各种矛盾的特质，并鼓励个人调换角色任务，甚至跨越部门承担不同的业务。比起对艺术技能的掌握，这种能够身兼多职的能力，是更为可靠的创新潜能指标。许多文化企业多重职务与责任的运作，成功地统合了产业价值链里各个异质环节，这些企业与经营者并不仅仅专攻生产过程中的特定阶段，而是精通诸多领域，全方位地接掌其工作范围，从组织、开发落实到传输，无所不包。③对设计、广告、影视、建筑领域而言，满足客户期望、阐明简报、统整万般事务之本领的重要性，绝不亚于个人技能或艺术天分的重要性。一个具备沟通和项目管理能力的人，比一个技艺出众的设计师，更有可能创造出理想的成果。大多数文化企业组织是由成员合伙或联盟构成的，而非建立在阶层分明、部门与职务清楚划分的传统公司架构上。直接将大型企业的管理模式套用在微型组织的文创产业上是行不通的。通常，微型组织扩大其规模，成功转型成中大型公司的案例很少。当组织成长时，原本结合松散的职务与角色关系，将无可避免地结合得更加严密，使人们退缩回各自的岗位，无法像以前一样平起平坐、顺心交流，而原先直接的沟通和信息传递，也得在中介体制间层层汇报，信息不再能横向无阻地流通。

艺术家与经营管理者的区别在于：前者主要专注于构思性创制活动，后者的任务则延伸至价值链的发行市场端。艺术创制并非自给自足的领域，不因有了内容就满足，更应参与市场营

---

① 比尔顿．创意管理：管理的文化与文化的管理//李天铎．文化创意产业读本 创意管理与文化经济．台北：远流出版事业股份有限公司，2013：146.

② 同①146-147.

③ 同①147.

销。[①] 回顾历史，中世纪欧洲的工匠行会、19世纪初的演员经纪人、波士顿的秀场表演与剧院经理等，便已具备企业经营的雏形。在过去，艺术家们仰赖赞助来维生，而不直接面对市场的竞争，但当金主对艺术的捐助日趋微薄，合法且官方认可的文化形式范畴越来越宽广时，传统的“精致艺术”与商业的“流行文化”之间的界限已经渐次消弭，艺术家便不得不正视市场。在今日的文化经济里，没有艺术家可以对商业市场视而不见，在文化政策的论述中，所有的艺术家在某种程度上都是文化经营者。文创产业的发展已经以惊人的声势，形塑了当代文化经济的认定：艺术家要能够辨识出自己作品的商业潜力，才可获得文化产业和文化政策的肯定及扶持。[②]

文创企业通常将触角延伸至公司之外，水平横向与垂直纵向地跨越价值链的各个环节，坐落在由志趣相投的伙伴编织成的网络里，其仰赖的不是单一的价值活动，而是由内容创作者的横向合作、供货商及发行商的纵向结盟交织而成的价值系统。此模式衍生出许多以项目为主的期限性合作关系，而接案团队就在广大的项目生态中，不断被组成与重新分布。[③] 在此复杂的连锁关系中，要分析的关键单位并非个别公司，而是该公司所处的网络体系。在此网络中，联系与交流支撑了商业性的创制工作，但通常其交流的幅度与范围仍相当模糊。当政策措施与管理者介入文创产业时，往往轻忽了此产业的网络依赖度，从而可能以理性与效率之名，破坏了此网络的组成。

文创产业的经营形态，挑战了产业价值链的线性模式，使生产和发行阶段不再壁垒分明；也挑战了公司和个人之间的界限、商业和非商业创意工作的分野。文创产业的经营形态更质疑了“组织”应当是一种静态、恒久实体的概念。[④] 文化企业组织更像是一个瞬息变换的交流机制，而非固定不变的机关，因此政策制定者、投资观察者，总是难以追踪这个不断变动的目标。

3. 文化企业组织的运作核心动力

文创产业是一种混合性的活动，它们将竞争、不同传统、不同条件间的矛盾糅合在一起。因此营运必须调和商业性的目标，以及非商业性的艺术、社会和个人需求。[⑤] 文化企业组织往往以微型规模著称，其任务执行仰赖精通各项技艺的独立人员，由他们在特定项目中合作完成。在这个过程中，即便是成员结构相对稳定的公司，也会被个人的思绪、欲望与项目特性牵引至不同的方向。[⑥] 因而，文化企业组织的核心动力往往来自组织领导的个人意志。对个人而

---

① REA D. Cultural diffusion: a formative process in creative entrepreneurship? . International Journal of Entrepreneurship and Innovation , 2005, 6 (3): 185 - 192.

② HOWKINS J. The creative economy: how people make money from ideas. London: Penguin, 2001; CASEY B, DUNLOP D, SELWOOD S. Culture as commodity? The economics of the arts and built heritage in the UK. London: Policy Studies Institute, 1996.

③ GRABHER G. The project ecology of advertising: tasks, talents and teams. Regional Studies , 2002, 36 (3): 245 - 262; GRABHER G. Learning in project, remembering in networks? Communality, sociality and connectivity in project ecologies. European Urban and Regional Studies , 2004, 11 (2): 99 - 119.

④ 比尔顿．创意管理：管理的文化与文化的管理//李天铎．文化创意产业读本 创意管理与文化经济．台北：远流出版事业股份有限公司，2013：150.

⑤ 同④150.

⑥ 同④150.

言，内在动机（达成任务的个人成就）的重要性可能更胜于外在回报（酬劳、外部认同）。[①]创意工作者通常薪水不高，但他们仍会被个人思维、信仰、抱负等复杂动机驱动，管理者必须串联这些不同的个人诱因，将其转化为一致的方向与目标。

文化企业组织的经营策略是，整合高度差异的个人动机与人格特质。传统管理学由总体目标衍生执行细节，由上而下（top-down）的做法往往成效不佳。因此在拟定应变策略时，依循明茨伯格的创新型组织模式，要比用波特的价值链来得恰当。[②] 个人的动机、创作步调与理想，是文创产业中重要的驱力，成员看似无关紧要、耽溺自我的行径，在现实中可能正是灵感或动力的来源，但“理性管理”却常因效率与策略之名，排除这些看似与生产力无关的因素。文化企业运作的不可预测性在于，消费者和创制者对“商品”有着同样暧昧不明的态度。一个看似毫不商业的作品，或许会在市场上造成轰动，极度刻意商业化的产品，却可能乏人问津。[③] 由于文化工作背后的各种复杂动机，一般理性的管理方式在文化产业里难以发挥成效。即便是当中最具规模的成功企业，也仍得延伸触角，与当地文化圈、次文化社群和个人生活网络缔结非商业的友好关系。传统的经管者常诟病创意组织极度自我、漫无方向、忽视效率的工作方式，以及它们不愿接受更为硬性、聚焦的管理方法，因而将文创产业称为“生活方式型企业”（lifestyle business），意即只是平日细琐生活延伸出的一部分，而非严谨的生产体系。[④] 创意生产是一种互动的网络关系，由纵向的供应及发行通道、横向的同侪群体构成。这些构成往往集中在特定环境或地区，即便它们能够通过虚拟网络形成全球性的联盟，此种合作关系通常仍基于面对面接触的实体社群。电影、新媒体、音乐等领域的创意工作者，大多时候并不在办公室里接洽业务，而是在酒吧和咖啡店里。创意族群总是不愿意将创作活动制式化，而喜欢将其与交际生活混为一气。这使得许多绝妙的企划，都是在非正式的场合萌芽的。当今许多知名城市均具备丰富的社交网络，吸引时尚、音乐、影视等各界人士到最酷炫的地方相会。这种社交网络像是无形的黏合剂，维系了非经常性的伙伴关系。消费者往往也是这个社群的一部分，并且和艺术家有良好的互惠关系。[⑤]

（二）跨国型文化企业的组织形态特征与运作

全球化已成为当前各项产业的必然发展趋势，文化产业亦不例外。全球化的节奏加快归因于贸易的兴盛，贸易的成长和文化产业的全球化变迁彼此有着密切的关系。贸易依赖有效率的传播通信和交通运输，而这也让组织形态超越地理上的疆界。关于文化企业全球化组织与整合形态，如表 7－2 所示，约瑟夫·兰佩尔和贾马尔·沙姆希（Jamal Shamsie）提出了四象限文化企业全球化发展方向下的组织形态。

---

① AMABILE T M. A model of creativity and innovation in organizations. Research in Organizational Behavior，1988（10）：123－167.

② MINTZBERG H，MCHUGH A. Strategy formation in an adhocracy. Administrative Science Quarterly，1985，30（2）：160－197；MINTZBERG H，WATERS J A. Of strategies，deliberate and emergent. Strategic Management Journal，1985，6（3）：257－272.

③ 比尔顿．创意管理：管理的文化与文化的管理//李天铎．文化创意产业读本 创意管理与文化经济．台北：远流出版事业股份有限公司，2013：151.

④ 同③.

⑤ 同③152.

表7-2　文化企业全球化发展方向下的组织形态

	融合	混成
控制	巨兽型复合体 ● 大型科层化的集团控制大部分的文化产业 ● 集团的控制，从创意资源到市场彻底的垂直整合	共生型相栖体 ● 大型科层化的集团控制发行和贩售通道 ● 文化商品的制作，绝大部分仰赖零散、相互依赖的小型独立组织，但其存活率却很低
联结	主导型群结体 ● 文化产业被强大创制群体控制 ● 这些群体搭配合作，替全球化消费塑造出相对标准化的产品 ● 在这个发展方向里，影响力是取决于对群体的联结近用 ● 群体是由许多小型工作组织结合而成的企业所主导	虚拟型群结体 ● 通过复杂的网络联结当地和不同艺术社群来塑造文化产业 ● 新科技（特别是网际网络）消弭了中介的障碍；文化创制者和消费者可以避开商业实体的中介，进行直接沟通 ● 科技也让远距离合作和意念交换变成可能

资料来源：LAMPEL J，SHAMSIE J. 无法掌握的全球化：文化产业的未来发展方向//李天铎. 文化创意产业读本 创意管理与文化经济. 台北：远流出版事业股份有限公司，2013：167.

1. 巨兽型复合体[①]

此类竞争组织的第一个假设是对文化产业中经济和创意来源的掌握，第二个假设则是文化场域趋于同质。这个组织形态观点认为，文化产业来自对资源的大规模控制和高度集中。利用规模经济和范围经济以及对资本市场的优势联结，这些元素的聚合能够在层层联结的文化产业中达到价值链的垂直整合，完整控制产业中创意资源至最后的消费者部分。在特定发行和行销的资源中，经济资源的集中不仅可能造成对创意活动的过度控制，也可能因市场为导向的专断而让创意的发挥居于次要位置。为了节省成本支出，获得最高的市场利润，高度集中化的集团将大众消费的品味标准化，如此便跨越了不同文化产业范畴价值链各自分离的障碍。自然，当今这种以巨兽型集团为主轴的发展是由少数高度集中的跨国媒体企业控制的，这样的媒体几乎全面性地主导了标准化与同质化的文化场域运作。代表性案例有迪士尼、福克斯传媒集团、HBO、时代华纳等全球化媒体类集团。

2. 共生型相栖体[②]

此类组织形态观点认为，竞争优势来自直接掌握文化产业中的经济和创意资源，而文化商品创制者之间的互动将会促进混合性和多样性的诞生。这样的预测将文化产业里的生产劳动者做了一个新兴的分类，一边是创制（造）文化商品的小型工作室，另一边则是将经营重心放在下游销售发行、贩售布局的大型企业。[③] 前者组织形态属于创新型组织结构，后者则是事业部组织结构，两相结合而成为共生型相栖体。小型工作室逐渐在大型企业的外部活动里，或是在与企业内部的合作过程中崭露头角。它们两者间的关系有很多种可能性：也许是大型企业拥有绝对的主导权，而小型工作室在某种程度上能保有自主；或是双方站在对等的位置上，小型工

① LAMPEL J，SHAMSIE J. 无法掌握的全球化：文化产业的未来发展方向//李天铎. 文化创意产业读本 创意管理与文化经济. 台北：远流出版事业股份有限公司，2013：168.

② 同①168-169.

③ 同①168-169.

作室能够在半独立状态下自主创作；又或是一种手牵手的市场伙伴关系。共生型相栖体下的文化产业体认到，能利用市场的力量，在有价值的文化商品中获得最大的利润；但是在发掘或创制有价值商品的同时，这种共生文化动能会受到限制。一方面，大型企业的主导力道趋于缓和，它们觉察到需要依赖分布在产业链上游的小型工作室对文化产业活动的独到见解，以及其专业技能。另一方面，对小型工作室而言，它们可以持续存活是基于能敏锐地捕捉文化的新趋势和品味，促生新的创作元素。

3. 主导型群结体①

此类组织发展方向的第一个假设是文化产业竞争优势必须通过对创意资源的强化联结来维持；第二个假设是贸易和国际互动带来品味和文化商品的一致性与同质性。这个方向的出发点是，当代科技的转变重构了经济和创意资源的关系。越来越多的发行技术和急速增加的媒体途径，让创意资源拥有者能够直接与最终端的消费者沟通。随着权力逐渐移转到创意资源这一端，既有的挑战已经不再困扰市场，目前令人烦心的问题是，如何在第一时间发掘并活用最有价值的创意资源，来让商品本身具有可观性并获得更大的关注。对先进者优势（first-mover advantage）的强调改变了文化产业里竞争生态的原本样貌。此组织形态认为成功的关键在于，联结使用尚处于建构阶段的创意资源，而联结使用创意资源的重点在于对人才和创意生产过程的实质性涉入。正因为如此，经济资源拥有者将他们对市场的操作定位在高度创意活动上，这也吸引了创意人才的流入，结果在彼此吸纳、汇聚的过程中，逐渐出现创意的群体，并主导了文化商品的制造。这样的发展优势不仅仅来自高度集中的创意人才，也需要标准化的品味和遍及全世界快速且均质化的文化场域。创意群聚是创意活动的热门领域，密切地和全球发行、行销体系联结在一起。标准化的品味保证创意活动集中在少数具有优势的地方或组织，且依然能够迎合来自全世界的消费者。创意人才的流动强化了标准化和同质性，并能给创意群体提供一个全球性的宏观视野。虽然进入创意群体的人才来自世界各地，但最后都同化成一个品味均质的巨大文化体系：具有支配地位的族群借用并采纳其他族群既成的文化意涵，通过相对标准化的生产过程，利用相当有效率的发行网络和行销策略，将全球纳入其市场范畴。

4. 虚拟型群结体②

此类组织发展方向的第一个假设是文化产业通过对创意资源的联结使用来维持竞争优势；第二个假设是文化商品生产者彼此的接触，将催生大量的混成体和多样性。在这个发展背后的意义中，我们看到快速科技转变允许创意人才去塑造一个新的创意模式，破除创意资源拥有者和最终消费者彼此间的界限。网际网络健全，让人才可以消弭不同文化创意工作之间的分野，这与过去被传统疆界束缚不同。创意人才之间的联结，现在全都整合在网络空间里，进而创造出虚拟的创意社群。创意资源同时存在于高密度的全球化互相联结，以及世界各地理区的在地位置中。当彼此开始交换想法和建立合作联盟时，独立的个体和企业有更多元的选择；在这互动的场域里，他们可以采取标的定位的策略，并利用这样的定位，统合或与他人以伙伴关系集结大量的资源。虚拟型群结体的出现象征着一种产业形式的转变。特别在产业界限开始消失、经济资源变得高度分散时，文化产业这个词开始变得老旧，传统经济资源和创意资源的劳力分

① LAMPEL J，SHAMSIE J. 无法掌握的全球化：文化产业的未来发展方向//李天铎．文化创意产业读本 创意管理与文化经济．台北：远流出版事业股份有限公司，2013：169－170.

② 同①170.

割方式也开始消失。随着经济和通信成本的规模下降，具备专断个性的企业集团在科层组织形式上开始调整；新的组织形式是虚拟的，而其扮演的统筹角色，通常由艺术家与企业负责经营。后端的市场也经历了极大的震荡。创制端和消费端的互动带来产品的多样性。有更多选择后，消费者不仅变成新品味的塑造者，更一同创造出新的产品。虽然大众市场依旧存在，但它们已经失去了主导权；大众市场的主导权下降后，我们将发现创意发展的过程蓬勃地在不同的文化中萌生，甚至也在不同的文化产品内形成彼此混成与创新的可能性。代表性案例为盛大文学（现已整合为阅文集团），其为平台从业者（盛大/腾讯）、作者、消费者三方立足于互联网而形成的新兴网络文学形式。创制者（作者）直接与消费者联结，消费者的品味影响创作者的写作品味。网络文学在发展过程中催生了许多新的文学类型，如穿越文、盗墓文等。

三、案例：文化企业组织类型分析

（一）巨兽型复合体案例

如国外的迪士尼、福克斯传媒集团、HBO、时代华纳，以及国内的百度、阿里、腾讯（BAT）等大型集团都是巨兽型复合体的代表性案例。BAT 三大巨头主要通过资本并购方式参与影视 IP 改编领域，主要为资本驱动发展，而非内容驱动发展，自身影视创作和衍生市场开发发展能力较弱，O2O 为 BAT 发展 IP 影视改编布局的集中战略。IP 影视组织结构主要包括 IP 内容取得、投资来源、制片团队、宣发渠道、映播渠道、衍生品或周边、受众接触渠道等七大环节。

百度集团的 IP 影视组织结构中，在 IP 内容取得方面主要以资本驱动为策略，通过收购或投资方式获取 IP 内容的积累，91 熊猫看书和纵横中文网是百度收购 IP 内容方面的主要渠道；资金投资来源则包含百度金融度小满，以及由百度金融中心与中信信托、中影股份、德恒律师事务所合作推出的与电影文化产业相结合的百发有戏产品；制片团队方面，2012 年 11 月百度收购普罗维登斯资本所持爱奇艺股份，爱奇艺成为百度全资子公司，爱奇艺主要以映播渠道业务为主，但近年来也开始投入自制剧，为中国目前发展较为成熟的映播渠道自制剧公司；宣发渠道方面则以百度糯米为主，该网站提供电影推介、售票等功能；映播渠道方面，以爱奇艺影视平台为其核心，并以 PPS、91 无线以及原点作为辅助；衍生品或周边方面，目前百度尚未有商业上的布局；受众接触渠道方面，主要通过百度搜索引擎收集与观众观影相关的大数据，以此作为发展影视市场的评估依据。

阿里巴巴集团的 IP 影视组织结构中，在 IP 内容取得方面较百度及腾讯集团弱，百度及腾讯集团旗下有两个以上内容生产平台，然而阿里巴巴仅有阿里文学网，多数内容版权的获取以单本（部）为主，投资成本与风险较高。娱乐宝为阿里巴巴的资金投资来源之一，其为阿里巴巴数字娱乐事业群联合金融机构打造的增值服务平台，用户在该平台购买保险理财产品即有机会享有娱乐权益。制片团队方面，阿里巴巴集团自身拥有阿里巴巴影业集团有限公司，该集团前身为“文化中国传播集团有限公司”，其在 2014 年 6 月被阿里巴巴收购，虽为阿里巴巴集团主要的制片团队，但该集团亦涉及包括发行和版权、杂志广告及发行在内的文化事业相关业务。除此之外，阿里巴巴亦参与了华谊兄弟、光线传媒等影视公司大量的投资与制作。宣发渠道方面，阿里巴巴旗下的淘宝电影提供丰富热映和即将上映的电影资讯，包括预告片、高清海报与剧照、剧情介绍，以及网友评论等。阿里巴巴于 2013 年 4 月与新浪子公司微博公司签署战略合作协议，以社群媒体为手段在影视作品宣传方面取得了成效。阿里巴巴在 2015 年 10 月收购优酷土豆，这使其在多屏娱乐时代的推播渠道有了进一步的发展。映播渠道方面，阿里巴巴投资华数集团，推动其在互联网电视播放盒领域的发展。阿里巴巴还投资奥科软件以获取影院运营所涉及的全部软件系统统计数据与管理，这有助于阿里巴巴更深入地了解电影映播端的市场状况，有助于其在上游 IP 内容收购、投资、制作、宣传等方面进行精准化的运作。衍生品或周边方面，目前阿里巴巴尚未进行衍生品或周边产品的开发，但其已具备淘宝网、天猫网等发展成熟的产品贩售渠道。受众接触渠道是阿里巴巴集团的主要弱势，然而其投资的奥科软件有助于阿里巴巴更了解院线受众的消费状况，但阿里巴巴在无线互联网的受众资讯取得方面仍处于空白阶段，亟待发展。

腾讯集团为三者中发展 IP 影视较早的先锋，因而在 IP 内容获取方面亦为三者中发展较为成熟者，旗下有 IP 文学方面的阅文集团支撑，该集团为当前中国网络文学领域的市场霸主，因此在小说内容方面的积累远远超前于前两个集团。除了网络文学外，腾讯在动漫与游戏方面亦有长足的发展，由此可见，腾讯集团 IP 内容发展立足于多元娱乐领域，亦为最先提出 IP 内容泛娱乐化发展概念的集团。资金投资来源方面，腾讯集团并不像前两者发展出了各自的娱乐投资产品，这是腾讯集团组织结构布局的短板。制片团队方面，腾讯互娱泛娱乐下属的腾讯影业负责该集团的影视投资与制作业务，其下设三个工作室：大梦电影工作室致力于探索新题材和新类型影片；黑体工作室致力于电视剧和电影之间的影剧开发模式；进化娱乐工作室致力于打造原创动画电影。腾讯在制片方面亦多方参与投资不同制片公司，例如华谊兄弟、光线传媒、新丽传媒和东亚影视。宣发渠道方面，包含主打 PC 端的腾讯网、腾讯微博以及移动端的微信、大众点评以及微票儿，宣传渠道跨足搜寻引擎、社群媒体、通信软件、评价软件及售票平台，腾讯在影视宣传的布局上跨足的广度为三者之最。在映播渠道方面，腾讯视频为该集团主要的推播渠道，相较于前两者，跨足的范围较为狭窄，为其不足且亟待发展之处。衍生品或周边方面，目前腾讯亦尚未发展衍生品或周边产品的开发，但其已具备产品贩售渠道，在线上电商方面腾讯投资京东，在线下方面投资永辉超市及步步高超市，亦为三者中发展较为全面者，不同于阿里巴巴拥有淘宝网与天猫网，腾讯仅扮演投资入股角色。受众接触渠道方面，腾讯主要有 QQ 及微信两个通信软件，能相对精准地掌握受众资讯，尤其微信当前为中国民众的主要通信软件，且具备朋友圈的社群媒体发布功能，含有微信公众号的官网媒体功能，不难看出微信在腾讯集团获取各方受众资讯中所扮演的核心角色。

（二）共生型相栖体案例

共生型相栖体在文化产业链中主要是内容供应的核心环节，其以小型工作室的形式产出文化内容，并与大型集团共生相栖。目前在影视行业出现了几个以明星或单一作品成功所形成的小型影视工作室。小型影视工作室一般以固定的团队进行影视作品的生产制作，规模较小，但专业性强，整个公司的生存很大程度上依赖于每一部作品的质量和市场效果，一部作品能影响一个工作室的生存。

（1）东阳正午阳光影视有限公司。

东阳正午阳光影视有限公司是集电影、电视剧策划制作发行、特效技术与后期制作、娱乐营销、演艺经纪于一体的综合性影视机构。电视剧《闯关东》《战长沙》《北平无战事》《伪装者》《琅琊榜》《欢乐颂》等优秀作品的成功，已经使“正午阳光”成为国产良心剧的代名词。

正午阳光公司以侯鸿亮为核心，包括孔笙、李雪、孙墨龙等人组成创作团队来制作影视剧。相对于BAT集团来说，它以小型作坊的模式专门负责影视作品的制作生产。纵观正午阳光出品的影视作品，几乎都是由主要创作团队成员负责编剧和导演。其专业性和针对性强，甚至为了集中精力进行内容的生产，该公司于2017年取消了艺人经纪部，主动缩小公司规模和经营范围。使正午阳光火爆的应该是电视剧《琅琊榜》，这部剧的豆瓣评分高达9.3分，收视率的市场份额，在大结局之际达到3.27%（东方卫视），在中国50个城市收视排行榜排名第一位，成为名副其实的“爆款”，该团队也被冠以“良心剧生产者”“处女座剧组”等称号。这部剧的成功对公司的影响很大，加上接下来几部剧的高质量，让公司在行业内和观众群体中都建立了稳固的口碑，形成了制作优良代表的品牌效应，这些都表明该公司发展迅速。

（2）和力辰光国际文化传媒有限公司。

和力辰光国际文化传媒有限公司主要进行涉及剧本创作和改编、影视剧投资、影视剧制作、影视制作监理服务、新媒体影视剧开发制作、综合型行销服务等六大核心板块的经营业务。其主营业务是影视制作和影视销售，公司影视制片占主营收入的46.02%，影视销售占主营收入的33.73%，影视制作占主营收入的18.02%，可见这三项业务的开展情况会决定公司的未来发展。其创立至今已制作了多部知名的影视作品，在IP资源的开发领域，凭借郭敬明的《小时代》系列一举获得了良好的市场收益，发家致富。但后来发展得过分依赖郭敬明的IP资源，其主营收入大部分来自郭敬明的作品。2013年，《小时代1》和《小时代2》的收入一度占到公司总收入的35.5%，2014年占到74.7%，这就产生了很大的风险。果然，《爵迹》票房和口碑的双双失利给作为出品方的和力辰光带来了巨大的损失。2018年4月，公司称因调整上市计划，终止了于2016年就开始的IPO申请。

（三）主导型群结体案例

主导型群结体的组织结构主要体现在发行公司或传媒集团中，这些群体搭配合作，替全球化消费生产出相对标准化的产品。在其发展过程中，影响力取决于对群体的联结近用。其群体由许多小型工作部门组织联合而成的企业主导。以传媒企业的法人治理结构为例，其演变可分为三个发展阶段：业主制、合伙制和公司制。现代企业制度是指在世界范围内为人们所共同认可的、以股份有限公司和有限责任公司为主要形式的现代公司制度。公司制包括有限责任公司和股份制公司。目前欧美传媒集团大多是上市公司，传媒集团公司到股票市场去融资，同时投资者通过股票市场来对传媒进入或退出。我国传媒集团组织结构可分为三类：一是编委会集体领导下的总编辑负责制；二是社长领导下的总编辑、总经理分工合作制；三是董事会领导下的总经理负责制。优化我国传媒组织结构是提高竞争力的重要手段。组织结构的优化方式如下：创建长效的学习型组织，变集权型为分散型；建立横向结构，处理好编辑权与经营权的关系，实行集团化管理；完善内部治理机制。

（四）虚拟型群结体案例

腾讯（阅文集团），为平台业者（盛大/腾讯）、作者、消费者三方立足于互联网而形成的新兴网络文学形式，其组织结构符合虚拟型群结体的特点。腾讯（阅文集团）IP开发组织结构产生了重要的变革，其组织结构将使影视剧生产将走向消费者需求拉动型。腾讯影业主控主投，影视剧生产从供给型转为需求拉动型。影视剧的生产要素逐步向平台靠拢。影视剧的生产逐步从由影视公司决定（即供给型），转为由平台决定（即消费者需求拉动型）。腾讯影业、阅文影视、新丽传媒三家公司明确了分工及定位，即腾讯影业主控项目、阅文影视通过与外部合作的方式推进 IP 改编，新丽传媒执行内部项目，更加明确了腾讯影业的枢纽地位，阅文影视和新丽传媒影视剧的生产将走向需求拉动型。转为需求拉动型以后，影视产能将会有一个较大的提升。目前供给端和需求端仍存在较大产能空间，且阅文影视充足的 IP 储备给增加产能提供了保障。同时，如果爱奇艺与腾讯合并，两家平台的采购成本将节省 50%左右，将对阅文影视和新丽传媒的产能起到较大的拉动作用。对标美国的漫威，我们可以发现阅文影视的组织变革与它们成功的组织变革有相似之处。漫威设立创意委员会，加速 IP 商业化开发；阅文影视设立创作委员会，助推影视业务发展。漫威电影的发展分为三个阶段，在第二阶段时成立了创意委员会，成功开发了《复仇者联盟 1》。而阅文影视同样针对影视业务设立创作委员会，未来有望进一步促进腾讯影业与阅文影视的协同作用，加速 IP 开发。此外，在作品、人才团队方面，组织架构改革成果带来了许多优势，例如，作品方面，改革出现成效时，三家公司（腾讯影业、阅文影视、新丽传媒）的备案作品中阅文影视 IP 的数量会得到明显增加。

文创产业的微型组织与项目导向的运作方式，倾向于采取扩大联络网络、提升产品或服务的体验质量的方式来创造经济效益，而非仅仅扩大经营规模。评估创意经济的有效方法，并非以个别组织为分析单位，而应是去衡量团队背后网络体系的脉络及幅度。根据电影创制者、艺术经理、服装设计师、音乐家等，可以辨识出创意管理模式的雏形。后现代的组织管理理论阐述道：规范、指导式的管理方法，只是一种语言游戏，它其实是将某种固定法则套在管理的对象之上，却不愿承认管理本身就应该是多样繁复的。文创产业应演化出一套有效的管理方式，涵纳新形态的工作模式与生产力。其颠覆传统自上而下的组织结构与管理模式，强调的是组织内部个人对文化与艺术的向往意念，组织向外则是由组织个体意念所展开与联结的生活圈，借由生活圈的结合就组织任务与外界合作并进行落实。上述这些组织管理的新课题，从文创产业散播到主流商业领域时，我们或许犯不着费心去指导文化工作者遵循传统管理的教条，而要成为更好的理性管理者，反而应当试着从他们身上学习新形态的组织运作模式。

本章小结

1. 明茨伯格将组织内部结构分为六个部分：第一，战略顶点（战略层），负责确保组织以一种有效的方式为其使命提供服务，同时也为那些控制组织或在组织中拥有权力的人提供服务；第二，运作核心（运作层），从事与产品和服务生产相关的基本工作的人员；第三，中层管理者，以正式委托授权方式联系战略层和运作层；第四，技术层，组织成长到一定阶段时，需要由技术层提供组织运作所需的指导，负责工作包括计划管理、市场、工程等分析性工作，以及为人员培训提供专业技术支持；第五，支持性人员，虽不直接从事产品或服务的生产，但承担了使一个组织正常运转的各种支持性功能，一般包括财务、人力资源、法律、公关、后勤等部门；第六，企业理念或意识形态，为企业运行的精神与宗旨。

2. 文化企业与传统制造类企业的管理差异。文创产业的产出，可广泛地被称为体验性商品，但它们又与多数体验性商品不同，不同之处在于它的非功能性、非实用性。文创商品的“体验”特性，使其难以验证出一套明确的运作程序。一般商品较能于经验中推衍出系统化的检测标准，并建立稳定的产制销流程。文创产业的经营者，多半置身于漫无边际的创新中，整个营运充满不确定性。

3. 文化企业的“高度自营”“多重职务”“多变”组织特征。高度自营的微型组织的全职员工普遍少于 10 人，这是文创产业的特征，这一点在生产的过程中表现得格外明显。文化企业组织通常角色划分模糊、职阶平等，且一人兼多重职务与责任。它还没有作为完型组织的详尽特征，因而其结构形态简单、非正式，具有弹性，部门和人员配置随意，部门间差异很小，部门层级也较少。

4. 跨国型文化企业的组织形态特征与运作。约瑟夫・兰佩尔和贾马尔・沙姆希提出了四象限文化企业全球化发展方向下的组织形态，分别为巨兽型复合体、共生型相栖体、主导型群结体、虚拟型群结体。

思考与练习

一、基本概念

组织形态　文化企业组织　高度自营　多重职务　跨国型文化企业

二、思考题

1. 如何理解企业组织形态?
2. 文化企业组织形态有何特征?
3. 试列举我国文化企业形态案例并分析之。

拓展阅读

1. MINTZBERG H. Mintzberg on management：inside our strange world of organizations. New York：Free Press，1989.

2. 波特．竞争优势．陈小悦，译．北京：华夏出版社，1997.

3. 明茨伯格．明茨伯格论管理：洞悉我们奇特的组织世界．燕清联合组织，译．北京：中国劳动社会保障出版社，2004.

4. 李天铎．文化创意产业读本 创意管理与文化经济．台北：远流出版事业股份有限公司，2013.

第八章　文化企业的领导模式

本章概述

文化企业的领导模式影响着员工工作质量和企业整体运转效率，能通过创意领导力达到盘活文化企业资源、开拓文化企业资本、管理文化企业资产和最终促进文化企业实现可持续发展的目的。从企业管理的角度来说，我们通常采用“冰山模型”理论来衡量人员的基本素质。应用到文化企业，冰山模型则更需要注重“创意阶层”的内在素质。创意企业家指个体具备创业心智、受到外在的商业环境和内在的审美价值及个人成就两种力量的诱发和驱使而采取创业行为的特定人群。创意企业家精神是一种隐性知识，为人力资本的一部分，包括以个人技能、能力、承诺及创意为基础的思维方式。创意管理的基本规律符合组织管理学的领导理论发展趋势，在文化创意产业的发展语境下，文化企业的领导者具备创意阶层和创意经理人的基本特质，并发展出企业家精神和卡里斯玛权威的领导模式。创意管理是文化产业经营管理能力的核心内容，创意领导力是创意经理人的核心能力，创意管理理论是文化产业理论建设的关键命题和重要基石。

学习目标

通过对本章的学习，学生应了解或掌握如下内容：

1. 了解组织管理学中的领导理论。
2. 掌握创意阶层、企业家精神、卡里斯玛权威的概念。
3. 掌握并能应用六度创新理论。
4. 理解并能运用创意经理人的胜任力模型。

无论从组织管理学还是组织行为学的角度来看，领导模式都是一种能够影响员工工作质量和企业整体运转效率的重要因素，对企业组织形态的形成和企业商业模式的推行都起着重要作用。对文化企业来说，领导模式的确立和不断创新更有着创意管理的重要意义。不同于一般企业的领导模式，文化企业的领导模式不是单纯的领导力和领导观念的展现，更重要的是要通过创意领导力达到盘活文化企业资源、开拓文化企业资本、管理文化企业资产和最终促进文化企业实现可持续发展的目的。文化企业生产的是有符号价值和象征价值的文化产品及服务，不同于单纯批量化的工业企业生产过程，文化企业的生产以创意和故事为内核，以不断创新为目标，因此，其领导模式是对符号价值和象征价值的创意管理模式。

一、理论：创意管理的基本规律

文化企业的领导模式因文化生产的创意性而区别于其他企业，从文化生产的角度来看，创意的产生是文化企业生产链的开端，个人或团队的巧思、才华、新点子涌现出来，创造出新的东西或者将原有元素重新组合，这一环节使文化生产成为可能。然而，创意的产生并不能决定文化生产的全过程，甚至只能在整个产业链中占微不足道的比重。由创意产生的新东西必须是有用的、符合企业生产目的的，只有实现了价值的创意才能观照文化生产的各个环节，因此，为了使“创意”成为“产业”，还必须经过复杂的创意管理过程。正如克里斯·比尔顿所说，“只有在特定的边界范畴内，创意工作才更可能与我们的标准吻合”，“只有定位在概念空间的边缘，创意才能被构建在已知及被理解的内容之上，并同时拓展了原有的边界范围”，并促进“最灵验的创意秘诀出现在不同元素之间意想不到的组合中”①。我们在探讨文化企业的领导模式时，既要考虑到文化企业创意管理的特殊性，也不能忽视组织管理学的基本规律。本节将在充分探讨领导理论一般规律的基础上，从创意管理的角度重点介绍文化企业领导模式的基本原理。

（一）组织管理学中的领导理论

社会群体中的领导现象古已有之，但从组织管理学的角度来分析领导理论的研究始于1927年的霍桑实验。以美国哈佛大学管理学教授梅奥（Mayo）为首的一批研究人员针对工人生产效率的问题在霍桑工厂进行了一系列实验，发现在工业生产过程中，领导和下属的关系等人际关系因素甚至比福利待遇更能对生产效率产生影响。根据霍桑实验，梅奥提出了人际关系学说，这一研究结论成为组织管理学中领导理论的研究开端。自此，分析领导者能力、特征及其与组织关系的领导理论不断涌现，大致可分为古典领导理论和现代领导理论。

古典领导理论主要包括领导特质理论、领导行为理论和领导权变理论。始于20世纪30年代的领导特质理论认为领导者从生理因素、智力因素到个性因素、社会能力等方面都与被领导者有显著差异，因此，领导特质理论又被称为领导素质理论。斯托格迪尔（Stogdill）认为领导者通常在外表、智力、知识等26个方面有非同寻常的表现，但领导者也不单纯是依靠这些素质成为领导者的，而吉赛利（Ghiselli）认为领导者在自信、决断、调查能力等13个方面区别于非领导者。领导特质理论从不同的侧重点入手，找到了领导者与非领导者在自身特质方面存在的一些差异，但是无法最终确定哪些特质是领导者必备的，或者拥有哪些素质的人一定能成为领导者；到了20世纪40年代，人们开始转而关注领导者的具体行为，领导行为理论认为领导者表现出的作为比自身特质更加重要，在不同的社会环境下特定的做事风格会使领导者获得成功，领导行为理论又被称为领导风格理论。美国俄亥俄州立大学的汉姆菲尔（Hemphill）通过问卷调查发现领导者应具有“关怀”和“定规”的双重行为模式，勒温（Lewin）等人从“独裁式”“民主式”“放任式”等不同的领导作风角度来研究领导效率，布莱克（Blake）用“管理方格”来界定领导模式和领导行为。领导行为理论致力于寻找领导者在领导过程中的有

① 向勇．文化产业导论．北京：北京大学出版社，2015：249.

效领导行为，通过领导作风对工作效率产生的影响来找寻最佳领导模式，但是最终没有找到在每种情境下都适用的领导行为。随着组织行为学的发展，20 世纪 60 年代领导权变理论开始登上历史舞台，这种理论认为情境因素是无法忽视的，在不同的情境下领导者的行为会发生变化，进而影响领导效力和领导模式。领导权变理论又被称为领导情境理论。费德勒（Fiedler）提出了费德勒模式，认为领导模式应随情境而不断调整。保罗·赫塞（Paul Hersey）和肯尼斯·布兰查德（Kenneth Blanchard）提出情境领导理论、领导参与模式、权变模型等来强调情境对领导行为的影响，罗伯特·豪斯（Robert J. House）则认为领导者需要根据员工的不同性格和企业面临的情境压力来选择领导模式。领导权变理论将情境因素纳入领导模式的研究范畴中，不再寻求可以适应所有情境的领导模式，而是将领导行为的选择与情境的变化结合起来，主张基于情境基础的领导行为模式。

现代领导理论主要包括领导价值理论和领导战略理论。领导价值理论兴起于 20 世纪 90 年代，美国学者罗伯特·豪斯提出了以价值为基础的领导理论。他认为，领导行为是否有效取决于领导者能否与被领导者在企业文化中的价值认同上相一致，在实施有效领导行为的同时，领导者还要将代表企业文化的价值观注入企业中，并使之与被领导者在思想上产生共鸣，进而形成有效的领导模式。领导价值理论把领导者和被领导者对企业文化的价值认同提到了决定领导效力的高度，在这种领导模式中，环境对组织的影响有所减弱。领导战略理论是由世界上第一个领导力专业的教授约翰·阿代尔（John Adair）提出的，他认为有效的领导模式要在战略思考的基础上产生，并将思考具象化为战略规划，最终得以形成。在约翰·阿代尔观点的基础上，战略领导理论经后人不断发展和完善，或为实现利益相关者的利益而有明确战略规划和执行方向的领导模式，或为可以预测未来、随环境的变化而不断发展的领导模式，成为现代领导理论的主流。

（二）创意经理人的基本素质

从企业管理的角度来说，我们通常采用“冰山模型”理论来衡量人员的基本素质。冰山模型是由美国社会心理学家戴维·麦克利兰（David C. McClelland）提出的用来测评任职者的个体素质及其工作胜任力的方法。所谓个体素质的冰山模型，就是将被试者的素质分为浮于海面的和藏于海面以下的两个部分。其中，浮于海面的部分主要指基本知识和技能等容易外显的素质，这些素质通常较容易被习得和量化，并能够通过培训获得显著提升；而藏于海面以下的部分主要指价值观、自我认知、个性品质、社会动机等内在的潜能和素质，这部分素质是人们在长期社会实践中养成和内化的，难以在短时间内被外界影响，但却直接作用于浮于海面的外在素质。冰山模型不仅能用具体的指标衡量人员素质，而且对任职者胜任力的评价有着重要意义，与传统的领导特质理论形成呼应。

应用到文化企业，冰山模型则更需要注重“创意阶层”的内在素质。创意阶层（creative class）的概念是由美国经济地理学家理查德·佛罗里达（Richard Florida）提出的。所谓创意阶层，“包括一个‘超级创意核心’（super-creative core），这个核心由来自‘从事科学和工程学、建筑与设计、教育、艺术、音乐和娱乐的人们’构成……他们的工作是‘创造新观念、新技术和新的创造性内容’。除了这个核心，创意阶层还包括更广泛的全体，即在商业和金融、法律、保健，以及相关领域的创造性专业人才”①。由于文化企业的创意性特征，无论是文化

① 向勇．文化产业导论．北京：北京大学出版社，2015：257.

企业的创意人才、经营人才，还是管理人才、研究人才，浮于海面的知识和技能都只能为他们进入该领域提供可能性，而真正决定他们能否胜任的是藏于海面以下的对个性品质、自我认知以及对企业文化价值观的认同等因素，这与现代的领导战略理论相呼应。

查尔斯·兰德利（Charles Landry）把价值链分析法引入文化产业，并将文化产业的生产环节分为创意形成、产品生产、渠道传播、市场营销等几个环节。与之相应，文化企业的从业人员可以被分为文化产业创意人才、技术人才、经营人才、营销人才、渠道经营人才、管理人才和研究人才几种类型。[①] 根据理查德·佛罗里达的定义，创意阶层包括三种人士：第一种是在文化产业、专业设计公司以及传统行业相关部门从事创意和设计的创意设计人士；第二种是在文化产业、专业设计公司和创意部门负责直接经营管理的创意经理人士（creative businessman）；第三种是为文化产业及相关创意部门提供中介服务的创意中介人士。比尔·莱恩（Bill Lane）指出，文化产业的组织系统包括四种角色：创意人员（音乐家、剧作家、导演、作家等符号创作者）、技术人员（音乐工程师、录音师、摄影师等）、创意经理（完美作品与市场获利的中介者或代理人，源自布尔迪厄的“文化中介者”）、所有人及主管（拥有聘请及解雇员工的权力，设定公司政策的整体方向）。因此，任何一个国家要发展充满国际竞争力的文化产业，都要拥有一个庞大的创意经理人阶层。创意经理人要去揭示那些活跃在文化创意产业实践中的创意密码，推动创意成为产业。[②]

（三）企业家精神

作为一对在英语词汇中经常相互置换的概念，企业家（entrepreneur）与企业家精神（entrepreneurship）最早由经济学家理查德·坎蒂隆（Richard Cantillion）提出。企业家使经济资源的效率由低转高，而“企业家精神”是企业家特殊技能（包括精神和技巧）的集合；或者说，“企业家精神”是指企业家组织建立和经营管理企业的综合才能的表述方式，它是一种重要而特殊的无形生产要素。[③] 其后，国外学者从不同角度阐述了企业家精神的内涵：威廉·杰克·鲍莫尔（William Jack Baumol）将企业家精神分为创新型、模仿型、非生产型和寻租型四种类型；约瑟夫·熊彼特（Joseph Schumpeter）认为创新因素是企业家行为的主要特征，创造性的活动是企业家精神的集中体现；彼得·德鲁克在熊彼特观点的基础上将企业家精神视作一种需要在企业家的创新实践中不断提升的能力；维杰·萨斯（Vijay Sass）则认为企业家精神不仅包括创新精神，还要包括对不可预知的未来的积极行动和冒险精神。总之，企业家精神反映了企业家自身最核心的素质和技能，拥有企业家精神的领导者面对未来不可控的风险能够勇于承担，带领团队生产新的产品和服务、创造新的发展机遇、开辟新的生产方式、拓展新的市场渠道，并能够随周围情境的变化做出符合市场发展规律的决策。

企业家在一个企业发展的过程中起着主导作用，文化企业的企业家应当具备创意领导力和创意企业家精神。创意企业家指个体具备创业心智、受到外在的商业环境和内在的审美价值及个人成就两种力量的诱发和驱使而采取创业行为的特定人群。创意企业家精神是一种隐性知识，为人力资本的一部分，包括以个人技能、能力、承诺及创意为基础的思维方式。创意企业家精神（creative entrepreneurship）不同于传统产业领域的企业家精神，是一种新型的社会群

---

① 向勇．文化产业人力资源开发．长沙：湖南文艺出版社，2006：26－28．

② 向勇．文化产业导论．北京：北京大学出版社，2015：257．

③ 坎蒂隆．商业性质概论．余永定，徐寿冠，译．北京：商务印书馆，2011．

体所共有的精神特质和价值体系，是一种对模糊性和不确定性的高度宽容力、坚忍不拔和自我实现的创新精神。创意企业家是一群具有价值的新兴知识精英，是一群创意领域里的冒险家。创意企业家要应对一系列文化产业发展的障碍。（1）商业技能问题：艺术家无法将自身专业技能传达给大众，因此需要依靠网络关系与营销技能。（2）融资问题：创业早期资金需求紧迫，投资人对文化产业不甚了解，导致融资困难。（3）法律与技术问题：尤其在文化企业刚成立的阶段，包括法律结构、合同协议等。（4）知识产权的推广问题：在文化产业中进行创业，知识产权的推动相当困难。（5）文化产业的本质问题：创业行为需要有新颖性，又要将其商品化，充满创意的主观性和市场的不确定性。创意企业家是创新的艺术和有望实现的市场之间的桥梁和中介。①

（四）卡里斯玛权威

当企业家精神对整个企业的价值观产生决定作用，企业家的行为对员工产生绝对的引领效果或者形成榜样力量的时候，我们就可以把企业家精神引申为卡里斯玛权威。卡里斯玛（charisma）一词起源于早期基督教，其基本含义是“神圣的天赋”，最初是指得到神赐天赋的超常之人，后被引申为具有超凡能力和魅力的领袖人物。德国社会学家马克斯·韦伯在对权威进行分类时，将卡里斯玛的概念引入社会科学领域，他认为，权威可以分为传统型权威、卡里斯玛权威和法理型权威三种。“‘卡里斯玛’，这个字眼在此用来表示某种人格特质；某些人因为具有这个特质而被认为是超凡的，拥有超自然以及超人的，或至少是特殊的力量或品质。这是普通人所不能具有的。他们拥有神圣或至少表率的特性……根据此种禀赋，以及根据——在神的观念已清楚形成之处——存在于此种禀赋之中的神之使命，他们行使其技艺与支配。”② 马克斯·韦伯将卡里斯玛归结为一种超凡的人格特质，领导者依托这种有绝对天赋优势的特质来行使权力，同时也出于自身的神圣使命感而履行领导义务。

马克斯·韦伯笔下的卡里斯玛是颠覆传统社会制度的存在，然而，美国社会学家希尔斯（Shils）则将卡里斯玛的概念更加世俗化，他认为：“对我而言，程度较弱的、有协调性的、制度化的卡里斯玛特质（propensity）存在于社会的例行功能运作之中。在社会中，存在着一种广泛的倾向，即将卡里斯玛的特质赋予平凡的社会角色、制度、象征，以及与此相应的阶层或集合。卡里斯玛不是只会颠覆或破坏社会制度，也会在一定条件下维护或保存它。”③ 希尔斯的观点打破了马克斯·韦伯对卡里斯玛原有概念的刻板偏见，他眼中的卡里斯玛不一定是传统社会制度的终结者，也不一定是某些领导者的个人特质。希尔斯将卡里斯玛请下神坛，甚至从社会生活的方方面面找寻卡里斯玛的存在。

在希尔斯理论立场的基础上，美国人类学家克利福德·格尔茨（Clifford Geertz）从卡里斯玛的象征和概念出发，运用跨越不同时空的案例将卡里斯玛描述为社会生活中不可缺少的日常化组成部分。而后，美国人类学家查尔斯·林霍尔姆（Charles Lindholm）从原始社会的宗教崇拜出发，再次回到马克斯·韦伯的立场，将卡里斯玛解读为一种在现代社会中非日常性的存在，而且通常具有强烈的悲剧色彩。与马克斯·韦伯不同的是，克利福德·格尔茨并不将理性化与卡里斯玛相对立，认为卡里斯玛的存在是与特定的社会背景相联系的，正是现代社会无

---

① 向勇．文化产业导论．北京：北京大学出版社，2015：265-266.

② 韦伯．韦伯作品集Ⅲ：支配社会学．康乐，简惠美，译．桂林：广西师范大学出版社，2004：263.

③ EDWARD S. Charisma，order，and status. American Sociology Review，1965，30（2）：199-213.

法满足人们的各种需求才导致卡里斯玛以一种更加狂热的形态表现出来，因此，克利福德·格尔茨将卡里斯玛描述为一种可以反观现代社会问题的存在。

当我们用卡里斯玛的理论体系审视文化企业的领导模式时，既不能忽视马克斯·韦伯的社会学立场，又不能对后人基于心理学的洞见产生的偏见。由于文化企业的特殊性，创造性的个人特质是创意企业家必备的素质，与之相应，文化企业的领导模式也会更加关注创意生产力。创意可以被看作是马克斯·韦伯口中的“神圣的天赋”，也可以被认为是希尔斯眼中社会生活不可缺少的组成部分。但无论持有哪种观点，文化企业的领导人都符合卡里斯玛的特质，这就决定了文化企业的领导模式不能采取传统型权威或者法理型权威。卡里斯玛权威的源起似乎是非理性的，带有强烈的个人色彩，但是对于文化企业的发展来说它又是一种经过自身选择的、“理性”的权威方式。从文化企业领导模式的战略性和创新性来看，文化企业的领导者通常是整个企业的精神领袖，其领导模式的形成充满了卡里斯玛式的创造性和张力，是对传统社会制度的打破和再创造过程，也是反观社会问题的过程。

二、方法：创意管理的实施原则

创意管理的基本规律符合组织管理学的领导理论发展趋势，在文化创意产业的发展语境下，文化企业的领导者具备创意阶层和创意经理人的基本特质，并发展出企业家精神和卡里斯玛权威的领导模式。综观市场经济的发展规律，文化产品和服务的经济价值随市场竞争的日益加剧而充满了不确定性，与此同时，其交换价值与使用价值的相关度呈下降趋势。企业是以追求经济利益为目标的，因此文化企业应通过丰富产品和服务的文化价值、符号价值、象征价值来提高其经济价值的稳固性。与文化经济相适应，文化资源的可创造性和可再生性为创意管理的开展提供了前提，但是，创意管理不是仅仅停留在“创意环节”的管理。对文化资源的发掘和创新取决于对创意人才和创意生成过程的管理，对文化内容的宣传和营销要依靠对创意生产链的管理，对文化价值的提炼和传承要由对创意研究过程的管理来决定。通过有效的创意管理，对文化资源的创造性开发能够为文化创意的生成留下充足空间，通过对文化资源的创意再生可以丰富文化创意产业的产品和服务类型，将文化资源与其他资源进行跨领域融合又能提升产业的文化附加值，从而生成富有文化价值和经济价值的文化资本。围绕上述基本规律，本节将从现代公司治理制度入手，重点介绍六度创新、创意经理人的胜任力模型等创意管理的实施方法。

（一）现代公司治理制度

公司治理（corporate governance）制度是企业制度的重要组成部分，这个概念最早出现于1932年美国学者贝利（Berle）和米恩斯（Means）的公司治理结构理论中，它是一个描述公司内部权力分配问题的概念。詹森（Jensen）和梅克林（Meckling）将公司治理的焦点定位为以降低代理成本为核心的所有权与经营权分离情况下的代理人问题，科克伦（Cochran）和沃特克（Wartick）1988年发表了一篇题为《公司治理——文献回顾》的文章，将公司治理问题明确界定为在企业高级管理阶层、股东、董事会和公司其他相关利益者的相互作用中产生的问题。

中西方很多学者从不同角度阐述了公司治理理论的研究路径，其中以产权理论、委托代理理论、利益相关者理论最具代表性。产权理论是由美国芝加哥大学教授罗纳德·哈里·科斯

(Ronald H. Coase) 提出的，该理论重点关注经济运行背后的财产权利运行的制度基础。产权理论认为产权包括财产的所有权、使用权、收益权和转让权等，产权是一种具有排他性的、可以平等交易的权利，这种权利的买卖恰好是经济学所要关注的核心问题，合理的产权制度是开展一切经济活动的前提。根据产权理论，产权越清晰，企业解决外部经济问题的可能性越大，因此，企业治理的首要任务就是界定产权，明确企业内部各主体的权利和义务范围，以便通过产权交易完善企业制度，实现个体及企业利益的最大化。

委托代理理论出现的前提是现代公司中所有权与控制权的分离，它关注的是委托人如何通过契约关系来控制代理人的问题。作为公司的投资人，现代公司的股东一般不直接经营公司，而是将公司的经营权交给代理人，代理人在委托人的授权范围内从事经营活动，由此产生的风险则由委托人承担。在委托代理理论体系下，委托人会提供一种让代理人满意的激励机制，以激励代理人帮助委托人实现利益的最大化，二者之间存在利益关系；而委托人也会对代理人的权利和义务实施明确界定，以保证代理风险在委托人的可控范围内，因此二者之间同时也存在契约关系。如何实现激励与制约的平衡，以使公司利益最大化是委托代理理论的重点研究问题。该理论立足于现代公司"两权分离"的经营状况，重点关注公司所有者和经营者之间的矛盾，却忽视了公司与其他利益主体，以及其他利益主体之间的关系问题。

利益相关者的说法早在 20 世纪 30 年代就曾萌发，但真正将这种观点纳入研究视野还是在近几年。利益相关者理论开始注意到委托代理关系之外的利益主体，认为在开展公司治理时不能只关注股东，凡能与公司产生相互影响的自然人或法人都是公司的利益相关者，这个群体包括股东、债权人、员工、顾客、供应商、零售商、社区及政府等个人和集体。由于他们都能与公司产生利益关系，因此公司的发展目标也不能仅仅是股东利益的最大化，而应在公司决策时充分考虑所有利益相关者的利益分配，追求利益相关者共同利益的最大化。在利益相关者理论的语境中，代理人不仅仅是股东的受托方，而是所有利益相关者的受托方，他们的经营管理行为关系着所有利益相关者的权益。美国学者布莱尔认为，除了股东以外的人力资本投入者都应当参与到公司治理中，代表各方利益的董事会集体监督代理人，同时也为所有利益相关者发声。根据这种观点，股东并没有承担委托代理契约的全部风险，身为公司债权人的员工同样承担了部分风险，委托人与代理人的契约关系在此被丰富为代理人与所有利益相关者之间的契约关系。从这个角度来说，公司治理是对各利益相关者之间关系的制衡过程，利益相关者的权责越分明，公司治理制度越有效。

在上述几种公司治理理论的基础上，我国结合现阶段市场经济发展状况逐渐形成了产权清晰、权责明确、政企分开、管理科学的现代公司治理制度。其基本内容包括三个方面：现代企业产权制度，即公司法人制度；现代企业组织制度，即公司组织制度；现代企业管理制度，即公司管理制度。就目前的情况来看，建立现代企业制度、完善法人治理结构依然是我国经济转轨和经济体制改革的重要内容。从某种意义上讲，当一个国家的经济转轨发展到一定阶段、经济体制改革完成了一定的阶段任务以后，企业的改革就成为整个经济体制改革能否最终成功的关键，尽管经济体制的改革从一开始就涉及企业的改革。从中国企业的现状来看，企业改革不仅涉及国有企业，还包括非国有企业，而资本市场和中国的上市公司，又有其特殊性；从企业制度来看，不仅涉及企业的产权制度，还应该包括企业的组织制度、企业的管理制度。①

---

① 王新驰，王学东．现代公司制度．北京：中国商业出版社，2007.

现代企业制度中的“现代”一词，包括丰富的历史内容，它有一个演变发展的漫长过程，是指以市场经济作为调节资源配置主要方式的时代。因此，现代企业制度是与现代市场经济相联系的，也可以说现代企业制度是市场经济体制的一个最基本的成分。① 我们现在所说的现代企业制度通常是指以股份有限公司和有限责任公司为主要形式的公司制企业。现代企业制度的典型形式是股份有限公司。不能简单地说，公司制企业就是现代企业制度。无限责任公司和两合公司也是公司制企业，但不是现代企业制度。现代企业制度的特征也就是现代企业制度的特点，现代企业制度的特点就是现代企业与非现代企业相比较特殊的地方。根据比较对象的不同，现代企业制度的特点是不同的。②

（二）创意管理的前提与六度创新

英国华威大学教授克里斯·比尔顿认为创意是一个过程，伟大的数学家庞加莱（Jules Henri Poincaré）也对创意进行过阶段性过程的分解，从“天才神话”的发散思维到“头脑风暴”的管理理念，创意不会发生“在一个以混乱、非理性和随即改变为特征的绝对自由地带，也不属于以秩序、逻辑和渐进为特征的刻板模式”，而“往往更容易发生在无序与有序的边缘，思维湿地的岸边。在内心深处，在栖息或构建的艺术世界中，创意者成功超越或无视确定与不确定、理性与非理性的边界”。尼采试图调和狄俄尼索斯的“酒神精神”和阿波罗的“日神精神”，达到“静默的哀伤”，企图平衡感性和理性，这就是比尔顿所谓的“创意管理”的思维方式。比尔顿将创意管理分解为创意过程、创意团队、创意组织、创意系统、创意战略、创意消费和创意政策。创意管理是文化产业经营管理能力的核心内容，创意领导力是创意经理人的核心能力，创意管理理论是文化产业理论建设的关键命题和重要基石。

在比尔顿看来，实施创意管理的前提是要坚持一些前提假设：第一，创意组织和创意者包容差异、复杂性和矛盾性。第二，创意思维更多地产生于不同思维方式的结合，而非个人天才的灵光乍现。这里需要的是团队的建设，一个团队的管理者需要协调不同成员的性格特长和专业能力，共同为团队的目标服务。第三，创意不仅仅是内容的创新，还包括思想发展、呈现和诠释方法的创新。第四，创意思维既不发生于陈规窠臼之内，也不在其外，而是在两者的边缘。第五，限制与约束是创意过程的必要组成部分。第六，多样性、妥协与合作，就创意工作而言，其重要性并不亚于奇思异想及其意图。第七，创意根植于一定的文化背景。赖声川也提到其创意学的精髓在于艺术的专业训练和文化的深度体验。基于此，比尔顿在《创意与管理：从创意产业到创意管理》一书中系统地阐释了创意管理的主要原则与基本内涵。③

在其著作《创意与管理：从创意产业到创意管理》中，比尔顿将创意描述为对组织、管理及社会的变革都会产生影响的社会性进程，它将协助我们适应组织真实存在的复杂性，并一起应对不确定性和不连续性。关于创意与管理的关系，克里斯·比尔顿持有这样的观点：他认为一般管理者在讨论创意时，仅仅把它看作是创新的能力和思想的差异，但事实上，如果这种能力不跟组织资源、组织能力和组织系统相协调的话，对组织产生的影响将是毁灭性的。创意要与组织结构和组织战略息息相关，而“创意管理”则是与“创意产业（文化产业）”相对应的。

---

① 杨浩．现代企业理论与运行．上海：上海财经大学出版社，2004：130.

② 张银杰．公司治理：现代企业制度新论．上海：上海财经大学出版社，2010：38，54.

③ 向勇．文化产业导论．北京：北京大学出版社，2015：249－250.

克里斯·比尔顿是文化产业领域里一位难得的跨界学者，在伦敦 Balloonatics 剧场公司工作多年，也曾在伦敦威斯敏斯特艺术委员会就职。1997 年后投身学术，一直尝试用跨学科的研究视角关注文化产业的前沿问题和实践困惑。在扮演不同社会角色的过程中，克里斯·比尔顿意识到，艺术家创意的过程是个性的、自主性的，是从创意准备、创意孵化、创意阐明到创意证实的过程，而创意管理则是组织通过创意激发、灵感产生、联结建立、灵感实现和创意转换、传播而实现的过程。基于创意与管理之间关系的看法，他总结道，创意管理的关键环节是文化企业的战略、组织领导力、风险预防、商业模式和组织变革、文化市场和消费以及文化政策。

在《创意战略：商业与创新的再连结》这本专著中，克里斯·比尔顿主要介绍了将创意和商业重新联系在一起的创意战略。他认为，简单地模仿以往成功的案例或者所总结的经验是不能成为一个战略创新者的，只有将新型的和传统的战略管理思想结合起来，并且给予这种组合一种富有创意的思维模式才能称作战略创新。因此，克里斯·比尔顿选取了蓝海战略作为新型管理思维的理论基础。这种研究表明，虽然 86％的生意或推出的产品是线性扩张，或者是等量递增的进步，但它们只占了 62％的公司收益和 39％的利润，剩下 14％的产品占据了 38％的收益和 61％的利润。这些高利润的产品符合我们对创新战略的定义，它们专注于为消费者提供附加值，而不是一些不确定能否产生附加值的新奇的发明。蓝海战略认为这些战略创新在创造、提高、降低和淘汰这四个维度上是先进的。

接着，比尔顿认为，可以将一种传统的管理理论——迈克尔·波特的价值链理论和蓝海战略相混合。价值链理论已经有 30 多年的历史，没有哪个战略管理的框架比这个简单的框架应用更广泛，它描述了一些关键的元素，这些元素能尽可能地为企业的发展战略提供支持，使之获得比之前更大的价值或利益。

基于蓝海战略理论的四种创新方法和价值链理论的广泛表达方式，比尔顿提出了六种发现创新的主要方法，或者称为战略创新的六个维度，分别是创造或延长价值链的价值创新、缩短价值链的成本创新、拓宽价值链的容量创新、改变营销方式的市场创新、混合价值链的边界创新和不断审视自我的学习创新。第一，价值创新。克里斯·比尔顿将价值创新定义为发现新的东西或者对消费者来说更有价值的东西。简言之，就是创造或延伸价值链。第二，成本创新。如果通过依靠市场拍卖对原作进行体验和掌握的方式来欣赏艺术作品，则只能算作传统的红海战略的表达方式之一，而不能称为成本创新。第三，容量创新。就是在某种小范围内可操作的模式下，尝试着去满足特定消费群体的期待。第四，市场创新。市场创新指的是发现新的有价值的市场销售方法，并重新定义从产品到流程重组到市场的全过程，其目的在于转变人们对产品的看法和使用产品的方式。简言之，市场创新就是改进价值链，使其更加贴近消费者。第五，边界创新。就是将价值链中从生产到消费的不同阶段混合起来，为的是发现或创造在消费者眼中崭新的产品或体验。第六，学习创新。这是战略创新的最后一个层次，指的是发展创新并把它投入市场以发展更深层次的创新过程中的学习。[①]

（三）创意经理人的胜任力模型

“胜任力”概念最早由哈佛大学心理学教授麦克利兰于 1973 年正式提出。麦克利兰对以往

① 向勇．创意与管理：从创意产业到创意管理．北京：新世界出版社，2010.

的智力和能力倾向测试进行了批评，他强调从第一手材料入手，直接发掘那些能真正影响工作业绩的个人条件和行为特征，为提高组织效率和促进个人事业成功做出实质性贡献。他认为胜任力是将某一工作中的卓越成就者与普通者区分开的个人深层次特征，包括动机、特质、自我形象、态度或价值观、某领域知识、认知或行为技能等任何可以被可靠测量或计数的并且能显著区分优秀与一般绩效的个体特征。①

创意经理人就是文化产业经营管理人才，是文化产业发展的第一资源；创意经理人的管理能力是文化企业竞争力的关键胜任力。在文化产品的创意产生阶段，创意经理人是文化产品的创意价值甄别和创意风险评估的先决保证；在文化产品的创意制作阶段，创意经理人要扮演好创意工作者和市场营销者的协调者角色，要保证文化产品的创意“叫好”和商业“叫座”，要平衡文化产品的艺术价值和商业价值，真正保证文化产品的创意价值的实现；在文化产品的创意商品化阶段，创意经理人要准确深刻理解文化产品的创意内涵，要关注文化产品的细分市场，进行商业决策和商业执行，实施文化产品的商业价值管理；在文化产品的创意流通阶段，创意经理人是保证文化产品进入流通渠道、实现创意消费的主要推动力量；在文化产品的创意消费阶段，创意经理人是保证文化产品的创意价值（艺术价值和商业价值）完成并确保文化企业投资回收从而实现企业利润的最后守护者。②

创意经理人的胜任力模型是一个“双素质叠合结构”（见图 8-1）。这个“双素质叠合结构”包含的胜任力素质内容共有 27 项，分为基础胜任力和专业胜任力两层。其中，基础胜任力（20 项）包括服务意识、组织管理能力、正直、个人影响力、主动性、遵守规则、谈判能力、责任心、注重质量、战略思维、分析性思维、公关能力、沟通、风险意识、敏感度、捕捉机遇、合作精神、自我控制、诚信、公平；专业胜任力（7 项）包括文化行业经验、创意价值鉴别力、审美辨别力、创意控制力、文化界人脉资源、文化营销力、政策运用力。这个模型符合我国文化产业发展初期创意经理人胜任力素质特征的实际情况。

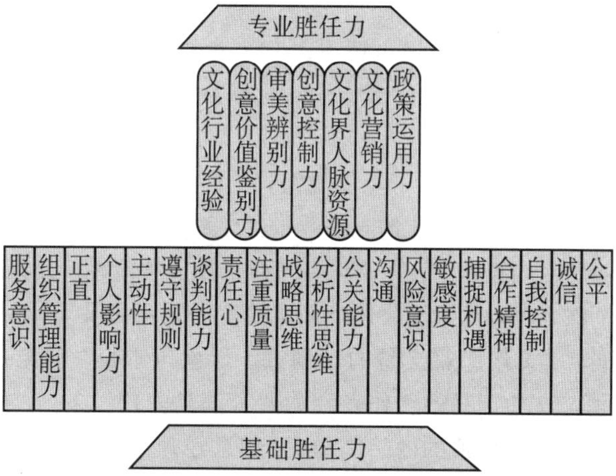

图 8-1 创意经理人胜任力双素质叠合结构模型

---

① 李中斌．创意人才胜任力理论与实证研究．北京：人民日报出版社，2015.

② 向勇．文化产业创意经理人创意领导力研究：基于海峡两岸文化产业案例分析．北京联合大学学报（人文社会科学版），2011，9（3）.

进一步，创意经理人胜任力“双素质叠合结构”还可以分解为五个维度。第一，品德素质：诚信、责任心、正直、公平、自我控制、合作精神、注重质量；第二，经营管理：主动性、公关能力、谈判能力、文化营销力、战略思维、服务意识；第三，创意特质：审美辨别力、分析性思维、沟通、文化行业经验、创意价值鉴别力；第四，社会影响力：遵守规则、政策运用力、个人影响力、文化界人脉资源；第五，成就欲望：创意控制力、敏感度、风险意识、捕捉机遇、组织管理能力。我们可以进一步归纳提取这 27 项创意管理能力，将其合并为创意领导力（creative-leadership）核心的三项关键胜任力组合，即故事驱动力（story-driving）、科技创新力（tech-innovation）和战略领导力（strategy-leadership）。①

（四）创意管理的领导模式

汤姆·彼得斯（Tom Peters）和罗伯特·沃特曼（Robert Waterman）在《追求卓越》一书中总结了卓越企业的八大特质：采取行动（偏向行动的积极决策，而不是沉思）、接近顾客（学习倾听顾客的意见）、自治与企业家精神（鼓励冒险、自主创新和创业精神）、以人为本（基层员工是品质及生产力的根源）、身体力行与价值驱动（管理者采用亲自视察的方法宣扬公司的哲学与价值）、坚守本业（只进入与自身相关的行业，避免在自己力所不能及的领域与人竞争）、组织单纯与人事精简（组织结构简单，管理人员精干精简）、“宽严并济”（simultaneous loose-tight，简写为 SLT，指组织营造集权与分权适中的环境，采取督导与自治平衡的管理）。其中，保持“宽严并济”的特质，指在一个组织中，其内部关键部门是高度集权的，但同时在其他部门又允许基层员工发挥个人自治、自由创新和创业精神。崇尚“宽严并济”特性的组织提倡自治和集权并行。谷歌公司从表面来看好像是一种“独特的、革命的和自治的组织”，其组织结构看起来像布朗运动（Brownian motion）过程，公司职员之间就像玩碰碰车一样不断地相互撞击，从而产生新的创意，并达到新的水平。这正是谷歌公司推行“宽严并济”原则的典型写照。②

创意经理人出色的创意管理具有以下特色：（1）创意经理人必须善于即兴发挥、灵活变通，“由于创作的过程充满变数，得凭借多方个人贡献与外部变因而定，因此试图套用预先规划好的制式方法难以奏效；相反，管理人必须观察创作过程中的突发状况，以此为基础，依据当时的事件、人员来拟定策略方针”。（2）创意经理人必须扮演多重角色，并能包容、激励团队形成一人兼掌多职的文化，文化企业的规模夸张会导致“成员过度专精、孤立、困陷在自己的职业术语、诠释符号和专门技术中”，“会限制成员的发展可能性，使其难以突破既有的工作与心态”，“随着利害渐深，个人探索和集体革新也将变得遥不可及”。（3）创意经理人需要摆脱经济诱因的理性逻辑，“文化产业交易的是创意、形象、体验”等象征性商品，只有消费者的感知能估计其价值，文化产品的创作者和消费者都是非理性的，“得在互动中逐渐形成共识，才能创造出对消费者有价值的商品”。（4）创意经理人必须能区分永续发展与扩张的不同，谨防“投资客硬是将不切实际的成长目标强加在羽翼未丰的新生产业后所造成的灾难”。小微企业有其独特的结构和优势，“倾向采取开拓联网网络、提升产品或服务品质的方式来拓展业务，而非仅是扩大经营规模”。总之，创意管理已逐渐发展出一套在文化产业领

---

① 向勇．文化产业导论．北京：北京大学出版社，2015：259－260.

② 同①271.

域里行之有效的管理理念、管理风格和管理方法，成为文化经济时代推动产业升级与经济转型的新的管理思想。①

三、案例：法蓝瓷的创意管理模式

在中国的宝岛台湾，一位充满创意和勇气的企业家凭借二十多年来从事代理外贸陶瓷的经验创立了一家礼品代工企业——海畅集团。自 1984 年创立之后，海畅集团在数年内一跃成为世界级的顶级礼品制作商，专门为国外知名公司制作礼品、设计礼品以及进行礼品代工，曾为美国的 Enesco、LENOX 等品牌，德国的 Goebel、Kaiser 等品牌，以及英国、日本的知名品牌提供服务。在海畅集团的发展过程中，其年营业额最高曾达一亿美元，利润高达 30%多。

1. 法蓝瓷的发展过程

得益于得天独厚的艺术品位，海畅集团创始人陈立恒在攻读大学期间就开办了一家有民歌歌手驻唱的西餐厅，正是在此期间的锻炼和打磨使陈立恒产生了从事对外贸易、创办海畅集团的想法。

在创办 13 年后的 1997 年，海畅集团的员工已经达到 8 000 人，年营业额也已突破一亿美元。然而，随着越来越多拥有相对低廉人力成本的代工企业的兴起，海畅集团的竞争优势逐渐消失。大批代工小企业凭借低廉的价格打入市场并迅速赢得来自欧美的订单，海畅集团的市场空间也迅速萎缩。面对越来越多的竞争对手，海畅集团并没有降低产品价格来夺回订单，反而在激烈的市场竞争中审慎思考什么才是最终的核心竞争力。有感于瓷器这一中华民族文明结晶的当代衰败以及长期代工的被动局面，陈立恒一直怀揣做真正属于中国人的瓷器名牌的梦想。2011 年，法蓝瓷从母公司海畅集团中脱离出来，并最终实现了从产品代工到自创品牌的华丽转型。

2. 法蓝瓷的品牌理念

陈立恒毕业于中国台湾辅仁大学德文系，创立民歌西餐厅和做乐队贝斯手的经历培养了他良好的艺术修养和创新意识，而从事对外贸易和礼品代工的阅历又激发了他的民族自强性和品牌自觉性，在经营海畅集团并为欧美名厂加工礼品多年之后，陈立恒毅然创立了法蓝瓷品牌。

从品牌理念上来讲，法蓝瓷以“仁”为核心，追求“道法自然”的设计风格，将大自然的花草丰姿、虫鸟律动、原野的奔放以立体造型呈现于作品之中，将艺术带入生活，与形色单调、远离生活的传统瓷器截然不同。

3. 法蓝瓷的创新理念

FRANZ 是陈立恒的外文名字，寓意无拘无束，充满创意。陈立恒以自己的名字来命名品牌，就是希望借由 FRANZ 来实现梦想，将理念融入产品的设计风格中；而品牌 LOGO 上的海鸥就是传递理念的使者，展翅高飞，翱翔天地，把东方美学传扬到世界的每一个角落。

法蓝瓷的创新理念表现在以下几个方面：第一，创新价值。法蓝瓷的作品不是简单复制，而是全新的创造。第二，象征价值。法蓝瓷的每一个瓷器似乎都在讲一个故事、一段情感，讲这个瓷器背后的生活，而且还把陶瓷作为中国人的一种生活方式引入方方面面。第三，知识产

① 向勇．文化产业导论．北京：北京大学出版社，2015：274－275.

权价值的创新。每个人都可以而且应当无差别地获得超过知识产权保护年限的传统艺术品，法蓝瓷要把这些艺术品进行量产，对知识产权的创新也是十分必要的。第四，全产业链价值创新。法蓝瓷以“仁”为品牌核心理念，蕴含了传统瓷器古典优雅的品格，体现了中国人的审美情趣，却综合中西方现代艺术风格，体现出颇受消费者喜爱的时尚特点；法蓝瓷蕴含的文化内涵体现了一种全球化的亲切、时尚、感人的人文精神，而人文精神本身是中华文化最大的特征之一；法蓝瓷紧攥的天、地、人、真、善、美等追求是一种普世价值，这种价值彰显的是文化的软实力，能唤起人们对根和美感的共同追求，有很深厚的底蕴和传承基础，所以法兰瓷不只是一件普通的瓷器，而是富有文化内涵的瓷器。

4. 法蓝瓷的生产制作

法蓝瓷在生产制作方面秉承的是用最低的成本制作出质量最高的产品的理念，这主要表现在以下两个方面。

首先，减少设计和制作成本。法蓝瓷还原的艺术作品均来源于古代艺术名作，这种商业模式极大地降低了设计成本，同时商品以明显低于艺术品原作的价格进行销售，这便是法蓝瓷的成本创新之一。此外，法蓝瓷从最贵的生产工序中来研究可以降低生产成本的机会，以往烧制陶瓷的温度一般是 1 350℃～1 400℃，而法蓝瓷通过科技创新研制出一种节能减排的方法，将高岭土与石英的混合比例调整至最佳状态，在烧制温度只有 1 205℃ 的时候就可以达到过去 1 400℃的效果，这低了的 195℃就使产品制作成本减少了 8%。

其次，在景德镇建立生产基地。在选择生产基地时，法蓝瓷毅然决然地将中国瓷都景德镇列在其中，究其原因还是瓷都所具备的天然优势。浸淫在全球陶瓷的故乡，景德镇的员工本身就具备来源于瓷都的自信，他们对瓷器了若指掌，对生产工序也驾轻就熟，所以企业不需要花费大量时间来培训员工，甚至可以从与员工的互动中得到更多的新点子。只要生产基地在这里扎根，就能够得到瓷都的充分滋养，并有足够的力量开拓市场。法兰瓷可能只有十年的历史，但是扎根在千年瓷都，别人就不会轻看这十年的历史。

5. 法蓝瓷的营销手段

法蓝瓷的艺术品中有 10%～15%是限量级的，其他是不限量的。限量级艺术品的三种消费需求分别是收藏、送礼和装潢。通过调查发现，在这三种需求中表达最强烈的是收藏，而收藏代表的另外一种意义就是能够增值。所以法蓝瓷设定了专门寻找较受欢迎的限量级艺术品的产品类型和价位的商业模式，想办法推出刚好能适应特定消费群体在一定时间内的消费能力的产品，并尽全力把设定的产品在固定时间内卖光，以增加产品的收藏价值。每一款产品为什么设定这个量，它的确定标准是什么，如何来确定这个量，都来源于非常高妙的营销手段。

6. 法蓝瓷的渠道经营

法蓝瓷在销售渠道的选择上独具匠心。由于信用度较高，欧美和日本等发达国家和地区以往是台湾企业市场开拓的重点，但是在经历了金融海啸以后，这些发达国家和地区的市场明显已经饱和，增加营业额的难度较高。法兰瓷自创立以来就面向中东、马来西亚、印度尼西亚、俄罗斯、巴西等国家和地区的众多新兴市场，这些过去鲜受关注的国家和地区在金融海啸以后反而是稳定发展的。

此外，法蓝瓷彻底转变了消费者对瓷器的看法以及使用瓷器的方式。法蓝瓷不仅采用传统的渠道开拓方式，在全球拥有近 6 000 个销售点，同时还于 2006 年起应邀进驻德国法兰克福商展永久展馆与法国巴黎时尚家饰展精品馆，成为首个获邀进驻的华人品牌。

本章小结

1. 组织管理学中的领导理论大致可分为古典领导理论和现代领导理论。古典领导理论主要包括领导特质理论、领导行为理论和领导权变理论，现代领导理论包括领导价值理论和领导战略理论。

2. 从企业管理的角度来说，我们通常采用“冰山模型”理论来衡量人员的基本素质。冰山模型是由美国社会心理学家戴维·麦克利兰提出的用来测评任职者的个体素质及其工作胜任力的方法。

3. 创意阶层包括三种人士：第一种是在文化产业、专业设计公司以及传统行业相关部门从事创意和设计工作的创意设计人士；第二种是在文化产业、专业设计公司和创意部门负责直接经营管理的创意经理人士；第三种是为文化产业及相关创意部门提供中介服务的创意中介人士。

4. 创意企业家指个体具备创业心智、受到外在的商业环境和内在的审美价值及个人成就两种力量的诱发和驱使而采取创业行为的特定人群。创意企业家精神是一种隐性知识，为人力资本的一部分，包括以个人技能、能力、承诺及创意为基础的思维方式。

5. 基于蓝海战略理论的四种创新方法和价值链理论的广泛表达方式，比尔顿提出了六种发现创新的主要方法，或者称为战略创新的六个维度，分别是创造或延长价值链的价值创新、缩短价值链的成本创新、拓宽价值链的容量创新、改变营销方式的市场创新、混合价值链的边界创新和不断审视自我的学习创新。

6. 胜任力是将某一工作中的卓越成就者与普通者区分开的个人深层次特征，包括动机、特质、自我形象、态度或价值观、某领域知识、认知或行为技能等任何可以被可靠测量或计数的并且能显著区分优秀与一般绩效的个体特征。

思考与练习

一、基本概念

领导理论　冰山模型　创意阶层　价值链　企业家精神　卡里斯玛　公司治理制度　利益相关者　六度创新　胜任力

二、思考题

1. 创意经理人需要具备哪些基本素质?
2. 如何概括创意阶层在创意管理过程中的作用?
3. 如何运用卡里斯玛的理论体系来审视文化企业的领导模式?
4. 试运用六度创新理论分析某个文化企业的创意管理模式。
5. 如何理解创意经理人的创意管理特色?

拓展阅读

1. EDWARD S. Charisma，order，and status. American Sociology Review，1965，30（2）.

2. 向勇．文化产业导论．北京：北京大学出版社，2015.

3. 向勇．文化产业人力资源开发．长沙：湖南文艺出版社，2006.

4. 韦伯．韦伯作品集Ⅲ：支配社会学．康乐，简惠美，译．桂林：广西师范大学出版社，2004.

5. 王新驰，王学东．现代公司制度．北京：中国商业出版社，2007.

6. 杨浩．现代企业理论与运行．上海：上海财经大学出版社，2004.

7. 张银杰．公司治理：现代企业制度新论．上海：上海财经大学出版社，2010.

8. 向勇．创意与管理：从创意产业到创意管理．北京：新世界出版社，2010.

9. 李中斌．创意人才胜任力理论与实证研究．北京：人民日报出版社，2015.

10. 向勇．文化产业创意经理人创意领导力研究：基于海峡两岸文化产业案例分析．北京联合大学学报（人文社会科学版），2011，9（3）.

第九章　文化产业的营销创新与商业模式

本章概述

决定企业营运绩效的首要因素是其商业模式，而营销是个人和集体通过创造产品和价值，并同别人自由交换产品和价值，来获得其所需所欲之物的一种社会和管理过程。在文化产业中，商业模式与营销策略两者的概念有部分重叠，可通过九宫格商业模式与服务营销组合 7P 的理论组合，来分析文化产业的商业模式与营销策略。

学习目标

通过对本章的学习，学生应了解或掌握如下内容：

1. 了解商业模式的基本概念。
2. 掌握营销理论的相关概念。
3. 理解文化产品的商业模式全过程和营销理论的应用与外延。
4. 了解我国文化产业的商业模式与营销方式。

一、理论：商业模式与营销理论梳理

商业模式（business model）这个词最早出现在 20 世纪 70 年代的《计算机世界》（*Computerworld*）杂志上，被用来描写资料与流程之间的关联与结构。[①] 电子商务兴起后，很多新公司采用不同于以往的方式经营事业，为了和“传统事业”做出区隔而广泛使用“商业模式”一词。管理学大师彼得·德鲁克曾指出：“现今企业的竞争，不是产品之间的竞争，而是商业模式之间的竞争。”[②] 关于文化产业的商业模式与营销理论，目前大多仍借用由商业管理学科开发的较为成熟的模型与范式。以下将针对商业模式与营销理论进行文献梳理。

---

① KONCZAL E F. Models are for managers，not mathematicians. Journal of Systems Management，1975，26 (1)：12－15；DOTTORE F A. Data base provides business model. Computerworld，1977，11 (44)：5.

② DRUCKER P. The daily drucker. London，New York：Routledge，2018.

（一）商业模式理论

关于商业模式的定义，至今已有许多学者提出不同的观点，从早期的定义涵盖产品、服务及资讯流的电子商务商业模式，到近期认为商业模式与企业营运有密切的关系，以及探讨如何通过商业模式说明企业获利的过程与顾客价值的创造。也因此，商业模式的发展与应用越来越广泛，以下针对商业模式文献研究从“意涵定义”及“构成要素”两方面进行文献梳理，让我们对商业模式的演变发展有进一步的了解。

1. 商业模式意涵定义

决定企业营运绩效的首要因素是其商业模式。商业模式是一家企业用来建立并使用资源，以提供比其竞争对手更高的价值给顾客，并借此赚取利润的方法。企业的商业模式详细说明了一家企业现在如何获取利润及如何去规划从而实现长期获利，使一家企业能持续优于对手，获得竞争优势的概念。它由各种要素组成，要素之间相互联结，并且是动态的。[①] 蒂莫斯（Timmers）认为商业模式是一组产品、服务及资讯流的架构，此架构描述模式内的各个企业行动者及其角色、潜在获利、收入来源。[②] 马哈德万（Mahadevan）认为，商业模式是企业与商业伙伴及购买者之间的三种串流——价值串流、收益串流以及后勤串流的独特组合。阿米特和卓德（Amit & Zott）提出，企业利用商业机会，设计一组交易，以创造价值；商业模式则是关于这组交易的具体内容、结构及统治的陈述，它也是一组相互依赖的活动构成的系统。[③] 切萨布鲁夫和罗森布鲁姆（Chesbrough & Rosenbloom）认为，商业模式是将技术与经济价值的实现加以结合的一套逻辑。[④] 马格里特（Magretta）认为，商业模式是解释企业如何营运的一套故事；好的商业模式必须能回答“谁是顾客”“顾客价值是什么”“如何为企业获取利润”“以适当成本传递价值给顾客的经济原则是什么”等问题。[⑤] 阿富埃和图斯（Afuah & Tucci）认为，商业模式乃是一家企业用来建立营运架构的思考框架，并提供比竞争对手更高的价值给顾客。[⑥] 奥斯特瓦德（Osterwalder）认为，商业模式是一种概念性的工具，其包括许多元素，以及各元素之间的关联，并且可以用来表达一家公司获利的过程。[⑦] 卡萨德苏斯-马萨内尔和里卡特（Casadesus-Masanell & Ricart）认为，商业模式陈述足以支持一项顾客价值主张的有效性逻辑及资源收入结构，以及传递这项价值所需的成本结构。[⑧] 奥斯特瓦德和皮尼厄（Osterwalder & Pig-

---

① AFUAH A. Business models: A strategic management approach. New York, London: McGraw-Hill, 2004.

② TIMMERS P. Business models for electronic markets. Electronic markets, 1998 (2): 3-8.

③ AMIT R, ZOTT C, MASSA L. The business model: recent developments and future research. Journal of management, 2011, 37 (4): 1019-1042.

④ CHESBROUGH H, ROSENBLOOM R S. The role of the business model in capturing value from innovation: evidence from Xerox corporation's technology spin-off companies. Industrial and Corporate Change, 2002 (11.3): 529-555.

⑤ MAGRETTA J. Why business models matter. Harvard Business Review, 2002 (5): 3-8.

⑥ AFUAH A, TUCCI C L. Internet business models and strategies: text and cases. New York, London: McGraw-Hill, 2003.

⑦ OSTERWALDER A. The business model ontology : a proposition in a design science approach. Diss. Université de Lausanne, Faculté des hautes études commerciales, 2004.

⑧ CASADESUS-MASANELL R, RICART J E. How to design a winning business model. Harvard Business Review, 2011, 89 (1/2): 100-107.

neur）认为，商业模式主要在阐明一个企业创造、传递及获取价值的原理。[①]

关于商业模式的定义，上述的文献梳理体现出多年来已经有许多学者从不同视角提出不同的定义与观点：早期的定义是指涵盖产品、服务以及资讯流形成的商务流程与环节；近期认为商业模式与企业运营有着密不可分的关联关系，探讨如何应用商业模式来阐释说明企业营运获利的过程以及顾客价值的创造。可见，商业模式的应用范围越来越广泛。[②]

2. 商业模式构成要素

哈梅尔等人（Hamel et al）将商业模式分成四大要素。（1）核心策略：包含事业使命、产品及市场范围、差异化基础；（2）策略性资源：包含核心能力、策略性资产、核心流程；（3）顾客界面：包含履行与支援、资讯与洞察力、关系动态、价格结构；（4）价值网络：包含供应商、合伙人、联盟。[③] 莫里斯等人（Morris et al）定义商业模式是一组陈述，说明要如何制定与投资及产品架构相关的决策，以便在特定市场上创造持久的竞争优势；其有六个基本要素：价值主张、顾客接触、内部流程/能力与耐力、外部定位、创造经济利益的模式、人事/投资者布局。[④] 杰森等人（Johnson et al）的商业模式包含四项必须一起考量以创造及传递价值的要素：顾客价值主张、创造利润的途径、关键资源、关键流程。[⑤] 马克等人（Mark et al）的四方格商业模式认为，顾客价值主张、关键资源、关键流程、利润公式是商业模式模型中不可或缺的四个要素。[⑥] 奥斯特瓦德和皮尼厄的商业模式理论模型则进一步细化了上述四个要素，将商业模式分为九大要素：目标客层、价值主张、渠道、顾客关系、收益流、关键资源、关键活动、关键合作伙伴、成本结构等。[⑦] 米切尔和科尔斯（Mitchell & Coles）的 7W 商业模式包含七个要素。Who：定义所有企业所服务或有所影响之对象（stakeholder）。What：叙述商品（offering），并找出商品对利益关系者的正/负面影响。When：商品影响客户的时机（timing），包含营业时间。Where：企业传递利益和其他冲击的地方。例如，很多企业延伸它们的产品与服务至更多的国家。Why：企业提供商品给顾客的基本理由。How：解释企业提供商品的方法与补偿办法。How much：商品的价钱与所有顾客为了购买商品投入的成本。[⑧]

通过梳理上述文献可知，关于商业模式的构成要素因探讨的视角不同而有所差异，但不管要素构成为何，所谓商业模式乃描述一个组织如何运用系统的方式创造、传递及获取价值的方法，借此解构一个组织创造价值的内外部因素；此外，组织可能同时存在数种商业模式，而不同商业模式协作的关键在于对不同商业模式的有效管理。简言之，商业模式泛指厂

---

① OSTERWALDER A，PIGNEUR Y. Business model generation：a handbook for visionaries，game changers，and challengers. New Jersey：John Wiley & Sons，2010.

② MITCHELL D，COLES C. The ultimate competitive advantage：secrets of continually developing a more profitable business model. San Francisco：Berrett-Koehler Publishers，2003.

③ HAMEL G，PRAHALAD C K. Leading the revolution. Boston：Harvard Business School Press，2000：343-354.

④ MORRIS M H，SCHINDEHUTTE M，ALLEN J. The entrepreneurs business model：toward a unified perspective. Journal of Business Research，2005，58（6）：726-735.

⑤ JOHNSON M W，CHRISTENSEN C M，KAGERMANN H. Reinventing your business model. Harvard Business Review，2008，87（12）：52-60.

⑥ MARK W J，LAFLEY A G. Seizing the white space：business model innovation for growth and renewal. Boston：Harvard Business Press，2010.

⑦ 同①.

⑧ 同②.

商在其既有产业范畴内，与相关利害人及顾客进行互动之各种商业活动的集合。而通过这样的商业模式运作，厂商可聚焦在特定目标族群的需求价值主张上，进而创造极大化的顾客价值。

（二）营销相关理论

营销（marketing）早期被称为市场学，科特勒（Kotler）和阿姆斯特朗（Armstrong）表示，营销是个人和集体通过创造产品和价值，并同别人自由交换产品和价值来获得其所需所欲之物的一种社会和管理过程。① 尼尔·博登（Neil Borden）于1953年在美国市场营销学会的就职演说中提出市场营销组合（marketing mix）的观点，认为市场需求无论多少都会在某种程度上受到"营销变数"或"营销要素"的影响，为寻求一定的市场反应，企业要对这些要素进行有效的组合，进而满足市场需求，以获得最大利润。②

1.4P营销理论

美国密歇根州立大学的麦卡锡（McCarthy）教授在1960年的《基础营销》（*Basic Marketing*）一书中提出4P营销理论，将营销要素概括为四种类型（4P）（见图9-1），即产品（product）、价格（price）、渠道（place）与促销（promotion）。③

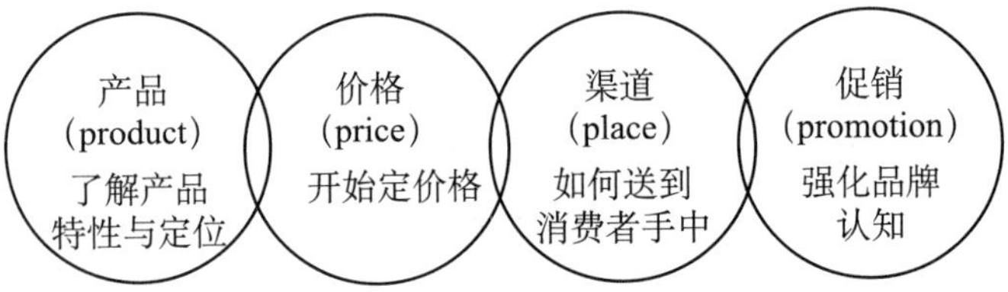

图9-1 4P营销理论图

产品：注重开发，要求产品有独特的卖点（USP），把产品的功能诉求放在第一位。渠道：将产品从生产者（制造者/供应商）移转到消费者或使用者的组织或企业，也就是消费者或使用者购买或取得产品或服务的渠道。价格：消费者愿意为产品支付的费用。调整价格对于市场策略有深刻的影响，根据不同的市场定位，制定不同的价格策略，产品的定价依据是企业的品牌战略。促销：代表各种市场营销者使用的沟通方式，可以让不同的群体了解产品。促销一般包括广告、公共关系、人员销售等。4P理论认为企业要在做好市场调查的基础上，生产出质量好的能够卖得出去的产品，制定合理的价格，注重经销商的培育和销售渠道的建立，通过一定的促销手段实现交易去达成企业的营销目标。4P营销理论一直以来被全球的学术界与营销人员采用，且历久不衰，为营销管理的重要基石。

4P理论的经典在于把营销重点简化，使之便于记忆和传播，这促进了市场营销理论的普及和应用。然而，对于相关专业人士而言，它的简易同时也显示了它的不足，4P是研究制造业中消费者的营销活动时所发明的，在制造业中较为适用，但是它无法涵盖所有的营销变数，一旦超出制造业的范畴，4P理论的适用性就面临许多局限。随着时代的演变，市场从制造导

---

① PHILIP K, ARMSTRONG G. Transparency masters: principles of marketing. Upper Saddle River: Prentice Hall, 1989.

② BORDEN N H. The concept of the marketing mix. Journal of Advertising Research, 1964, 24 (4): 7-12.

③ MCCARTHY E J, PERREAULT W D Jr. Basic marketing: a global-managerial approach. New York, London: The McGraw-Hill Companies, 2002.

向慢慢转为全面消费者导向，服务业也在突飞猛进地发展，于是后来衍生出着重点在消费者的“4C”理论和着重点在服务营销的“7P”理论。

2. 4C 营销理论

上述传统的 4P 营销理论是从生产者角度出发的营销观点。随着市场竞争逐渐激烈、消费者意识抬头，品牌营销策略逐渐转为消费者导向。营销专家罗伯特·劳特朋（Robert F. Lauterborn）在 1990 年提出了以消费者需求为中心的 4C 理论（见图 9-2）。顾客（customer）：企业必须首先了解和研究顾客，根据顾客的需求来提供产品。同时，企业提供的不仅仅是产品和服务，更重要的是由此产生的客户价值（customer value）。成本（cost）：不单是企业的生产成本，或者说 4P 中的价格，还包括顾客的购买成本，同时也意味着产品定价的理想情况，应该是既低于顾客的心理价格，亦能够让企业有所盈利。此外，顾客的购买成本不仅包括其货币支出，还包括为此耗费的时间、体力和精力，以及承担的购买风险。便利（convenience）：指购买的方便性（convenience to buy）。与传统的营销渠道相比，新的观念更重视销售过程中的服务环节，强调为顾客提供方便，让顾客既购买到商品也购买到方便。沟通（communication）：企业应通过与顾客进行积极有效的双向沟通，建立基于共同利益的新型企业/顾客关系。这不再是企业单向的促销和劝导顾客，而是在双方的沟通中找到能同时实现各自目标的通道。当然，4C 理论也有其不足之处，它以顾客需求为导向，但顾客需求有个合理性问题，如果企业只是被动适应顾客的需求，必然会付出巨大的成本。根据市场的发展，应该寻求在企业与顾客之间建立一种更主动的关系。4C 虽然是以顾客为中心进行营销，却没能体现既赢得客群又长期地拥有客群的关系营销思想，没有解决满足顾客需求的操作性问题。

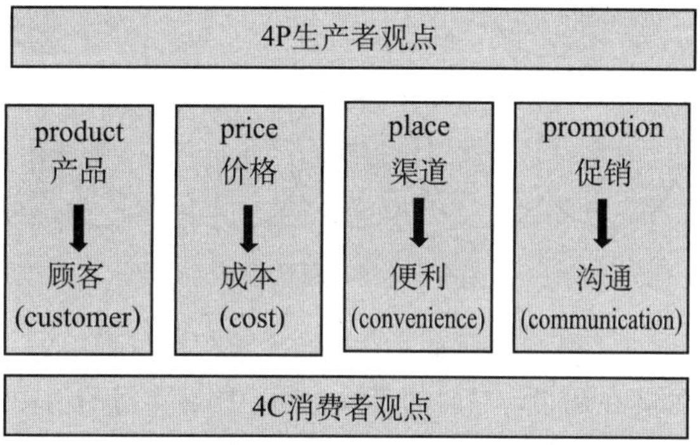

图 9-2　从 4P 到 4C 营销理论

3. 7P 营销理论

近年来，消费性产品的 4P 营销组合运用在服务营销上显现出许多不足。消费性产品营销与服务营销在本质上的确有些差异，这也是许多专家学者一致的看法。因此，进行服务营销就绝对有必要发展一套有别于 4P 的营销组合。1981 年，服务营销的研究开始兴起，随着现今市场环境与消费者心理需求的变化，不断有专家学者提出新的营销组合，毕特那（Bitner）与布姆斯（Booms）在营销 4P 理论的基础上提出了服务营销 7P 组合——最具影响力且被广泛采用的营销组合（见图 9-3）。这两位营销学家认为，从事服务营销，除了传统的 4P 必须加以修改补强外，应再加入人员（participant/people）、有形展示/服务环境（physical evidence）、过程（process）三个元素。因服务具有无形性、不可分割性、易变性和不可储存性，因而在制成品方面这三个营销功能是不存在的；而服务业的营销与管理却与这些功能有密不可分的关系。

人员，在营销组合里，意指人为因素，扮演着传递与接受服务的角色，也就是公司的服务人员与顾客。因服务的不可分割性，公司的服务人员极为关键，他们可以完全影响顾客对服务品质的认知与喜好。服务人员品质是产品不可分割的一部分。公司必须特别重视对服务人员品质的培养与训练，时时追踪其表现。尤其是服务业，从业人员素质参差不齐，服务的品质就无法达到一致的标准。有形展示/服务环境，可以解释为“在一个购买环境里，服务得以传送，任何有形的商品透过服务传播及表现而更完整”。服务环境的重要性，在于顾客能从中得到可触及的线索，去体认服务的品质。因此，最好的服务是将无法触及的东西变成有形的服务。服务环境本身（如外观、装潢、摆设、配置等）是顾客评估服务程度与品质的依据，特别是零售店、餐厅、旅馆等。简言之，服务环境就是产品本身不可或缺的一部分。过程，这里是指“顾客获得服务前所必经的过程”如超市的自助式服务与高级餐厅的全套服务完全是两码事。进一步说，如果顾客在获得服务前必须排队等待，那么这项服务传递到顾客手中所耗的时间就会成为重要的考虑因素。营销人员必须了解“排队”与“等待中所耗掉的时间”能否被顾客接受。

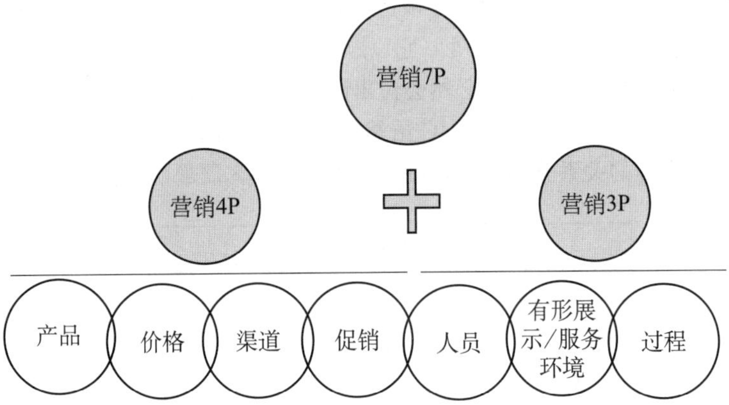

图 9-3　7P 营销理论

7P 在宏观的层面上增加了微观的元素，它开始注重营销过程中的一些细节，因此它比 4P 更加具体。它考虑到了顾客在购买产品时的等待时间，顾客本身的消费知识，以及顾客对于消费过程中所接触的人员的要求。从营销过程来讲，4P 注重的是宏观层面的过程：从产品的诞生到价格的制定，然后通过渠道和促销使产品最终到达消费者手中，这样的过程是粗略的，并没有考虑到营销过程中的细节。

二、方法：九宫格商业模式+7P 营销理论

关于商业模式与营销理论的相关范式成果繁多，本节选择奥斯特瓦德和皮尼厄提出的商业模式理论——该理论描述了一个组织创造、传递及获取价值的手段与方法，并结合下列九个构

① BOOMS B H，BITNER M J. Marketing strategies and organization structures for service firms//DONNELLY J H，GEORGE W R. Marketing of services. Chicago：American Marketing Association，1981：47-51.

成要素的解释来分析一个企业如何获利并形成商业模式。本节之所以选择此理论模型，是因为该理论将商业模式细分为九大要素，且不同于一般商业模式理论——多数仅思考产业方的价值链组成与从生产端到消费端的结构流程，而忽略了生产端与消费端之间的沟通对话所产生的增值效应。而该理论的九大要素中包含目标客层、价值主张、渠道、顾客关系四个要素，将顾客视为考量核心进行盈利价值的思考，包含了对与消费者互动的营销元素的深度思考。[①]

（1）目标客层（customer segments），一个企业锁定为目标，要接触或服务的个人或组织群体。（2）价值主张（value propositions），可以为特定的目标客层，创造出价值的整套产品与服务。（3）渠道（channels），一个企业如何与目标客层沟通、接触，以传达其价值主张。（4）顾客关系（customer relationships），一个企业与特定的目标客层所建立起来的关系形态。（5）收益流（revenue streams），一个企业从每个客层产生的现金。（6）关键资源（key resources），让一个商业模式运作所需要的最重要的资产。（7）关键活动（key activities），一个企业要让其商业模式运作必办的最重要事项。（8）关键合作伙伴（key partnerships），要让一个商业模式运作，所需要的供应商及合作伙伴网络。（9）成本结构（cost structure），运作一个商业模式，会发生的所有成本。上述商业模式的九个构成要素的组合形成了一个商业模式图（见图 9－4）的基础，此图将构成要素分成九个区块并加以组合，可成为一个企业用来描绘和分析其既有的或是新的商业模式的工具。

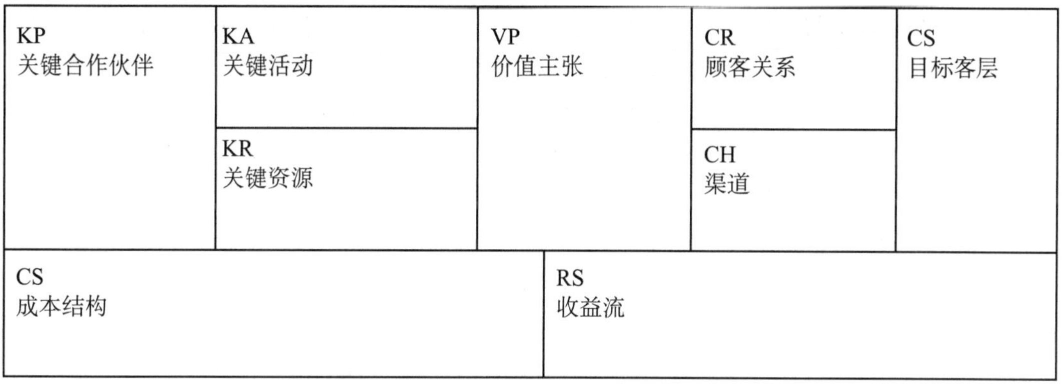

图 9－4　九宫格商业模式＋7P 营销理论图

然而，九宫格商业模式图仅是一个研究框架，仍需融合 7P 营销理论进行内涵意义与具体细节的补充，将上述两组理论结合起来可以作为本研究进一步深入探讨的有用工具。以下将针对具体内涵进行深度解说，以作为下一节分析的前期基础（见表 9－1）。

表 9－1　九宫格商业模式＋7P 营销组合表

九宫格商业模式要素	7P 营销要素	内涵
关键合作伙伴		让一个商业模式运作，所需要的供应商及合作伙伴网络
关键活动	促销	广告、人员推销、宣传、公关、形象促销、营业推广
	过程	员工决断权、活动流程、顾客参与

① OSTERWALDER A，PIGNEUR Y. Business model generation：a handbook for visionaries，game changers，and challengers. New Jersey：John Wiley & Sons，2010.

续前表

九宫格商业模式要素	7P 营销要素	内涵
关键资源	产品	质量、水准、品牌
	人员	知识、能力、时间
价值主张	促销	广告、人员推销、宣传、公关、形象促销、营业推广
顾客关系	人员	态度与行为、可靠性、负责、沟通、顾客参与
渠道	渠道	所在地、可及性、分销渠道、分销范围
	有形展示	环境设计、设施设备
目标客层	促销	广告、人员推销、宣传、公关、形象促销、营业推广
	产品	质量、水准、品牌
成本结构	价格	运作一个商业模式会发生的所有成本
收益流	价格	一个企业从每个客层产生的现金

关键合作伙伴，即让一个商业模式运作所需要的供应商及合作伙伴网络。此外亦包含通过合资合作或其他方式，能够给企业带来资金资源、先进技术、管理经验，提升企业核心竞争力和拓展国内外市场的能力，推动企业技术进步和产业升级的国内外先进企业之间的合作关系。关键活动，包含促销与过程。服务本身也是一种过程，而且过程的各环节必须有环环相扣的步骤，只有把每个步骤做好，才能为顾客提供优质服务与创造价值。另外一般服务过程可分为资讯、咨询、接单、接待、托管、例外处理、结账和付款。关键资源，可包含产品与人员。麦肯锡认为产品应注重开发功能，要求产品有卖点，把产品的功能诉求放在第一位。① 科特勒和阿姆斯特朗认为产品应包含核心产品、实体产品和延伸产品。② 广义的产品可以是有形的实体，也可以是无形的服务、技术、知识或智慧等。人员，也就是人力资源，这是一家企业的另一项关键资源。人力资源中的人力是指在社会经济活动中发挥主观能动性作用的人的各种具体力量（知识、能力、时间）的总称。价值主张，价值的具体落实乃依赖促销，促销就是企业使其目标顾客知晓其产品与服务的特性或存在。而促销的作用除了产品或服务等相关信息的单纯告知之外，也可以借由其他短期促销或长期追踪关切等手段，来改变顾客的消费选择及态度。现今网络技术发达，可借网络、广告屏幕、电视等媒介提高产品的曝光度。顾客关系的建立与维护仰赖人员提供服务并将服务以持续不断的、可接受的形式传递给顾客。服务就是人员提供非实物形态的劳动的过程。顾客就是通过企业员工提供的服务来评价其好坏的。渠道，指企业将其产品或服务在正确的时间和地点送达消费者手中的手段与路径。③ 渠道是传递服务品质、让顾客体验服务的所在，是表现实体环境的空间，也是服务人员大展身手与服务流程得以运行的舞台。因而，渠道也和有形展示密切相关。目前消费行为由线下转向线上，加上 O2O 线上线下渠道整合趋势的来临，渠道将逐渐多元化。目标客层，首先根据产品的质量、水准、品牌去寻找目标客群，接着仰赖促销的方式让目标客群认识产品。成本结构，运作一个商业模式会发生

① MCCARTHY E J，PERREAULT W D Jr. Basic marketing：a global-managerial approach. New York，London：The McGraw-Hill Companies，2002.

② PHILIP K，ARMSTRONG G. Princípios de marketing. Upper Saddle River：Pearson Prentice Hall，2007.

③ 同①.

的所有成本，包含时间、精力及金钱。成本也会反映在商品的价格制定上。各个商业模式的元素会形塑出成本结构。成本结构，是指在一个特定的商业模式运作时所发生的各种成本。创造并传递价值、维系顾客关系、产生收益，全都会发生成本。当然，每个商业模式都应该尽量把成本降至最低。因此，运作一个商业模式，最好能将成本驱动与价值驱动考量进来。收益流，成功地将价值主张提供给客户后，就会取得收益流。如果说顾客是商业模式的心脏，那么收益流就是其动脉。收益流的来源包括产品/资产销售、广告、授权费、使用费、租赁费、中介费或会员费等。

三、案例：北京故宫文创的营销与商业模式

本研究选取我国具有文化传承代表性且商业运作良好的北京故宫文创为案例，以九宫格商业模式融合 7P 营销理论为工具进行案例分析探讨。

（一）关键合作伙伴

1. 内部合作伙伴

故宫目前对外投资的有三家公司，分别是北京故宫文化服务中心、故宫博物院餐饮服务部、北京紫禁城窑厂。这三家公司均为故宫的全资子公司。北京故宫文化服务中心名下有多个子公司，有部分公司成立于 2002—2006 年，分别为北京故宫商品发展有限公司、北京紫禁城天地文化发展有限公司、北京故宫文化产品开发有限公司、北京故宫宫廷文化发展有限公司、北京山石岩·清韵国际文化传媒有限公司等。在 2006—2015 年近 10 年时间里，故宫博物院这家全资子公司名下没有再成立任何公司。自 2015 年起，北京文博天韵文化发展有限公司成立，随后北京故宫文化创意有限公司在 2016 年成立。在这两家公司之后，北京故宫观唐文化发展有限公司、北京故宫前门冰窖餐饮管理有限公司、北京故宫前门文化产业发展有限公司、北京故宫华韵文化发展有限公司等纷纷成立。故宫观唐文化发展有限公司由北京故宫文化服务中心和北京观唐文化艺术股份有限公司共同出资成立，主营业务为：开展以故宫文化元素为核心的文化创意衍生品开发、推广、销售活动，举办文化衍生品设计大赛，举办故宫文化论坛等。除了上述几家公司之外，故宫名下还有北京故宫紫微垣文化发展有限公司、山西紫禁文化创意产业有限公司、太原有礼文化创意产业有限公司等。①

2. 外部合作伙伴

2017 年 7 月，中秋节前夕，“故宫淘宝”与知名糕点店“北京稻香村”合作，推出中秋限量月饼糕点“掬水月在手”。这个活动打响了“故宫淘宝”的知名度，提升了故宫的销售额，也让购买者们感受到了节日的气氛（见图 9－5）。2018 年 10 月下旬，故宫与北京电视台联合出品的大型文化季播节目《上新了·故宫》开播。由颇受年轻群体欢迎的演员们担任“故宫文创新品特邀开发员”，在每期节目中联合嘉宾与专家进宫识宝，了解宝物背后的故事，并与设计师一起开发故宫元素相关文创。通过跨领域联合，提升了故宫文创的知名度（见图 9－6）。

---

① 林子．故宫“账本”：文创收入销售额 15 亿元，实控 17 家公司．新京报，2019－04－07. https：//www.gzstv.com/a/c95b925a325e48b8bd31fdd4e070a898.

图 9-5 故宫与稻香村联手合作

图 9-6 故宫与北京电视台联手合作

(二) 关键活动

关键活动与 7P 营销中的促销密切相关，故宫博物院于 2019 年 1 月举办“贺岁迎祥——紫禁城里过大年”展览。该展览以宫廷年味为主题，举办观展、品赏宫灯、品味京城老字号等活动。故宫春节主题系列文化产品与该活动同时上线，并在各展览区设置文创专卖区，为游览者提供便利的消费渠道及良好的消费体验。同时，微信公众号“微故宫”适时更新活动信息，为春节主题系列文化产品提供线上购买渠道，通过线上全景展厅、玩转故宫小程序等更好地服务游客，提升活动满意度，增强活动影响力。总之，要做好博物馆文创产品的微信公众号传播，必须坚持以粉丝需求为导向；加强微信公众号与微店的融合，积极开展整合营销传播；加强与粉丝的互动，培养粉丝黏性；加强微信公众号与线下文创实体店的互动，将线上粉丝流量转化为产品销量。博物馆文创产品在微信平台的传播还应注重线上与线下的互动。首先，运营者应善于将博物馆文创产品的图文推送与微店销售相结合，适时开展促销与公关活动。其次，博物馆要依托微信公众号或微店，积极与线下文创实体店开展互动营销活动，线上与线下联动。线下商店要注重优化“粉丝”的消费体验；微信平台要及时宣传推广线下店的营销活动，在活动前提前宣传，在活动中持续更新，在活动后展开报道，增强曝光度，促进二次传播，扩大活动的影响力。①

故宫淘宝的促销策略多种多样，除了利用新媒体两微一端进行文案营销推广外，还通过纪录片、宣传片进行推广，此外还与其他知名品牌联合起来进行推广。在宣传推广方面，“故宫淘宝”利用两微多端，在微博、微信设有“故宫淘宝”官方微信号和微博号，同时开发出“皇帝的一天”“故宫社区”等多款 App，充分运用新媒体进行网络营销。“故宫淘宝”的网络运营做得非常成功。例如，2018 年 6 月 4 日在公众号“故宫淘宝”中发布的《朕再不许别人说你土!》一文，科普中国山水画相关知识，并且说明了“故宫淘宝”是如何提取山水画元素重新打造“端午花草系列古风香囊”的，在文章结尾处附上淘宝链接。这篇文章的阅读量在十天之内就达到了十万多，香囊的当月销量也有几千个。这种方式既宣传了传统文化，又增强了故宫

---

① 周昊瑀，樊传果．博物馆文创产品在微信平台的传播策略探究．戏剧之家，2020 (10)：202-203.

博物院的影响力（见图 9－7、图 9－8）。

图 9－7　故宫文创 App 推广

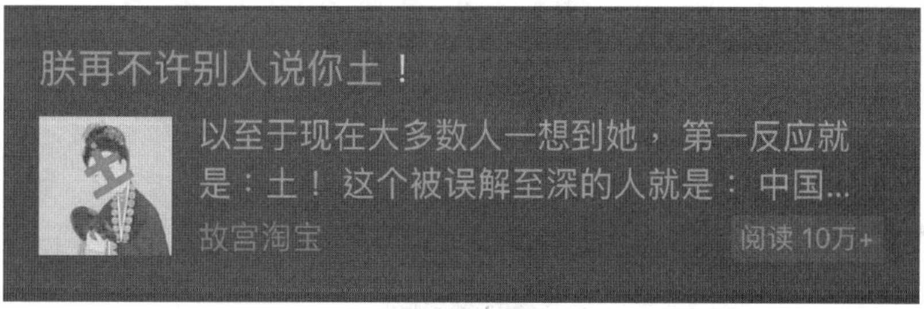

图 9－8　《朕再不许别人说你土！》软文推广

（三）关键资源

1. 产品

产品策略即企业根据目标市场的需求向消费者提供多种品牌、品种、规格、式样、特色的产品组合策略。“故宫淘宝”所卖商品分为节庆专区、文具手账、故宫彩妆、故宫香氛、故宫首饰、故宫娃娃、故宫扇子、故宫陶瓷、故宫茶点、服饰包袋、故宫伴手礼和绝版促销专区 12 个大类（见图 9－9），产品的最高月销量能达到一万件以上。“故宫淘宝”产品从外观上看以“萌系”风格为主，近年来推出了萌系猫挂件、萌系锦衣卫手机架、萌系格格书签等商品。把流行的“萌文化”与传统元素结合起来，让宫廷里的格格、皇上也开始“卖萌”，掀起了一股卖萌潮，而在卖萌的同时也尽力还原传统文化元素。例如，一款名为“朕不能看透”的眼罩就取自雍正帝的奏折资料，在设计时尽力在眼罩的刺绣上还原雍正的字体（见图 9－10）。从产品的产品和功能上看，“故宫淘宝”的种类以实用性商品为主，有红包、T 恤、抱枕、钥匙扣、手表等商品。“故宫淘宝”上都是日常生活用品、文具用品，广受年轻人的追捧和喜爱。[①]

故宫 IP 在传播中首先对传播内容进行了精心设计，通过娱乐化表达、交互性产品，吸引大众的注意力并进行有效传播。

第一，娱乐化的内容表达方式。泛娱乐产业的兴起在一定程度上反映了受众的内容消费偏好，手机等智能终端成为人们接收信息的方式，段子、短视频、表情包等“短、平、快”的内容更加符合新时代的传播特点，通俗易懂且轻松娱乐的语言表达也更加有利于传统文化在现代语境中的传播。故宫的“10 万＋”精品内容多数为娱乐型内容，现象级 H5《穿越故宫来看

① 刘诗捷．博物馆文化创意产品网络营销策略探析：以“故宫淘宝”为例．视听，2019（1）：219－220.

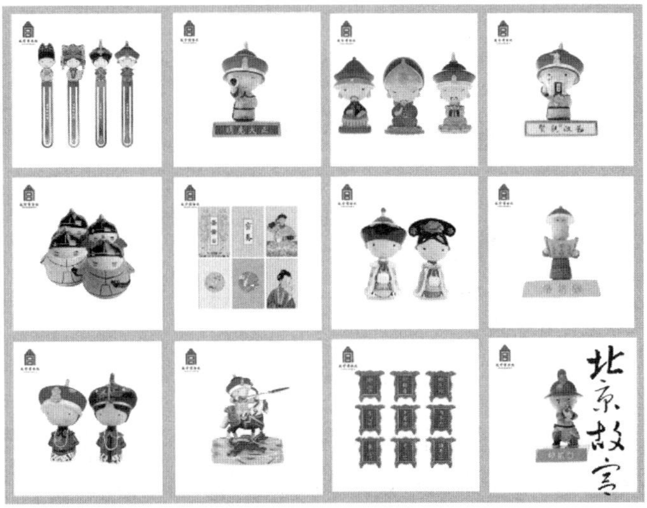

图 9-9　故宫文创主打日常生活/文具用品

图 9-10　故宫文创皇帝眼罩

你》中明成祖唱 Rap，结合了时下流行的嘻哈风（见图 9-11），《上新了·故宫》作为一档文化综艺，打破了之前纪录片和电视节目的模式，请年轻的娱乐明星作为嘉宾。故宫 IP 在整体上与娱乐产业的契合，为其开辟了商业变现和文化传播的新路径。具体的娱乐化表达还体现在文案没有正统说教的严肃，而是使用网络流行语、段子，插入大量搞笑逗趣的表情包，例如"故宫彩妆厉害到飞起""本宫有故事你有酒吗""我们疯了一群设计师"等。在软文和产品的创意上，故宫并没有套用固定的模式，而是别出心裁，在内容布局和创意上不断创新，新玩法不断，引领了一波又一波潮流。值得注意的是，故宫文化 IP 在传播中运用的娱乐化表达并没有背离故宫文化内涵和文化价值，反而通过新颖的形式更好地传递了传统文化和故宫的价值观。如《十二美人图》的现代化改造，将仕女图与当今时尚生活元素结合起来，让贤淑文雅了几百年的古装美女们，也不甘寂寞地投入现代生活，相当受年轻人欢迎（见图 9-12）。

图 9－11　H5《穿越故宫来看你》

图 9－12　《十二美人图》的现代生活

第二，注重内容和产品的交互性，让受众参与其中。社交媒体和新技术的发展，让人机交互成为现实，极大地丰富了用户参与的内容和方式。游戏就是故宫打造的精品内容之一，例如，故宫游戏青少网站故宫大冒险板块，推出 12 款故宫小百科和故宫藏宝截图游戏，寓教于乐，在游戏中灵活地植入故宫的传统文化，起到了很好的 IP 形象宣传作用，让这一系列 App 赢得了“故宫出品，必属精品”的美誉。除了打造教育性质的游戏，故宫 IP 还与手游《奇迹暖暖》合作，开发皇宫换装系列游戏，受到很多女性玩家的欢迎。同时，用户交互的实现离不开技术支持，故宫通过与腾讯和国际商业机器公司（IBM）的合作，利用虚拟现实（VR）、增强现实（AR）技术，在线下展览和数字展览中不断革新用户观展体验。2017 年故宫联合腾讯推出的“发现·养心殿——数字故宫体验展”，是故宫数字化展品的首次大型展示。展览通过虚拟现实和画面识别技术复原了面积不足 10 平方米的乾隆书房“三希堂”，观众不仅能够进入宫殿参观，还可以用电子笔对书法字画进行临摹、评价，亲自搭配食材制作御膳，定制宫廷服饰与大臣拍照留念；还设置了 4D 球幕影像剧场，全方位还原历史古迹和文化遗产，既保留了作品原本的美学价值，又从观众体验和文化信息获取的角度，拉近了观众与文物的距离。[①]

2. 人员

一个公司的资源除了产品外，最重要的还是团队人才，只有好的团队才能开发出更多创新

① 张融．传统文化 IP 的传播策略研究．上海：华东师范大学，2019.

产品，运用更多元化的营销推广手段。故宫文创来自旗下不同的团队。目前故宫博物院拥有四家文创网络经营主体，面向社会各界不同人群，产品风格各有特色，实现差异化经营，共同塑造故宫文创的整体形象。故宫明确表示，这些经营主体都是故宫博物院倾力建设、服务观众的网络窗口。① 其中，故宫博物院文化创意馆的主体身份是故宫博物院经营管理处，分为线下和线上两部分。线下故宫博物院文化创意馆建立于 2015 年 9 月 28 日，以实体店形式坐落于故宫博物院神武门内东侧长房，分为丝绸馆、服饰馆、影像馆、木艺馆、陶器馆、御窑馆、铜器馆和紫禁书院等八间各具特色的展厅，展销的文化创意产品包括具有鲜明故宫特色的丝绸产品、明清宫廷风格的陶瓷制品、寓意吉祥的铜质摆设、皇家气息浓厚的紫檀家具等。线上故宫博物院文化创意馆于 2018 年正式运营，包括微信公众号、微信小程序、独立站三种形式，主要推广和销售从实体故宫博物院文化创意馆中选出的文创，故宫口红则是在线上故宫博物院文化创意馆销售。故宫博物院文创旗舰店的主体身份是北京故宫文化传播有限公司，该公司为故宫出版社 100%出资的国有企业。故宫博物院文创旗舰店于 2016 年上线，与故宫淘宝等其他故宫运营渠道定位形成互补，配合故宫博物院展览，做主题性的文化挖掘，研发了“千里江山”系列、“清明上河图”系列等产品，展现了故宫文创的典雅风格，打造生活美学主题概念。故宫商城和故宫淘宝的主体身份都是北京故宫文化服务中心，该中心是由故宫博物院 100%出资成立的国有企业。故宫商城于 2015 年正式上线，包括网站、微博等运营形式，售卖产品为文化服务中心经营的上百件文创产品，商城的定位更趋于大众化。故宫淘宝是历史最久的故宫线上文创平台，也是粉丝最多的平台，目前包括淘宝网店、新浪微博、微信公众号三个运营平台。故宫淘宝的特色是主打年轻化的品牌形象，广受欢迎的“卖萌”风格的文创产品大多出自故宫淘宝，致力于以轻松时尚的方式展现故宫文物、传递故宫文化。故宫通过多团队进行产品定位与目标客群的差异化服务。

（四）价值主张

2014 年，故宫开始全方位开展数字化实践，随着微博、微信、网站等数字化平台的建立，故宫的形象传播也针对新的传播对象进行了大胆转型，由古老变得年轻，由严肃变得亲民。故宫在网络的迅速走红，与其塑造的 IP 形象密不可分，同时，故宫 IP 形象也大大提高了传播效果。这个形象是受众脑海中的第一印象，之前大家对故宫的认识还停留在宏伟的宫殿上，同其他博物馆甚至文物古迹没有区别。而现在，比着剪刀手的雍正帝、故宫的雪、故宫的猫等都可以代表故宫的形象，这些形象更加直观、年轻化，且个性鲜明，是受众通过媒介传播获得的主观印象，故宫像人一样有了性格和温度，也更加容易同受众建立更亲密的情感联系。故宫形象转变最明显的就是面向年轻群体的人格化形象，个性鲜明且年轻化的形象具有高辨识度，为故宫 IP 贴上了“软萌贱”的标签。“软”在网络传播上可以理解为“软萌”“软妹”，和宅文化相关，常指温柔可爱甚至有些天然呆的年轻女性。故宫的“软”可以体现在与粉丝的互动中，雍正帝不再一本正经、正襟危坐，而是放低身段，以朋友的语气与人交流。故宫微博的注册性别为女性，还被网友亲切地称为“实力宠粉”和“撩粉狂魔”。“萌”则体现在故宫的文创产品、语言风格上的“反差萌”（见图 9－13）。一方面表现在视觉设计上的卡通化，严肃的乾隆、大

① 倪伟．“嫡庶之争”背后：故宫四家网络文创品牌有何来头？．新京报，2019－01－07. https：//baijiahao. baidu. com/s? id=1621997048263212445&wfr=spider&for=pc.

臣、宫女、文物等历史文化元素通过卡通、手绘漫画、表情包的形式呈现，故宫 IP 从视觉上直观展示了一种“萌”的形象。另一方面，故宫的“萌”还体现在叙事中，在传播话术上“卖萌”。故宫的社交媒体账号自称“本宫”，不追求逻辑严谨、行文规范，而是营造一种朋友聊天一样的互动氛围。例如，2014 年 8 月 1 日，故宫淘宝微信订阅号发布的文章《雍正：感觉自己萌萌哒》将雍正行乐图制作成动图，并配上傲娇卖萌的文字，如：“别眨眼！四爷萌给你看！”

图 9－13　故宫文创皇帝“反差萌”形象

（五）顾客关系

故宫文创通过好玩有趣的传播话术和萌化的 IP 形象，使受众对故宫文化 IP 有了直观的认识，吸引了年轻消费者群体的注意力。除了“卖萌”，故宫还会“耍贱”，皇帝大臣的恶搞表情包一炮而红，故宫变身不按常理出牌的“段子手”，之后网络上由受众自发创造的表情包、恶搞段子层出不穷，也反过来丰富和再造了故宫 IP 形象。故宫 IP“软萌贱”的形象，体现了后现代解构主义与网络亚文化的崛起。随着“80 后”“90 后”年轻消费者群体的崛起，以及紧随其后的作为互联网原住民的“00 后”的成长，逐渐形成了新的互联网亚文化圈层，这些年轻群体通过贴标签、娱乐化的方式对传统主流文化进行解构，“弹幕文化”和“恶搞吐槽”其实就是对精英文化的挑战与颠覆。故宫 IP 年轻化、个性鲜明的特点映射了亚文化圈层的消费偏好，故宫文化 IP 传播的成功之处就在于它融入了当代文化环境和语境，塑造了面向年轻群体的有亲和力的人格化形象，拉近了文化 IP 与受众之间的距离。①

（六）渠道

故宫博物院在故宫淘宝的分销渠道不仅有线上的，还有线下的。故宫博物院文创产品的线上分销渠道选择在淘宝网开设故宫淘宝官方店铺。截至 2020 年 4 月，故宫淘宝店铺的粉丝数为 643 万，好评率为 99.8%，同时也是四冠金牌卖家。在淘宝网平台上，除了故宫淘宝外，还有一家故宫博物院文创旗舰店，也出售故宫文创产品，累积粉丝数 362.9 万，好评率 100%。

① 张融．传统文化 IP 的传播策略研究．上海：华东师范大学，2019.

此外，京东的故宫文化官方旗舰店亦有 209.3 万人关注（见图 9－14）。故宫博物院微店依托故宫的文化背景，提炼宫廷元素，结合当前大众需求与美学标准对微店进行设计。积极利用微信公众号“微故宫”讲述产品背后的故事，加深了粉丝对博物馆文创产品的了解与认同。在图文内容中添加微店购买渠道，更是为粉丝提供了便利的消费渠道，增强了引流效果。微店是博物馆文创产品在微信平台进行产品销售的渠道，是基于微信支付的博物馆电商平台。为了更好地将粉丝流量转化为销售数据，博物馆微店的设置应消除与微信公众号之间的分隔，与微信公众号积极联动，尽可能将微信公众号的粉丝流量转化为文创产品销量。博物馆微信平台的运营者首先应对微店进行合理设计，使产品展示生动化、页面设计人性化。其次，做好微信内容的创作设计，表现形式要多种多样，富有吸引力、感染力和说服力，符合粉丝信息消费需求，能使粉丝产生购买冲动。最后，在微信公众号菜单栏应为微店设置显著的位置，以吸引粉丝关注与浏览。①

图 9－14　京东—故宫文化官方旗舰店

除了线上渠道外，线下的实体店也为“故宫淘宝”带来了非常高的销量。在故宫博物院附近设有两家故宫文创实体店，一家在午门外，一家在东华门外，所售商品价格与线上淘宝店一致，主要顾客群体是参观故宫的游客。

（七）目标客层

故宫博物院官方统计显示，2018 年参观故宫博物院的观众，从年龄分布来看，30 岁以下观众占 40％，30～40 岁观众占 24％，40～50 岁观众占 17.5％，其中“90 后”年轻观众超过

① 周昊瑀，樊传果．博物馆文创产品在微信平台的传播策略探究．戏剧之家，2020（10）：202－203.

1/3，紧随其后的是“00后”；同时，年轻观众的参观频次增高，有部分观众一年内多次进入故宫参观游览。[①] 微博数据中心的“用户洞察系统”数据显示，故宫博物院官方微博粉丝像性别属性适中，女性占比59%，男性占比41%；“90后”和“95后”占了一半以上，相加占比达到55.16%，也就是说出生在1990—1999这十年间的、年龄在19岁至28岁之间的青年人，是故宫博物院微博的粉丝主力军（见图9-15）。故宫IP塑造了面向“90后”“95后”的个性鲜明的形象，故宫文创也针对目标受众需求进行产品定位，在注意力经济时代很快获得了年轻群体的喜爱和情感认同。例如，三小时卖断货的故宫口红，就是迎合了女性消费群体对于美妆类产品的需求，再结合故宫IP独有的文化价值，研发出来的兼具实用性和差异性的产品。同时年轻人乐于分享和参与的社交媒体使用习惯，也进一步推动了故宫IP的发展。[②]

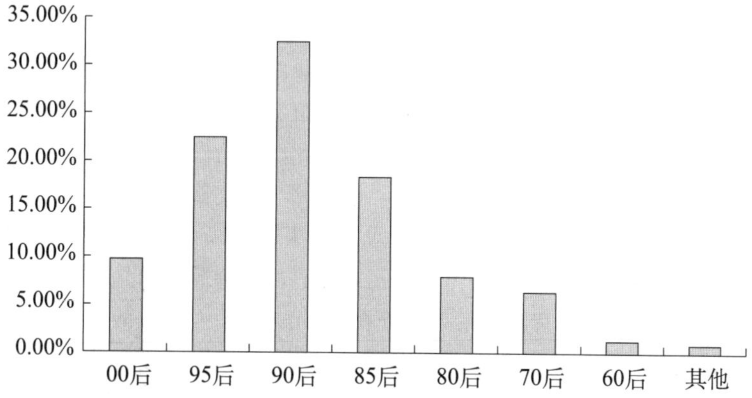

图9-15　故宫博物院官方微博粉丝年龄分布

故宫博物院根据不同年龄阶段、消费水平、需求层次的消费群体，开发了多种形式的文创产品。根据年龄阶段差异，故宫博物院开发的文创产品既有面向少年儿童的书包、手表、铅笔、橡皮、公仔等“天子童趣”系列产品，也有面向年轻人的手机壳、冰箱贴、行李牌、屏风摆件等“生活潮品”系列产品。根据消费水平差异，故宫博物院推出了两个不同产品风格和定价的线上销售平台，分别为萌系产品风格、价格亲民的故宫淘宝，以及雅系产品风格、定价较高的故宫文创旗舰店。根据需求差异，故宫博物院开发了多种类型的文创产品，有钥匙扣、手机壳、行李牌、冰箱贴等日常生活用品，有T恤衫、领带、袜子、背包等日用品，有笔记本、笔、文件袋等办公用品，还有玩偶系列、首饰系列等产品。故宫博物院设计开发的文创产品种类丰富、形式多样，给消费者提供了充足的选择空间，满足了消费者的不同需求。[③]

（八）成本结构

故宫文创的制作团队来自几家不同的公司，且并未提供有效而客观的成本结构统计数据；故宫博物院在文创方面主要采取授权合作的形式进行产品开发，具体落实方式根据《博物馆馆藏资源著作权、商标权和品牌授权操作指引（试行）》的通知执行。故宫博物院品牌授权遵照一事一议原则，授权费用按照项目风险、时间、内容、利用故宫博物院知识产权范围、授权产

① 刘冕．故宫年接待观众量首破1 700万人次．北京日报，2018-12-17. https://www.dpm.org.cn/classify_detail/248475.html.

② 张融．传统文化IP的传播策略研究．上海：华东师范大学，2019.

③ 张雪．故宫博物院文化创意产品开发及启示．浙江档案，2019（2）：20-21.

品类别等，并参照国际标准定价。履约保函金额通常为合同总价款的5%～10%。[①] 就文创制作团队而言，除了人事成本外，最主要的还是授权成本。然而，目前这方面版权意识不强，因而伤害了故宫原本IP的形象资源，这无非是对原有故宫资源伤害的另一种成本付出。这里的版权意识有两方面的含义：一方面是自家产品容易被剽窃侵权；另一方面是自身涉及侵犯其他产品的版权。对于第一个方面，由于故宫淘宝所售产品以实用小商品居多，所以容易被“盗版”，在淘宝网上搜索故宫胶带，会出现许多小生产商生产的盗版故宫胶带。此外，故宫淘宝在2018年3月身陷侵权风波，它推出的“俏格格娃娃”被指身体部分与国外某品牌娃娃相似。对此，故宫淘宝做出下架召回的回应，并称“娃娃身体部分为合作工厂提供的其享有知识产权的结构通用身体模型，权利人授权我们使用该身体模型”[②]。

（九）收益流

收益流与价格策略有关。价格策略是指在综合企业内外部因素的基础上依照市场规律进行价格制定和变动，以实现营销目的的营销策略。博物馆文创产品因为其产品的特殊性，本身不仅应该追求经济利益，还应该更加注重社会效益，因此在产品设计制作方面更注重独创性，每类产品都单独开模，且每类产品不会积压过多，也因此与同类普通商品相比价格偏高；但由于故宫淘宝所售商品以日常用品为主，所以定价也在购买者可以承受的范围内。以2018年6月所卖商品为例，价格最低的是贺卡，是为0.8元人民币；售价最高的是仿康熙黄釉瓷盖碗，为1 280元人民币；销量最高的故宫胶带系列售价在45元人民币左右。故宫淘宝在定价时也会采用折扣定价策略，比如下单即赠免费贺卡，满180元免付邮费，还设有特价宝贝专栏出售折扣商品，以减少库存量。同时，针对老客户也有价格折扣，在确认收货后会获取会员卡，再满500元可享九五折的优惠。[③] 截至2016年年底，故宫博物院的文创产品已达到9 170种，而仅2016年一年就为故宫带来了10亿元左右的收入。[④] 近期，据济研咨询统计，故宫的文创产品销售额从2013年的6亿元增长到了2016年的近10亿元。而在2017年，故宫文创部线下收入近1亿元，线上淘宝网店收入近5 000万元。此外，故宫也有其他部门贡献文创产品收入，故宫所有的文创产品全年总收入达15亿元。[⑤] 虽然故宫没有正式公布其收益数据，但从网络新闻大致能推测出故宫文创所带来的可观收益流。

故宫文创以中华传统文化为根基，运用新媒体平台，以当代年轻受众喜闻乐见的方式打造出具有强烈个性的文创产品，营造出独特的传统美学新景观。在新媒体时代，文化产品必须适应新媒体的传播特征和受众与时俱进的个性需求，以娱乐性为切入点，以文化内涵为核心内容，结合新媒体的即时性、互动性等特点，将严肃的精英文化平易近人地传播出去，让消费者通过文化创意产品将故宫文化从历史的殿堂“带走”并“进入”百姓生活之中。新时代，大众对于美好生活的需求愈加强烈，消费者不再满足于参观博物馆仅出于对展品的欣赏，因而衍生出新的消费形式，并催生出博物馆文化创意产品的大众消费市场。故宫跳出了过往文化产品注

---

① 蔡苧．故宫博物院的品牌授权．(2019-06-04) [2021-12-20]. https://new.qq.com/omn/20190604/20190604A0H4IQ00.

② 刘诗捷．博物馆文化创意产品网络营销策略探析：以“故宫淘宝”为例．视听，2019 (1)：219-220.

③ 同①.

④ 同①.

⑤ 故宫首晒“账本”：文创收入15亿，超1 500家A股公司．人民日报，2019-02-19. https://baijiahao.baidu.com/s?id=1625848279207045070&wfr=spider&for=pc.

重知识性和历史性的商业模式定位，以避免缺乏吸引力、趣味性、实用性和互动性的产品生产与推广。因而，故宫在广泛调研社会公众需求的基础上，确定了文化创意产品的研发和品牌营销的新商业经营策略，以迎合时下不同受众目标消费群体的喜好。此外，注重年轻群体的消费偏好与趋势，故宫研发了各种富有创意和功能性的产品，主要以线上网店销售的形式强势进入年轻人的视线，再结合新媒体，通过将品牌形象拟人化来拉近与年轻人的距离，通过网络推广扩大品牌的影响力，从而提升自身品牌的价值，并谱写了新的商业模式篇章。

本章小结

1. 决定企业营运绩效的首要因素是其商业模式。商业模式是一家企业用来建立并使用资源，以提供比其竞争对手更好的价值给顾客，并借此赚取利润的方法。

2. 商业模式的构成要素因探讨的视角不同而有所差异，但不管要素构成的差异为何，所谓商业模式乃描述一个组织如何运用系统的方式创造、传递及获取价值的方法，借此解构一个组织创造价值的内外部因素组成。此外，组织可能同时存在数种商业模式，而不同商业模式协作的关键在于对不同商业模式的有效管理。

3. 美国密歇根州立大学的麦卡锡教授在 1960 年的《基础营销》一书中提出 4P 营销理论，将营销要素概括为四种类型（4P），即产品、价格、渠道与促销。

4. 营销专家罗伯特·劳特朋在 1990 年提出以消费者需求为中心的 4C 理论，包含顾客、成本、便利与沟通。

5. 毕特那与布姆斯在营销 4P 理论的基础上提出了服务营销 7P 组合——最具影响力且被广泛采用的营销组合。这两位营销学家认为，从事服务营销，除了传统的 4P 必须加以修改补强外，应再加入人员、有形展示/服务环境、过程三个元素。

6. 奥斯特瓦德和皮尼厄提出商业模式理论，该理论描述了一个组织创造、传递及获取价值的手段与方法，将商业模式细分为九大要素：目标客层、价值主张、渠道、顾客关系、收益流、关键资源、关键活动、关键合作伙伴、成本结构。

思考与练习

一、基本概念

商业模式　营销创新　营销组合　4C　4P　7P　九宫格商业模式

二、思考题

1. 请利用 7P 营销理论分析一个知名文化创意品牌。
2. 请利用九宫格商业模式分析一个知名文化创意品牌。
3. 请结合九宫格商业模式与 7P 营销理论分析我国一个知名文化创意品牌。

拓展阅读

1. AFUAH A，TUCCI C L. Internet business models and strategies：text and cases. New York，London：McGraw-Hill，2003.

2. AFUAH A. Business models: a strategic management approach. New York: McGraw-Hill, 2004.

3. BOOMS B H, BITNER M J. Marketing strategies and organization structures for service firms//DONNELLY J H, GEORGE W R. Marketing of services. Chicago: American Marketing Association, 1981.

4. BORDEN N H. The concept of the marketing mix. Journal of Advertising Research, 1964, 24 (4).

5. MORRIS M H, SCHINDEHUTTE M, ALLEN J. The entrepreneurs business model: toward a unified perspective. Journal of Business Research, 2005, 58 (6).

6. CASADESUS-MASANELL R, RICART J E. How to design a winning business model. Harvard Business Review , 2011, 89 (1/2).

7. CHESBROUGH H, ROSENBLOOM R S. The role of the business model in capturing value from innovation: evidence from Xerox corporation's technology spin-off companies. Industrial and Corporate Change, 2002 (11.3).

8. MITCHELL D , COLES C. The ultimate competitive advantage: secrets of continually developing a more profitable business model. San Francisco: Berrett-Koehler, 2003.

9. DOTTORE F A. Data base provides business model. Computerworld, 1977, 11 (44).

10. DRUCKER P. The daily drucker. London, New York: Routledge, 2018.

11. GARY H, PRAHALAD C K. Leading the revolution. Boston: Harvard Business School Press, 2000.

12. MARK W J, LAFLEY A G. . Seizing the white space: business model innovation for growth and renewal. Boston: Harvard Business Press, 2010.

13. JOHNSON M W, CHRISTENSEN C M , KAGERMANN H. Reinventing your business model. Harvard Business Review, 2008, 87 (12).

14. KONCZAL E F. Models are for managers, not mathematicians. Journal of Systems Management, 1975, 26 (1).

15. PHILIP K, ARMSTRONG G. Transparency masters: principles of marketing. Upper Saddle River: Prentice Hall, 1989.

16. PHILIP K, ARMSTRONG G. Princípios de marketing. Upper Saddle River: Pearson Prentice Hall, 2007.

17. LAUTERBORN R. New marketing litany: four ps passé: c-words take over. Advertising Age, 1990 (3).

18. JOAN M. Why business models matter. Harvard Business Review, 2002 (5).

19. MCCARTHY E J, PERREAULT W D Jr. Basic marketing: a global-managerial approach. New York, London: The McGraw-Hill Companies, 2002.

20. OSTERWALDER A, PIGNEUR Y. Business model generation: a handbook for visionaries, game changers, and challengers. New Jersey: John Wiley & Sons, 2010.

21. PAUL T. Business models for electronic markets. Electronic Markets, 1998 (2).

22. ZOTT C, AMIT R, MASSA L. The business model: recent developments and future re-

search. Journal of Management，2011，37 (4).

23. 刘诗捷．博物馆文化创意产品网络营销策略探析：以“故宫淘宝”为例．视听，2019 (1).

24. 张融．传统文化 IP 的传播策略研究．上海：华东师范大学，2019.

25. 张雪．故宫博物院文化创意产品开发及启示．浙江档案，2019 (2).

26. 周昊瑀，樊传果. 博物馆文创产品在微信平台的传播策略探究．戏剧之家，2020 (10).

第十章　文化金融的运营模式

本章概述

根据布尔迪厄的观点，经济资本是整个社会结构形成和发展的基础，但是随着历史的推演，文化资本扮演着越来越重要的角色，并逐渐成为影响社会结构和制度运行的主要力量。文化企业的融资来源包括内部融资和外部融资，融资方式包括直接融资和间接融资。文化企业的融资性质分为股权融资和债券融资。由于文化产业的特殊性和文化企业的复杂性，传统的金融产品和融资模式很难满足文化产业发展和文化企业运营的需要，所以文化金融的运营除了常规产业和一般企业所使用的常规模式，还应该不断创新融资模式。文化金融的创新模式主要包括基金化、众筹化、证券化（份额化）、期货化、信贷化和物权化等六种模式，每种创新模式具有不同的内涵、方式以及风险状况。

学习目标

通过对本章的学习，学生应了解或掌握如下内容：

1. 掌握并区分文化金融与文化资本的概念。
2. 了解文化资本的存在形式及类别。
3. 了解文化企业的融资方式及性质。
4. 理解文化金融的创新模式及特征。

文化金融是当下文化产业与金融产业融合发展的一个不可避免的趋势，同时也是我国文化体制改革的重要成果之一。但是，文化金融不是文化产业与金融产业的简单融合，而是在文化资源转化成文化资本的过程中、在金融资本经由文化内容创新升级的过程中构建起来的全产业链系统。在文化金融的市场中，除了资金的循环流通以外，文化资本、象征资本等各种不同形式的资本也扮演着非常重要的角色。与此相应，在文化金融的运营过程中，金融机构运用文化资源、文化产品及服务实现金融产业的高端附加值，而文化企业则借助金融市场来优化资金配置，实现文化产业和金融产业的共赢发展。在文化产业的语境下，本章将主要讨论文化产业中文化金融的运营模式。

一、理论：文化金融的概念系统

（一）文化金融的定义

文化金融这个概念最初产生于金融行业对文化产业的资金扶持，随着文化产业资源配置的逐步优化以及文化领域与金融领域的渗透性逐步增强，文化与金融相互融合并相互促进。近年来，在金融行业对文化产业提供资金支持的基础上，文化产业也为金融行业的产品和服务创新注入了新的活力，文化产业与金融行业互惠互利，文化金融的全产业链体系由此形成。

截至目前，学术界并没有对文化金融这一概念形成共识。国外学者凡·葛雷斯特克（Van Grastek）认为文化产品既然是一种实体，那么就可以在市场上进行交易，以此来满足人们的不同消费需求。其实，这就体现了文化产品已经富有内在价值，可以被资本化并允许加入金融市场。傅尔基表示，文化金融是指金融支持文化产业、文化产业借力金融、两者相互融合发展的一种产业金融创新活动。西沐认为，文化金融是指文化资源资产化、产业化发展过程中的理论创新体系，金融化过程与运作体系，以文化价值链构成为核心的产业形态体系，以及服务与支撑体系等活动过程的总和。蔡尚伟和钟勤认为，文化金融是指发生于文化资源的开发、生产、利用、保护、经济等相关活动中的所有金融活动，所有与文化产业、文化事业相关联的金融业务都是文化金融。张志伟和石瑶认为，文化金融属于产融结合的范畴，文化金融是以文化企业发展、文化市场繁荣为根本目的，以利用金融资本辅助文化资源资产化为核心，包括为文化创意、文化产品、文化成果市场化转化等方面提供金融支持的金融工具、金融政策、金融服务的系统体系。① 在综合评判这些观点之后，可将文化金融总结为：在文化产业的创意、研发、生产、配送和消费等全产业价值链过程中的资金的融通。②

（二）文化金融的特点

文化与金融的结合催生了一种新的业态，这种业态具备文化与金融的双重特征，具有规模化、社会化、大众化的趋向。文化与金融的共同意愿、利益和目标，决定了文化金融机制的发展方向；资本的跨业态流动，在机制上通过资源整合，实现了管理提升、资产增值及资源集聚；而资本的推动，实现了文化产业的跨区划整合；同时，资本的运作，实现了文化企业的跨所有制整合。

文化经济是人类社会发展到高级阶段，人们的物质生活需求基本满足以后，追求精神生活需求的产物，是超越资源经济和知识经济的新型经济，具有自身的特点和发展规律。文化经济与农业经济、工业经济、商业经济相比较，具有如下基本特点：对自然资源的依赖程度低，对生态环境的破坏小，对能源的消耗少，附加值高。这些特点使发展文化经济成为世界各国的必然选择，也成为我国当前调整经济结构和转变经济发展方式的必然选择。作为现代经济中调节宏观经济的重要杠杆，文化金融在建立和完善文化经济的机制和体系中占有十分重要的地位。

从文化金融的涵盖范畴来看，它具有以下特点：第一，文化金融不等同于文化产业中所涉

---

① 张志伟，石瑶．关于文化金融服务体系建设的若干思考．西华大学学报（哲学社会科学版），2017（3）：66－70，98.

② 向勇．文化产业导论．北京：北京大学出版社，2015：306.

及的金融业，因为它不仅包含了文化产业中涉及的金融业，而且其外延也延伸至金融业中的文化要素。第二，文化金融也不等同于文化创意经济中所涉及的金融业，因为创意经济不是一个经济门类或经济部门，而是突出创意在经济中的地位和作用。第三，文化金融不是文化和金融的简单融合，不是所谓的文化金融化、金融文化化，而是由文化的生产、流通和消费共同形成的一个新的涉足金融的领域。第四，在强调文化金融的同时，必须承认它的局限性。文化金融仅从金融的角度来看文化，而不能涵盖政治、思想、民族等方面的文化，不能代替文化的概念。文化金融具有商品和意识形态的双重社会属性，文化商品的效益是经济效益与社会效益的统一，文化与金融互利互惠的终极价值将最终体现在社会生产中社会效益和经济效益的双重统一上。①

（三）文化资本的定义

在文化金融的运营过程中，文化资本是一个不可或缺的概念。这个概念由法国当代思想家皮埃尔·布尔迪厄首次提出，将文化作为一种资本来考量既是文化产业发展的核心，又是文化金融得以运营的重要保障。

在布尔迪厄的理论体系中，“习性”（habitus）、“资本”（capital）和“场”（field）这三个概念始终处于核心地位。从人类学和社会学的角度来考量，这三个概念始终是紧密联系的。其中，布尔迪厄社会学理论中的“资本”并非马克思式的或正统经济学意义上的“资本”。他认为，如果不引进资本的所有形式，而仅仅思考被经济理论承认的那一种形式，即经济资本，就不可能解释社会世界的结构和作用。“承认资本可以呈现各种各样的形式，是解释分化了的社会的结构和动态密不可分的组成部分。”他在《文化资本与社会资本》一文中给“资本”下的定义是：“资本是积累的劳动（以物化的形式或‘具体化’的、‘肉身化’的形式），当这种劳动在私人性即排他性的基础上被行动者或行动者小团体占有时，这种劳动就使得他们能够以具体化的或活的劳动的形式占有社会资源。”他认为，资本与权力“这两者是同样的东西”，即资本实质上是权力的一种形式。因为“资本是以同一的形式或扩大的形式去获取生产利润的潜在能力……在特定的时刻，资本的不同类型和亚型的分布结构，在时间上体现了社会世界的内在结构，即铭写在这个世界的现实中的一整套强制性因素，这些强制性因素以一种持久的方式控制了它所产生的作用，并决定了实践成功的可能性”。

布尔迪厄把资本分为三种：(1) 经济资本，这种资本可以立即并且直接转换成金钱，它以财产权的形式被制度化；(2) 文化资本，这种资本在某些情况下可以转化为经济资本，它以教育资格的形式被制度化；(3) 社会资本，它是由社会义务（“联系”）组成的，这种资本在一定条件下也可以转换成经济资本，它以某种高贵头衔的形式被制度化。② 根据布尔迪厄的观点，经济资本是整个社会结构形成和发展的基础，但是随着历史的发展，文化资本扮演着越来越重要的角色，并逐渐成为影响社会结构和制度运行的主要力量。

文化资本这一概念的提出是基于对不同阶级的受教育者在学业方面受到的影响及其对将来发展的作用的研究。布尔迪厄认为：“文化资本的概念最早是在研究过程中作为一种理论假设而出现的，这一假设试图通过学术上的成就来解释出身于不同社会阶级的孩子所取得的学术成

① 李镇西．中国文化金融导论．北京：中国书店，2013：82.

② 裴仁伟．走近“习性”、“资本”和“场”：读《布尔迪厄访谈录》．贵州师范大学学报（社会科学版），2001 (1)：31-34.

就之间的差别，也就是说，出身于不同阶级和阶级团体的孩子在学术市场上所能获得的特殊利益是如何与阶级和阶级团体之间的资本的分布状况相对应的。”①

（四）文化资本的存在形式及其再生性

根据不同的存在形式，布尔迪厄将文化资本区分为三种类别。

第一种是“具体的形式”，即以精神和身体的持久的“性情”的形式存在。布尔迪厄解释说：“文化资本在其基本的状态中是与身体相联系的，并预先假定了某种实体性、具体性。文化资本的积累是处于具体状态之中的，即采取了我们称之为文化、教育、修养的形式，它预先假定了一种具体化、实体化的过程。这一过程因为包含了劳动力的变化和同化，所以极费时间，而且必须由投资者亲历所为，就像肌肉发达的体格或被太阳晒黑的皮肤，不能通过他人的锻炼来获得那样（因而，所有委托性的效应就都被排除在外了）。”换言之，体现在具体人身上的文化资本纯精神性状态就是文化资本的具体状态。如果一个人仅仅拥有“文化”而没有任何形式的文化产品和合法的学术资格，那么，这样的文化作为一种资本只呈现出“具体的状态”。这种具体化的“资本”，是无法通过礼物或馈赠、购买或交换来即时性地传递的。例如，教师不能像送礼品那样直接把自己的文化知识赠送给学生。因此，布尔迪厄说：“文化资本的传递和获取的社会条件，比经济资本具有更多的伪装，因此，文化资本预先就作为象征资本而起作用，即人们并不承认文化资本是一种资本，而只承认它是一种合法的能力，只承认它是一种能得到社会承认（也许是误认）的权威。”

第二种是“客观化的形式”，即以文化商品的形式存在，如图片、书籍、辞典、工具、机器等等，是理论留下的痕迹或理论的具体显现，或是对这些理论、问题的批判。在客观化状态中，文化资本是有形的、被物质和媒体显现了的。客观化的文化资本在其物质性方面是可以传递的。例如，绘画、书籍等可以和经济资本一样被一代代传递下去。但是，可以传递的只是合法的所有权，而不是对一幅画的“消费”手段或者对一架机器的使用手段。在这一点上，客观化的文化资本与具体化的文化资本一样，都是从属于相同的传递法则的。就是说，作为一种“能力”的文化资本是无法凭借物质的载体而直接传递的。布尔迪厄指出，作为文化资本客观化的存在形式，“文化商品既可以呈现出物质性的一面，又可以象征性地呈现出来。在物质性方面，文化商品预先假定了经济资本；而在象征性方面，文化商品则预先假定了文化资本”。也就是说，文化商品既可以当作经济资本，又可以当作文化资本。文化商品作为一种特殊商品显示了它的两重性。

第三种是“体制化的形式”，即以一种客观化的形式存在，它可以采取学术资格这一形式，赋予文化资本的拥有者一种原始性的财产。客观化、体制化使两种资本之间的差异得以产生，也使自学者的文化资本与那种得到合法保障的、其资格获得学术上认可的文化资本之间的差异得以产生。自学者的文化资本随时都会受到质疑，而那种在学术上得到认可的文化资本，则在形式上独立于承担资本的个人。“学术资格和文化能力的证书起到了很大作用，这种证书赋予其拥有者一种文化的、约定俗成的、经久不变的有合法保障的价值。可以说正是社会炼金术生产了这种文化资本，这种文化资本相对于其承担者而言，甚至相对于该承担者在一定时间内有效占有的文化资本而言，具有一种相对的自主性。”关于社会资本，布尔迪厄认为，社会资本

---

① 薛晓源，曹荣湘．全球化与文化资本．北京：社会科学文献出版社，2005：6－7.

是实际的或潜在的资源的集合体，或者说，是实的或虚的资源的总和。那些资源是同对某种持久性的网络的占有分不开的，这一网络是大家共同了解和承认的、体制化的关系网络。说得具体些，社会资本就是个人和团体的社会关系、社会地位、声誉等可供利用的社会资源的总和。他指出："特定行动者占有的社会资本的数量，依赖于行动者可以有效加以运用的联系网络的规模的大小，依赖于和他有联系的每个人以自己的权力所占有的（经济的、文化的、象征的）资本数量的多少。这意味着，虽然社会资本相对而言不能简化成某个特定的行动者，或与之有联系的所有行动者所占有的经济的和文化的资本，但社会资本却从不完全独立于这些资本，因为交换将某些共识体制化了，而这些共识假定存在着对客观同质性的最低程度的再承认，还因为社会资本使得行动者以自己的权力所占有的资本产生了收益增值效应。"①

布尔迪厄认为，文化资本和经济资本一样，也存在再生产的过程，通过文化资本的再生产，能够实现文化资本占有的不平等，与经济资本和社会资本的不平等结合起来，社会的阶级结构和组织制度得以形成，并且文化资本作为一种劳动结果，是一种进行符号编码和解码的能力，必须经过行动个体后天艰苦的训练才能获得，并且通过这种能力之间的差异，形成不同的文化欣赏能力和品位，而文化品位差异与社会地位之间的差异具有同构性。这说明，文化资本对于社会阶级的产生和划分具有重要的作用，布尔迪厄研究文化资本的最初用意就是要揭露文化资本的这种功能。

布尔迪厄指出，文化资本是可以再生产的，而这种再生产或者说文化资本的积累与传承主要是通过教育来实现的，主要有两种途径，即家庭与学校。在家庭中传承的文化资本主要是身体化的文化资本，不同家庭的孩子所获得的文化资本是不同的。例如，在学前时期，富裕家庭的孩子更多地去学习钢琴、舞蹈以及外语等知识；而贫穷家庭的孩子则学会如何去谋生，他们接受的多是较为低级的文化资本，表现为语言粗鲁、不修边幅以及忙忙碌碌等形象。这与一个家庭的资本总量、社会地位和家庭成员尤其是母亲的文化资本具有很大的关系。与此相连的是，孩子是否有充足的时间将家庭的其他资本转化为文化资本对于文化资本的积累和传承也具有重要的影响。学校是文化资本再生产的主要场所，文化资本的三种形式都在学校里得到继承和积累，学校力求使学生获得"高雅"的性情、"正统"的知识和"合法"的文凭。布尔迪厄指出，学校教育实际上有助于社会阶层的再生产，因为首先不同家庭的孩子获得进入学校的机会是不一样的，穷人阶层的孩子被淘汰的概率远远大于富人阶层。其次，家庭背景不同，孩子进入的学校和选择的专业也是不一样的，学习动机和学业期望也是有差异的。最后，学生就业与所学专业和家庭背景有着紧密的联系。这样就使富人阶层的孩子毕业之后更容易找到更好的工作，继续成为富人。此外，布尔迪厄还发现了学校具有严格的控制形式，除了通过一系列的制度来控制文化资本再生产的进程和内容外，学校还控制学生获得文凭的时间和程序，以此来保证生产出"合格"的学生。学校或研究机构还通过操纵职称的评定程序来控制教学人员以及研究人员，使他们必须认可并遵守现有的一套学术秩序，只有这样才有希望获得相应的资历或学历称号。这一控制主要是通过相关制度来实现的，其中时间差异和人脉资源是重要的因素。

通过获得的文化资本与经济资本和社会资本的结合，人们所拥有的资本总量以及资本的结构就有了差异，这也决定了他们的社会地位的高低和拥有的社会权力的大小，从而划分出不同

---

① 裴仁伟．走近"习性"、"资本"和"场"：读《布尔迪厄访谈录》．贵州师范大学学报（社会科学版），2001（1）：31-34.

的社会阶级和阶层。一部分人成为社会精英，进入国家的统治阶层；一部分人成为下层阶级，成为被统治者；还有一部分人成为中产阶级，如知识分子，是统治阶级中的被统治者。此外，文化资本也在趣味上对社会阶层进行划分，不同的阶级由于生存心态的不同和文化资本的差异，在生活品味和审美趣味上也是不同的，而这种差异与所处的社会位置具有对应性。实际上，趣味区隔是对社会阶级身份或地位的一种文化层面上的再确认。当然，趣味与阶级身份也有不一致之处，但是基本上是对应的。[①]

二、方法：文化金融的操作类型与应用模式

（一）文化金融的操作类型

资本运营是文化企业作为现代企业的高级经营手段，是推动文化企业从项目经营进入企业经营、从零散的生产经营进入整体的价值经营、从封闭的内部资源整合进入开放的外部资源整合的主要途径。文化企业把与文化产品直接相关的创意、研发、流通、营销等环节的产品（项目）经营，提升为以企业文化金融的运营和企业之间的并购等为主要形式的金融运营，从而实现资源整合，扩大文化企业的经营规模，通过资本运营促进文化企业的快速增长，实现规模经济。

文化企业的融资来源包括内部融资和外部融资，融资方式包括直接融资和间接融资。文化企业的融资性质分为股权融资和债权融资。股权融资是一种所有权融资，是文化企业向现有股东或潜在股东募集资金的融资方式。通过股权融资的资金是企业的股本金，融资对象成为公司的股东。股权融资具有永久性、无须归还、风险分担等特点。债权融资包括银行贷款、企业债券、融资租赁等形式，具有支付利息、偿还本金等特点。一般来说，股权融资的风险小于债权融资的风险，但减少了文化企业创始人的控制权，成本高于债权融资。总体而言，文化企业的融资途径主要包括股权融资、债权融资和企业并购等。

1. 股权融资

股权融资的渠道分为公开市场发售和私募发售。公开市场发售就是文化企业通过股票市场发行股票来募集资金。股票市场包括境内股票市场和境外股票市场。境内股票市场包括主板市场、创业板市场和新三板市场等。其中，主板市场指为大型成熟企业提供融资服务的主流证券市场（股票市场），是一个国家或地区证券发行、上市和交易的主场所，对发行人的营业期限、股本大小、盈利水平、最低市值等方面的要求较高。创业板市场又称二板市场、第二交易系统，是在主板市场之外专为中小企业，特别是具有较高成长性的中小企业提供融资服务的新兴证券市场，对发行人的上市条件要求相对较低，市场监管更加严格，上市企业大多具有较强成长性、前瞻性、高风险性、高技术产业导向性，具有风险资本退出和促进产业升级功能。截至目前，我国文化企业在创业板上市的总数为 25 家，创业板成为文化企业上市融资的新兴证券市场。三板市场是一种起源于 2001 年的代办股份转让系统，由具有资格的证券公司为从主板市场退市的公司和从法人股市场转来的公司代办股份转让的市场。目前拥有代办股份转让资格的证券商有 12 家（申银万国、国泰君安、大鹏、国信、辽宁、闽发、广发、兴业、银河、海

---

① 陈治国．布尔迪厄文化资本理论研究．北京：首都师范大学，2011.

通、光大和招商证券)。2006年,中关村科技园区非上市股份公司进入代办转让系统进行股份报价转让,称为"新三板"。总体而言,我国上市文化企业的所属行业主要分布在动漫、广告、网络服务、信息服务、新闻出版、演出及旅游、影视等7个行业,以演出及旅游企业最多,共22家。境外上市的文化企业分布在广告、教育、网络服务、信息服务、新闻出版、影视等6个子行业,多为网络服务业,达44家。

股权融资的私募发售包括天使投资(angel invest)、风险投资(venture capital,简称VC)和私募股权投资(private equity,简称PE)等以股权转让或者增资方式为特点的融资模式。其中,天使投资指投资人出资资助具有专门技术或独特创意而缺少自有资金的创业家进行创业,承担高风险和享受高收益的一种投资形式。天使投资人是指投资于非常年轻的公司以帮助这些公司迅速启动的投资人。风险投资是一种创业投资,是指由专业投资人或投资机构投入到发展迅速、潜力巨大、竞争力强的新兴领域的一种权益资本,以高科技、知识型和创意型的企业为投资对象。风险投资是创业企业的前期投资,一般数额较大,投资人参与管理。私募股权投资是指通过私募形式对私有企业即非上市企业进行的权益性投资,在交易实施过程中附带考虑了将来的退出机制,即通过上市、并购或者管理层回购等方式,出售持股获利。私募股权的投资关注具有稳定现金流的成熟企业,是创业企业后期的股权投资。

2. 债权融资

债权融资是一种形成债务的融资方式,包括银行贷款、企业债券、可转换债券、过桥贷款、融资租赁等形式。

银行贷款是文化企业通过银行贷款市场进行资本运作以获取发展资金的一种融资形式。一般分为信用贷款和抵押贷款。信用贷款是指银行以借款人的信誉发放的贷款,借款人不需要提供担保。抵押贷款是指以一定的抵押品作为物品保证向银行取得的贷款,如不能按期归还贷款,银行有权处理抵押品。抵押品一般包括有价证券、国债券、各种股票、房地产,以及货物的提单、栈单或其他各种证明物品所有权的单据。当前,以知识产权作为抵押品的抵押贷款成为文化企业获得银行贷款的重要途径。

企业债券是指债权融资者为了吸收社会限制资本,通常发行率要比同期银行存款利率高的一种融资形式。大企业的信誉好,债券利率通常比同期银行的贷款利率低,而中小企业资信度低,通常要高于同期银行的贷款利率。

可转换债券是发行人依照法定程序发行,在一定时间内依据约定的条件可以转换成股份的公司债券。

过桥贷款是在公司收购的过程中,未完全筹集到资金时,先由投资银行向其提供过渡性贷款,以使收购活动能够顺利进行的一种融资形式。对于投资银行来说,提供过桥贷款也存在一定的风险。所以,投资银行对过桥贷款都有一定的数量限制。在景观地产开发、主题公园建设等大型项目,以及企业的并购中,通常会利用过桥贷款来筹集资金。

融资租赁也称金融租赁,是公司、企业(承租人)需要更新或添置设备时,不通过自行购买而是以付租形式向租赁公司(出租人)借用设备的一种交易方式。通常由出租公司按照企业选定的设备进行购买或租赁,再出租给企业,是一种常用形式。

除了上述几种方式以外,债权融资还有BOT(build-operate-transfer)项目融资、ROT(renovate-operate-transfer)项目融资、POT(purchase-operate-transfer)项目融资、BOOST(build-own-operate-subsidy-transfer)项目融资、BLT(build-lease-transfer)项目融资等方式。

总体而言，文化企业需要根据自身发展的不同阶段、资源禀赋和经营管理水平，采取不同的融资方式。

3. 企业并购

除了股权融资和债权融资这两种操作方式，文化企业的资本运营还有企业并购这种操作方式。企业并购是指企业之间的兼并与收购，把文化企业作为一种整体资产进行交易，通过购买被收购企业的股票或资产，以股票交换股票或资产以获得控股权等方式来进行。企业并购已经成为文化产业发展最常见和最有效的资本运营模式，是资本经营的核心。文化企业的并购重组是文化企业实现快速发展的重要驱动力量。

文化企业的并购方式分为横向兼并、纵向兼并和混合兼并。横向兼并（horizontal merger）就是文化产业的同类行业兼并同类行业，使资本在文化领域集中，实现生产和资本的集中，通过规模经济降低成本，扩大市场份额。纵向兼并（conglomerate merger），就是一个公司对与自己生产的产品不同性质和种类的公司进行的并购行为，实现经营的多元化，从而分散经营风险，创造企业收益。文化企业的并购模式可以分为出资买断（又称购买式兼并）、出资控股、资产换股（又称吸收股份，如优酷和土豆的并购）、承担债务、协议合并、借壳上市或买壳上市、托管经营、杠杆兼并（又称融资式兼并）。

文化企业并购是有风险的，这种风险主要源于兼并过程中的成本膨胀和不可控，并购后或未能取得和发挥兼并企业或被兼并企业的核心能力，包括并购前、并购中和并购后的风险。环境的不确定性是风险的根本来源，这些风险包括社会风险、政治风险、经济风险等系统性风险和经营风险、商业风险、财务风险等非系统性风险。文化企业并购风险能否降低取决于收购前的价值评估和并购决策，可以依据产品的受众规模及影响力、企业财务状况、企业管理状况和未来发展潜力以及竞争对手的相关状况等来进行决策。并购中风险产生的原因包括兼并企业对自身审视不足，导致缺乏对竞争优势的可持续性分析；没有正确分析、评估、选择内部成长和外部扩张战略；产业结构与资源配置的失衡、对政府行为和社会风险估计不足、对目标企业战略评估失当，以及反兼并因素的存在和显现等。并购后风险主要表现为资产的变异、文化的鸿沟、多元化的陷阱，以及企业家能力的极限和企业规模边界等。

文化企业并购后更为重要的是对目标企业进行有效整合，使其与企业的整体战略、经营相一致。第一，战略整合。企业兼并之后，一般要根据集团的发展战略规划被兼并企业在集团战略实现过程中的地位和作用，然后对被兼并企业的战略进行调整，使整个企业的各个业务部门形成一个相互关联、互相配合的战略体系。第二，业务整合。新公司根据一家公司在整个公司体系中的作用和其他部分的关系，重新设置其业务，将一些与本业务不匹配的业务剥离给其他业务部门或者合并掉，将整个企业其他部门中的某些业务进行重新规划，通过整个运作体系的分工配合来提高协作，从而发挥公司兼并带来的规模效应和协同作用。第三，人事整合。公司高层管理人员的任免是否得当是并购成功与否的关键。被兼并公司的组织和人事应根据对其战略、业务等方面的设置进行整合。第四，文化整合。企业并购之后的整合是一场革命，最难的是观念的转变，企业文化（企业理想、价值、经营理念、情感和信仰的集合，表现为个体对企业团队以及自我在企业中所担任角色的心理态度和价值取向）的整合是企业并购的重中之重。①

---

① 向勇．文化产业导论．北京：北京大学出版社，2015：307－316.

（二）文化金融的应用模式

由于文化产业的特殊性和文化企业的复杂性，传统的金融产品和融资模式很难满足文化产业发展和文化企业运营的需要，所以文化金融的运营除了常规产业和一般企业所使用的常规模式外，还应该不断创新融资模式。文化金融的应用模式主要包括基金化、众筹化、证券化（份额化）、期货化、信贷化和物权化六种模式。每种模式具有不同的内涵、方式以及风险状况。

1. 基金化模式

文化金融的基金化交易主要体现在艺术品领域，可理解为艺术品基金化，将众多投资者的基金集中并通过艺术品投资组合，尽可能控制风险，增加规模收益。艺术基金化模式还可具体分为投资型、融资型、复合型三种。其中，投资型艺术基金通过信托、银行理财或私募计划募集资金后，由投资顾问提出建议，根据合同约定，直接投资于艺术品且产品的还款直接来源于出售所投资的艺术品，产品以浮动收益为主。艺术品私募基金一般以投资型为主。融资型艺术基金具有如下特点：抵质押担保措施相对较为充分，除艺术品质押外还有房产或土地的抵押，且抵押率较低；投资期限较短（一般为 2 年内）；实际用途非艺术品。复合型艺术基金具有前述两类艺术基金的特征，即产品资金投资于艺术品，退出渠道主要通过出售艺术品，但投资顾问或其他合作机构也承诺回购，且为保证回购行为的切实履行，也提供一定的抵质押物或其他担保措施，但抵质押担保措施并不充足。产品的收益也以浮动收益为主。

艺术基金的盈利模式有两种，分别是投资收益获得型和融资收益获得型。就目前国际性艺术投资基金会而言，以美国艺术基金（American Art Fund）和中国投资基金（China Investment Fund）为主力，基金会以 10 年一期的方式每年向投资人收取总投资额 2%的费用，如年收入超过 6%，再从超额利润获取 20%的分红。艺术品基金化交易模式还处于起步阶段，以“募资”为重点，停留在“预期”层面，基金运用的实践经验较少，存在鉴定、评估和保管等方面的问题。

2. 众筹化模式

文化金融的众筹化模式（crowdfunding）即大众筹资或群众筹资。伊森·莫里克（Ethan Mollick）认为，众筹是“融资者借助于互联网上的融资平台，为其项目向广泛的投资者融资，每位投资者通过少量的投资金额从融资者那里获得实物（例如预计产出的产品）或股权回报（而当前国内股权回报是违法行为）”。众筹最初是一种融资方式，在西方相当一部分众筹活动中，投资者不仅为项目进行融资，还可以积极参与项目实施。众筹在中国成为对开发阶段产品进行团购或预购的主要融资方式。

众筹特别适合文化资产的交易和文化产业的运营，可以直接连接文化产品的创作者和消费者，使文化项目的进入门槛更低，生产速度更快，更适应文化产业快速变化的趋势。一项众筹由发起人、支持者和众筹平台三个主体构成。发起人一般是拥有创意点子但缺乏资金、经营能力和销售经验的人。支持人由对发起人的故事和回报感兴趣的大众组成。众筹融资平台在收到创意项目简要说明后，平台工作人员会按照指南对项目是否适合该平台进行评估。如果项目通过评估，众筹平台将要求项目发起人进一步完善项目介绍以适应市场需求。发起人完成修改后，该项目在 Kickstarter 网站上向众多潜在投资者展示并募集资金，募集期限不得超过规定天数（Kickstarter 一般规定为 60 天）。若在规定期限内完成募集目标，融资者可以提取资金，但需要通过 Amazon 支付系统向 Kickstarter 支付手续费。投资者在项目实施后，可从发起人那里获得T恤衫、明信片、CD等相关产品馈赠。若没有按期完成融资目标，融资者将无法提取资金，资金必须返还给投资者。由于众筹没有采用以获得股权作为回报的形式，其在本质上属于一种文化产品实现经济价值的交易形式，此种模式承诺只要一定人员支付足够的费用，创作者就同意提供内容产品，扭转了版权生成后制作方须投入大量资金用于营销环节并艰辛地进行版权保护的局面，有效避免了文化产业运营中的"搭便车"现象。

众筹交易平台亟待采取以下举措：众筹监督的规范化，法律上须建立标准，明确区分众筹与非法集资的界限，对稳定、健康发展的众筹平台应予以更大的发展空间；众筹形式的多样化，目前主要集中在微电影和音乐领域，参与方式趋于单一，发起方难以获得专业管理、经营经验上的帮助；众筹观念的普及化，众筹作为互联网金融的第三波热潮，需要建立相互信赖、彼此信任的商业文化。

3. 证券化模式

文化金融的证券化交易模式又称为份额化交易模式，应遵循资产证券化的概念、本质和交易规则。证券化（securitization）是一种金融衍生工具，指把其他金融资产组合起来，销售给投资者的过程。证券化的本质是一种金融创新，是将传统金融资产重新组合起来，以满足企业多样化的融资需求。证券化是结构化融资（structured finance）的一种。弗兰克·法博齐（Frank J. Fabozzi）认为，"资产证券化可以被广泛地定义为一个过程，通过这个过程把具有共同特征的贷款、消费者分期付款合同、应收账款或其他不流动的资产包装成可以市场化的、具有投资特征的带息证券"。资产证券化具有以下几个特征：第一，资产证券化的结果是提供了一系列的带息证券。第二，这种证券的偿付，是以特定资产或资产组合未来能够产生的现金流为基础的。只要能够在未来产生可预测现金流的资产，就能够实施证券化。第三，这种融资形式不经过商业银行，是一种直接融资。

4. 期货化模式

期货是与现货相对的概念，是正在生产或即将进入生产的存续于未来的商品。期货交易，是指采用公开的集中交易方式或者国务院期货监督管理机构批准的其他方式进行的以期货合约或者期权合约为交易标的的交易活动。根据《期货交易管理条例》规定，期货合约是指"期货交易场所统一制定的、规定在将来某一特定的时间和地点交割一定数量标的物的标准化合约。期货合约包括商品期货合约和金融期货合约及其他期货合约"。文化金融的期货化交易指文化产品成为期货合约的标的物交易。因此，文化产品期货交易指"在期货交易场所统一制定的、规定在将来某一特定的时间和地点交割一定单位数量文化产品的标准化合约"。文化产品的期货合约属于商品期货合约，而全球文化产品中最早被期货化的是艺术品。期货化交易模式不仅给不想收藏或永久占有文化产品的投资者敞开了投资渠道，而且对文化产品的创作者予以基本的经济保障，保证了文化产业走向可持续发展的道路。

文化金融的期货交易方式与其他期货合约一样，通过开户审核后的投资者缴纳开户保证金，在法定期货交易所依次做开仓、持仓、平仓或实物交割来完成交易。交易过程中需要缴纳期货手续费，但和股票交易相比，期货交易没有印花税、过户费等其他费用。目前，国内文化资产期货市场发展缓慢的原因是：第一，缺乏权威市场指数；第二，文化资产期货合约标准难以规范；第三，缺乏权威的、非营利的交易平台。

5. 信贷化模式

文化金融的信贷化交易是文化资产进入信用贷款体系内实现其货币价值的交易模式，以知识产权为主的无形资产作为质押保证或质押担保。文化金融信贷化的理想模式是由贷款企业、担保机构、商业银行、再担保机构和政府及其相关机构的共同参与完成的。文化产业经营主体以中小企业或微型企业为主，缺乏流动资金且没有充足的有形资产做商业银行贷款的担保或抵押。交通银行北京分行的“智融通”系列、北京银行的“创意贷”知识产权质押贷款系列，都是商业银行进行文化资产信贷模式的尝试。

文化金融信贷化模式的主要形式是版权质押，可具体分为两种模式：版权质押保证贷款和版权质押担保贷款。前者占据多数，是以版权质押与法人代表的个人无限连带责任共同担保的结合融资模式；后者是以第三方合作担保机构的连带责任保证结合版权质押的模式。版权质押贷款多以 1 年为期，只有以固定资产抵押作为附带条件的贷款是以 3 年为期的。一般采取项目贷款的监管方式，银行与律师事务所、评估机构合作开展业务。

版权质押是文化金融信贷化的重要突破，多数文化企业通过版权质押获得信贷融资。版权质押贷款模式是文化企业以自身或者控股股东合法拥有且依法可以转让的核心知识产权（发明专利、影视剧版权、外观设计专利、软件著作权）质押给政府合作的担保公司，作为反担保措施向银行融资的贷款模式。政府要给予一定比例的贴息贴保，第三方信用担保机构要为银行一定比例的风险做出补偿。但是，文化资产的价值评估、处置和变现还有很大障碍，信誉和相关技术专利也得不到充分的价值认可，文化资产的信贷化模式依然面临很多困难。从政策上急需推进相关法律法规建设，认可知识产权的质押物效用，加强知识产权的保护。政府应通过和商业银行的积极沟通，缓和国内银行普遍重视不动产担保的倾向，促进创新担保方式，针对以知识产权为主要资产的新兴文化产业单位全方位开展政策性担保业务，实现符合时代需求的业务转型。建立统一健全的版权动态信息数据库和简易便捷的登记、查询程序，各地知识产权部门要进一步发挥文化产权交易所的平台功能，对社会无形资产处置与变现问题做出相应的回应。

6. 物权化模式

文化金融的物权化交易模式，即以知识产权为主的客体，通过版权等知识产权操作获利的交易模式，具有代表性的有艺术授权模式、全版权模式、双边市场模式和艺术银行模式等。

艺术授权模式是艺术作品拥有者将其所拥有的各种权利授权给想要使用该艺术作品进行复制、衍生生产、再制、销售等商业应用的经营方式。艺术复制品被广泛运用，如书画复制品在专业领域可用于图书馆、档案馆、纪念馆、博物馆、美术馆等，为陈列或者保存版本的需要，复制本馆收藏作品，以供美术画家、艺术院校学生、艺术机构研究和教学使用；而非专业领域则可复制著名美术作品用于星级宾馆、饭店、会所、家庭等。艺术授权以艺术作品知识产权的外围经营为核心，其艺术授权的运作模式是将所拥有、代理的艺术品以合同的方式授权给使用者，被授权者按规定从事经营活动，并向授权者支付相应的版税（权利金）；同时授权者收到版税后按比例回馈给艺术家。艺术版权的前提是法律依据，并以艺术作品的财产权利为标的。

全版权模式指一个产品的所有著作权（原始作品及各种衍生品），从网上的电子著作权到线下的出版权、游戏的改编权等的授权模式。全版权模式最典型的是盛大文学的版权操作模式，包含版权的生产和分销两部分：平台掌握大部分内容资源，减少外购著作权的开支，再从众多文学作品中选择具有商业前景的内容进行分销。盛大文学版权的内容是在网站上完成的，产生原始的著作权，版权的分销则是与其他内容生产商协作完成的。

双边市场模式是视频网站推出的一种版权交易模式，以乐视网的 Hulu＋Netflix 模式为代表。网络视频的运营模式大致分为 UGC（用户生成内容）、P2P 模式、Hulu（正版视频）、Netflix（流媒体播放服务商）等四种类型。乐视网是一家提供网络视频和正版影视著作权网络发行服务的民营公司，建构了一个著作权资料库，通过多渠道分销，充分实现著作权的资产价值，以优秀的正版视频、高质量的内容吸引用户，避免了影视纠纷和法律风险，其收入模式是一种双边市场模式；将广告收入（Hulu 模式）和用户直接付费（Netflix 模式）结合起来。乐视网将网站分为免费但质量低的“乐视网络电视”和付费但质量高的“TV 服务”，同时利用独家网络影视著作权资源，为合作方提供著作权分销服务。

艺术银行模式即以政府提供资金或政策保障的非政府文化艺术机构购买艺术家作品，再将作品转租或销售给企业、政府单位或私人用于陈列和收藏等，从而获得运转资金的非营利性艺术机构经营模式。此种操作模式源自加拿大，盛行于日本、韩国、澳大利亚。艺术银行成为一种近似文化补助政策的扶持方式。此外，艺术银行需要足够的配套，如足够的客源、公开稳定的展览渠道、补助和合同规范与咨询服务。

文化金融的交易模式是实现文化产业运营的基本形式。总体而言，中国文化企业还处于探索阶段，知识产权管理体系还未成熟，从内容创意到图书、音像、食品、服装、玩具等衍生品开发环节还存在许多断层，在交易方式、交易配套和推广营销等环节还存在诸多困难。文化资产的理想交易模式形式多样，但受文化体制、法律规范、市场环境等外部限制，当前主要的交易模式仍采取“一对一”或“一次性买断”的单一方式，效率低下，成本过高，造成“上游权益无法保证、下游履约风险变高”的恶性循环。[①]

三、案例：万达院线收购分析[②]

2012 年 5 月，万达院线母公司万达集团经过两年的艰苦谈判收购了美国票房第二大院线 AMC 娱乐控股公司的控股权，完成总计 26 亿美元的收购（包括购买 100%股权和承担 20 亿美元的债务）。万达集团承诺，完成并购后投入运营资金不超过 5 亿美元，至此，万达集团共需为此次收购支付 31 亿美元。此行为代表万达集团在其国际化之路上迈出了实质性的第一步，也是万达集团从商业地产到文化产业的战略性转型。此后，万达集团加速了其国际化步伐，2015 年 6 月，万达院线宣布收购澳大利亚第二大院线 Hoyts。公司的银幕数量从 2011 年的 693 块增至 2014 年的 1 616 块，年均复合增长率约为 33%。

创立于 1988 年的万达集团，主要围绕商业地产、高级酒店、旅游投资、文化产业、连锁百货等五大产业开展业务。截至 2011 年，企业资产 2 200 亿元，年收入 1 051 亿元，年纳税 163 亿元，已经成为中国民营企业中的龙头企业。万达从 2005 年开始大规模投资文化产业，目前已成功进入中央文化区、大型舞台演艺、电影制作放映、连锁文化娱乐、中国字画收藏等五个行业。万达文化产业投资已超过 100 亿元，成为中国文化产业投资额最大的企业。企业成立之初，万达启动了大连市西岗区北京街旧城改造，成为全国第一个进行城市旧区改造开发的企业，在全国首创城市旧区改造的发展模式。20 世纪 90 年代初期，万达年房屋销售量占大连市

---

① 向勇．文化产业导论．北京：北京大学出版社，2015：317-326.

② 根据万达集团“聚焦国内”的发展战略，万达集团从 2018 年开始逐步退出 AMC 公司控股权。截至 2021 年 5 月，万达集团已全部退出 AMC 公司董事会，仅保留 AMC 公司少数股权。但是，鉴于万达集团收购 AMC 的举动在文化金融领域的创新意义和影响力，本书仍将此案例作为文化金融的代表性案例。

房地产销售总量的两成以上，在大连房地产企业中脱颖而出。在房地产行业站稳脚跟后，万达集团开始进军文化产业。2012 年，万达集团成立万达文化产业集团，投资 5 亿元正式成立万达影视制作公司，形成电影产业的完整产业链。同年，万达集团成功并购 AMC，并制定十年战略发展目标，决定实施跨国发展，成为世界一流的跨国企业，为中国民营企业争光。2013 年，美国 AMC 院线公司在纽交所成功上市。同年，万达宣布成立英国房地产开发公司，并收购英国圣汐游艇公司。

AMC Cinemas 早在 1920 年就在美国开设了第一家电影院，其拥有数百家电影院，遍布世界各地，是全球最大的电影连锁公司。在被万达收购前，美国 AMC 在 2011 年的收入达到了 25 亿美元，观影人数约 2 亿，员工总数达到 2 万人左右。AMC 公司拥有的影院集中在北美大型城市中心地带，拥有北美票房最多的前 50 家影院中的 23 家。美国 AMC 影院公司是排名世界第二的院线集团，旗下拥有 346 家影院，共计 5 028 块屏幕。其中 IMAX 屏幕 120 块，3D 屏幕 2 170 块，是全球最大的 IMAX 和 3D 屏幕运营公司。

万达集团的国际化并购路线是由其全产业链的运营模式决定的。第一，AMC 拥有美国好莱坞的先进理念和管理经验，是万达集团进军文化产业的利器；第二，AMC 虽然规模较大，是美国票房排名第二的影视公司，但是没有上市，利于并购操作，且能为万达上市制造新卖点抬高股价；第三，AMC 除了本身拥有的 7 亿美元股权和 3 亿美元现金之外，账面上有高达 19 亿美元的债务，但是 AMC 的品牌效益是难以估量的，除了能为万达更有把握地争取到进口片发行牌照之外，“万达＋AMC” 的品牌效应更有利于院线的转型升级。在收购 AMC 之后，万达集团同时拥有世界排名第二的 AMC 院线和亚洲排名第一的万达院线，已成为全球规模最大的电影院线运营商。此外，万达集团还陆续操作了其他收购，目前万达集团的院线总资产（AMC＋万达院线＋Hoyts＋世茂影院）在全球市场中的份额已达到 7%左右。万达集团的并购运营模式使企业原有资本在文化领域集中，从而实现生产和资本的集中，通过规模经济降低成本，扩大市场份额；同时，万达集团从精细化管理的角度选择并购目标，选取产业链每个环节中做得最好的企业进行收购，实施多元化、差异化的经营策略，最大程度上把握企业运营的全局。但是，企业并购是有风险的，例如，并购目标的债务、管理模式的冲突等，如何最大化地降低风险，实现企业发展目标，是万达集团仍需重视的问题。

本章小结

1. 布尔迪厄把资本分为三种：(1) 经济资本，这种资本可以立即并且直接转换成金钱，它以财产权的形式被制度化；(2) 文化资本，这种资本在某些情况下可以转化为经济资本，它以教育资格的形式被制度化；(3) 社会资本，它是由社会义务（“联系”）组成的，这种资本在一定条件下也可以转换成经济资本，它以某种高贵头衔的形式被制度化。

2. 股权融资是一种所有权融资，是文化企业向现有股东或潜在股东募集资金的融资方式。通过股权融资的资金是企业的股本金，融资对象成为公司的股东。股权融资具有永久性、无须归还、风险分担等特点。债权融资包括银行贷款、企业、融资租赁等形式，具有支付利息、偿还本金等特点。一般来说，股权融资的风险小于债权债券融资的风险，但减少了文化企业创始人的控制权，成本高于债权融资。

3. 文化金融的基金化交易主要体现在艺术品领域，可理解为艺术品基金化，将众多投资者的基金集中并通过艺术品投资组合，尽可能控制风险，增加规模收益。

4. 文化金融的众筹化模式即大众筹资或群众筹资。伊森·莫里克认为，众筹是“融资者借助于互联网上的融资平台，为其项目向广泛的投资者融资，每位投资者通过少量的投资金额从融资者那里获得实物（例如预计产出的产品）或股权回报（而当前国内股权回报是违法行为)”。

5. 文化金融的证券化交易模式又称为份额化交易模式，应遵循资产证券化的概念、本质和交易规则。证券化是一种金融衍生工具，指把其他金融资产组合起来，销售给投资者的过程。

6. 期货是与现货相对的概念，是正在生产或即将进入生产的存续于未来的商品。期货交易，是指采用公开的集中交易方式或者国务院期货监督管理机构批准的其他方式进行的以期货合约或者期权合约为交易标的的交易活动。

7. 文化金融的信贷化交易是文化资产进入信用贷款体系内实现其货币价值的交易模式，以知识产权为主的无形资产作为质押保证或质押担保。

8. 文化金融的物权化交易模式，即以知识产权为主的客体，通过版权等知识产权操作获利的交易模式，具有代表性的有艺术授权模式、全版权模式、双边市场模式和艺术银行模式等。

思考与练习

一、基本概念

文化金融　文化资本　习性　资本　场　股权融资　债权融资　企业并购　文化金融的创新模式

二、思考题

1. 如何理解文化金融的特点?
2. 举例分析文化资本的三种类别。
3. 如何概括文化金融运营过程中文化资本的重要性?
4. 如何认识文化企业并购的风险?
5. 试比较文化金融的不同应用模式，并举例分析。

拓展阅读

1. 张志伟，石瑶．关于文化金融服务体系建设的若干思考．西华大学学报（哲学社会科学版)，2017（3）.

2. 向勇．文化产业导论．北京：北京大学出版社，2015.

3. 李镇西．中国文化金融导论．北京：中国书店，2013.

4. 裴仁伟．走近“习性”、“资本”和“场”：读《布尔迪厄访谈录》．贵州师范大学学报(社会科学版)，2001（1）.

5. 薛晓源，曹荣湘．全球化与文化资本．北京：社会科学文献出版社，2005.

6. 陈治国．布尔迪厄文化资本理论研究．北京：首都师范大学，2011.

第四编

宏观治理

第十一章　文化产业的集聚发展

本章概述

文化产业的集聚效应是一个自我积累的正反馈过程。本章主要围绕“文化产业集聚”这一文化产业发展的重要形态和方向展开介绍分析。具体来说，第一节首先梳理了文化产业集聚与文化产业集聚区的主要相关概念，并介绍了聚集经济理论、中心外围模型、竞争优势理论、增长极理论、新公共领域理论等相关理论模型；第二节则在现有的理论基础上，研究文化产业集聚的要素特点及文化产业集聚的机理与形成模式，包括影响因素和形成机制，用不同的划分方法对现有文化产业园区的类型进行梳理，进而从现实出发研究展望我国文化产业集聚的发展趋势；最后，第三节通过曲江新区、上海老外街、德必集团、胡同创意工场、横店影视等案例，分析了不同集聚模式的文化产业园区是如何发挥集聚效应的。

学习目标

通过对本章的学习，学生应了解或掌握如下内容：

1. 了解文化产业集群与集聚的相关理论。
2. 了解文化产业集聚的要素特点。
3. 了解文化产业集聚的形成模式。
4. 掌握文化产业集聚园区的分类方法。
5. 了解我国文化产业集聚的发展趋势。
6. 认识文化产业园区的集聚效应。

一、理论：文化产业集群与集聚理论梳理

（一）文化产业集群的相关理论梳理

1. 文化产业集聚

产业集聚是普遍的经济现象。2 600 多年前，管仲就主张“四民分业”，按其专业聚居，因

为工人可以“相语以事，相示以功，相陈以巧，相高以知”，商人可以“相语以利，相示以时，相陈以贾”。发展到今天，产业集群的壮大对于促进区域经济发展、提高经济运行效率的作用越来越受到关注。

一般来说，产业集群是指在某些特定区域中，一群在地理上邻近、有交互关联性的企业和有竞争优势的产业以及相关的法人机构，彼此的共同性和互补性相结合所形成的合作网络和协同创新网络。产业集群不仅包括企业，也包含下游产业的成员（销售渠道和顾客），互补性产品制造商，专业化基础设施的供应商，政府与其他提供专业化培训、信息、研究和技术支援的机构（如大学、思想库、职业训练机构），以及同业公会和其他支持集群成员的民间团体。

2. 文化产业集聚区

国外学者关于文化产业集聚区的概念，有很多种不同的论述（见表 11-1）。与文化产业园区对应的词很多，这些概念涉及经济学、地理学、新经济地理学、产业经济学、管理学、环境社会科学、城市管理、旅游经济学、旅游管理等学科。主要包括：从城市经济学、公共管理学角度提出的文化园区（John Montgomery，2004），文化聚落（Hans Mommaas，2004），文化区域（M. Jae Moon，2001）；从地理经济学学科角度提出的文化特区（Santagata Walter，2002；Stern Mark J. & Susan C. Steifert，2007），文化产业园；从社会学角度提出的文化综合体（Trist E. L.，1983）；从旅游管理学角度提出的文化旅游地区（Michela Arnaboldi，Nicola Spiller，2011）；等等。

无论文化产业园区这个概念选择了哪一个词来阐述其内涵和外延，理论研究的关注焦点都集中在文化产业聚落化和文化空间团块化现象上。如诺拉波特·普米兰、万斯伯勒和马吉恩（Nolapot Pumhiran，Wansborough，& Mageean）将文化创意产业园定义为一个空间有限和具有明显地理区域，文化产业和设施高度集中的地方。这些集群由文化企业和一些自己经营或自由创作的创意个体组成。园区内特殊活动可包括儿童玩乐的场所、图书馆、开放和非正式的娱乐场地。在这些园区中鼓励文化运用和一定程度的生产和消费的集中。[①] 同时他们认为文化产业园区具有的一大特点是：多种功能组合的综合体。例如：德瑞克·韦恩（Derek Wynne）认为文化园区指的是特定的地理区位，其特色是将一座城市的文化与娱乐设施以最集中的方式集中在该地理区位内，文化园区是文化生产与消费的结合，是多项使用功能（工作、休闲、居住）的结合。[②] 汉斯·姆马斯（Hans Mommaas）认为园区内文化功能是通过设计、生产、交换和消费活动混合而成的垂直组合。韦恩（Wynne，1992）最早提出“文化产业集聚”的概念，认为文化产业集聚指的是城市中文化和娱乐设施高度集中的地理区域。莫罗奇（Molotch，1996）认为文化产业集聚就是由文化产品与当地文化特征相结合而形成地方文化品牌，进而吸引文化企业和相关要素在此形成的区域。

表 11-1　国外相关文化园区概念研究列表

学者	概念	定义
德瑞克·韦恩 (Derek Wynne)	文化园区	文化园区指的是特定的地理区位，其特色是将一座城市的文化与娱乐设施以最集中的方式集中在该地理区位内，文化园区是文化生产与消费的结合，是多项使用功能（工作、休闲、居住）的结合

① 樊盛春，王伟年．文化产业园区理论问题探讨．企业经济，2008（10）：9-11.

② 刘维公．为什么我们需要创意文化园区?：创意文化园区是强心针？还是打错针？．典藏今艺术，（129）：102-105.

续前表

学者	概念	定义
希拉里·安妮·弗罗斯特-克伦普（Hilary Anne Frost-Kumpf）	文化特区	文化特区指的是在都市中具有完善的组织且明确标示、文化设施高度集中的区域，此区域有完整的地理界定并可供多元混合使用，因此创造出吸引力
诺拉波特·普米兰、万斯伯勒和马吉恩（Nolapot Pumhiran，Wansborough，& Mageean）	文化园区	文化园区是一种空间界限清晰的特别区域，此区域文化设施的集中度高于其他地方
约翰·蒙哥马利（John Montgomery）	文化园区	文化园区中艺术与创意活动被生产与消费、人们（包括艺术家与消费者）接受教育与娱乐、空间氛围让人们可以轻松恣意走动与浏览的地方
汉斯·姆马斯（Hans Mommaas）	文化聚落	园区内活动的横向组合及其协作和一体化水平；园区内文化功能的垂直组合——设计、生产、交换和消费活动具体的混合，以及与此相关的园区内融合水平；涉及园区管理的不同参与者的园区组织框架；金融制度和相关的公私部门的参与种类；空间和文化节目开放或封闭的程度；园区具体的发展途径；园区的位置

资料来源：根据相关资料整理而成。

在中国，由于国内文化产业园出现较晚，文化产业园区或者文化产业集聚区的相关研究略显滞后。目前“我们从政府到学界对文化产业园区、文化产业基地、文化产业集聚区三个概念的使用存在着很大的混淆，这三个概念有相互重叠的地方，也有差异”①。其中，文化产业基地的概念的主要作用是为政府的授牌和管理提供便利；文化产业集聚区的概念更多强调对产业集群的研究和探讨；而文化产业园区的概念更多强调在地理空间维度上文化生产和消费等功能的聚落化和团块化。

我国学者对文化产业集聚区的研究主要集中在对文化产业集群的探讨上（见表11-2）。例如：向勇和康小明认为，文化产业集群就是在文化产业领域内（通常以传媒产业为核心），大量产业联系密切的文化产业企业以及相关支撑机构（包括研究机构）在空间上集聚，通过协同作用，形成强劲、持续竞争优势的现象。因此，一般意义上的文化产业集群包括下游产业的文化产业企业、互补产品的供应商、专业化基础结构的供应者和提供培训、教育、信息、研究、技术支持的其他机构，例如，大学、智囊团和技术标准机构等。根据文化产业的“创意”属性的强弱，可以将文化产业集群划分为如下类别：核心文化产业集群、外围文化产业集群和相关支撑机构等。欧阳友权认为，文化产业集群是指相互关联的多个文化企业或机构共处一个文化区域，形成产业组合、互补与合作，以产生孵化效应和整体辐射力的文化企业群落。综合上述学者的观点，可以说大量文化企业、金融机构以及相关支持体系在空间上集聚，就形成了文化产业集聚区，在园区内，相关资源得以有效整合，从而使文化产品的创造、生产、分销和利用最优化，在该区域内形成文化产业竞争合作的发展态势。

而在国内学者对文化产业园区的研究中，大部分学者认为文化产业集聚效应是以文化产业

① 张三夕．关于文化产业园区发展模式的反思．北京：北京大学文化产业研究院，2010.

园区为载体，而文化产业园区则是以文化创意产业“集聚”为基础，集产业经济、社会发展与文化认同于一体的一种实践形态。学者们普遍指出，文化娱乐设施、文化生产与消费在特定地理空间上的集聚，使园区的创意扩散效应和财富增值效应明显放大，增强了园区的品牌优势。但也有学者在界定文化产业园区时强调企业内部与外部环境相互之间的软性链接因素，而非园区的空间地理因素。如李天铎认为：“提到园区的话，有一个基本的概念，其实文化产业的根本是它的一个社会生活领域，资本领域是一个生产的场地，这个场地是一个地方，根本不是一个城市。”① 刘文沛认为文化创意产业园区是：“介于政府、市场、企业和个人之间的社会经济组织和发展平台，它以系统化的管理支持和资源网络，促进产业链与市场持续的良性发展；它将文化创意与现代社会的经济组织形式结合起来，以高度集中化、组织化的社会生产方式推进文化创意的产业化和市场化，其最终目的是实现经济效益和社会效益的均衡增长。”②

虽然关于文化产业园区、文化创意产业集群的概念不一，但都强调了文化创意产业集聚的产业要素和空间联系。

表 11－2　我国相关文化园区概念研究列表

学者	概念	定义
向勇、康小明	文化产业集群	文化产业集群就是在文化产业领域内（通常以传媒产业为核心），大量产业联系密切的文化产业企业以及相关支撑机构（包括研究机构）在空间上集聚，通过协同作用，形成强劲、持续竞争优势的现象。因此，一般意义上的文化产业集群包括下游产业的文化产业企业、互补产品的供应商、专业化基础结构的供应者和提供培训、教育、信息、研究、技术支持的其他机构，例如，大学、智囊团和技术标准机构等。根据文化产业的“创意”属性的强弱，可以将文化产业集群划分为如下类别：核心文化产业集群、外围文化产业集群和相关支撑机构等
厉无畏	文化创意产业集聚区	文化创意产业集聚区是一种空间经济组织形式，即一些具有分工合作关系的创意企业通常倾向于集中在一定的区域内，以便低成本地获得外部性。集聚既是创意产业起步阶段的普遍发展模式，也是一个多维度动态演进的过程
欧阳友权	文化产业集群	文化产业集群是指相互关联的多个文化企业或机构共处一个文化区域，形成产业组合、互补与合作，以产生孵化效应和整体辐射力的文化企业群落
刘文沛	文化创意产业园区	文化创意产业园区是介于政府、市场、企业和个人之间的社会经济组织和发展平台，它以系统化的管理支持和资源网络，促进产业链与市场持续的良性发展；它将文化创意与现代社会的经济组织形式结合起来，以高度集中化、组织化的社会生产方式推进文化创意的产业化和市场化，其最终目的是实现经济效益和社会效益的均衡增长
刘立云等	文化产业集群	文化产业集群通常以传媒产业为核心，通过分工协作关系形成区域集聚，具有整体辐射力并可以产生孵化效应
花建	文化产业集群	文化产业的集聚发展是在一定区域内以主导产业为核心，吸引相关密切联系的企业群和服务机构在空间上集聚从而获得可持续竞争优势的现象。文化产业集群是文化产业集聚发展的高级形态

资料来源：根据相关资料整理而成。

① 李天铎．文化园区：梦幻工厂或是创意集中营．北京：北京大学文化产业研究院，2010.

② 刘文沛．上海文化创意产业园区研究．公共艺术，2012（5）.

（二）文化产业集聚的相关理论模型

1. 聚集经济理论

阿尔弗雷德·马歇尔（Alfred Marshall）在其于1890年出版的《经济学原理》一书中，首次提出了产业聚集及内部聚集和空间外部经济的概念，并指出了导致产业聚集的原因：一是聚集能够促进专业化投入和服务的发展；二是企业聚集于一个特定的空间能够提供特定产业技能的劳动力市场，从而确保工人较低的失业率，并降低劳动力出现短缺的可能性；三是产业聚集能够产生溢出效应，使聚集企业的生产函数优于单个企业的生产函数，企业从技术、信息等的溢出中获益。① 马歇尔认为，如果一个大企业附近聚集了很多中小企业，这一区域就可以称为“产业区”。在当时产业区这个概念是相对于农业区而言的，基本上是工业区的概念，因此具有一定的局限性。②

2. 中心外围模型

克鲁格曼（P. R. Krugman）的中心外围模型主要经济思想是，一个经济规模较大的区域，由于前向和后向联系，会出现一种自我持续的制造业集中现象，经济规模越大，集中越明显，运输成本越低，制造业在经济中所占的份额越大，在厂商水平上的规模经济越明显，越有利于集聚。③ 然而由于以克鲁格曼为代表发展的标准新经济地理模型的大多数结论都建立在数字模拟的基础上，一些决定着经济活动空间分配的关键的内生变量不能用显性函数的形式加以表达，从而一些特定的参数值便决定了可能的均衡集，限制了CP模型在空间经济分析中的广泛应用。④

3. 竞争优势理论

1998年，哈佛大学教授迈克尔·波特系统阐述了产业集群（industry clusters）理论。波特认为产业集群是：位于某个地方、在某一特定领域内互相联系、在地理位置上集中的公司和机构的集合。集群包括一群对竞争起重要作用的、相互联系的产业和实体。⑤ 波特继而在《国家竞争优势》一书中提出了国家竞争优势的“钻石模型”（diamond model）。波特认为在产业集群的形成和发展过程中，政府无可避免地要扮演多重角色。第一，要保持宏观经济和政治稳定；第二，要通过提升一般资源的效率和品质，提高经济体中微观经济的运作效率；第三，要建立监督企业间交易、竞争的一般准则，包括建立各种保护产权、促进竞争的产业政策等。波特认为政府在产业集群中最适当的角色是推动者和挑战者。作为挑战者，它要站在与企业对立、对企业造成压力的一方。如制定严格的产业标准，这些压力有助于企业提高质量，提高技术水平，改进工艺流程或创新服务方式，促使企业加速更新生产要素。⑥

4. 增长极理论

20世纪90年代，以克鲁格曼为代表的新经济地理学理论学派为产业集聚的产生提供了很好的解释。克鲁格曼的新经济地理学理论在一定程度上继承了马歇尔的思想，认为经济联系导致产业聚集，

---

① 马歇尔．经济学原理．廉运杰，译．北京：华夏出版社，2005.

② 刘蔚．文化产业集群的形成机理研究．广州：暨南大学，2007.

③ KRUGMAN P R. Increasing returns and economic geography. Journal of Political Economy，1991（99）：483－499.

④ 何雄浪．专业化产业集聚、要素流动与区域工业化：克鲁格曼中心-外围模型新发展．财经研究，2007（2）：16－25，89.

⑤ 波特．国家竞争优势．李明轩，邱如美，译．北京：华夏出版社，2002.

⑥ 波特．竞争论．李明轩，译．北京：中信出版社，2002.

而技术外溢是产业聚集的次要因素。同时，他提出历史事件也是产业集群形成不可忽视的一个重要因素。而在法国经济学家佩鲁（Perroux）的增长极理论中，倡导一种通过政府人为干预形成聚集，促进地区经济发展的机制，它将政府在产业聚集形成、发展过程中的作用放大，认为有了政府对主导产业或专业化企业的投资建设，就会产生围绕这些关键性产业或企业的聚集，最终带动整个区域的发展。①

增长极的经济发展会对周围地区产生两方面的影响：一是极化效应，表现为增长极对周围地区的资源具有吸引力，使得周围地区的劳动力、资金等要素流向增长极，从而形成极点的规模效应，推动增长极的发展，同时抑制周围地区经济的发展。二是扩散效应，表现为增长极发展到一定阶段后，规模经济开始弱化，为了获得进一步发展，增长极地区的生产要素向周围地区回流，从而带动周围地区经济的发展。在发展初期，增长极的极化效应大于扩散效应，而当增长极中生产要素的规模达到一定程度时，极化效应会减弱，扩散效应会增强，增长极发挥辐射作用，使周边地区整体的经济水平得到提升。②

5. 新公共领域理论

哈贝马斯（Habermas）认为，市民社会经历了政治社会、经济社会和文化社会三个阶段。公共领域是国家权力与市场经济之间的缓冲地带，其核心诉求是通过观念和文化的力量对抗政治权力，用观念启蒙来影响公众和政治权力持有者，不断发扬和扩大民主。哈贝马斯的公共领域理论对于规范政治权力、促进后发国家理解现代性问题、启示人类解放的途径都有积极的作用。③

二、方法：文化产业集聚的要素、形成模式与趋势

（一）文化产业集聚的要素

1. 文化场景性

（1）文化根植与反哺。

"根植性"来源于社会经济学。文化根植性最早由朱津和迪马乔（Zukin & Dimaggio）提出，强调经济活动受到诸如民族文化心理、本地文化传统等社会文化环境的影响。在经济地理学领域，库克和希恩斯托克（Cooke & Schienstock）针对集群与区域文化的关系，把文化根植作为对集群分析的关键概念。④ 文化创意产业集群深深植入当地的政治制度、经济结构以及文化土壤中，是一个整体的社会运作系统，体现着一个地区长期沉淀的文化背景。魏江和向永胜等认为，集群的文化根植特征具有相对稳定性，通常在很长时期内表现出个别特征微小的、渐进式的变化。⑤ 集群文化反哺性表现为集群发展到一定阶段，其自身积累的产业文化能够促进地方文化品牌树立并重塑城市风貌。⑥ 一方面，集群进行了文化要素和业态的有机融合，使文化

① 林竞君．网络、社会资本与集群生命周期研究：一个新经济社会学的视角．上海：上海人民出版社，2005.

② 刘芬，邓宏兵，李雪平．增长极理论、产业集群理论与我国区域经济发展．华中师范大学学报（自然科学版），2007（1）：130－133.

③ 彭立群．哈贝马斯公共领域理论探析．安徽大学学报（哲学社会科学版），2008（5）：137－140.

④ 欧小军．世界一流大湾区高水平大学集群发展研究：以纽约、旧金山、东京三大湾区为例．四川理工学院学报（社会科学版），2018，33（3）：83－100.

⑤ 魏江，向永胜，等．文化根植性与产业集群发展．北京：科学出版社，2014：182.

⑥ 詹绍文，王敏，王晓飞．文化产业集群要素特征、成长路径及案例分析：以场景理论为视角．江汉学术，2020，39（1）：5－16.

创意产品更具有区域特色；另一方面，集群通过塑造共同的文化和价值观，进行了文化价值的话语建构，在重绘城市风貌的同时，也塑造和传播了一个城市或地区的文化形象。

（2）文化凝聚与辐射。

文化创意产业的集聚会产生规模化的文化生产力，体现文化的凝聚与辐射特征。文化的凝聚特征体现在：一是产业关联度高，集群内的企业在生产、营销、采购、管理、技术等方面相互配合，形成协同效应，能够优化现有的产业结构。二是该产业集聚发展到一定阶段的时候会产生一种向心力，将重要的产业资源凝聚起来，创造更多的创新机会，形成一定的投资吸引力。同时，产业集聚还表现出文化产业对经济发展的外溢和辐射效应，尤其是以较强的经济、文化、教育、科技、人才等资源优势带动周围地区的发展。如浙江省唯一的省级文化产业集聚区就以横店为核心区，辐射带动金华市域范围内众多影视文化产业，周边一些县市区以此为契机，为横店剧组提供绿水、青山、村落等天然外景，主动接受影视产业辐射影响，纷纷出台扶持政策，以影视拍摄来推动美丽乡村建设。

2. 产业聚集效应

（1）完整有效的产业链条。

向勇和厉无畏等认为文化创意产业集群由内容创意组织、生产制造组织、营销推广组织、传播渠道组织以及消费者构成，是一个复杂的有机整体。谈国新和郝挺雷等提出了科技创新驱动文化产业的转型升级过程，在整个文化产业链中，内容创意决定着产业链的宽度和广度，科技创新则决定着产业链的深度和高度。[①] 要发展文化产业，实现产业升级，打造完整有效的文化产业链是有效途径，也是唯一途径（见图 11-1）。[②] 比较典型的例子是美国的电影产业集聚区“好莱坞”，汇集了包括梦工厂、迪士尼、20 世纪福克斯、哥伦比亚公司、索尼公司、环球公司、华纳兄弟在内的电影巨头以及如 RCAJIVE Interscope Records 这样的顶级唱片公司。好莱坞电影制作采取的是工业化模式、流水线生产，从拍摄前的市场调研、分析、编剧、拍摄过程，到服装设计、制作和后期处理，再到院线推广，整个过程都有专业的公司或者部门负责。可见，好莱坞的电影制作已经形成了一条完整的产业链，完全实现了产业联动。

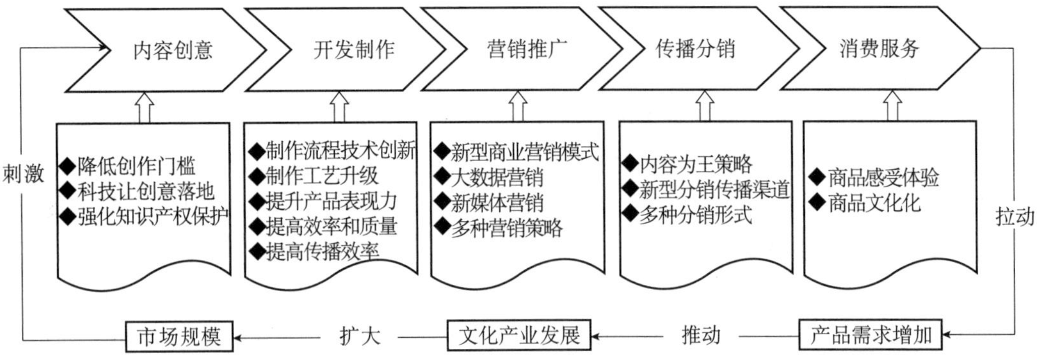

图 11-1　科技创新驱动文化产业的转型升级过程

① 谈国新，郝挺雷．科技创新视角下我国文化产业向全球价值链高端跃升的路径．华中师范大学学报（人文社会科学版），2015，54（2）：54-61.

② 冯华，温岳中．产业链视角下的我国文化产业发展．国家行政学院学报，2011（5）：82-86.

（2）多维复杂的利益关系。

文化创意产业集群具有多维、复杂、灵活的利益关系。第一，文化创意产业集群以“内容生产”为核心，一般属于同一特定主题，覆盖较广的行业范围，产业间相互关联，依据不同创意产品生产的需求，形成不同的行业组合形式。[①] 因此集群内存在多种创意生产的可能性。第二，在文化创意产业集群中，企业往往基于临时或短期的合同项目，通过建立新的文化项目关系，吸引各行各业乃至世界各地的创意者、专业人士和内容供应商加入，项目完成人员即解散，具有灵活雇佣及职业自由的特点。[②] 第三，对集群的空间、运营、品牌优化也涉及利益相关者，如政府部门、企业、媒体、管委会、消费者和其他社会机构的利益关照，需要非常清晰有效地去检视它们之间的沟通机制与互动关系，以便实现创意集聚更优的效果，最终形成一种创意生态。[③]

3. 创意网络

（1）创意人才。

芝加哥大学教授克拉克（Clark）提出的场景理论探讨了如何集聚创意阶层的问题。创意网络首先以创意人才为基本细胞，网络中的人才可以是不同种族、阶级、性别、教育程度和年龄的，他们来自建筑设计、艺术创作以及法律金融等诸多行业，共同创造新理念、新技术和新创意。创意人才在集聚演化中有两个主要特征：一方面，创意人才的空间集聚具有流动性。创意工作没有固定的程序和步骤，创意人才具有很强的自我价值导向，重视空间集聚的灵活性、有效性和挑战性，在团队归属和项目选择上拥有很大的主动权。此外，随着办公自动化程度的不断提高，创意人才不再被传统的定点定位工作模式束缚，流动性更加突出。另一方面，创意人才的空间集聚具有区位黏性。创意产业集群更多地选择大都市中心区，更主要体现在创意产业集聚区对城市特定场所的特殊文化与品质有很强的偏好，对于根植于特定空间的文化特质的挖掘与利用起着关键作用。[④] 由此可见，创意阶层的密集度与地方文化的多样性和文化品质呈正相关，创意人才大多倾向于选择在较高宽容度和对新观念持开放态度的城市工作和生活。

（2）创意社群。

“创意社群”是由西方学者为强调文化创意产业集群与其他产业集群的差别而特别创造的一个概念。“创意社群”最早由约翰·埃格（John Eger）提出，他在《创意社群》报告中，认为城市发展的关键在于创造就业机会、财富和提升生活品质，要确认文化与艺术在促进经济发展中扮演的重要角色，并建立起“一个能充分利用文化、艺术、产业和社区之间重要联系的社群，并在互动互融的过程中主动投入人力资源和财力，为城市做好能面对迅速发展的后工业时代和知识型经济社会所带来的巨大挑战的准备”[⑤]。国内学者厉无畏和王慧敏认为构筑文化、艺术、商业和社区之间的关联非常重要，从实际载体来看，创意社群表现为各类动态、松散甚

---

① 詹绍文，王敏，王晓飞．文化产业集群要素特征、成长路径及案例分析：以场景理论为视角．江汉学术，2020，39（1）：5－16.

② 余丽蓉．文化产业集群的多学科视角分析．科技进步与对策，2009（26）：70－73.

③ 向勇．文化属性与产业命脉：以深圳创意城市的生成机制和优化策略为例．美术观察，2017（12）：13－14.

④ 刘学，张敏，汪飞．南京文化集群的特征与模式．现代城市研究，2007（11）.

⑤ EGER J. The creative community：forging the links between art culture，commerce & community. München：Grin Verlag，2010.

至虚拟的网络、平台、主题活动或交流机制。① 创意社群强调将设计感与艺术感融入现代人的日常生活，更注重文化创意产业与社区生活的联动发展。如秦皇岛阿那亚社区就提供了一个具有先锋性和实验性的创意社群模版，阿那亚社区的业主来自各行各业，有音乐家、诗人、设计师、建筑师等等，通过对当地业主社群的深度运营，创造出具有地域特征的孤独图书馆、社区戏剧节等一大批文化地标群落和社群产品。

（二）文化产业集聚的机理与形成模式

1. 文化产业集聚的机理

聚焦于“什么因素让产业得以聚集”这一核心问题，克劳斯·施泰因勒（Claus Steinle）和霍尔格·希尔（Holger Schiele）从必要条件与充分条件两个方面归纳了产业集群生成及发展的要素。如图 11-2 所示，其中必要条件包括生产过程可分性和产品可运输性，而一个较长的价值链、差异化、以“网络创新”为特征的创新强度和多变的市场环境，进一步增加了一个行业集群的潜力。该分析框架能够使产业政策和区域规划更准确地预先选择目标行业，而该行业可以通过区域联网联通或其他形式的集群发展措施来进一步发展。②

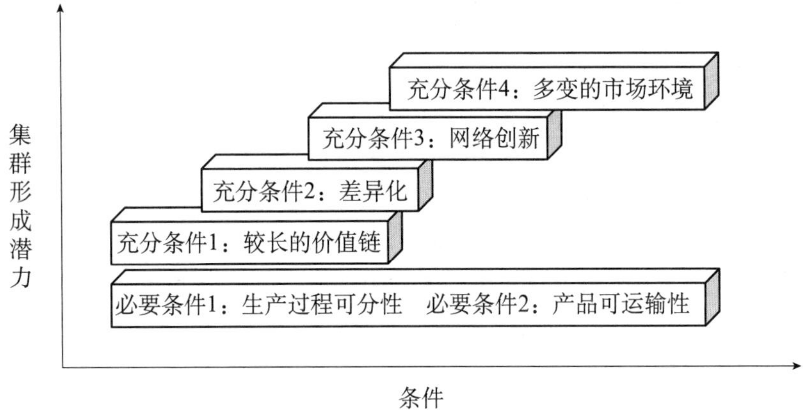

图 11-2　产业集群形成的分析框架

文化创意产业集聚与一般产业集聚最大的不同在于，文化创意产业集群对于企业互动、知识共享、创意转化的强调，对于发展空间区位的需求不同。文化创意产业更倾向于在文化中心或经济发达的城市集聚，例如伦敦、纽约、巴黎、东京、北京、上海、深圳等城市。经济的审美化与文化的商品化交融在一起，使这些城市成为世界文化经济中心。这些城市的文化创意产业集聚区域，大多是在历史文化积淀中所形成的人际互动关系基础上，在生产组织的变化和制度安排背景下形成的（Scott，2005）。因此，文化创意产业集聚往往根据产业的类型、产品或服务的空间属性、生产组织的规模、生产环境，以及生产系统内不同部门的合作关系和网络，而呈现出多种形态和结构。不同发展形态形成的经济效应和发展模式不尽相同。

因此，文化创意集群的集聚机理需要从创造力互动、技术变化背景下的组织变革、跨国公司离岸外包活动的发展、集体创造力所需创意环境以及文化消费行为的集聚这几个方面进行分

① 厉无畏，王慧敏．创意社群与创意产业的持续发展．社会科学，2009（7）：36-43，188.

② STEINLE C，SCHIELE H. When do industries cluster?．Research Policy，2002，31（6）.

析。[①] 王缉慈认为：一是创意环境能培养人格特质，有利于创意动机产生，为发展创意思维能力提供练习机会。创造力在互动的网络关系中自然产生，创造性的人格特质、思考状态和环境不断扩展和相互影响之后，创意才能应用于实践，最终形成创意产品。二是随着技术的发展，企业的组织结构也发生了很大变化。在企业内部管理上，以任务为导向的团队工作室制度取代了原有的科层式结构；在企业外部，公司之间的长期合作网络将企业链接起来，形成高密度的文化创意生产网络。三是因为生产、通信和网络技术的发展，大部分文化产品和服务的创作、生产、传播和消费活动都是可移动的，所以这也推动了创意产业外包活动的发展，使得跨国、跨区域的生产制作行为可以在空间上分离开。四是地方特征与本地生产的文化产品形象紧密交织在一起。这种艺术创作和当地文化特色是其他地方无法模仿的。所以创意环境需要与地方生产系统和地方环境相结合。五是创意工作者更喜欢在有文化创意消费的区域工作生活。

2. 文化产业集聚的形成模式

产业集聚的形成模式主要有市场创造模式和资本转移模式。

(1) 市场创造模式。

市场创造模式是指区域范围内首先出现专业化市场，为产业集聚的形成创造了重要的市场交易条件和信息条件，最后使产业的生产过程也聚集在市场的附近。[②] 在我国，市场创造模式形成产业集聚的典型地区是浙江。浙江省有无数个颇具规模的专业化市场，最终形成了一个个具有完整产业链的产业集群。例如，在宁波、温州等地，可以发现无数个生产服装、领带、打火机、低压电器等产品的专业化产业聚集区。市场创造模式形成文化产业集聚的典型案例则是深圳大芬村。1989年，一位香港画商来到大芬村，借助当时低廉的房租和人工成本进行油画临摹和复制、收购与销售。随着市场需求的不断扩大和大芬村知名度的提高，越来越多的画工、画师和画商在此云集，进行大批量的油画制作与销售，大芬村的油画产业逐渐形成了它的雏形，最终形成了一个个具有完整产业链的产业集群。

(2) 资本转移模式。

资本转移模式是因资本迁移和流动而形成的产业集聚现象。一般发生在有产业转移的背景下，当一个规模较大的企业出于接近市场或节约经营成本的考虑，在生产区位上做出重新选择，并投资于一个新的地区时，有可能引发同类企业和相关企业朝这个地区汇聚。这种产业集聚的形成，主要是通过一定数量的资本从外部的迁入。[③] 苏南地区是这一类产业集聚形成的典型地区。例如，昆山的IT产业集群就主要是通过吸引台资形成了产业链条。再如，上海张江文化创意产业园区是由政府引导投资创造产业链而形成的文化产业集群。目前上海张江文化创意产业园区已形成了数字出版、文化装备、动漫游戏影视、数字创意技术四大产业集群，由最初的文化创意产业“试验田”，逐步成长为全国知名度和集约度最高的文化创意产业示范园区之一。

简而言之，市场创造模式实际上是由市场需求结构变化引起了企业组织模式的转变，是一个市场选择的自发过程。[④] 资本转移模式则实际上是由于生产要素中的资本要素引导变化而引

---

① 王缉慈，等．超越集群：中国产业集群的理论探索．北京：科学出版社，2010：4.

② 徐康宁．产业集聚形成的两种主要模式．领导决策信息，2003 (17)：13.

③ 同②.

④ 谢贞发．产业集群理论研究述评．经济评论，2005 (5)：118-124.

起的，资本转移模式在文化产业集聚中主要表现为政府对主导产业或专业化企业的投资建设，就会产生围绕这些关键性产业或企业的聚集，最终带动整个区域的发展。① 无论是市场创造模式还是资本转移模式，产业聚集都是因为聚集能够促进专业化投入和服务的发展，产生溢出效应，使聚集企业的生产函数优于单个企业的生产函数，企业从技术、信息等的溢出中获益。②

（三）文化产业集聚的分类与发展趋势

1. 文化产业集聚园区的分类

从不同的角度，文化产业园区有不同的划分方法。汉斯·姆马斯在分析荷兰五个文化产业园区时提出，文化产业园区类型的区分有七个核心尺度可以参考：（1）园区内活动的横向组合及其协作和一体化水平；（2）园区内文化功能的垂直组合——设计、生产、交换和消费活动具体的混合，以及与此相关的园区内融合水平；（3）涉及园区管理的不同参与者的园区组织框架；（4）金融制度和相关的公私部门的参与种类；（5）空间和文化节目开放或封闭的程度；（6）园区具体的发展途径；（7）园区的位置。③

沃尔特·圣塔加塔（Walter Santagata）根据功能将文化产业园区分为四种类型：产业型、机构型、博物馆型、都市型。（1）产业型。这种类型的文化园区主要是以积极的外形、地方文化、艺术和工艺传统为基础而建立的。此类园区的独特之处在于其“工作室效应”和“创意产品的差异”。（2）机构型。这种类型的文化园区主要是以产权转让和象征价值为基础建立的。其基本特征是有正规机构，并将产权和商标分配给受限制的生产地区。（3）博物馆型。这种类型的文化园区主要是以网络外形和最佳尺寸搜寻为基础而建立的。园区通常是围绕博物馆网络而建，位于具有悠久历史的城市市区。其本身的密度能形成系统性效应，吸引旅游观光者。（4）都市型。这种类型的文化园区主要是以信息技术、表演艺术、休闲产业和电子商务为基础而建立的。通过使用艺术和文化服务，赋予社区新生命，以吸引市民，抵抗工业经济的衰落，并为城市塑造新的形象。④

当然，依据不同的分类方法，也可以将我国的文化产业园区做出多样化的分类。例如，可以按照园内所涉及行业的类型，将我国的文化产业园区分为综合性园区、艺术/设计产业园区、新媒体产业园、动漫卡通产业园、历史遗产观光类产业园等。或者按照建设路径，可以将我国的文化产业园区分为原生类和规划类两种。原生类是指自发形成的园区，规划类是通过前期设计规划及开发而形成的园区。调研数据显示，我国原生类与规划类的园区在数量上几乎是相同的，这说明许多地区的文化产业在积极根据形势或地方政策的变化，不断自主地进行集聚。自发形成的原生类产业园区因前期投入少，适应市场规律而更易于发挥集聚效应。⑤

还可以按照文化产业园区依托的资源基础将其分类：第一类，依托旧的城区或工业遗迹，又或者由曾经的科技园等改造而成的旧城改造型的文化产业园区。例如北京的798、上海的M50，在城市的后工业化建设中，将遗留的旧厂房改造成新型的文化产业园区，使之焕发出时

---

① 林竞君．网络、社会资本与集群生命周期研究：一个新经济社会学的视角．上海：上海人民出版社，2005.

② 马歇尔．经济学原理．廉运杰，译．北京：华夏出版社，2005.

③ MOMMAAS H. Cultural clusters and the post：industrial city，towards the remapping of urban cultural policy. Urban Studies，2004，41（3）.

④ SANTAGATA W. Cultural districts，property rights and sustainable economic growth. International Journal of Urban and Regional Research，2002，26（1）.

⑤ 向勇，刘静．中国文化创意产业园区实践与观察．北京：红旗出版社，2012.

代新貌，开发效果良好；或者是科技园的转型，如北京中关村科技园，逐渐在发展中转型。这一类园区可以进一步细分为办公主导型、艺术集聚型、商业体验型和院校联合型四种。第二类，以文化产业为立项要素的新区开发型文化产业园区。根据笔者参与的调研，新区开发型的文化产业园区数量占文化产业园区总数的40.8%，高居榜首，而其实际的体量、规模比应该远在此比值之上。这类文化产业园区常遭人诟病，主要被批评只是“文化搭台，经济唱戏”，“文化产业”只是个虚名，土地征占开发等实际利益驱动才是其实旨所在。第三类是以文化资源或者自然风光为开发基础的文旅融合型文化产业园区。这类园区以杭州的白马湖农居SOHO创意城为典型代表。这一类的园区着重点放在文化旅游综合体的建设上，对旅游景区、历史遗产等文化资源进行发掘，同时与地方的新农村建设结合起来，共同发展。(见表11-3)

表11-3　文化创意产业园区类型

类型	细分	定义	案例
旧城改造型（盘活存量资产）	办公主导型	以创意办公为园区主导形态，关注企业服务与发展，提供充满创新的创意办公生态空间和产业链配套服务，推动区域内产业集聚升级	德必外滩WE"、厦门特区·1980文化创意产业园、上海弘基创邑SPACE
	艺术集聚型	园区在表现形式上更偏艺术气息，产业以艺术家工作室、画廊、话剧演出、展览展示为特色，举办较多艺术文化活动	北京798艺术区、深圳大芬油画村、上海1933老场坊
	商业体验型	以开放式街区为主要形态，增加了更多的旅游属性及商业属性	上海田子坊、南京1912创意街区、重庆北仓文创街区
	院校联合型	关注及推广产学研融合发展，以优势院校或优势学科为基础，依托其智力、人才、知识而形成	德必环东华WE"、上海环同济设计创意集聚区、南京环东南大学设计产业带
新区开发型（开发增量资产）		以政府主导型为主，依据区域产业规划进行开发建设，面积规模较大，包含物业类型多样，如办公楼、独栋、厂房、人才公寓、商业等	上海张江文化科技创意产业基地、天津国家动漫产业综合示范园、中国（长沙）马栏山视频文创产业园、德必虹桥绿谷WE"
文旅融合型		以文化旅游综合体建设为主，对旅游景区、历史遗产等文化资源进行发掘，同时与地方的新农村建设结合起来	白马湖农居SOHO创意城、景德镇市陶溪川文创街区

2. 我国文化产业集聚的发展趋势

国家行政学院社会和文化部主任祁述裕以集聚发展、数字发展、融合发展、特色发展和共享发展这“五个发展”概括了中国文化产业的现状，其中，集聚发展是最基础也是最普遍的。祁述裕认为，我国文化产业集聚呈现出企业集聚、项目集聚、“要素+业态”集聚等多种形态，反映了我国文化产业发展的丰富性和多样性，不同集聚方式各有其特点，三者互相补充、不断丰富。①

目前中国文化产业集聚的最常见方式是企业集聚，集聚形态包括物理型园区和网络服务型园区。早期自然集聚而成的园区提供最基本的办公空间及物业服务，这种运营模式可以称为“房东式”管理，之后发展出了公共服务型园区形态，提供的业务也进化为包含园区品牌经营在内的精细化的“管家式”服务。除了实体集聚，网络服务型园区也是互联网时代发展的重要产物，园区利用互联网搭建平台，通过互联网及软件等为入驻的企业服务，在解决了高房租、高投入等硬件问题的同时，还提供了全生命周期、全产业链的服务，园区的人才共享模式更是解决了企业普遍的人才培养难题。未来，网络服务园区是文化产业园区发展中重要的途径和手段。② 随着文化产业的发展，又出现了另外一种集聚方式，可称之为项目集聚。③ 优质项目具有强大的虹吸效应和发展动力，能够带动一个地区的经济发展，带来强大、持续的品牌竞争力。“要素＋业态”集聚关注的则是特定空间中有利于各种资源要素和业态聚合的生态圈，城市就是多种产业聚集的集合体，生产要素在城市的集聚所产生的集聚效应是一种全方位的外部经济效应，也是城市化的基本动力（见图 11－3）。④ 未来，我国文化创意产业集聚将朝着多种形态融合化、虚实结合化、本土化、差异化的方向发展，文化创意产业空间布局的轮廓也会日益清晰，成为推动区域经济发展的重要力量。

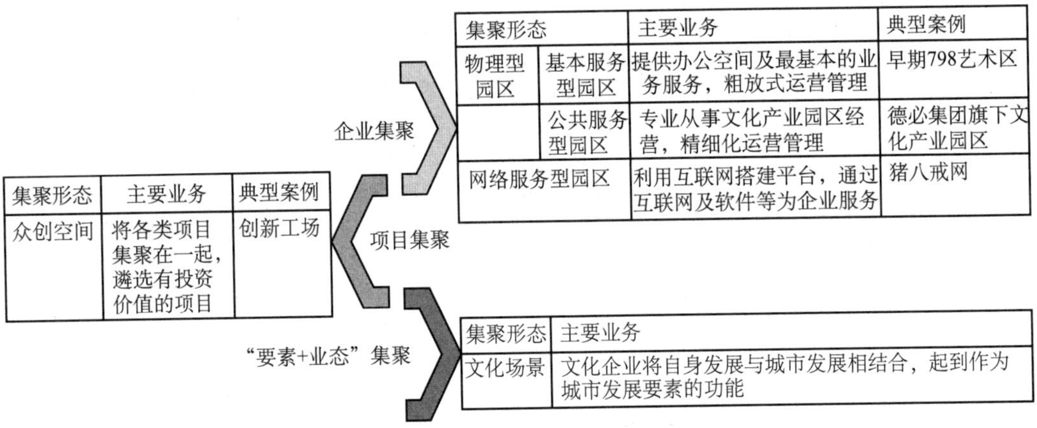

图 11－3　文化产业集聚发展趋势

党的十九大报告指出：“我国经济已由高速增长阶段转向高质量发展阶段，正处在转变发展方式、优化经济结构、转换增长动力的攻关期。”在这一时期，传统的经济增长方式遭遇瓶颈，经济发展迫切需要寻找新的动力和增长点。而这也要求产业发展要从“重视数量”向“提升质量”转变、从要素驱动向创新驱动转变。文化产业园区发展也相应体现出从要素驱动、资本驱动迈向场景驱动、传播驱动、创新驱动的趋势。

要素驱动与资本驱动是文化产业园区发展初期的主要增长动力。要素驱动指从主要依靠各种生产要素（比如说土地、资源、劳动力等）的投入来促进经济增长的发展方式，以及从市场

① 祁述裕．文化产业集聚发展趋势．光明日报，2018－05－05（7）．
② 同①．
③ 同①．
④ 苏雪串．城市化进程中的要素集聚、产业集群和城市群发展．中央财经大学学报，2004（1）：49－52．

对生产要素的需求中获取发展动力的方式；资本驱动则是借助政府力量或政策，通过加大基础设施建设或制定投资招商政策等手段，引入外部资本，推动产业资源发展。

在国家经济转型的大背景下，文化产业园区也在探索转型升级，实现高质量发展。部分园区的发展方式开始从要素、资本驱动迈向场景驱动、传播驱动与创新驱动。场景驱动体现了人与空间的融合，指将都市娱乐休闲设施与市民生活的组合看作都市“场景”，并探究不同场景蕴含的不同文化价值取向，通过这些文化价值吸引不同人群共同参与园区空间营造与文化消费。文化产业园区通过对场景进行运营，发展视角从侧重生产转变到生产与消费并重，用途从生产办公转变到生活娱乐，源头从圈地重建转变到重塑城市空间，角色从土地提供者转变到场景运营商①，从而增强园区文化的兼容性。传播驱动指园区通过社群营销提升品牌影响力。创新驱动是指经济增长主要依靠科学技术的创新带来的效益来实现集约式增长，用技术变革提高生产要素的产出率。在要素和资本驱动的文化产业园区发展遇到瓶颈后，园区纷纷开始探索模式创新。

三、案例：文化产业园区的集聚效应

集聚效应是指经济活动和经济要素向某个具有区域优势的地点聚集，并逐渐成为整个区域范围内的发展集合的过程和作用。文化产业园区的集聚效应是一个自我积累的正反馈过程，使园区内的产业群落拥有一种自我发展的能力，并不断为其进一步发展创造条件。

（一）政府主导的产业投资模式：曲江新区

从集聚动力上看，以要素驱动与资本驱动带动园区发展的一个代表案例是陕西西安曲江新区。在市场经济不够发达，产业水平相对较低的条件下，曲江新区要构建文化产业集群，首先必须依靠政府主导的产业投资模式，依靠实施“重大项目带动战略”，实现文化企业的空间聚集化发展。

2003 年 7 月，曾经的曲江旅游度假区变更为“曲江新区”，同年 8 月 14 日，正式挂牌成立，定位为以盛唐文化产业为特色，以旅游、商贸、居住为主导产业的城市发展新区。曲江新区以大雁塔和曲江皇家园林遗址为中心，核心区面积 40.97 平方千米。区内历史文化积淀深厚，名胜古迹众多，文化旅游资源十分丰富。曲江新区以一系列大策划、大融资、大手笔，创造了大雁塔北广场、大明宫国家遗址公园、大唐芙蓉园景区、楼观台道文化展示区等全国关注的旅游项目。2007 年，曲江新区成为首批国家级文化产业示范区。曲江的土地价值与投资价值翻倍，曲江文化产业投资集团也实现了 10 年间资产翻 4 584 倍的神话。鉴于其获得的巨大经济利益，“曲江模式”在全国范围内得到扩散。

“曲江模式”指曲江文化产业投资集团打造的“圈地→文化艺术炒作→全球招标搞规划→贷款→基础建设→招商引资→地价成倍甚至数量级翻番→出让土地获得资金→炒文化概念、建主题公园→土地再次升值”的一套发展模式②，可以归纳为“文化品牌＋旅游景区＋城市运营”，以文化为推动力，以城市经营为手段，达成文化、商业、旅游的契合。发展核心与主线

① 张铮，于伯坤．场景理论下我国文化产业园区的发展路径探析．出版发行研究，2019 (8)：33－37，27.

② 陕西曲江模式：曲径通“优”还是通“忧”．人民日报，2010－09－03 (15).

是“资源资本化、项目园区化、产业链条化、运营市场化”①，通过企业的聚集做大产业集群，做长产业链，培育大集团。具体地说，就是以房地产开发为基础，挖掘土地的文化资源，通过市场化运作，引来游客和现金流，带动土地快速升值。其本质是一种高投入、高回报的旅游开发模式，需要以下关键要素：

（1）政府的支持背景。曲江新区开发是典型的政府主导模式，政府根据城市发展需要进行规划与开发，在此基础上为园区提供政策支持与税收优惠，具备集中统一、权威性高、规划性强、形成周期短等特征。

（2）雄厚的资本支持。对于文化遗产的投资产出周期较长，只有雄厚的资本支持才能够保证投资的持续性以及盈利的长期性。曲江新区文化产业集群开发背靠政府的大型基础设施建设，拉动土地价格翻番，实现资本的不断扩张。

（3）强势的行政力量。“曲江模式”是一种市场经济相对落后地区的文化开发模式，利用大集团发挥强势的行政力量，“市长就是董事长”的做法能够协调各利益相关方，确保项目的顺利进行。

在转型期的中国历史发展背景下，曲江毫无疑问是一个不可多得的样本。建成之初，其带来的地方财政增长、地皮价值翻番、旅游品牌推广的确效果显著，然而这种要素驱动与资本驱动下的“曲江模式”也逐渐显露出弊端。首先是在可持续性上，曲江文旅快速发展的十多年，也是中国房地产快速发展的时期。当房地产市场背景发生变化后，资金回笼的速度会减慢，高额的债务问题成为发展的制约因素。其次是文化的过度商业化问题。“曲江模式”更多是“文化搭台、地产唱戏”，用文化包装房地产，过度的商业开发对历史文化遗产造成了破坏，许多新建仿古建筑破坏了历史本身的厚重感，大量的房地产项目伤及文化的根与魂。

（二）环境体验和消费场景的升级：上海老外街

上海老外街国际文创生活园区充分利用现有资源，挖掘历史文化风貌，充分利用好老大楼、老厂房等老建筑，从产业、内容、空间、场景、资产五个方向进行“存量时代”的城市更新。上海老外街打响商业特色街品牌，区别于普通的商业街，如五金街。老外街品牌内涵包含中外文化，是根据消费对象经营布局的国际多元化集聚休闲街，升级改造的核心是提供新的特色服务，在多国餐饮特色的基础上做好休闲服务。外国人眼中的中国，中国人眼中的外国，形成一种特色文化，将特色餐饮拓展到休闲娱乐、购物旅游、文化教育等各种业态领域，使其内涵更加丰富。一方面，吸引了符合特色街特色和功能定位的设计型、创意型中小企业入驻，增强了个性和活力；另一方面，创新消费模式、促进消费升级、引导和扩大消费、挖掘消费新热点，尤其注重市场定位、业态结构合理和服务功能互补，实现错位发展，集聚特色品牌。②

老外街从整体改造之初就对标年轻化国际定位，从环境体验到消费场景，都围绕年轻人最喜欢的内容去打造，导入高品质国际文化产业、文创市集、娱乐体验、社群社交、新餐饮居住场景等业态，以点带面实现园区场景升级，重新开启上海文化艺术高地，重塑“老外街”的品牌价值和影响力。③

---

① 肖峰．以文化产业发展为主导的曲江模式研究．时代金融，2019（18）：89－90.

② 锐意打造国际文创生活园区：上海老外街走出特色街区转型发展新路．上海商业，2018（12）：4－8.

③ 今日闵行．历时一年升级改造，老外街全新登场．（2021－03－20）［2021－09－25］．https：//m.thepaper.cn/baijiahao_11802789.

（三）集聚优质的企业社群生态圈：德必集团

德必集团是国内知名的文化创意产业园区的运营服务商。德必在“育商”的角度下，跳脱园区竞争的红海，将眼光从聚焦企业，放长远到聚焦产业，从文创、科创产业的需求出发，最大化发挥产业集聚的生态效应，维系园区与入驻企业之间的黏度，与入驻的小微文创企业共同生存与成长。

德必认为，园区的经营是产业链的经营，要着力打造优质的企业社群生态圈，激活园区的内生能力。评估文化创意产业园区效益的核心并不在于园区企业的数量，而在于园区企业之间是否具有链式关联。园区在产业结构上必须强化上、中、下游企业间的联动效应。园区在招商时应严格设置准入门槛，从有利于产业资源整合的角度谨慎选择入驻企业，并通过搭建沟通交流平台增强企业间的联动效应。德必集团还率先推出“轻公司生态圈”发展战略，为园区内外企业的连接、企业与人的连接、人与人的连接提供平台，构建了一个彼此信任、深度相连、共创价值的未来“森林”。为了全方位服务不同发展阶段的企业，德必集团开发了形态多元的产品，先后打造出“易园系列”、WE″系列，以及“运动 LOFT”系列。

“易园系列”——旨在为企业提供园林式舒放办公体验。易园对白领餐厅、会议中心、剑圣中心等进行全方位配套，并根据企业需求，为中小文创企业提供全过程服务解决方案。

WE″ 系列——代表未来工作方式，旨在为国内外文创、科创领军型企业提供一个资源共享、行业交流、国际对接的发展平台。除了提供智能化办公及物业服务外，还搭建多维度平台活动，为企业提供全方位服务，同时根据企业国际化需求，提供专属国际业务定制服务，帮助国内领军企业走向海外，让海外知名企业对接中国市场。

“运动 LOFT”——以“运动办公，健康工作”为理念，配备综合运动设施，为崇尚运动、自由、活力、创意的企业提供全新的健康生态办公环境，开创了办公方式的新纪元。运动 LOFT 以国际体育产业为核心定位，发起并成立了国际体育产业联盟，通过整合政府、企业、产业、场馆等多方资源，打通壁垒，为联盟成员提供资源共享、信息互通、企业共创、服务互助的国际化平台，助力体育产业发展。

秉承“德不孤，必有邻”的理念，德必围绕“连接”与“共创”的发展理念，将品牌定位为“服务化、社群化、国际化的文创、科创企业服务商”，推行全球化、社群化的园区运营。针对企业发展需要，德必每年举办上千场各式各类的社群活动，内容涉及各类专业培训沙龙、专业论坛，休闲娱乐、艺术鉴赏，政策扶持信息讲座，以及公益慈善，覆盖从工作到生活的方方面面①；举办“国际社群节”，链接创意与创新力量，助力企业创新升级。通过社群的构建和社群活动的举办，聚集同类基因人群，关注共同话题，德必建立了独有的生态服务链条，成功打造了“助力中国创意”的品牌形象。

同时，德必注重挖掘传统与创新之间的关系，尝试在传统文化与摩登都市之间找到平衡，在建筑设计中融合中国传统文化元素，营造舒放自然的园区文化。德必创意产业园的选址和改造，都围绕同一个理念，那就是追寻历史文化氛围浓厚的旧址，还原建筑的历史与文化，通过创意为其注入新的生命力。德必在上海的法华 525 选址地点是始建于公元 970 年的法华寺的原

---

① 中国人民大学文化产业研究院．深耕社群，助力创新：上海德必文化创意产业园区．(2020-01-16)［2021-09-25］. https://mp.weixin.qq.com/s/2WG9gy-vVBqXsfJeRi2Wdw.

址，创意与禅意交融的园区内，至今还保留了原法华寺大雄宝殿前的两棵百年银杏树；德必外滩 WE" 改建于中国历史上第一家证券交易所大楼，每当走入园区，还能透过玻璃地面看见证券交易大楼的地下金库；长宁德必易园原址为上海航天局第 809 研究所，还隐藏着研究所红砖的身影。①

（四）城市与区域共生的创新发展：胡同创意工场

近年来，北京东城区将文化创新融合作为具有东城特色的产业发展方向，北京东城区的胡同建筑密集、曲折幽深，是古都文化中极富魅力的组成部分。东城区在当下首都核心区城市转型产业升级的背景下，不断融合新力量，推动文化资源创造性转化，实现与城市和区域共生的创新发展，为老城保护与城市更新提供了一种可复制的创新模式。

2007 年，在政府"腾笼换鸟"的理念号召下，嘉诚积极实践"胡同创意工场"模式，对多个胡同里的工业遗存厂房、老旧建筑和院落进行改造提升，打造了嘉诚印象创意园、嘉诚有树新媒体产业园、柯玛斯体育产业园、青龙胡同 35 号和咖啡等 19 个不同主题且各具特色的胡同创意空间，以"连点成网、协同合作"的思路创新出一套独具特色的发展之路②，体现了突出的空间改造能力、强大的产业综合体运营能力、完善的产业生态整合与复制能力。

嘉诚胡同创意工场主打"小而精"，坚持专注、创新、包容的态度，以散落在胡同中的废弃厂房为空间载体，通过政府引导、社会参与的方式，对其内部空间进行创意改造，引入多元年轻的业态，盘活这些旧厂房和闲置院落，形成独特的创意工场文化，探索实践出了"空间＋平台＋资本＋资源"的成熟运营模式。在保护古都风貌与胡同肌理的同时推动产业创新发展。嘉诚胡同创意工场模式广受京津冀地区政府的认可与欢迎，成为北京特色城市更新的名片，可以说是古老北京与现代北京完美融合的创意园区典范。

将零散在胡同中的项目聚合在一起，发生化学反应，创造新的价值，实现"共生、共创、共享、共赢"是嘉诚胡同创意工场构建园区产业生态的指导思想。为此，园区从供给角度出发，不断优化升级"空间、服务、资本、资源"四个维度的支撑，以回应驻区企业在不同阶段的发展需要，实现园企紧密联动，共兴共荣。③ 如今，嘉诚园区模式已经在京津两地的六个地区（朝阳、海淀、顺义、通州、东城、南开）实现输出落地，成为地区产业升级、聚集优势产业资源、招商引资的有效载体。

通过政府引导、多主体参与的模式，运用设计创意，开发商将胡同里的闲置旧厂房和院落进行改造，保留旧建筑形态和历史痕迹，再吸引附加值高、成长性好的文化创意企业入驻，可以激发创新创意活力，使文化创意产业成为连接文物古迹、胡同风貌和工业遗存的纽带，促进城市文化自身的有机更新，进一步发展可持续的文化生态。

（五）区域经济文化产业的增长极：横店影视

横店基于镇域经济的文化产业要素不断集聚，推动了横店影视文化产业集群发展，凸显了

---

① 文创前沿．德必创意产业园：构建优质的企业社群生态圈．（2018-09-26）［2021-09-25］. https：//mp. weixin. qq. com/s/xUZlIYUyLMp3dwEIxIuFeA.

② 中国人民大学文化产业研究院．旧时光里的新创意：嘉诚胡同的文创智慧．（2019-07-11）［2021-09-25］. https：//mp. weixin. qq. com/s/lCTM1uoCkIU8QNSgYVL9kw.

③ 嘉诚胡同创意工场．嘉诚·胡同创意工场：入选 2020 年度北京市级文化产业示范园区．（2020-08-22）［2021-09-25］. https://mp. weixin. qq. com/s/UxKsm7FwI5ZSt63SVjuWdw.

横店区域经济文化产业增长极作用。1995年，横店集团投资建设电影《鸦片战争》拍摄基地，带动了当地旅游业的发展，经过产业布局的不断调整，横店确定了“以影视拍摄基地建设为龙头，发展旅游业，全面带动第三产业发展的战略”①。先后投资建设众多大型影视基地，凭借规模效应在全国数百家影视基地的激烈竞争中胜出。2004年，横店影视产业实验区挂牌。实验区自成立以来，构建了影视产业集聚平台，实现了从单一影视拍摄基地向影视产业集群的转变。众多知名影视制作企业入驻，完善了横店的影视产业链条，横店也实现了从单一影视基地向影视产品生产的转型，突破了要素瓶颈的制约，带动城镇化高质量发展，并通过影视带动区域旅游业发展，改变了原有的产业结构。

从极化效应看，横店影视文化产业集群产业要素高度集聚。自1996年以来，横店已吸引3 000余名国内外知名导演、演员在横店拍摄创作各类影视作品。截至2020年年底，横店注册“横漂”演员9.5万余人，累计为剧组提供群众演员630多万人次，位列全国第一。常年在横店的产业配套基础工种人员达6 000余人，基础工种人数位列全国第一。另外，横店开设横店影视职业学院培养专业人才，目前设有24个专业，其中国家级骨干专业1个、省级优势专业2个、省级特色专业6个，现有在校生7 000余人，2020年录取新生首次突破3 000人，成为影视人才高地。② 此外，试验区利用政策优惠和完善的配套设施吸引了以华谊兄弟、唐德影视、正午阳光、印纪传媒、新丽传媒为代表的1 400多家影视企业入驻，横店影视文化产业累计缴税164.96亿元；接待剧组数量从1996年的4个增长到2017年的300多个。2019年经济总量占东阳全市1/3以上，影视业税收占比23.5%，旅游收入超越200亿元，占比75%。③ 在影视产业带动下，横店实现了“由村到镇、由镇到城”的完美蜕变。横店先后被评为“中国最具特色影视拍摄基地”“中国文化创意产业最佳投资环境园区”“浙江省文化产业示范基地”“浙江省文化建设示范点”“全国小城镇综合改革试点单位”“国家级文化和科技融合示范基地”，发挥出强大的极化效应。

从扩散效应看，横店影视文化产业集群带动了区域经济发展。影视旅游作为东阳旅游产业的“金名片”，延伸出影视拍摄、制作、旅游体验、文化演艺、主题酒店等众多业态，成为文旅融合的典范，并带动了东阳全域旅游建设，包括东阳的木雕家居游和古宅古建游。横店影视产业集群的发展也带动了浙中地区文化产业的整体发展。相关政策以及拍摄基地的扩散形成区域规模效应，周边地区的影视基地建设完善了横店的产业布局。另外，横店文化产业的发展，吸引了广厦集团、花园集团和金华日报报业传媒集团等一众企业投资影视产业，提升了区域文化产业发展质量。而义乌小商品、浦江水晶等区域特色产业与横店影视产业实现资源、市场、信息共享，发挥共生效应，提升了浙中城市群的竞争力。

本章小结

1. 一般来说，产业集群是指在某些特定区域中，一群在地理上邻近、有交互关联性的企

① 杜琼．横店农村城镇化的调查与思考．中国农村经济，2003（8）：51－56.

② 澎湃新闻．“四个千亿级”产业：影视文旅：集聚多元 融合共享．（2021－04－19）[2021－09－25]. https://m.thepaper.cn/baijiahao_12282078.

③ 潇湘晨报．“数”读横店：东阳高质量发展先行示范区和重要增长极．（2020－09－25）[2021－09－25]. https://baijiahao.baidu.com/s?id=1678773932346852328&wfr=spider&for=pc.

业和有竞争优势的产业以及相关的法人机构，彼此的共同性和互补性相结合所形成的合作网络和协同创新网络。

2. 文化产业基地的概念的主要作用是为政府的授牌和管理提供便利；文化产业集聚区的概念更多强调对产业集群的研究和探讨；而文化产业园区的概念更多强调在地理空间维度上文化生产和消费等功能的聚落化和团块化。

3. 文化产业园区是以文化创意产业“集聚”为基础，集产业经济、社会发展与文化认同于一体的一种实践形态。

4. 文化产业集聚的相关理论模型包括聚集经济理论、中心外围模型、竞争优势理论、增长极理论、新公共领域理论等。

5. 文化创意产业集群深深植入当地的政治制度、经济结构以及文化土壤中，是一个整体的社会运作系统，体现着一个地区长期沉淀的文化背景。文化创意产业的集聚会产生规模化的文化生产能力，体现文化的凝聚与辐射特征。

6. 文化创意产业集群由内容创意组织、生产制造组织、营销推广组织、传播渠道组织以及消费者构成，是一个复杂的有机整体，具有多维、复杂、灵活的利益关系。

7. 创意人才在集聚演化中具有流动性和区位黏性两个特征。从实际载体来看，创意社群表现为各类动态、松散甚至虚拟的网络、平台、主题活动或交流机制。

8. 文化创意产业集聚与一般产业集聚最大的不同在于，文化创意产业集群对于企业互动、知识共享、创意转化的强调，对于发展空间区位的需求不同。因此，文化创意集群的集聚机理需要从创造力互动、技术变化背景下的组织变革、跨国公司离岸外包活动的发展、集体创造力所需创意环境以及文化消费行为的集聚这几个方面进行分析。

9. 产业集聚的形成模式主要有市场创造模式和资本转移模式。

10. 从不同的角度，文化产业园区有不同的划分方法。依据不同的分类方法，可以将我国的文化产业园区做出多样化的分类。

11. 我国文化产业集聚呈现出企业集聚、项目集聚、“要素 + 业态”集聚等多种形态，文化产业园区发展体现出从要素驱动、资本驱动迈向场景驱动、传播驱动、创新驱动的趋势。

12. 集聚效应是指经济活动和经济要素向某个具有区域优势的地点聚集，并逐渐成为整个区域范围内的发展集合的过程和作用。文化产业园区的集聚效应是一个自我积累的正反馈过程，使园区内的产业群落拥有一种自我发展的能力，并不断为其进一步发展创造条件。

思考与练习

一、基本概念

产业集聚　文化产业集聚　文化产业集聚区　文化产业集群　文化产业园区　聚集经济理论　中心外围模型　竞争优势理论　增长极理论　极化效应　扩散效应　新公共领域理论　文化场景性　产业聚集效应　创意网络　创意人才　创意社群

二、思考题

1. 什么是文化产业集群？文化产业集聚的特点有哪些？

2. 试说出三个文化产业集群相关理论，并简述理论的主要内容。

3. 影响文化产业集聚生成及发展的因素有哪些？

4. 文化产业园区的分类方法有哪些？请依据一种分类方法对我国文化产业园区进行划分，并举例说明。

5. 如何理解我国文化产业集聚的发展趋势？

6. 试用案例说明不同集聚模式的园区是如何发挥集聚效应的。

拓展阅读

1. 马歇尔．经济学原理．廉运杰，译．北京：华夏出版社，2005.

2. 张铮，于伯坤．场景理论下我国文化产业园区的发展路径探析．出版发行研究，2019 (8).

3. 詹绍文，王敏，王晓飞．文化产业集群要素特征、成长路径及案例分析：以场景理论为视角．江汉学术，2020，39 (1).

4. 余丽蓉．文化产业集群的多学科视角分析．科技进步与对策，2009 (26).

5. 徐康宁．产业集聚形成的两种主要模式．领导决策信息，2003 (17).

6. 谢贞发．产业集群理论研究述评．经济评论，2005 (5).

7. 向勇，刘静．中国文化创意产业园区实践与观察．北京：红旗出版社，2012.

8. 魏江，向永胜，等．文化根植性与产业集群发展．北京：科学出版社，2014.

9. 王缉慈，等．超越集群：中国产业集群的理论探索．北京：科学出版社，2010.

10. 谈国新，郝挺雷．科技创新视角下我国文化产业向全球价值链高端跃升的路径．华中师范大学学报（人文社会科学版），2015，54 (2).

11. 苏雪串．城市化进程中的要素集聚、产业集群和城市群发展．中央财经大学学报，2004 (1).

12. 祁述裕．文化产业集聚发展趋势．光明日报，2018-05-05.

13. 彭立群．哈贝马斯公共领域理论探析．安徽大学学报（哲学社会科学版），2008 (5).

14. 欧小军．世界一流大湾区高水平大学集群发展研究：以纽约、旧金山、东京三大湾区为例．四川理工学院学报（社会科学版），2018，33 (3).

15. 波特．国家竞争优势．李明轩，邱如美，译．北京：华夏出版社，2002.

16. 刘学，张敏，汪飞．南京文化集群的特征与模式．现代城市研究，2007 (11).

17. 刘文沛．上海文化创意产业园区研究．公共艺术，2012 (5).

18. 刘蔚．文化产业集群的形成机理研究．广州：暨南大学，2007.

19. 刘芬，邓宏兵，李雪平．增长极理论、产业集群理论与我国区域经济发展．华中师范大学学报（自然科学版），2007 (1).

20. 林竞君．网络、社会资本与集群生命周期研究：一个新经济社会学的视角．上海：上海人民出版社，2005.

21. 厉无畏，王慧敏．创意社群与创意产业的持续发展．社会科学，2009 (7).

22. 何雄浪．专业化产业集聚、要素流动与区域工业化：克鲁格曼中心-外围模型新发展．财经研究，2007 (2).

23. 樊盛春，王伟年．文化产业园区理论问题探讨．企业经济，2008 (10).

24. SANTAGATA W. Cultural districts, property rights and sustainable economic growth. International

Journal of Urban and Regional Research, 2002, 26 (1) .

25. MOMMAAS H. Cultural clusters and the post: industrial city, towards the remapping of urban cultural policy. Urban Studies, 2004, 41 (3) .

26. KRUGMAN P R. Increasing returns and economic geography. Journal of Political Economy , 1991 (99).

27. EGER J. The creative community: forging the links between art culture, commerce & community. München: Grin Verlag, 2010.

28. STEINLE C, SCHIELE H. When do industries cluster? . Research Policy, 2002, 31 (6) .

第十二章　文化产业的国际贸易与传播

本章概述

文化产业国际贸易与传播的实质为一国文化实力与传播能力的反映。国际文化贸易是一种有形的文化产品与无形的文化服务在全球范围内的贸易方式，它已成为国际贸易中的新引擎。不同学者对影响文化产业国际贸易的因素进行了研究，其中较显著的因素为文化距离与贸易壁垒。目前国际文化贸易领域主要有三种战略模式，分别是美国的自由贸易战略、法国和加拿大的贸易保护战略、日本和韩国的新赶超战略。这些战略模式依据不同的理论基础或发展现实，在国家层面制定不同的贸易政策，取得了不同的发展效果。随着数字时代的到来，文化产业的国际贸易也经历了数字化变革，迎来了崭新的发展机遇与贸易格局。

学习目标

通过对本章的学习，学生应了解或掌握如下内容：

1. 了解文化软实力的基本概念。
2. 了解文化产业国际贸易的特点和影响因素。
3. 掌握文化产业国际贸易与传播的战略模式。
4. 了解文化产业国际贸易的发展趋势。

在全球化背景下，随着跨民族、跨国界信息和人口的流动，大部分国家民族的文化都难以保持对他国文化的隔绝，文化交流、碰撞、冲突和融合的产生已成为国际文化互动的景观。社会学家阿帕杜莱总结了全球文化流动的五种维度：族群景观、媒体景观、技术景观、金融景观和意识形态景观。[①] 随着经济的不断发展和科技的持续创新，文化产业成为文化流动和传播的重要载体。文化贸易在经济贸易中的地位日益凸显。

根据联合国教科文组织的相关资料，在 1980—1998 年的近 20 年间，国际文化产品和服务的贸易额呈几何级数迅速增长。同样，2004—2013 年国际文化产品贸易额翻了一番。[②] 各个国

---

① 阿帕杜莱．消散的现代性：全球化的文化维度．刘冉，译．上海：上海三联书店，2012.

② 李怀亮．国际文化贸易导论．北京：中国传媒大学出版社，2008：53.

家采取了不同的文化政策来扶持本国文化产业的发展，结合各国国情鼓励文化国际贸易。例如，美国采取了贸易自由和放松管制的政策，加拿大和法国根据文化例外原则对本国文化产品采取保护和扶持的政策，日本和韩国制定了文化立国国策来鼓励文化出口等。

全球化时代促进了各国更加紧密的联系，对外开放成为各个国家发展经济贸易的重要手段，科学技术的迅速发展为全球货物服务和技术贸易的快速发展提供了便利条件，国际贸易多边体制已经形成。在全球开放经济体系中，生产方式和生活方式变革推动的经济结构转型升级使国际文化贸易在国际社会经济发展中的战略地位空前提升，同时也更凸显了国际文化贸易在经济发展、文化繁荣以及国家综合实力提升等诸多方面的功能和作用。在相当长的一段时间内，作为国际文化产品与服务输入和输出的文化贸易，其增长速度远远大于传统服务业贸易的增长速度，全球各地文化产品市场、文化服务市场、文化要素市场已经成为国际商家必争市场，国家文化贸易成为各国共同关注的重要战略领域。

文化国际贸易与传播的实质为一国文化产业的实力与传播能力的反映，只有形成贸易和产业的良性互动，才能在国际文化市场上具有竞争力，在全球化格局中塑造国家的文化软实力。

一、理论：文化软实力与文化贸易

（一）文化软实力概念概述

在全球文化迁移、流动不间断的环境中，从“一国”至“异国”的文化竞争既仰赖于一国本身的文化吸引能力，也体现为对“异国”的传播战略能力。文化软实力概念的提出者小约瑟夫·奈将软实力界定为一种文化、政治价值观、外交政策等非物质因素产生的吸引力和认同力，它能通过吸引力而非威逼或利诱达到目的，是一国综合实力中除传统的基于军事和经济实力的硬实力之外的另一组成部分。

在国家间文化竞争场域中，无可避免地存在强势和弱势国家之分。弱国所拥有的弱势文化面临着严峻的被侵蚀、同化，或者“被融合”的境遇，如果没有宗教或其他更强的维系力量，世俗社会面临强势文化的渗透难有抗拒之力，最后甚至可能沦为“民俗”。而同时并不存在一个超国家的世界政府机构来帮助其保持文化特征，控制强国的文化入侵，联合国教科文组织等国际组织既没有干涉国家主权的权限，也没有大规模实施文化保护的能力。[①] 因此，文化软实力是经济全球化语境下对文化安全的风险防范和对国家利益的主动维护。捍卫文化不被侵蚀、同化是一种避免文化霸权主义损害国家利益的应对策略。如果说捍卫文化安全是一种被动的国家文化战略，那么提升文化软实力就是一种主动的国家文化战略，两者都是为了强化一个国家的文化认同和集体认同。

文化软实力包括认同性、培养性、创新性、规模性、扩散性和民生性等基本要素。其中，认同性代表文化动员力，表现了文化软实力是一种通过吸引和影响获得对方的认同而不是通过强制手段来达到目的的软性力量；培养性代表文化环境力，表现了文化软实力作为一种国家的重要实力和基本资源，具有可培养性；创新性代表文化贡献力，表现了文化软实力是一个国家具有文化创新、技术发明、作品原创的基本能力；规模性代表了文化生产力，表现了文化软实

① 吴瑛．文化对外传播：理论与战略．上海：上海交通大学出版社，2009：30－31.

力在一定程度上是由文化产业的规模优势和对外文化贸易水平所决定的；扩散性代表文化传播力，表现了文化软实力是一个国家通过各种途径向全世界传播其文化价值观并获得国际范围内广泛认同和好感的能力；民生性代表文化消费力，表现了文化软实力是一个国家全体国民享受文化服务和进行文化消费的能力。一个国家通过文化外宣、文化交流和文化贸易等多种途径展现了这些文化软实力的不同要素，构成了一个国家文化“走出去”的整体战略。这些途径分别由政府部门、行业协会和文化企业等不同主体实施主导。①

小约瑟夫·奈认为，文化软实力的建构不能完全依赖于政府，“大国企图运用文化和宣传来建立软实力从而加强它们的优势，但是，软实力在很大程度上非政府所创建”，“加强软实力不能仅仅靠国家机器的高度垄断和强制使用，这样只能与软实力注重说服与诱导、注重心理同化的规律背道而驰”②，要充分“利用辐射全球的资本网络和市场网络，汇聚和包容来自全球的多种多样的资源，通过制度的保障鼓励文化的创造，以大量的文化产品去覆盖全球市场，从而对各国人士产生广泛的文化辐射力”③。

文化软实力是以文化为基础的国家软实力，是综合国力的重要组成部分，也是各国对文化全球化的反抗和对文化多样性的捍卫。各国在文化贸易的过程中也会体现出积极实施本国文化保护、防止文化入侵的意识和战略。

（二）文化贸易概念概述

文化贸易分为国内文化贸易和国际文化贸易（对外文化贸易）。国际文化贸易作为一种新的行业形态，在全球范围内迅速发展并改变着传统的经济形式，对世界竞争格局、经济发展趋势和可持续发展产生着重要影响，已经成为推动经济增长，培育创新能力，增强地区、国家和城市综合竞争力的重要因素。

国际文化贸易是一种有形的文化产品与无形的文化服务在全球范围内的贸易方式，它已成为国际贸易中的新引擎。2010—2020 年间，文化产业（创意产业）在全球市场的份额增加，年均增长率达 16.4%。发达经济体持续主导着文化产品的进出口贸易；发展中经济体的全球市场份额在逐年增长，由 2010 年的 35%增长到 2020 年的 51%。2018 年创意产品发达经济体十大出口国分别为美国、德国、意大利、英国、法国、荷兰、瑞士、比利时、加拿大和日本；发展中经济体中排名靠前的出口国家分别为中国、印度、土耳其、墨西哥、泰国、新加坡、阿联酋、韩国、马来西亚。

文化贸易从进出口角度来区分，在贸易中一国向另一国提供文化产品和服务并获得收入的过程称为文化产品和服务出口或输出，购买外方文化产品和服务的过程称为文化产品和服务进口或输入。

联合国教科文组织对这两个概念做了如下定义：文化产品一般是指传播思想、符号和生活方式的消费品。它能够提供信息和娱乐，进而形成群体认同并影响文化行为。基于个人和集体创作成果的文化商品在产业化和在世界范围内销售的过程中，被不断复制并附加了新的价值。图书、杂志、多媒体产品、软件、录音带、电影、录像带、视听节目、手工艺品和时装设计组成了多种多样的文化商品。传统意义上，文化服务是指满足人们文化兴趣和需要的行为。这种

---

① 花建，等．文化软实力：全球化背景下的强国之道．上海：上海人民出版社，2013：37－38.
② 季桂保，田晓玲．约瑟夫·奈：请不要误解和滥用“软实力”．文汇报，2010－12－07.
③ 金融危机后的中美实力：约瑟夫·奈在复旦大学社会科学高等研究院的讲稿．文汇报，2020－12－25.

行为通常不以货物的形式出现，它是指政府、私人机构和半公共机构为社会文化实践提供的各种各样的文化支持。这种文化支持包括举办各种演出活动，组织文化活动，推广文化信息以及收藏文化产品（如图书馆、文献资料中心和博物馆）等。文化服务可以是公益免费的，也可以有商业目的。在国际贸易中出现的文化服务应属于商业目的的活动。

二、方法：文化产业国际贸易模式

（一）文化产业国际贸易特点与影响因素

文化产业国际贸易的特殊性决定了它在多方贸易中的敏感地位和重要性。国际文化贸易的对象既涉及文化产品又涉及文化服务，因此，它兼具国际货物贸易和国际服务贸易的特点。具体体现在以下几个方面：

1. 贸易市场的高度垄断性

国际文化贸易在发达国家和发展中国家表现出严重的不平衡性，与各国在文化生产和文化服务方面的能力，技术和资源差异，文化市场的文化商品受各国历史特点、区域位置及文化背景等多种因素的影响相关。因此，国际文化贸易市场的垄断性较强，表现为少数发达国家对国际文化贸易的垄断优势与发展中国家的相对劣势。

2. 贸易保护方式具有隐蔽性

文化具有独特的渗透和涵化能力。文化产品和文化服务传达着观念、价值和生活方式，是极具个性的产品和服务。文化贸易的价值超过了其商业价值，与其他贸易相比，它会在意识形态等方面对输入国消费者产生潜移默化的影响。因此，文化贸易是各国服务贸易政策关注的重点领域。正因为文化贸易标的物的特点，各国无法通过统一的国际标准或关税进行限制，而更多地采用修改国内政策、法令的形式进行限制，如市场准入制度、非国民待遇等非关税壁垒的形式。

3. 贸易自由化的例外性

由于图书出版、演出服务、广播影视、网络服务及教育等文化产业直接关系到国家主权、国家安全和意识形态等敏感领域，因此，各国在涉及文化贸易的开放程度问题上都十分谨慎。各国政府对文化贸易的各种限制和保护远远超过货物贸易，这在很大程度上阻碍了国际文化贸易的自由化进程。到目前为止，只有美国和中非共和国两个国家完全开放了自己的文化市场。

4. 贸易约束条例的相对灵活性

世界贸易组织一直致力于寻求国际贸易的自由化，但从文化贸易概念出现之日起，“文化例外”就成为一种不成文的主张，为世界贸易组织各成员政府所接受并广泛运用于文化贸易政策中。因此，世界贸易组织对于文化贸易的约束具有一定的灵活性。

5. 与其他产业的强烈交融性

丰富的文化内涵和不同的文化服务，几乎融入了所有产业和贸易领域，如饮食文化、居住文化、服饰文化等，在不同的文化背景下都反映出多样的文化价值取向。尤其是文化产品和文化服务与信息技术的结合，更加快了文化的传播速度，扩大了传播范围，因而增强了文化产品和文化服务的可贸易性。

在文化产业的国际贸易与传播中，作为国际贸易活动中普遍存在的一种现象[①]，与其他产品一样，我国对外文化产品的出口贸易也存在区域差异。如2019年，中国向美国出口的文化产品总额为434.46亿美元，向日本出口的文化产品总额为69.35亿美元，向韩国出口的文化产品总额为32.16亿美元。[②] 一般而言，商品在进行对外出口时，由于涉及运输成本，贸易双边国家距离越远，出口贸易额就越小。[③] 但“数字化的信息和通信技术的发展使文化作品可以摆脱物理和地域的限制，以较低的价格最大限度地传播给受众”[④]。文化产品强内容创意轻资产的特性决定了其借助现代高新科技可以低成本乃至零成本地实现快速传送，地理距离对文化产品出口的抑制作用较小。

许多学者对影响中国和外国双边文化产业国际贸易差异的因素进行了研究，其中最显著的因素之一为“文化距离”。事实上，关于文化距离对双边国家贸易总额影响的判断，研究结果迥异。有学者认为，文化距离越远，产品贸易越频繁，文化距离与贸易总额呈正相关关系，企业更愿意将产品出口到文化距离较远的市场。[⑤] 周敏、张军和陈磊等提出了文化距离对出口贸易额具有负面影响的论点，认为文化距离是影响中国产品出口贸易的关键因素，文化距离抑制了中国产品的出口贸易，与出口国之间的贸易额会因文化异质性的阻隔而逐渐递减。[⑥] 还有学者认为文化距离与各个国家产品贸易总额并非简单的正向促进或负向抑制的关系，而是存在着复杂的非线性关系，如胡燕等认为贸易伙伴国与中国的文化距离存在一个最优值，位于最优值左侧的国家，其与中国的文化距离可以促进我国核心文化产品的出口，而位于最优值右侧的国家，其与中国的文化距离会抑制我国核心文化产品的出口。[⑦]

此外，文化产品经济效益与社会效益并存的属性决定了其在出口时，除了满足进口国多样化的文化消费需求外，其所传递的思想、价值观将潜移默化地影响进口国消费者的意识形态，甚至有可能侵蚀一个国家的文化主权。出于对文化多样性或本土民族文化企业的保护，很多国家采取一系列贸易壁垒来限制或抑制某些国家文化产品的出口，如为防止欧盟各国的影视市场被美国厂商垄断，2001年欧盟启动了《媒体追加项目2001—2005》，同时，在对外贸易协定中，欧盟也在某些特定文化产品中加入保护条款。法国、西班牙等国家规定本国电影和动画片在每个放映年度内占比必须达到40%以上，欧洲其他国家的占比得低于60%。[⑧] 而我国对于美国电影的进口也采取每年34部的进口配额限制。由此可见，研究影响中国向贸易伙伴国的文化产品出口差异不能忽视文化贸易壁垒这一核心因素。

---

① 田晖．国家文化距离对中国进出口贸易影响的区域差异．经济地理，2015，35（2）：22－29.

② UNCTADSTAT：http：//unctadstat. unctad. org/wds/TableViewer/tableView. aspx.

③ 沈莹娟，陈丽珍．地理距离对我国加工贸易影响的实证分析．商业时代，2010（34）：40－41.

④ SAWYER K R. Creativity research and cultural context：past，present and future. Journal of Creative Behavior，2017，51（4）：352－354.

⑤ ANNULL L. Cellular phones，public fears，and a culture of precaution. Contemporary Sociology，2005，34（2）：162－163；LANKHUIZEN M，GROOT H L F，LINDERS G J. The trade-off between foreign direct investments and exports：the role of multiple dimensions of distance. World Economy，2011，34（8）：1395－1416.

⑥ ZHOU M. Intensification of geo-cultural homophily in global trade：evidence from the gravity model. Social Science Research，2011，40（1）：193－209；张军，陈磊．中国出口贸易文化异质性效应研究：来自主要贸易伙伴国的经验证据．财贸经济，2015（7）：123－136.

⑦ 胡燕，章珂熔．中国与“一带一路”国家核心文化产品贸易持续改进路径选择．江苏社会科学，2017（5）：41－51.

⑧ 刘晓鹏．刍议文化贸易壁垒对我国文化贸易的影响．商业时代，2013（23）：55－56.

已有研究从贸易壁垒角度来揭示我国产品出口贸易差异的原因，但也存在贸易壁垒是否是影响我国文化产品贸易的主要因素的争论。如韩丽鹏指出，我国虽然是贸易大国和文化大国，但目前我国影视产品出口规模仍然偏小，究其原因，国际文化贸易壁垒是最主要的外部障碍。[①] 刘晓鹏认为文化贸易壁垒是我国对外文化贸易长期出现逆差的重要因素。马瓦斯蒂和坎特伯雷（Marvasti & Canterbery）表明贸易壁垒无法减少美国的电影贸易额。[②] 张斌则指出文化贸易壁垒对文化产品贸易的阻碍很小，正视国际竞争才是取胜的关键。[③] 李梦然认为贸易壁垒对本国企业的保护始终是有限的。[④] 可见，国内外学者关于贸易壁垒对文化产品出口影响的理解有负向影响和制约包含两种观点。前者认为贸易壁垒是阻碍我国文化产品出口的重要因素，不利于增强我国文化产品出口；后者指出贸易壁垒并不是影响我国产品出口的首要条件。

（二）应用：文化产业国际贸易与传播战略模式

目前国际文化贸易领域主要有三种战略模式，分别是美国的自由贸易战略、法国和加拿大的贸易保护战略、日本和韩国的新赶超战略。这些战略模式依据不同的理论基础或发展现实，在国家层面制定不同的贸易政策，取得了不同的发展效果。[⑤]

1. 基于比较优势理论的自由贸易战略

自亚当·斯密的“绝对优势”理论开始，古典贸易学派就提倡各国取消贸易壁垒，参与国际分工，根据各自的优势来进行生产和交换，从而让彼此受益。后来，大卫·李嘉图（David Ricardo）提出了“比较优势”理论，认为国际贸易中各国应遵循自己的比较优势来进行生产和交换，从而增加社会的总财富，实现双赢。其后，瑞典新古典贸易学派的伊·菲·赫克歇尔（Eli F. Heckscher）和贝蒂·俄林（Bertil Ohlin）推出了资源禀赋论，强调各个国家和地区不同要素禀赋和不同商品的不同生产函数对贸易产生的决定性作用。最后，保罗·萨缪尔森（Paul Samuelson）通过“要素均等化定理”将比较优势理论进行了优化，认为即使要素不能跨国流动，只能在国内各产业部门之间自由流动，只要允许自由贸易，那么在一定的条件下各国之间相同要素的价格也会趋于一致。也就是说，商品的流动替代了要素的跨国流动对要素价格产生的影响。相对丰裕的要素因为出口的增加而变得稀缺，稀缺要素因为进口的增加而变得丰裕，所以最终两种产品的价格会趋于一致，双方实现共同富裕。[⑥] 要素均等化定理成为美国推行自由贸易战略的理论基石。

美国将文化产业各细分行业称为“版权产业”或“娱乐产业”，认为文化产业与钢铁、汽车等传统产业没有差异。美国联邦政府不设文化部，也没有统一的文化产业政策，采取自由竞争和不干预政策，政府只提供一个充分竞争的平台。基于比较优势理论，美国推出文化贸易自由战略，主张建设宽松自由的贸易环境，支持将《关税及贸易总协定》的范围扩大到文化贸易领域，坚决反对法国和加拿大等国家设置的文化贸易保护壁垒，不遗余力地利用其强大的政治经济力量及法律手段为其文化产业的扩张扫除障碍。美国在文化输出上一直保持着领先和强势

---

① 韩丽鹏．文化贸易壁垒对我国影视产品出口的影响及应对策略．对外经贸，2016（7）：22-25.

② MARVASTI A，CANTERBERY E R. Cultural and other barriers to motion pictures trade. Economic Inquiry，2005，43（1）：39-54.

③ 张斌．国际文化贸易壁垒研究．济南：山东大学，2010.

④ 李梦然．影视服务贸易中的文化贸易壁垒探究．中国市场，2017（5）：198-199.

⑤ 向勇，范颖．中国对外文化贸易的战略方向和政策建议．国际服务贸易评论，2012（6）：114-123.

⑥ 李辉文，董红霞．现代比较优势理论：当代国际贸易理论的理论基准．国际经贸探索，2004（2）：11-15.

的地位，通过多渠道、多层面来支持文化输出，比如美国国务院教育与文化事务局既会直接参与，也会通过间接方式支持一些非官方组织（如福特基金会等）进行文化输出。

美国很早就意识到电影对于输出美国文化价值观的重要性，并试图通过各种手段削弱其他国家对好莱坞影片的配额制度，利用美国电影来推销美国的商业、文化、政治和生活方式，推行自己的价值理念和国家形象。正是在自由贸易的“外衣”下，美国价值观通过文化产品和服务的出口而输往全世界。迪士尼、时代华纳、维亚康姆……这些耳熟能详的名字不仅垄断着全球文化产业的产业链高端，攫取超额的利润，笼络全球的优秀人才，而且它们通过自己的产品影响了进口国的几代观众，形成了难以估量的品牌价值。

但是，比较优势理论的前提假设和结论，并不适用于文化产业，更不应成为自由文化贸易的理论基础。首先，这个理论假设所有国家都拥有同样的技术、相同的生产函数，但实际上，美国通过技术和版权保护来防止技术扩散和知识外溢，长期垄断文化产业价值链的高端，从而攫取超额利润。而且，文化产业的特性就是很多版权产品的边际成本为零，好莱坞的电影要多向一个国家发行，只需增加拷贝成本，相对于影片的巨大投资来说，拷贝的成本几乎可以忽略不计，所以强势的文化产品会力争占有全球市场，这种“马太效应”必然产生行业垄断，加大“贫富差距”，而绝对不会实现萨缪尔森所说的“共同富裕”。其次，该理论的假设是生产要素在国家间完全不流动，所以每个国家的“比较优势”或者说“资源禀赋”是固定不变的，但实际上，文化产业早已实现了资本和人才的全球配置，已经有一些国家放弃相对充足的人力资本优势，战略性地向产业链高端——创意研发端转移，通过规模经济获得了新的比较优势，实现了更高的贸易效益。所以，文化贸易自由战略与美国文化产业在全球的强势地位和绝对占优的局面密不可分。

2. 基于文化例外原则的贸易保护战略

在《关税及贸易总协定》乌拉圭回合谈判中，1993 年法国坚决反对美国把文化列入一般服务贸易范畴，提出“文化不是一般商品”“文化例外”的贸易概念。在 1993 年 11 月正式生效的《马斯特里赫特条约》中，文化也被纳入其职责范围：“共同体将致力于弘扬共同文化遗产，发展各成员国文化，尊重各国各地区的文化多样性。”法国是“文化例外”的提出者，也是文化贸易保护战略的积极倡导者。而与美国同处北美的加拿大，对于自己的文化独立分外敏感，加入了“创造性欧洲”计划，并对本国的文化产业采取了多种保护措施。法国和加拿大的贸易保护战略，主要通过以下措施和手段来实现：

第一，政策和资金扶持。法国政府不仅出台了系统的文化政策和规划，每年还有庞大的政府支出用来推动电影、音乐等文化产业的发展，并永远将对“文化遗产”的保护放在法国文化政策的第一位。2013 年，法国文化部直接管辖的机构的可支配经费加起来占到文化领域全部公共财政资助的 20%（38 亿欧元），而从法国地方预算中支出的财政资助则占 45%（85 亿欧元），占到了当年法国地方预算总额的 42.5%。就公共文化机构的投入而言，法国的艺术剧院等艺术机构 70%的资金来源于政府补助，30%来源于演出售票等收入。法国文化部每年制定高额预算，用于建设文化基础设施、资助各类文化活动、收购艺术品、保护文化遗产、为艺术家批评家和其他专业人士提供创作和出版补贴。法国政府还通过一些行业规定，对文化产业进行扶持。比如法国政府规定，对每张电影票要征税 1%用于资助本国电影制作。[①]另外，电影广告及电视台的税收也有一部分用于资助本国的电影产业。加拿大政府则通过基金来扶持本国的电视产业，比如 2007—2008 年，加拿大电视基金（CTF）拿出了 2.42 亿加拿大元来资助本国电视节目生产。

第二，规定本土内容比例。欧盟制定了统一标准的广播电视法规，希望借此抵御美国电视连续剧和日本动画片的冲击，发展壮大欧洲的广播电视业。

1989 年，欧洲委员会通过了《无国界电视指导原则》，规定了电视节目必须遵守的最低标准以及节目播出配额等问题，在立法方面为欧洲委员会各国广播电视法规的制定提供了依据。① 在这一法规之下，法国规定免费、付费电视台必须将营业额的 8%～20%投资于法语影视节目制作，电视台所播放的节目中必须有 40%是法国国产节目，并在欧洲委员会内部积极推动“无国界电视”，强调欧洲内容在视听节目中的比例。加拿大规定私营电视台要获得经营执照，其一年播出的加拿大内容节目要达到 60%以上，从早上 6 点至晚上 12 点，必须至少播出 50%的加拿大内容节目。加拿大广播公司（CBC）作为国营电视台，在任何时间段都必须至少播出 60%的加拿大内容电视节目。

第三，实行配额限制。法国通过配额来限制对好莱坞电影的进口，规定电影院放映非欧洲本土影片的最高比例不得超过 40%。

法国和加拿大等国家的文化贸易保护壁垒，较好地保护了本国的文化产业市场。2011 年，35 部法国本土电影的市场占有率达 41.6%，而欧洲其他国家国产电影的市场占有率仅为 20%～30%。但是从整体来看，法国和加拿大的文化贸易保护战略仍然难以阻挡美国文化的入侵。近 20 年来，美国电影票房平均占法国电影市场的 50%以上，加拿大的电影市场也被好莱坞严重侵占。

基于文化例外的贸易保护战略之所以收效不佳，一方面是因为文化例外缺乏世界贸易组织那样的贸易争端解决机制，所以这种抗议大部分只能停留在道义的谴责上；另一方面，文化产业的投资方、渠道商和文化产品的购买方，在做出决策的时候并不会考虑文化多样性等因素，而是纯粹出于商业利益或者个人利益而做出抉择，这时，产业链完善、营销强势的美国文化产品往往会获得机会。

贸易保护战略如果实施不当，过于注重对本国产业的保护，还有可能引发其他问题。(1) 盗版问题：对电影和电视节目贸易的限制会使消费者的需求不能从正常渠道得到满足，从而造成盗版横行的问题。(2) 补贴快餐问题：一些本地公司为了得到政府补贴，仅仅为迎合政府的意志而进行产品制作，生产出很多实际上没有市场竞争力的“补贴快餐”。(3) 加剧产业的不公平问题：拿到政府补贴的企业往往不是最需要补贴的企业，却给对发放补贴有决定权的部门或者个人创造了寻租的机会。(4) 过度保护问题：由于产业长期处于关税壁垒和配额的保护下，企业依赖政府补贴从而产生惰性，丧失了竞争力。总之，基于文化例外而实行文化贸易保护战略的国家，尤以法国和加拿大为代表，为本国文化产业的发展赢得了时间且较好地保护了文化的传承，扶持了高雅艺术；但总体上看，该战略难以抵挡美国文化产品和服务的入侵，且可能引发其他的产业问题。

3. 基于竞争优势理论的新赶超战略

迈克尔·波特提出的“国家竞争优势”理论认为一个国家的整体竞争优势取决于四个基本要素和两个辅助因素的综合作用。四个基本要素包括：(1) 生产要素，包括物质资源、人力资源、知识资源等。这些要素有些属于天然所有，有些属于后天创造，一国的产业要在国际竞争

① 黄玉．欧盟的视听保护政策．电视研究，2002 (1)：59-61.

中保持优势地位，不仅要发挥天然优势，更要进行后天创造，创造出动态竞争优势。(2) 需求条件，尤其是国内市场的需求状况。波特认为国内市场需求大，有助于本国企业迅速达到规模经济；而本国买主如果挑剔，必然会提升国内企业的产品质量和服务水平，促进企业的技术升级和创新。(3) 相关和支持性产业，一个国家的产业链越健全，企业相互之间的沟通越频繁，越能促进企业的技术升级。(4) 企业战略、结构和竞争。良好的管理体制、公平竞争的外部环境有助于企业发展，强大的本国竞争对手是企业竞争优势得以产生并长久保持的最强有力的刺激。两个辅助因素分别是机会和政府作用。前者指的是新发明、重大技术变化、投资成本巨变等带来的机遇，但一国是否能抓住这样的机遇，还是取决于四个基本要素；后者指的是政府可以通过四个基本要素对产业发展施加影响，但不是直接参与。

基于国家竞争优势理论的“新赶超战略”，是指通过奉行战略性贸易政策，在不完全竞争条件下，凭借生产补贴、出口补贴或保护国内市场等政策手段扶持本国文化产业的成长，增强其在国际市场上的竞争力，抢占市场份额，从而达到规模经济，获得超额利润。日本和韩国均在 20 世纪 90 年代就确立了“文化立国”战略，通过完善各种政策法规配额和补贴等措施保护本国文化企业的发展，通过建设海外文化中心，实施奖励措施来鼓励文化出口，以此提升本国文化产品在国际市场上的竞争力以及国家的文化软实力。

日本动漫产业的发展与其广阔的国内市场和政府的推动作用密不可分。据日本三菱研究所的调查，日本有 87%的人喜欢漫画，有 84%的人拥有与漫画人物形象相关的物品。广阔的国内市场不仅为动漫产业的发展创造了机会，同时观众品位的提升也不断敦促作品提高品质。日本的动漫制作商十分重视开拓海外市场，《铁臂阿童木》在 20 世纪 60 年代就进军美国市场，《聪明的一休》《机器猫》等在 70 年代开始进军亚洲市场，并逐渐在世界范围内受到人们的欢迎。日本政府敏锐地意识到可以通过动漫作品向世界各地渗透日本文化，像好莱坞电影一样，在国际文化市场中占有一席之地。2005 年，日本外务省决定利用“政府开发援助”中的 24 亿日元作为“文化无偿援助”资金，从动漫制作商手中购买动画片播放版权，无偿地提供给发展中国家的电视台播放，让更多发展中国家的青少年爱上日本动漫，进而了解日本。2013 年，日本政府推出“酷日本”(Cool Japan) 计划，希望大力发展时尚文化产业，通过“产品输出”实现“文化输出”，推动日本经济的振兴发展。

韩国在 1998 年提出“文化立国”战略，将振兴文化产业作为基本国策，通过文化产品输出来提升国家形象。一方面，韩国政府着手制定支持文化产业发展的法规，如《文化产业振兴法》《设立文化地区特别法》等，并对《影像振兴基本法》《著作权法》等做了部分或全面修订。另一方面，积极设立专门机构来推广韩国文化，在首尔设立“韩流发祥园地”。此外，还由民间专家学者组建“亚洲文化交流协会”，对出口的文化内容质量把关，防止因出口劣质文化产品而降低外界对“韩流”文化产品的信任度。为促进文化产品的出口，自 2000 年开始，韩国就成立了影音分轨公司，对韩文翻译为外语和产品制作的费用几乎给予全额补助，大力开拓国际市场。韩国还将美国等定位为自己的文化贸易目标市场，挖掘有潜力的文化企业，支援创作，培育能够进军海外市场的项目。为了促进韩国本国的网络游戏进军海外，韩国政府努力提供所需的市场条件、配合相应的营销策略，刺激出口的发展。

无论是从文化贸易额来看，还是从国家形象的树立来看，日本和韩国的新赶超战略均取得了良好的效果。日本漫画、动画、游戏软件等具有代表性的日本内容产业已在世界颇有影响，更有一些西方国家盛赞“酷日本”计划。目前，世界动画片市场中有 65%是日本动画片，在欧洲上映的动画片中日本动画片占 80%。韩国的网络游戏产业独树一帜，其国内市场份额每年还在以 10%～15%的速度增长，韩国游戏产品在亚洲 20 个国家、欧洲 20 个国家和北美 10 个国家均有市场。韩国的流行音乐、电视剧和电影，也都在周边国家形成了一定的影响力，尤其是在 2005 年以后，“韩流”势头强劲，《大长今》《我是金三顺》《浪漫满屋》《来自星星的你》等韩剧不仅赢得了大批的国外粉丝，而且树立了韩国人重礼守信、家庭观念强等良好的国际形象，同时带动了韩国时装、电子产品、汽车工业的销售，拉动了韩国旅游业的发展。

综上可见，基于竞争优势理论而实行新赶超战略的日本和韩国，通过政府主导型的文化产业政策，引领产业跨越式发展，同时大力推动本国文化企业走出去，在世界文化贸易市场争得了一席之地。

三、案例：数字时代图书出版业国际贸易：以亚马逊“中国书店”为例

当今数字化浪潮席卷全球，信息领域的数字技术向人类生活各个领域全面渗透，在数字制式全面替代传统模拟制式的过程中，文化产品和服务的国际贸易不仅改变了传统国际文化贸易的方式，还开辟了新的贸易途径。

在传统的国际贸易方式下，国际贸易流程需要 19 个环节，数字化的应用使国际贸易的环节缩减为 7 个，它的应用使国际文化贸易更加电子化、信息化、自动化和规模化，极大地提高了国际文化贸易的效率。从宏观方面来分析，在数字化环境中，互联网本身的特点，使全球出现了统一的虚拟交易市场。文化商品和服务的信息在全球公开、实时地快速传递，一方面减少了买卖双方信息的不对称性，另一方面又可以促使全球资源实现优化配置。[①]

首先，数字化条件下国际文化贸易方式的改变。数字化时代的到来，使服务于国际贸易的一些交易手段变得比以前更快捷和便利。现代信息技术的出现，以其超强的微电子技术对世界文化产品和服务贸易产生了巨大影响，突出表现为国际贸易手段的电子化。

其次，数字化条件下国际文化贸易营销模式的改变。数字化引起市场营销的巨变，促进了国际文化贸易营销方式的创新，产生了新的市场营销形式，即电子营销。在这种营销方式下，文化贸易产品与服务的市场调研、广告宣传、公关等每一个环节都可以被单独或整合应用到数字化中。与工业化大规模生产时代传统广告和人员推销的“强势营销”方式不同，在这种“软营销”方式下，主动方是客户而非企业，体现出以客户为出发点的网络互动式、定制式和整合式营销。

最后，从个案来看，数字条件下文化产业国际贸易带来了利润分成模式的变化。目前中国传统图书出版业的利益分成模式大致是：出版商获得 10%～15%纯利，零售商（新华书店）获得 5%，作家版税 8%～15%（国内著名作家的版税是 12%～15%的码洋，不太出名的作者的版税则是占码洋的 8%～10%），一共加起来不到四成，剩下六成都是印刷、纸张、物流和编辑成本（其中纸张和印刷成本约占 40%、流通成本占 30%～40%、编辑成本占 10%～20%）。可以看出，在传统图书出版业的利益分配体系中，最明显的特点就是作为内容直接创造者的著作权人所获得的利润极其有限，而图书销售收入的一半花在与图书内容的精神属性毫

① 李怀亮，佟雪娜．数字化条件下国际文化贸易的新趋势．中国文化研究，2012（3）：130-138.

无关系的生产成本上。

以亚马逊为代表的平台贸易改变了这一切。出版商先以批发价将他们出版的电子书出售给亚马逊，然后亚马逊在网站上推出这些电子书的折扣价。这种打折销售的模式使出版商的销售业绩增长迅猛。更为创新的变革是亚马逊企图打通从图书诞生到销售的全产业链，他们开始直接和作家本人签约。亚马逊向使用该公司 Kindle Direct Publishing 专用发行服务系统的所有作家支付一定数额的版权使用费，其中向电子书单本售价低于 2.99 美元的作家支付售价 35%的版权使用费，而向电子书单本售价 2.99～9.99 美元的作家支付售价 70%的版权使用费。著作权方最高可以拿到七成的收入。目前，亚马逊平台上的电子书销量已经正式超过纸质书，因此我们有理由认为，未来在世界范围包括中国在内，电子书都将成为图书出版业的主要形式。在这种原生电子书模式下，作者不但能获得 70%的版税，而且每个月都能获得报酬，并很快就能收到关于图书销售状况的反馈。①

我国也在图书出版业的对外贸易数字化方面做出了积极的尝试。自"中国图书对外推广计划"和"中国文化著作翻译出版工程"实施以来，中国图书对外输出成果显著。2011 年 9 月，中国国际图书贸易集团公司与美国亚马逊合作开设了亚马逊"中国书店"（China Books），面向全球 180 多个国家和地区经营中国出版物。"中国书店"页面涵盖了新书上线（new arrivals）、编辑推荐（editor's pick）、畅销排行（best seller）等几大板块。开设至今 10 年以来，上线推送图书已达 40 多万本。亚马逊"中国书店"作为中国与海外合作的最大跨国网络书店，拓展了中国图书的海外发行销售渠道，是文化内容产品国际贸易数字化的宝贵实践。

据统计，至 2019 年，亚马逊"中国书店"的图书共有 17 种语言分类，其中中文图书的数量为 302 272 本，而排在第二名的英文图书仅有 8 759 本，中文图书数量是英文图书数量的 34 倍多，占据了绝对比重，且新书上线较为及时。此外，西班牙语、法语、日语、德语、韩语等语种的中国主题图书也在书店中有售，但所占比例均较小。亚马逊"中国书店"首页的畅销排行板块展示了销量前 100 名的图书，其中按照类别进行统计，主要集中在文学与虚构、童书、健康塑身与饮食以及参考书这四大类别中，且文学与虚构、童书两类图书的数量占销量前 100 名图书的近 50%。②

从亚马逊"中国书店"的销售和评价情况可以看出，在评价内容方面，美国亚马逊平台具有较好的评价氛围，在激励机制下，用户不仅可以对每一本图书发表观点，而且可以对每一条评论进行回复，进而围绕图书展开更加深入的讨论。此外，用户的每一条评论都可以被阅读者进行再评价，据此可知每一条评论是否产生了一定的效用。因此，将亚马逊"中国书店"中的图书按评论数量进行排序分析，一定程度上反映了图书的传播效果。除中文原版书外，可以将"中国书店"中的图书大体分为外国图书中文版、中国图书翻译版以及外文中国主题图书三种版本，统计每种版本评论数量前五名的图书数据。首先，外国图书中文版的评论数量及星级数普遍要高于其他两个版本，且以科幻、文学与虚构类为主；其次，中国图书翻译版主要是文学与虚构类，如四大名著的英译版等，但评论数量普遍较少，且存在收录不全的现象，而外文中国主题图书以传记与自传、健康塑身与饮食以及历史类评价数量较高。

从"中国书店"各类图书的贸易销售情况可以看出，中国图书海外销售仍存在文化输出的

---

① LASH S，LURY C. Global culture industry：the mediation of things. Cambridge：Polity Press，2007.

② 亚马逊中国书店项目组．亚马逊中国书店助力中国文化走出国门．出版参考，2019（12）.

适应与调适问题。饮食、健康养生类图书都具有鲜明的中国文化特色，是中国主题图书的代表，但这也意味着存在既有的文化差异。调查发现，高居亚马逊“中国书店”榜单前列的实用类图书大多是由外国作者利用本土化语言撰写。这一点从侧面反映出，中国主题图书的海外传播不仅面临着翻译环节“量”与“质”的短板，更存在着翻译版无法符合海外读者阅读习惯的问题，这也进一步证实了“文化距离”对文化产品的国际贸易造成的影响。从我国的立场来看，中国图书在国际贸易与传播的过程中，一方面需要切实提高外向型图书的跨文化传播力，积极适应不同文化背景、阅读习惯的读者接受期待，另一方面要坚守文化的民族性、传承性和时代性，更生动地展现多层次的中国文化形象，在国际贸易的数字化浪潮中塑造竞争优势。

本章小结

1. 随着经济的不断发展和科技的持续创新，文化产业成为文化流动和传播的重要载体。文化贸易在经济贸易中的地位日益凸显。

2. 文化国际贸易与传播的实质为一国文化产业的实力与传播能力的反映，只有形成贸易和产业的良性互动，才能在国际文化市场上具有竞争力，在全球化格局中塑造国家的文化软实力。

3. 小约瑟夫·奈将软实力界定为一种文化、政治价值观、外交政策等非物质因素产生的吸引力和认同力，它能通过吸引力而非威逼或利诱达到目的，是一国综合实力中除传统的基于军事和经济实力的硬实力之外的另一组成部分。

4. 文化软实力包括认同性、培养性、创新性、规模性、扩散性和民生性等基本要素。

5. 国际文化贸易的对象既涉及文化产品又涉及文化服务，因此，它兼具国际货物贸易和国际服务贸易的特点。具体体现在以下几个方面：贸易市场的高度垄断性、贸易保护方式具有隐蔽性、贸易自由化的例外性、贸易约束条例的相对灵活性、与其他产业的强烈交融性。

6. 目前国际文化贸易领域主要有三种战略模式，分别是美国的自由贸易战略、法国和加拿大的贸易保护战略、日本和韩国的新赶超战略。

7. 在数字化条件下，国际文化贸易的方式、营销模式、利润分成模式等都发生了显著变化。

思考与练习

一、基本概念

全球化　文化软实力　文化产业　文化贸易　传播战略模式　文化例外　文化距离　文化贸易壁垒　对外贸易数字化

二、思考题

1. 试举例说明文化软实力与文化产业国际贸易和传播之间的关系与影响。
2. 哪些贸易行为属于文化产业国际贸易?
3. 文化产业国际贸易与其他国际贸易有何不同?
4. 试分析不同国家文化产业贸易传播战略的理论基础及发展现实。
5. 通过文献及官方网站资料查找，总结我国文化产业国际贸易的发展趋势与变化。

6. 如何在数字化时代提高文化产业的国际贸易发展水平?

拓展阅读

1. 阿帕杜莱. 消散的现代性: 全球化的文化维度. 刘冉, 译. 上海: 上海三联书店, 2012.
2. 李怀亮. 国际文化贸易导论. 北京: 中国传媒大学出版社, 2008.
3. 吴瑛. 文化对外传播: 理论与战略. 上海: 上海交通大学出版社, 2009.
4. 花建, 等. 文化软实力: 全球化背景下的强国之道. 上海: 上海人民出版社, 2013.
5. 季桂保, 田晓玲. 约瑟夫·奈: 请不要误解和滥用 "软实力". 文汇报, 2010-12-07.
6. 金融危机后的中美实力: 约瑟夫·奈在复旦大学社会科学高等研究院的讲稿. 文汇报, 2020-12-25.
7. 田晖. 国家文化距离对中国进出口贸易影响的区域差异. 经济地理, 2015, 35 (2).
8. 沈莹娟, 陈丽珍. 地理距离对我国加工贸易影响的实证分析. 商业时代, 2010 (34).
9. 张军, 陈磊. 中国出口贸易文化异质性效应研究: 来自主要贸易伙伴国的经验证据. 财贸经济, 2015 (7).
10. 胡燕, 章珂熔. 中国与 "一带一路" 国家核心文化产品贸易持续改进路径选择. 江苏社会科学, 2017 (5).
11. 刘晓鹏. 刍议文化贸易壁垒对我国文化贸易的影响. 商业时代, 2013 (23).
12. 韩丽鹏. 文化贸易壁垒对我国影视产品出口的影响及应对策略. 对外经贸, 2016 (7).
13. 张斌. 国际文化贸易壁垒研究. 济南: 山东大学, 2010.
14. 李梦然. 影视服务贸易中的文化贸易壁垒探究. 中国市场, 2017 (5).
15. 向勇, 范颖. 中国对外文化贸易的战略方向和政策建议. 国际服务贸易评论, 2012 (6).
16. 李辉文, 董红霞. 现代比较优势理论: 当代国际贸易理论的理论基准. 国际经贸探索, 2004 (2).
17. 黄玉. 欧盟的视听保护政策. 电视研究, 2002 (1).
18. 李怀亮, 佟雪娜. 数字化条件下国际文化贸易的新趋势. 中国文化研究, 2012 (3).
19. LASH S, LURY C. Global culture industry: the mediation of things. Cambridge: Polity Press, 2007.
20. SAWYER K R. Creativity research and cultural context: past, present and future. Journal of Creative Behavior, 2017, 51 (4).
21. ANNULL L. Cellular phones, public fears, and a culture of precaution. Contemporary Sociology, 2005, 34 (2).
22. LANKHUIZEN M, GROOT H L F, LINDERS G J. The trade-off between foreign direct Investments and exports: the role of multiple dimensions of distance. World Economy, 2011, 34 (8).
23. ZHOU M. Intensification of geo-cultural homophily in global trade: evidence from the gravity model. Social Science Research, 2011, 40 (1).
24. MARVASTI A, CANTERBERY E R. Cultural and other barriers to motion pictures trade. Economic Inquiry, 2005, 43 (1).

第十三章　文化产业政策与文化治理

本章概述

文化治理在社会发展中发挥了重要作用，不仅关乎文化产业的健康发展，也关乎社会的长治久安。首先，本章梳理了文化治理的概念发展，明确了文化治理的概念定义，指出其包容性、渗透性和多元化发展三个特征，聚焦于文化治理中最为重要的文化政策，列举了演进型、竞争型、干预型、中间型和约束型等五种世界上最主要的文化政策治理模式；其次，本章回顾了中国文化产业政策的发展历史，分培育期、准备期、发展期和扩张期四个时间段，列举了最主要的文化治理政策文件，分析其对文化产业宏观发展的影响；再次，本章以文化产业政策的绩效评价为切入点，介绍文化产业政策的评估标准、评估维度与评估模式，从而更具体地呈现文化产业政策治理对不同利益主体的影响，突出其制定关键与实施意义；最后，本章以文化产业政策治理发展较为悠久的英国为例，全面介绍英国的“一臂之距”文化政策原则，以深化理解认识、提供有益参考。

学习目标

通过对本章的学习，学生应了解或掌握如下内容：

1. 了解文化治理的概念内涵与基本手段。
2. 了解文化治理中政策手段的基本模式。
3. 了解中国文化产业政策的发展历程。
4. 掌握文化产业政策的绩效评价方法。

国家社会的发展带来国家治理体系的不断完善，政治治理、经济治理、文化治理是国家治理的三个发展阶段。[1] 回顾我国的社会发展历史，从最初“以阶级斗争为纲”的政治治理阶段，到“以经济建设为中心”的经济治理阶段，再到提出“文化强国”战略，文化治理阶段为我国的进一步转型发展提供了方向指引，文化产业的全面发展成为国家履行文化职能的重点所在。

---

① 胡惠林．国家文化治理：发展文化产业的新维度．学术月刊，2012（5）：28－32.

一、理论：文化治理与文化政策

文化从诞生起就具有社会治理的功能与特征，《周易》中写道："上古结绳而治，后世圣人易之以书契。"（《周易·系辞下》）孔子在《论语》中则说："诗，可以兴，可以观，可以群，可以怨。迩之事父，远之事君。"（《论语·阳货》）在他看来，《诗经》这一杰出的文化艺术作品，其中所蕴含的道理近可用于侍奉父母，远可以用来侍奉国君。可见，文化治理作为社会治理的重要组成部分，在我国的文化历史中由来已久。

近现代以来，文化治理在社会发展当中的重要地位被再次发现。通过文化治理，才能实现布尔迪厄认为的"文化资本与经济资本和社会资本之间的价值转换"，实现哈贝马斯所说的"从政治社会、经济社会向文化社会的过渡"。

（一）文化治理的概念发展

最早将文化治理引入文化研究的是英国伯明翰学派，然而在其研究过程中，对文化治理并不能形成一致的看法。早期伯明翰学派主要受到马克思主义和葛兰西（Gramsci）"文化霸权"思想的影响，体现在雷蒙德·威廉斯、斯图尔特·霍尔（Stuart Hall）等人的研究当中——葛兰西认为，在西方资本主义社会，尤其是民主程度发达的国家当中，政治霸权和暴力统治已经不是其统治方式，而是通过宣传，通过其在道德和精神方面的领导地位，让广大的人民接受社会的法律制度和世界观；但在后期，本尼特（Bennett）等人则更多受到福柯（Foucault）的"文化治理术"思想的影响，福柯的"文化治理术"区分了统治与治理的概念，批评前者对于"文化政治"的研究只是将文化简化为一种符号的表意实践，福柯认为文化是治理的对象和工具，对象是下层社会阶层的道德、举止与生活方式。①

这些对于文化治理的早期探讨，不可避免地带有一些局限性。首先，前者认为文化斗争主要发生在语言、话语和意识形态领域，后者则强调文化治理更主要地体现在文化制度、文化政策和具体的文化管理当中，但现实中，制度、政策和管理背后都必然包含着一定的话语和意识形态，不可能彼此分割②；其次，文化霸权和治理术都强调一种自上而下的软控制，而随着社会的不断发展，文化治理更强调自上而下与自下而上相结合的双向规制和多元治理。

在今天，尽管仍存在一些争论，但对于文化治理的概念基本能达成共识。广义的文化治理是"借由文化以遂行政治与经济（及各种社会生活面向）之调节与争议，透过各种程序、技术、组织、知识、论述和行动等操作机制而构成的场域"③。狭义的文化治理是"国家通过采取一系列政策措施和制度安排，利用和借助文化的功能以克服与解决国家发展中问题的工具化，对象是政治、经济、社会和文化，主体是政府和社会，政府发挥主导作用，社会参与共治"。文化治理通过法律和行政的强制性约束力，凸显个人、社会、国家各个主体的能动性和自主性，其主要特征就是通过主动寻求一种创造性文化增生的范式实现文化及其相关领域的包容性、渗透性和多元化发展。④

① 福柯．安全、领土与人口．钱翰，陈晓径，译．上海：上海人民出版社，2010.

② 吴理财．文化治理的三张面孔．华中师范大学学报（人文社会科学版），2014，53（1）：58－68.

③ 王志弘．文化如何治理？一个分析架构的概念性探讨．世新大学人文社会学报，2010（11）.

④ 胡惠林．国家文化治理：中国文化产业发展战略论．上海：上海人民出版社，2012：3.

文化治理的包容性，是指文化治理体现了公权与私权的博弈以及公平与效率的平衡。不同于“文化霸权”以及“治理术”的观点，文化治理往往需要统治阶级和被统治阶级相互“协商”甚至“合谋”，才能维持长远的发展运作。[①] 只有兼顾经济效率与社会公平，才能实现社会的良好运行。具体到文化经济方面，则体现为公益文化事业和商业文化产业的协调发展。

文化治理的渗透性，是指文化治理与政治治理、经济治理、社会治理等在理念和举措上高度协同和密切融合。文化治理必然会与社会各领域的生产发展产生密切联系，文化治理中的文化产业治理就是一种经济治理，遵循经济学的一般价值规律，通过市场的力量发挥文化资本的经济价值；文化治理中的国家文化软实力治理是一种政治治理，通过塑造文化软实力来提升国家形象，谋求秩序稳定；文化治理中的公共文化服务治理则是一种社会治理，通过提供公共文化产品来满足社会民众的精神需求，促进社会繁荣。在实践层面解读文化治理，就必然会看到文化治理的政治面孔、经济面孔、社会面孔等交织在一起，以丰富的实践形态帮助文化实现治理。[②]

文化治理的多元化发展，是指文化治理中有文化创造性、文化多样性、文化民主化和文化认同性等多重价值目标的治理追求，这与文化治理的政治属性紧密相连，体现了国家治理的文化产业服务于国家根本战略利益发展需求。[③] 文化产业的发展以创造力为根本推动，只有发展文化创造性，才能推动文化的真正进步；文化治理的文化产业要服务于人们日益增长的精神文化消费需求的多样性，克服和消除单一的以意识形态为唯一价值导向的文化发展模式；文化治理是政治文明建设的民主化进程，只有文化民主化，才能发挥文化产业对于国家政治表达机制和精神的改革推动作用；而在世界多元竞争当中，只有不断发展壮大自己国家和民族的文化，切实增强民众的文化认同感，才能在世界文明的冲突与变化中占据主动地位。

(二) 文化政策的常见模式

文化治理的手段包括公共手段、准公共手段和市场手段，而公共手段主要是财政手段和政策手段。文化政策是政府、营利机构、文化团体、艺术家、公益组织等利益相关集团影响民众思想的手段，反映了各个利益集团的价值取向。[④]

由于各国社会结构、治理理念不同，文化政策也会产生差别。总体而言，文化治理的政策模式往往在干预主义和自由主义之间寻找平衡，纯粹的新自由主义文化政策或极端国家干预主义文化政策较少。目前世界上的文化产业政策治理模式主要有五种：基于文化创富的演进型政策模式、基于市场引导的竞争型政策模式、基于文化保护的干预型政策模式、基于政府引领的中间型政策模式以及基于法律保障的约束型政策模式。[⑤]

基于文化创富的演进型政策模式，表现为从提升文化认同过渡到带动经济发展，再到提升产业创新的三级演进型政策模式。澳大利亚是这种政策模式的典型代表，其文化产业政策理念经历了三个阶段的变化：第一阶段以提升文化认同度为主，着重点在文化政策的出台；第二阶

---

① 吴理财．文化治理的三张面孔．华中师范大学学报（人文社会科学版），2014（1）：58－68.

② 同①.

③ 胡惠林．国家文化治理：发展文化产业的新维度．学术月刊，2012（5）：28－32.

④ 郭灵凤．欧盟文化政策与文化治理．欧洲研究，2007（2）：64－76.

⑤ 向勇，刘颖．国际文化产业的政策模式及对中国的启示研究．福建论坛（人文社会科学版），2016（4）：102－110.

段主要以文化拉动经济发展为动力，着重点在经济政策的出台；第三阶段以文化创意激励创新为主，着重点在创新政策的出台。

基于市场引导的竞争型政策模式，强调政府不会直接干预文化产业的发展与文化企业的成长，充分相信市场的作用，政府只负责规范市场，并通过各种手段鼓励艺术家创作，支持非营利文化机构发展，吸引企业或机构捐助投资。美国所谓“无为而治”的文化政策是典型的代表，其坚持新自由主义的治理理念，相信可以通过市场的自我调节实现资源有效配置，服务于公众利益。对于在自由市场中不以营利为目的的文化组织，因自身很难在市场经济中存活，美国政府会给予资金上的支持、税收上的减免，以及一定的监管约束，保证非营利组织的公共性。

基于文化保护的干预型政策模式，集中表现为政府在文化政策的制定中重视对文化多样性的保护。1998 年，在名为“文化的力量”的斯德哥尔摩国际会议上发布了《我们创造性的多样性》报告，报告指出全球化已经限制了政府在提供文化产品过程中所起的作用，政府的职能应转向为文化发展创造更多便利条件、纠正市场机制对文化艺术发展的不当影响和保护艺术家的权益。[①] 这种思想对欧洲的文化政策产生了重要的影响。法国、加拿大等国家的文化产业政策是较为典型的代表，自乌拉圭回合谈判以来，经历了从“文化例外”向“文化多样性”的转变。与新自由主义不同，法国、加拿大等国重视通过政府的介入来保护文化，并且从最初的单方面保护主义转向对文化多元性的保护，对于本国文化产业系统的良性发展和各类文化的存续起到了积极作用。

基于政府引领的中间型政策模式，重视在自由竞争与国家干预之间寻找平衡，其政策目标是提高文化创作的品质和艺术活动的质量，政府出资支持文化艺术活动，但资金分配由独立运作的艺术委员会决定，防止政治对艺术产生影响。英国的“一臂之距”文化政策是典型的代表，“一臂之距”在经济领域指的是具有隶属关系的经济主体在交易时遵循独立交易原则。著名经济学家凯恩斯于 1946 年主导成立的大不列颠艺术委员会负责分配政府的文化拨款，从而与全国各文化领域的文化艺术协会、组织、团体、机构和个人相联系，形成全社会的文化管理网络体系。[②]

基于法律保障的约束型政策模式，强调政府在文化产业的各方面形成完善的法律法规体系，中央政府制定全国文化发展的总体框架和政策目标，地方政府制定具体规划和执行手段，全面支撑和保障文化产业的发展。韩国和日本是这种模式的典型代表，国家的政策目的在于保护传统文化、促进艺术发展、实现文化民主化，因此在文化艺术振兴、文化内容版权保护、文化内容网络传播、文化产品海外市场拓展、文化产业投融资等领域形成了完善配套的法律法规。

二、方法：文化产业政策的转型与演变

（一）中国文化产业政策的转型

中国正处于战略转型和产业升级的关键时期，时代的发展也带来政府治理方式的发展变

---

① MARGOLIN V. Our creative diversity, the report of the world commission on culture and development. Paris: UNESCO Publishing, 1996.

② 陆晓曦．英国文化管理机制：“一臂之距”．山东图书馆学刊，2012 (6)：37-41.

化。从中国的发展状况来看，自1978年改革开放以来，文化产业逐步发展，可以分为培育期、准备期、发展期和扩张期四个阶段，也对应着文化政策和文化体制改革的不同状态。[①]

1. 中国文化产业培育期的政策演变

1979—1998年是中国文化市场的观念形成期和初步培育期，我国文化体制改革初步萌芽。在这一时期，随着改革开放的发展和社会主义市场经济建设步伐的加快，民众的文化需求不断增加，我国的文化市场不断繁荣。市场的繁荣催生了文化事业单位的被动改革、浅层改革和个别改革。

1979年，广州出现第一家音乐茶座，标志着市场力量开始向传统文化领域渗透。此后，一些奠定文化产业发展基础的政策法规陆续出台。

1985年，国家统计局出台《关于建立第三产业统计的报告》，将第三产业纳入国民经济的范畴，在对第三产业的四个层次进行划分时，将为提高科学文化水平和居民素质服务的部门，包括教育、文化、广播电视事业，科研事业，生活福利事业等划归为第三个层次，表明文化、服务等可以按照人们的需求来进行生产，实现了观念上的重大突破。

1988年，原文化部、国家工商行政管理局在《关于加强文化市场管理工作的通知》中明确指出："凡以商品形式进入流通领域的精神产品和文化娱乐服务活动，都属于文化市场管理范围"，要求"各级文化主管机关对文化市场要进行日常的行政管理和业务指导"，文化市场的概念得以确立。

2. 中国文化产业准备期的政策演变

1998—2002年是文化产业观念的形成期和文化体制改革的准备期。在这一阶段，文化产业这一概念得到了国家层面的认可与重视。这一时期的改革侧重于市场主体的培育，是经济体制改革在文化领域的体现。2002年，党的十六大正式把社会主义文化建设分为公益性文化事业和经营性文化产业，为全面启动文化体制改革奠定了理论基础。

1998年8月，文化部文化产业司成立，负责拟订文化产业发展规划和政策，起草有关法规草案；扶持和促进文化产业建设与发展；推进文化产业信息化建设；指导文化产业基地和区域性特色文化产业群建设；督促重大文化产业项目实施，配合推进对外文化产业交流与合作。这是政府部门第一次设立文化产业专门管理机构。

在2000年10月11日发布的《中共中央关于制定国民经济和社会发展第十个五年计划的建议》中提出了"深化文化体制改革""完善文化产业政策"的任务，并首次在政府文件中使用"文化产业"这一概念。

2002年11月，党的十六大报告厘清了两者之间的关系，首次提出"积极发展文化事业和文化产业""根据社会主义精神文明建设的特点和规律，适应社会主义市场经济发展的要求，推进文化体制改革"。自此，中国文化产业完成了其合法性建构，开始进入合理性建设阶段。

3. 中国文化产业发展期的政策演变

2003—2013年是文化体制改革的全面推动期和文化产业的快速发展期。2003年我国开始文化体制改革的试点工作，全国35家试点单位在区域发展、市场培养、内容生产等多个领域进行实践探索试点。同时，中央从2006年开始每年都要召开文化体制改革工作会议，总结试

---

① 向勇．文化产业无形资产价值评估：理论与实务．北京：北京大学出版社，2015.

点经验，并从2007年全面启动文化体制改革。在这十年间，我国文化体制改革在制度建设、区域发展和行业发展方面都积累了丰富的经验，取得了惊人的成绩，已经完成了文化体制改革的基本任务。

2003年6月，包括深圳在内的9个地区和35个文化单位成为文化体制改革试点。试点地区和单位积极培育市场主体、深化内部改革、转变政府职能、建立市场体系。2003年12月5日，胡锦涛在全国宣传思想工作会议上提出“坚持把积极发展文化事业和文化产业作为宣传文化部门的重要任务”。2005年10月11日，《中共中央关于制定国民经济和社会发展第十一个五年规划的建议》提出：“丰富人民群众精神文化生活。积极发展文化事业和文化产业。”2005年年底，中共中央、国务院下发《关于深化文化体制改革的若干意见》。

2006年3月，中央召开全国文化体制改革工作会议，新确定了全国89个地区和170个单位作为文化体制改革试点。文化体制改革在稳步推进的基础上，迈入了全面推开的新里程。

2006年9月，中共中央办公厅、国务院办公厅印发《国家“十一五”时期文化发展规划纲要》，对“十一五”时期文化发展的指导思想、方针原则、目标任务做出全面阐述，对进一步加快文化建设、推动文化体制改革做出部署。

2007年10月15日，党的十七大从中国特色社会主义事业“四位一体”总体布局、增强国家文化软实力的战略高度，提出兴起社会主义文化建设新高潮、推动社会主义文化大发展大繁荣的战略任务。

2008年1月22日，胡锦涛在全国宣传工作会议上指出，“要以满足人民日益增长的精神文化需求为目的，以改革为动力，统筹文化事业和文化产业”。

2009年7月22日，国务院常务会议原则通过了《文化产业振兴规划》，这是新中国成立60年来文化产业的第一次专项规划，也是继纺织、钢铁等十大产业振兴规划之后，我国制定的第十一大产业振兴规划。

2009年9月，华谊兄弟传媒股份有限公司创业板上市申请获证监会批准通过，成为内地第一家成功上市的影视制作公司。虽然这是资本市场上的一件寻常事，但却是中国文化产业发展的一大步。

2010年2月，胡锦涛、温家宝在省部级主要领导干部深入贯彻落实科学发展观加快经济发展方式转变专题研讨班上，深刻阐述了发展文化产业在加快经济发展方式转变中的重要地位，强调要加快发展文化产业，加快开拓文化市场。

2010年3月，中办、国办转发《中央宣传部关于党的十六大以来文化体制改革及文化事业文化产业发展情况和下一步工作意见》，强调加快推进文化产业发展，把文化产业培育成推动我国经济发展方式转变的战略性新兴产业。

2010年3月，温家宝在《政府工作报告》中强调，国家发展、民族振兴，不仅需要强大的经济力量，更需要强大的文化力量，要在继续加快文化体制改革、发展文化事业的同时，加快发展文化产业，满足人民群众多样化的文化需求。

2010年7月23日，胡锦涛总书记主持中央政治局第二十二次集体学习时强调“三加快一加强”的文化改革发展总体布局，明确指出一定要从战略高度深刻认识文化的重要地位和作用，以高度的责任感和紧迫感，顺应时代发展要求，深入推进文化体制改革，推动社会主义文化大发展大繁荣。

2011年5月，刘云山主持召开文化产业发展座谈会，研究加快推动文化产业发展的政策措施，要以新的视角认识文化产业的地位作用，坚持内容为王，以更有力的措施推动我国文化产业实现新的更大发展。

2012 年 2 月，我国颁布《国家“十二五”时期文化改革发展规划纲要》，强调：“构建现代文化产业体系……加快转变文化产业发展方式，促进从粗放型向集约型、质量效益型转变，增强文化产业整体实力和竞争力。”

2012 年 8 月，《国家文化科技创新工程纲要》出台，强调要充分发挥科技创新对文化发展的重要引擎作用。2012 年 11 月，党的十八大召开，将“文化产业成为国民经济支柱性产业”列入 2020 年全面建成小康社会的指标体系，提出“扎实推进社会主义文化强国建设”。

4. 中国文化产业扩张期的政策演变

2013 年至今，是我国文化体制的深化改革期和文化产业的市场扩张期。在十年发展的基础上，2013 年 11 月，党的十八届三中全会召开，指出“进一步深化文化体制改革，完善文化管理体制，建立健全现代文化市场体系，构建现代公共文化服务体系，提高文化开放水平，把文化产业发展成为国民经济的支柱性产业，建设社会主义文化强国”。自此，我国文化产业政策不断走深走实，强调产业融合创新，注重培育新兴业态，对于已有政策规定进一步革新，在国家层面不断加大支持力度。

2014 年 2 月，《国务院关于推进文化创意和设计服务与相关产业融合发展的若干意见》出台，重点推动文化创意和设计服务与装备制造业、消费品工业、建筑业、信息业、旅游业等相关产业的融合发展。同年 3 月，《国务院关于加快发展对外文化贸易的意见》颁布，提出建立健全对外文化贸易工作联系机制。2014 年 4 月，国务院颁布《文化体制改革中经营性文化事业单位转制为企业的规定》和《进一步支持文化企业发展的规定》，对文化企业发展涉及的财政税收、投资融资、资产管理、社会保障等多方面支持政策做出详细安排。2014 年 8 月，中央深化改革领导小组审议通过《关于推动传统媒体和新兴媒体融合发展的指导意见》，重视推动传统媒体和新兴媒体在内容、渠道、平台、经营、管理等方面的深度融合与创新发展。

2015 年 9 月，国务院通过《中华人民共和国电影产业促进法（草案）》、国务院办公厅印发《三网融合推广方案》，聚焦于在我国文化产业中占据重要位置的广播电视、电影等行业，支持引导其实现高质量发展。同年 12 月，国务院下发《关于新形势下加快知识产权强国建设的若干意见》，明确提出了 7 个方面共 32 条要求，其中包括推进知识产权管理体制机制改革、实行严格的知识产权保护、促进知识产权创造运用、加强重点产业知识产权海外布局和风险防控、提升知识产权对外合作水平、加强组织实施和政策保障等重要内容。

2016 年 3 月，国务院印发了《关于进一步加强文物工作的指导意见》，4 月 27 日国务院总理李克强主持召开国务院常务会议，会议认为，深度发掘文化文物单位馆藏资源，推动文化创意产品开发，对弘扬优秀文化、传承中华文明、推进经济社会协调发展具有重要意义。随后，《关于推动文化文物单位文化创意产品开发的若干意见》《关于促进文物合理利用的若干意见》等一系列政策相继出台。6 月，中宣部、国家新闻出版广电总局、国家发展改革委、教育部、财政部等 11 部门联合印发《关于支持实体书店发展的指导意见》，为图书出版及相关行业的发展指明了道路。12 月，《“十三五”国家战略性新兴产业发展规划》（简称《发展规划》）印发，强调以数字技术和先进理念推动文化创意与创新设计等产业加快发展，促进文化科技深度融合、相关产业相互渗透，到 2020 年，形成文化引领、技术先进、链条完整的数字创意产业发展格局，相关行业产值规模达到 8 万亿元。此外，《发展规划》还从创新数字文化创意技术和装备、丰富数字文化创意内容和形式、提升创新设计水平、推进相关产业融合发展等四个方面说明了“十三五”时期我国数字文化创意产业的发展方向。

2017年是实施“十三五”规划的重要一年，文化领域各项“十三五”规划纷纷出台，为接下来“十三五”时期的文化建设指明了方向。2017年5月，国务院办公厅印发《国家“十三五”时期文化发展改革规划纲要》，对文化产业的进一步发展进行宏观定调，此后，文化产业、文物事业、文化旅游、文化科技、群众文艺、文化扶贫、文物科技、公共图书馆事业、公共数字文化、古籍保护、新闻出版广播影视、版权工作等各细分领域均有相应规划出台。此外，2017年1月时文化部就印发了《文化部“一带一路”文化发展行动计划（2016—2020年）》，从健全机制建设、促进贸易合作、打造文化品牌等五大方面为“一带一路”文化建设工作的深入开展绘制了路线图。

2018年，文化产业的各类政策密集出台，但对于行业总体发展影响最大的是第十三届全国人民代表大会第一次会议于2018年3月表决通过了国务院机构改革方案，批准设立文化和旅游部，文化和旅游发展的体制性障碍被彻底破除，开启了文化和旅游深度融合的全新篇章，引导文化旅游业走向更良好的发展业态，在国际文化旅游市场中日益发挥重要作用。同月，国务院办公厅发布了《关于促进全域旅游发展的指导意见》（简称《意见》），这是文化和旅游部成立后国务院出台的第一个关于旅游业发展的重要文件。《意见》的出台标志着全域旅游正式上升为国家战略，给我国文化旅游业的发展提供了全面而具体的工作思路。面对网络直播、网络综艺等最新文化产品与服务，相关规范陆续出台。2018年3月22日，国家新闻出版广电总局发布了特急文件《关于进一步规范网络视听节目传播秩序的通知》（简称《通知》），对短视频行业提出规范要求；6月27日，中央宣传部、文化和旅游部、国家税务总局、国家广播电视总局、国家电影局等联合印发《通知》，要求加强对影视行业天价片酬、“阴阳合同”、偷逃税等问题的治理；11月，《关于进一步加强广播电视和网络视听文艺节目管理的通知》出台，政策囊括网络电影、影视剧、综艺节目等几乎所有的娱乐生态，引导文化产业新兴业态积极参与我国社会文化治理。

2019年是中华人民共和国成立70周年，也是深化文化发展改革的关键一年。2019年6月，文旅部发布《文化产业促进法（草案征求意见稿）》，公开向社会征求意见，12月送审稿正式发布。该法案由9章75条组成，其聚焦于文化产业发展中“谁来促进、促进什么、怎么促进”三大基本问题，在“文化企业、创作生产、文化市场”三个关键环节发力，并在人才、科技、金融财税、法律等方面提供了明确的支持与帮助。我国的文化法治建设至此迈出了具有突破性的一大步，对于弘扬我国优秀传统文化、实现我国文化治理现代化有着极为深远的意义。此外，2019年7月，国家体育总局、外交部、发展改革委、文化和旅游部等14部门联合印发了《武术产业发展规划（2019—2025年）》，推动文化体育融合发展；2019年8月，国务院办公厅印发《关于进一步激发文化和旅游消费潜力的意见》，提出景区降价、移动支付、消费场景嵌入、特色产品开发、发展夜间文旅经济等9项具体措施，为文化旅游业发展指出许多富有现实意义的实践路径；同月，国家科技部、中央宣传部、中央网信办、财政部、文化和旅游部、广播电视总局等6部门联合印发了《关于促进文化和科技深度融合的指导意见》，再次明确了文化科技创新发展的重要意义；此外，夜游经济、乡村旅游等文化产业深度参与社会经济发展的概念和举措也纷纷得以落实，我国文化治理体系不断健全完善，开启了崭新篇章。

2020年是我国全面建成小康社会，实现第一个百年奋斗目标的收官之年，在国家转型发展的重要战略机遇期，文化产业政策作为国家文化治理的重要组成部分，随着经济领域的改革开放与文化领域的体制改革与发展逐渐完善，对文化产业的健康发展起到了重要作用，是实现传统文化产业、现代文化产业和新兴文化产业协调发展的外在动力。

（二）文化产业政策的绩效评价

文化产业政策是国家文化治理的重要手段，在政府管制和市场机制之间扮演着积极的平衡角色，合理有效的政策体系，能够助力实现发展公平和市场效率的双重价值目标。对文化产业政策进行客观评价，通过合理的评估体系分析绩效，能够发现现行文化治理存在的不足，进而能逐渐完善政策体系，促进产业的健康发展。

1. 文化产业政策的评估标准

法国文化部科研局的奥古斯丁·杰拉德（Augustin Girard）在《文化发展：经验与政策》一书中指出，政策是由最高宗旨、具体目标和执行手段组成的一套体系，由社会组织通过权威机构制定执行。不管政策的执行主体是谁，一套政策中必定包含了长期最终目的、中期可测量的目标和具体实施手段（人员、资金和立法），这三个要素构成了一个连贯一致的体系。① 在我国，政策包括法律、行政法规、地方法规、各级政府及行政部门制定的规范性文件。

文化产业政策的评估要以公众参与度、可预见性、程序公正性为评估原则，以效果、效率、效能及其充分性为判断标准，以效能、效率、适当性、公平性、反应度和执行能力等为政策评估的绩效指标。参考我国公共政策评估的标准，文化产业政策评估可以分为政策系统、政策过程和政策结果等三大评估标准。其中，政策系统的评估标准包括政策主体、政策客体、政策环境、政策工具等四个方面，如合法性、合理性、适当性、有效性、回应性、适宜性、充分性、社会发展总指标等；政策过程的评估标准包括政策制定、执行、监控、评估、终结等过程的评估标准，如执行能力、反应度、充分性、适当性、公共参与度、可预见性、程序公正性、可执行性、执行力、政治可接受性、经济可承受性、社会可接受性、政策影响、社会可持续发展等；政策结果的评估标准包括效率、效益、效能、工作量、公平性、充足性、回应性、适宜性、绩效、有效性、生产力等。②

为准确衡量这些评估标准，文化产业政策的评估方法分为定性分析方法和定量分析方法：定性分析方法主要包括同行评价、问卷调查、当面访谈、电话采访及案例研究等；定量分析方法主要包括内容分析、文献计量、专利数据统计、经济计量方法、投入-产出分析、动力学模型分析等。

2. 文化产业政策的评估维度

为确保文化产业政策能够真正有效地引导行业发展，其评估可以从产业活动、政策效力和政策工具三个维度进行。

产业活动维度通过文化产业价值链各环节的政策覆盖程度来评估绩效。文化产业价值链一般包括内生价值链、横向价值链和协同价值链三种，由文化素材、内容研发、产品生产、传播载体、消费终端、产业内转化和产业外转化等环节组成。在每个环节当中，文化产业活动又由投资、研发、生产和消费等要素组成。高效的文化产业政策能够充分考虑到每一个环节可能存

---

① GIRARD A. Cultural development：experiences and policies. Paris：UNESCO Publishing，1972：130.

② 高兴武．公共政策评估：体系与过程．中国行政管理，2008（2）：58－62.

在的问题，提供有力的政策支持和规范引导，从而形成良好的产业体系。

政策效力维度分析政策工具之间的效力等级关系。由于政府颁布的政策本身是有层次或等级划分的，因而其效力当然具有层次或等级性。我国正式颁布的政策的效力是多层次性的。因此，在文化产业政策的评估过程中，需要依据政策工具颁布的主体，对政策工具进行识别，将所有政策工具划分为法律、行政法规、部门规章、司法解释和行业规定五个类目，建立相对应的政策工具效力分析维度。

政策工具维度分析政府为达到文化产业政策目标会采取怎样的政策组合。政策工具既指政府用于改善内部流程和管理方式的机制，又包括政府提供公共管理和公共服务的机制。[①] 与传统产业相比，文化产业涉及的产品与服务形态、新兴技术手段等均占有较大部分，例如，近年来国家大力推动的数字内容产业，其产业形态处在动态演变中，相关文化政策也相应地具有分散、复杂和交叉等特点。[②] 因此，可以有针对性地将文化产业的相关政策工具分为供给型、环境型和需求型三种。供给型政策工具表现为政府出台的政策对于数字内容产业的直接推动力，通过影响人才、资金、信息基础和基础设施等要素，直接扩大该产业的供给，改善产业相关要素配比；环境型政策工具主要由政府制定的政策法规组成，相应的政策工具大多主要影响产业融资、税收激励、法律法规等因素，以营造良好的经济、政治、社会环境，引导产业健康发展，对于文化产业而言，知识产权是核心要素，因此针对知识产权保护的法规管制工具是最主要的环境型政策工具；需求型政策工具则通过创造需求直接作用于文化产业，开拓和稳定市场，通过政策采购外包等手段刺激市场需求或采取贸易管制等保持国内产品需求，从而促进产业的发展。[③]

3. 文化产业政策的评估模式

文化产业政策的绩效评估是依据文化产业政策的评估主体、评估客体、评估标准、评估方法与评估模式等要素建构的一套评估体系。瑞典公共管理学者韦唐（Evert Vedung）将政策评估模式分为效果模式（efectiveness models）、经济模式（economie models）和专业化模式（professional models）等三大类共十种，分别代表了目标-结果、成本-效果、短期-长期和个别-综合等不同的评估视角。

在三个主要类别中，经济模式主要从生产力和效率两个视角进行评估，专业化模式强调专业性的同行评议，效果模式则包含许多不同的方式。(1) 目标达成模式：考虑政策是否在目标领域内驱动预期的效果、所观察到的结果是否是该政策作用的产物；(2) 附带效果模式：评估政策非预期的附带影响，通过列表的方式能够评估的就评估，不能评估的就留给决策者自行评估；(3) 自由目标模式：让评估者在没有任何目标约束的情况下开展评估；(4) 综合评估模式：将政策的前期准备（投入）、落实（转化）和取得成果（产出）三个阶段都纳入评估范围；(5) 顾客导向模式：从政策受用者角度出发，确定政策的用户定位，选择评估样本，调查用户意见，通过统计分析得出评估结论；(6) 利益相关者模式：确定政策制定、执行和评估过程中的相关利益人，然后通过组成评估委员会或对利益相关人访谈完成评估；(7) 委员会模式：强调评估主体的选择应该体现公民自由参与、利益相关者的理性判断，构建动态协调的评估机制

---

① 黄红华．政策工具理论的兴起及其在中国的发展．社会科学，2010 (4)：13－19，187.

② 韩洁平．数字内容产业成长机理及发展策略研究．长春：吉林大学出版社，2011.

③ 周庆山，周格非．我国数字内容产业政策的内容分析与完善策略．图书情报工作，2014 (10)：11－18.

和多元价值的评估模式。[①]

三、案例：基于内容分析法的数字内容产业政策评估[②]

文化产业政策的绩效评估在近年来逐渐得到重视，建立科学有效的评估方法，能够为文化体制改革的深入推进和文化市场的充分繁荣提供重要支持。数字内容产业作为新时期我国重点发展的重要产业门类，具有巨大的市场潜力和较快的增长速度。通过构建政策分析框架来研究已有的政策体系是否合理，合理地运用政策工具理论对政策体系进行优化组合，以更好地支持数字内容产业快速健康地发展，这些都值得深入研究。周庆山、周格非等基于内容分析法对我国的数字内容产业政策进行了深入解读，并提出了完善建议，具有较高的借鉴意义。

内容分析法是对文本内容进行客观、系统的定量分析的一种专门方法，内容分析的目的是根据数据对内容进行分析并借此分析文本创作者或政策制定者的意图、目标、表达方式及可能的方向目标等。在对数字内容产业政策进行分析的过程中，通过访问与数字内容产业相关的政府部门网站，如文化部、工业和信息化部等的网站，筛选相关政策文本及其条目，并结合关键词在主要数据库进行检索收集，最终收集的样本发布时间跨度为自第一份明确涉及文化产业发展的政策出台的2000年到2012年3月之间，涉及23个部门，共有70个政策工具。

从政策效力的维度来看，我国数字内容产业政策多数以“通知”和“意见”的形式颁布，效力都比较弱，“通知”“意见”“办法”三种政策工具形式占到了总数的74.3%，成为政策工具的主要形式；以“条例”“规定”形式制定的政策工具仅有6条，仅占总数的8.5%；以“法律”形式颁布的政策工具只有一个。从分析结果看，目前的政策工具效力普遍不高，权威性不够强，对产业的调控作用偏弱。文化部、工业和信息化部、国家广播电视总局和国家新闻出版署等部门均针对文化产业中自身职权范围之内的部分制定了相应的政策和法规，这也是部门规章层面政策工具数量众多的原因之一。由国务院及其办事机构颁布的政策工具属于行政法规层面，在总数中占到了14.3%。而法律层面和司法解释政策工具仅占到了1.4%，表明我国尚未有效通过立法的形式支持文化产业发展，并未在法律的层面将文化产业确定为重要产业。因此，我国应借鉴国外经验，提高文化产业政策工具的层次，尽快推动文化产业立法，以法律强制力保障文化产业的良好发展。

从政策类型的维度来看，基于数字内容产业活动的特点，在评估中，将数字内容产业政策工具分为供给型、环境型、需求型三个基本面，并以此建立一种基于政策工具的数字内容产业政策工具内容分析框架。供给型政策工具主要对数字内容产业产生较为直接的推动作用，例如资金的投入、行政工作支持等；环境型政策工具主要由政府制定的政策法规构成，用以构建一个适合数字内容产业良好发展的经济、政治和社会环境；需求型政策工具则从产生需求的角度直接作用于数字内容产业。统计结果显示，所有政策工具中环境型政策工具是使用最多的，占比达到85%，供给型占13%，需求型占2%。说明政府部门最重视创造有利于文化产业发展的环境，但是针对整个产业的推动力即供给方面制定的政策相对不足。而在环境型政策工具中，法规管制占到一半以上，达59.6%，策略性措施占11%，表明目前的施政重点在于政府监管

① VEDUNG E O. Public policy and program evaluation. New Bruswick，N J：Transaction Publishers，2000.

② 周庆山，周格非．我国数字内容产业政策的内容分析与完善策略．图书情报工作，2014（5）：11－18.

和宏观调控，从而营造公平的产业环境。

而从产业活动的维度进行分析，可以看到，在关注文化产业价值链各环节的政策工具中，作用于生产工具的占 54.1%，消费占 20.7%，投资占 17.8%，研发占 7.3%，说明我国在数字内容产业的发展过程中更为关注生产环节，即数字内容产品的集成和产品数量生产两方面。针对投资和研发的政策工具相对较少，而现阶段我国数字内容产业正在努力缩小与世界一流数字内容产业之间的差距，所以在政策层面加大引导和支持力度，应成为今后文化政策工具的工作重点。同时，在 2003 年以前，政策工具只集中在生产环节，说明这一时期我国文化产业尚处在发展初期，产业形态和模式不固定，企业和政策都处在摸索阶段，很少能从产业视角看待文化产业。2004 年之后，各类政策工具的数量都得到了明显提升，同时出现了一定的波动，代表产业的发展带来了政府层面的高度重视，同时政府制定产业政策也需要现实的检验与反馈。

综合以上各维度的分析，对我国未来的数字内容产业以及文化产业总体提出以下科学建议：

第一，以往的政策工具结构不合理，过于集中在环境型政策工具方面，法规管制类政策工具占比大。今后的政策需要不断丰富需求型和消费型政策工具，注重通过政府采购和外包等拉动需求，关注到金融支持、税收优惠、科技信息支持等工具类型，加大对于研发和生产的支持力度。

第二，以往的政策工具在不同产业链环节上分布不均，对政策工具的使用过于单一。一方面，过分关注价值链中生产环节的配套政策工具，研发层面的政策工具缺少对于人力资源和基础设施的关注，需要进一步制定行业标准、鼓励研发核心技术；消费环节缺少对于贸易管制、海外机构管理等工具的运用，需要进一步拉动市场发展。另一方面，政策工具在不同细分产业上的分布有待优化，例如，数字电影、网络游戏、动漫等产业的配套政策相对较多，但数字典藏、数字学习等新兴产业形态还缺少前瞻性的框架。

第三，我国数字内容产业政策工具的体系协调性较低，体系层次不完整。首先是缺少顶层设计，尽管针对具体细分产业制定了相应的政策工具，但缺乏国家层面颁布的宏观政策与法律。这就导致政策的长远规划较少，同时产业相对欠缺高层次效力的政策工具，对产业发展的保障力度有限，各部门间缺少配合与协同，导致政策工具体系协调性较差。其次是缺少行业协会层面的政策工具，已有的产业协会自身并不制定行业规定，仅执行上级主管部门颁布的政策，对于现实中遇到的问题不能及时有效地回应，行业协会作为产业发展的中坚力量，今后应当积极发挥作用，建立起更为灵活实际的行业规范，以促进文化产业的健康可持续发展。

第四，颁布政策工具的部门过多，涉及的相关部门偶有权力交叉、管辖重叠的现象。前文统计结果显示，颁布过涉及文化产业及其细分产业的政府部门包括文化部、工业和信息化部、国家新闻出版署、国家广播电视总局、财政部等，这些部门多通过联合颁布的方式出台政策工具（联合颁布率达到 83.8%），这些部门中分别设立管理文化产业事务的相关岗位。产业的多头管理带来了重复审批和职能交叉的问题，如目前网络视听节目内容规制的行政主体几乎遍及所有政府部门。今后应当通过不断地进行机构改革与协调，降低文化产业管理的行政成本，提高政策的有效性。

本章小结

1. 文化治理是国家治理发展的必经阶段，为我国的转型发展提供了方向指引。

2. 文化治理最早由英国伯明翰学派引入文化研究，尽管仍存在一些争论，但对于文化治理的概念基本能达成共识。广义的文化治理是借由文化以遂行政治与经济（及各种社会生活面向）之调节与争议，透过各种程序、技术、组织、知识、论述和行动等操作机制而构成的场域。狭义的文化治理是国家通过采取一系列政策措施和制度安排，利用和借助文化的功能以克服与解决国家发展中问题的工具化，对象是政治、经济、社会和文化，主体是政府和社会，政府发挥主导作用，社会参与共治。

3. 文化治理主要有三方面特性：包容性，指文化治理体现了公权与私权的博弈以及公平与效率的平衡；渗透性，指文化治理与政治治理、经济治理、社会治理等在理念和举措上高度协同和密切融合；多元化发展，指文化治理中有文化创造性、文化多样性、文化民主化和文化认同性等多重价值目标的治理追求，这与文化治理的政治属性紧密相连，体现了国家治理的文化产业服务于国家根本战略利益发展需求。

4. 文化治理的手段包括公共手段、准公共手段和市场手段，而公共手段分为财政手段和政策手段。文化政策是政府、营利机构、文化团体、艺术家、公益组织等利益相关集团影响民众思想的手段，反映了各个利益集团的价值取向。

5. 在世界各国文化治理过程中，往往基于自身国情在干预主义和自由主义之间寻找平衡，目前世界上的文化产业政策治理模式主要有五种：第一，基于文化创富的演进型政策模式，表现为从提升文化认同过渡到带动经济发展，再到提升产业创新的三级演进型政策模式。澳大利亚是这种政策模式的典型代表。第二，基于市场引导的竞争型政策模式，强调政府不会直接干预文化产业的发展与文化企业的成长，充分相信市场的作用，政府只负责规范市场，并通过各种手段鼓励艺术家创作，支持非营利文化机构发展，吸引企业或机构捐助投资。美国所谓“无为而治”的文化政策是该模式典型的代表。第三，基于文化保护的干预型政策模式，集中表现为政府在文化政策的制定中重视对文化多样性的保护，重视通过政府的介入来保护文化，对于本国文化产业系统的良性发展和各类文化的存续起到了积极作用。法国、加拿大等国家的文化产业政策是该模式较为典型的代表。第四，基于政府引领的中间型政策模式，重视在自由竞争与国家干预之间寻找平衡，其政策目标是提高文化创作的品质和艺术活动的质量，政府出资支持文化艺术活动，但资金分配由独立运作的艺术委员会决定，防止政治对艺术产生影响。英国的“一臂之距”文化政策是该模式的典型代表。第五，基于法律保障的约束型政策模式，强调政府在文化产业的各方面形成完善的法律法规体系，中央政府制定全国文化发展的总体框架和政策目标，地方政府制定具体规划和执行手段，全面支撑和保障文化产业的发展。韩国和日本是这种模式的典型代表。

6. 中国文化产业政策的发展历史分为四个主要的时间段：1979—1998 年是中国文化市场的观念形成期和初步培育期，我国文化体制改革初步萌芽，随着改革开放的发展和社会主义市场经济建设步伐的加快，民众的文化需求不断增加，我国的文化市场不断繁荣。1998—2002 年是文化产业观念的形成期和文化体制改革的准备期。在这一阶段，文化产业这一概念得到了国家层面的认可与重视。这一时期的改革侧重于市场主体的培育，是经济体制改革在文化领域的体现。2003—2013 年是文化体制改革的全面推动期和文化产业的快速发展期，在这十年间，我国文化体制改革在制度建设、区域发展和行业发展方面都积累了丰富的经验，取得了惊人的成绩，已经完成了文化体制改革的基本任务。2013 年至今，是我国文化体制的深化改革期和文化产业的市场扩张期，我国文化产业政策不断走深走实，强调产业融合创新，注重培育新兴业态，对于已有政策规定进一步革新，在国家层面不断加大支持力度。

7. 参考我国公共政策评估的标准，文化产业政策评估可以分为政策系统、政策过程和政策结果等三大评估标准。其中，政策系统的评估标准包括政策主体、政策客体、政策环境、政策工具等四个方面；政策过程的评估标准包括政策制定、执行、监控、评估、终结等过程的评估标准；政策结果的评估标准包括效率、效益、效能、工作量、公平性、充足性、回应性、适宜性、绩效、有效性、生产力等。

8. 对于文化产业政策的评估，可以从三个维度进行分析：(1) 产业活动维度通过文化产业价值链各环节的政策覆盖程度来评估绩效，文化产业价值链一般由文化素材、内容研发、产品生产、传播载体、消费终端、产业内转化和产业外转化等环节组成，高效的文化产业政策能够充分考虑到每一个环节可能存在的问题，提供有力的政策支持和规范引导，从而形成良好的产业体系。(2) 政策效力维度分析政策工具之间的效力等级关系，依据政策工具颁布的主体，对政策工具进行识别，将所有政策工具划分为法律、行政法规、部门规章、司法解释和行业规定五个类目，建立相对应的政策工具效力分析维度。(3) 政策工具维度分析政府为达到文化产业政策目标会采取怎样的政策组合。政策工具既指政府用于改善内部流程和管理方式的机制，又包括政府提供公共管理和公共服务的机制，面对文化产业的复杂情况，可以将政策工具分为供给型、环境型和需求型三种。

9. 文化产业政策的评估模式被瑞典学者划分为效果模式、经济模式和专业化模式三种，其中经济模式包含生产力和效率两个视角；效果模式则细分为目标达成模式、附带效果模式、自由目标模式、综合评估模式、顾客导向模式、利益相关者模式和委员会模式，三大类共计十种评估方法。

思考与练习

一、基本概念

文化治理　文化政策　演进型政策模式　竞争型政策模式　干预型政策模式　中间型政策模式　约束型政策模式　英国的“一臂之距”　中国文化产业政策演变　文化产业政策的评估

二、思考题

1. 你认为常见的五种文化治理政策模式中，哪一种与我国的文化政策模式最为接近？又有何区别与联系？

2. 选择你最关注的某类文化产业，结合我国文化产业政策的发展历程，分析政策变化是如何影响产业发展的。

3. 试举你最关注的某类文化产业，查阅该行业的相关政策规定，评价当前政策治理的优点与未来改进方向。

拓展阅读

1. 胡惠林．国家文化治理：发展文化产业的新维度．学术月刊，2012（5）．

2. 福柯．安全、领土与人口．钱翰，陈晓径，译．上海：上海人民出版社，2010．

3. 吴理财．文化治理的三张面孔．华中师范大学学报（人文社会科学版），2014（1）．

4. 王志弘．文化如何治理？一个分析架构的概念性探讨．世新大学人文社会学报，2010（11）．

5. 胡惠林．国家文化治理：中国文化产业发展战略论．上海：上海人民出版社，2012．

6. 郭灵凤．欧盟文化政策与文化治理．欧洲研究，2007（2）．

7. 向勇，刘颖．国际文化产业的政策模式及对中国的启示研究．福建论坛（人文社会科学版），2016（4）．

8. MARGOLIN V. Our creative diversity，the report of the world commission on culture and development. Paris：UNESCO Publishing，1996．

9. 陆晓曦．英国文化管理机制："一臂之距"．山东图书馆学刊，2012（6）．

10. GIRARD A. Cultural development：experiences and policies. Paris：UNESCO Publishing，1972．

11. 高兴武．公共政策评估：体系与过程．中国行政管理，2008（2）．

12. 黄红华．政策工具理论的兴起及其在中国的发展．社会科学，2010（4）．

13. 韩洁平．数字内容产业成长机理及发展策略研究．长春：吉林大学出版社，2011．

14. 周庆山，周格非．我国数字内容产业政策的内容分析与完善策略．图书情报工作，2014（10）．

15. VEDUNG E O. Public policy and program evaluation. New Bruswick，N J：Transaction Publishers，2000．

结语　文化产业的发展趋势

习近平总书记在党的十九大报告中明确指出，“文化是一个国家、一个民族的灵魂。文化兴国运兴，文化强民族强”。在全面建成小康社会之后，人民群众对于美好生活的需要不断增长，在文化消费方面的需求持续攀升，文化产业在国民经济中所占比例越来越大。文化产业发展对发展国家经济、提升文化软实力、建设文化强国都具有越来越重要的意义。在新时代，我国的文化产业发展理念开始转变为实现高质量发展，即实现以人民为中心的价值导向，实现文化产业发展服务于人民美好生活需要的新使命。

一、文化产业的产品研发创新

（一）创新文化产品形态

随着新科技手段的迅速发展，5G、人工智能、虚拟现实等技术已经开始赋能文化产业的生产端，数字化、智能化的设备既能提高文化产品的体验维度，又能够提高生产效率，节约生产成本，升级产品供应链。文化产业从业者应进一步探索技术创新与创意生产的融合机制，从实体设备和内容体验等方面促进文化产品的形态创新。第一，文化产业的生产设备可与新兴科技结合，通过制造业的科技进步推动文化产品的迭代创新，创新数据的实时更新系统，丰富文化产品的数字化形态，进一步融合文化创意产品的功能性与审美性。第二，生产新型虚拟产品，在游戏、艺术展览、节庆展演、戏剧演出等文化服务场景，优化已有的交互方式，以虚拟现实、增强现实等手段拓展新的体验形态，全方位激发用户感官，引发用户的情感共鸣。第三，实现文化资源的信息互联，利用大数据、区块链等信息技术增强文化产品的全网联动，打通数字转化、网络传输、智能推送的数字化链条，促进文化产品提升效能。第四，开发平台化内容流通系统，将各类文化资源聚集于互联网平台，通过不同渠道传播原创文化内容，促进文化产业的界面经济发展，促进“PGC＋UGC”的网络文化产品体系不断优化。通过与时俱进地融合科技手段、从用户需求反推文化产品创新目标，能够拓展文化产业的产品形态，使新时代大众的文化生活更加丰富多彩。

（二）提升文化内容品质

随着物质生活水平不断提升，大众越来越向往多元的文化消费方式、沉浸式的文化体验内容、内涵丰富的文化精神食粮，而当前我国的文化产品供给现状还存在着同质化程度高、附加值低、文化内容推广程度弱的情况，无法适应文化产业高质量发展的要求。因此，文化产业的内容生产应进一步优化文化内容品质，提升文化产品的附加值。第一，深入挖掘文化资源，不限于文化符号，而要挖掘符号背后的历史故事与文化精神，提升文化产品的内涵与价值厚度，文化创意产品既以单一作品展现文化细节，又可通过产品群显现文化脉络与精神世界。第二，要加强个性化的文化创意生产，运用智能化的技术手段，从内容创意端就明确内容的目标群体，将创意内容与交互设计紧密相连，面向不同的消费群体，将爆款产品和长尾产品同步推出。第三，要将意识形态属性的文化内容进行软性转化，强调以用户为中心，结合用户的审美偏好与内容需求，降低内容的接受壁垒，使文化记忆能够借创意产品得以保留和延续，提高文化消费群体的价值认同。文化内容品质是决定文化产业的高质量发展的根本，只有不断在内容和形式上以高标准进行品质拉动，才能够实现文化产业的可持续发展。

（三）延长文化产品价值链

文化产业发展的基本逻辑是实现无形资产的价值转化，新时期的文化产业应进一步提升无形资产的转化效率与转化体量，以 IP（intellectual property）为核心的文化消费模式是文化产业化发展的必然结果，同时也是产业规范化发展的时代趋势。第一，从业者进一步强化“内容为王”意识，以优质资源为价值链建设奠定基础，通过打造 IP 化产品，形成可持续开发的多元文创产品序列，建立与受众持久的情感连接，将文化创意置于一个多媒介叙事的共创场域之中，既能发挥经济转化作用，又可涵养当代社会文化。第二，完善知识产权的保护与开发体系，只有将无形的内容资源封装在受到法律保护的容器内，才能够有效拓展文化产品多元演绎的方式，并促进文化价值转化为经济价值。第三，提高对 IP 的多维长线开发意识，当前我国文化产业对 IP 的开发大多将关注点放在流量效益和短期开发价值上，从业者应通过文化创意 IP 的建构，进一步融合当代生活与历史文脉，促进文化的传承与创新。文化 IP 的发展模式要注重以故事驱动 IP 创意体系、持续性创新产品类型、不断丰富 IP 的文化内涵，将自有的资源进行扩容，并不断融入第三方资源，形成长期开发、不断扩充的文化创意价值链。

二、文化产业的组织运营创新

（一）创新文化企业发展模式

企业模式主要指的是企业的管理模式，包含企业的管理制度、规章、程序、结构和方法等。当数字化发展成为主流趋势，企业需要对自身的发展目标、管理结构做出调整，适应数字化建设的发展需求。第一，建设网络化、平台化的组织结构，进一步发展公共性和准公共性文化企业，打造平台式组织机构，进一步吸纳广泛的文化创意主体，包括政府、企业、个人等，打造文化创意产业的生态化结构，进一步发挥文化产业对于人民美好生活的服务作用。第二，建构精准的、有针对性的营销模式，利用互联网和移动互联网内容平台的智能传播手段，推动精准营销模式不断升级，与大数据分析机构合作，对营销数据进行采集、分析，并指导进一步的活动策划和投放平台。借助精准营销，定位目标市场，扩大消费容量。第三，建构模块化、专业化的生产流程，强化高度专业化分工，鼓励专业模块不断深入创新，以生产环节各要素创新驱动产业发展，提高生产效率和创新效能，促进产品和服务的不断升级。第四，形成版本化、迭代型的产品设计方案，随着数字化建设的不断深入，要做好数字化文化资源库建设，支撑设计方案的版本更新和内容迭代，不断满足消费者的文化创意需求。第五，创建开放式、开源型的产品研发模式，以区块链等技术手段将各节点的创作者连接起来，构建以用户为中心的内容生产模式，提供产品开发的技术框架和行业标准，带动文化子产业的规范化发展，促进文化市场的进一步扩容。第六，打造包容性、弹性化的人力管理模式，探索创意经理人管理方法，推动协同创新与价值共享，发展创意者经济，充分调动创作者与用户的参与意愿，促进文化价值的创作与流动。只有不断结合社会发展趋势对文化企业进行改革，才能使产业中的各链条主体保有活力，共同实现产业升级。

（二）创新文化业态发展模式

在数字化信息技术不断发展的趋势下，文化产业应以信息技术为支撑，以多样融合为方式，实现集聚化高质量发展。当前，文化产业在人才、科技等要素上稍显乏力，需将外需拉动力转化为内生动力，形成业态创新的全新引擎。要进一步打造“文化＋”产业形态，实现文化产业与相关产业的深度融合，推动“文化＋科技”“文化＋金融”“文化＋旅游”等融合模式的不断探索。

第一，“文化＋科技”业态。当前我国数字化文化业态发展迅速，但是整体来看，技术含量高、创意水平高的产品的占比还比较低。后疫情时代，数字技术对文化产业的业态升级产生了巨大推动力。文化产业应进一步挖掘文化资源、活化文化创意，充分利用新型技术手段，推动文化产业高质量发展。大数据、人工智能等一系列产业科技与文化产业的融合能够丰富文化创意产品、拓展文化产业发展空间、完善文化创意服务。文化产业发展要抓住新基建的历史机遇，加大创新力度，积极研发科技型文化产品与服务，提高动漫游戏、数字音乐、网络视频、沉浸式展演等产品服务的文化与经济价值，推动文化产业从低附加值的制造业生产，逐渐向高附加值的内容生产、服务升级等方面演进。

第二，“文化＋金融”业态。文化产业可以进一步完善投融资业务，鼓励证券、保险等金融业务进入文化产业，在国内产业升级和国际文化贸易领域协调发展，实现文化产业走出去和引进来的相互促进。打造数字金融服务体系，从模式、技术、机制和系统方面进行整体推进，进一步发展平台金融模式，促进互联网金融在数字生态化进程中的升级迭代，利用大数据整合平台数据资源，开展跨平台协同创新，形成技术与场景的深度融合。通过建设完整的金融信用体系，打通企业和行业壁垒，实现数据资源的互补与共享，推动数据的标准化处理，进而形成从行业级到企业级的多层级征信标准和体系，实现风控数据化、智能化。通过风险分担机制和IP质押融资等制度，控制质押融资风险，促进文化产业金融服务体系的不断健全。

第三，“文化＋旅游”业态。进一步推进文旅融合发展，形成人与自然和谐发展的新格局，形成宜融则融，能融尽融，以文促旅，以旅彰文的发展局面。以数字化手段加快文旅融合，激活文化资源，推动文化遗产的数字化储存和立体化呈现；提供沉浸式旅游场景，运用虚拟现实等技术实现云旅游等新形态，进行全时全域传播，借助新媒体推动旅游文化传播；以文化创意促进文旅融合，打造特色文创产品拉动消费。建设旅游品牌，把握景区资源优势，打造品牌独特亮点，强调以规模树品牌，优化整合文旅资源空间配置和综合优势，构建区域特色突出、品牌知名度高的文旅产业板块，打造强强联合的精品线路，促进文化旅游实现资源融合、传播融合、消费融合与场景融合。

在智慧经济时代，随着新基建不断升级，文化产业应实现与新型基础建设的高度融合，不断创新业态类型，进一步将文化产业与传统行业结合起来，创新商业模式，延长产业链条。

（三）创新文化消费发展模式

文化消费模式创新，能够满足人民对高品质、多样化、个性化文化产品与服务的广泛需求。当前，我国文化消费存在供给方式局限、地域差距明显、大众消费异化等问题，在未来，文化产业发展应进一步推动供给侧改革发展，丰富文化消费内容、提升文化产品质量与种类，促进文化消费结构的转型升级。

第一，定制式文化消费模式创新。随着我国居民收入的稳步增长，中产阶级的崛起带来了消费升级，消费者越来越追求个性化、品质化、专属性等，人们的消费需求从基本的功能性需求，开始转化为追求适合自己且与众不同的个性化需求。文化产业发展应进一步提供独特的产品价值，将产品的文化创意内容与用户的认知、情感、记忆等个人属性相结合，提供独特的个人消费价值。在社会智能化发展的趋势下，算法推送、身份识别、用户画像等功能的普及，将进一步为个性化消费提供技术保障，文化产业从业者要进一步通过优化服务形式、打造定制场景、提供个性化产品等路径，拓展文化消费模式，以个性化、定制式消费模式驱动生产更多高附加值的产品与服务形态。

第二，体验式文化消费模式创新。随着文化艺术的产业化发展，文化产品的展示价值在逐渐向体验价值演变。体验消费能够使消费者在生活、场景和情境中获得立体化的感性价值，摆脱在品质、价格、服务等方面的竞争，增加利润和溢价空间。体验经济将成为文化产业赋能传统行业的交汇点，通过对第二产业和第三产业输入创意内容，能够提升环境和氛围对消费者的吸引力，赋予其情感附加值，创造共鸣，以体验消费塑造消费者的文化身份。在此理念下，文化产品的消费模式要围绕软性营销策略，将商业活动与日常生活相融，巩固并引导消费者对文化艺术的爱好，发挥美育作用，提高用户忠诚度，将文化消费行为转化成用户的主动选择。

第三，场景式文化消费模式创新。场景式消费要求创造能够触发消费行为的氛围或语境，一方面可通过空间场景的打造和拓展，带动文化产品销售和文化服务创新发展；另一方面可通过搭建个性化的网络智能场景，提升游客对线上场景的感知水平，增强消费体验，丰富体验感受。电子商务等线上文化产业形态也应利用现场文化创意场景，从价格策略转向风格、品味、人性化等体验策略，打造有温度、有情感的购物环境，借助数据分析和精准营销手段，定位细分群体精准打造体验方式，实现盈利模式创新，成为促进文化消费扩容新的破局点。

三、文化产业治理的模式创新

（一）建设生态化文化产业体系

生态化的文化产业体系能够发挥自主协同发展作用。当前，我国虽建设了一批具有生态化特征的文化创意产业园区，但是文化产业的区域发展存在一定的条块分割问题，且互联互通与智能驱动程度较低，线上创意产业与园区文化产业的关联度还不高。现代化的文化产业应借“互联网＋”“智能＋”的赋能优势，运用数字化技术手段、互联网云空间、智能管理流程等。第一，新阶段文化产业体系应在信息资源上实现数据信息共享，在健全版权保护机制的基础上实现数据资源的效用最大化，要使智能化技术连接人才、版权、信息、终端等生产要素，提高组织运转效率。第二，要在产品和服务的开发上，运用智能化技术，建设产业多元化、多层级的供应链，在内容创新的环节，通过智能识别和深度学习等技术手段，赋能创意产品的研发，使文化产业能够供应用户个性化、多感官的产品服务体系。第三，建设文化产业发展公共平台，汇聚多方资源，在政策驱动、资源驱动、技术驱动之外，形成生态化的自运转系统，促进文化产业自主集聚，打造共赢局面，促进全面发展。生态化的文化产业体系能够发挥文化企业的自主创新力与凝聚力，以点带面，全方位升级产品生产、资源配置、产品交易以及服务消费等环节，建立一种设备互联、数据互通、场景相融、竞合互长的新型产业体系。

（二）推动文化产业国际贸易繁荣发展

2019 年底 2020 年初新冠肺炎疫情爆发，全球经贸形势持续低迷，在此形势下，我国做出了推进文化贸易高质量发展的重大决策部署。近年来，尽管我国和“一带一路”沿线国家的文化贸易往来增多，文化产品出口比例逐年提高，但是文化产品的附加值偏低，类别主要集中在手工品等文化制造业领域，贸易伙伴也以亚洲国家为主。针对这一现状，可从以下几方面着手加以改善。第一，文化产业国际贸易应进一步扩大数字交易份额，文化贸易正在从物理空间转向数字空间，数字化产品和服务在全球贸易中的份额逐渐增长，拓展可贸易文化产品和服务的边界，加速全球文化产业的跨界流动。第二，发挥文化贸易的互补性原则，根据文化的相似性与差异性优化文化贸易结构，拓宽沿线国家文化贸易的市场范围，对目标国家进行深入调研，明确其文化特性与消费者需求，选定重点目标国家，因地制宜地开拓文化贸易潜力市场，创新出满足当地国家消费者偏好的文化产品。第三，积极开展国际影视节、文化类博览会等平台活动，加深文化交流，减少因文化理念的不同而给文化产品出口带来的不利影响，积极扩大文化产品在“一带一路”国家的市场范围。进一步发展文化贸易，能够促进中国文化的海外传播，进一步提升我国的文化软实力，让世界在对话中国的进程中更好地接纳和认识中国，形成深度的文明互鉴。

（三）建设中国特色的文化产业战略

“十四五”时期，我国文化产业发展将进入集约化发展的新时代，在宏观布局上，要推动文化产业的行业间、企业间的关联互动，构建价值引领、竞争驱动、业态创新、品质提升的现代文化产业体系。第一，实施龙头文化企业的带动战略，应扶持壮大平台型文化企业、独角兽文化企业，培育一批引导文化产业发展的战略投资者，形成数家龙头文化企业与众多中小型文化企业相互依托、相互支撑的市场格局。第二，构建柔性化的网络生产体系，重视对受众群体、粉丝群体的引导性消费，引导文化企业巨头建立合作平台，使小微文化企业能够形成网络状的协同分工关系，鼓励创意者经济，激发创意与创新网络，加速创意个体和小型工作室等柔性生产主体的涌现。第三，布局多层文化产业动态结构，以某一类型文化产业带动一部分主导型产业形态，最后进一步带动文化外围产业，如教育培训、城市会展等，结合区域文化产业特色，能够打造独具竞争优势的文化产业结构战略。第四，营造城市的文化创意氛围，现代文化产业体系应通过政策拉动与市场驱动，加快文化产业与乡村空间、城市社区之间的相互关联和协作关系，推动实现产业惠民、美育普及的作用。通过文化政策与相关法律法规的制定，以宏观战略配合规章制度，进一步规范文化产业发展方式，促进文化产业的稳定有序发展。

文化产业是一个正在蓬勃发展、全面提速的产业类型，文化产业高质量发展大有可为，我国在产业新格局下，将大步迈向文化强国，拥抱更加辉煌的明天。

编后记

北京大学是全国较早推动文化产业学术研究与人才培养的高校之一，从2000年开始招收文化艺术管理的硕士研究生，2009年开始招收艺术管理与文化产业的博士研究生，2014年开设艺术史论文化产业管理本科专业方向，2018年开设专业硕士（MFA）广播电视专业创意制片与文化产业方向，2021年招收第一位文化产业研究方向的博士后，初步建立了文化产业的人才培养体系。北京大学文化产业管理本科专业方向依托艺术史论专业，学生在大学前三个学期充分接受美学原理、艺术学原理、艺术心理学、中外艺术学理论导读、视觉文化导论等艺术学基础课程的综合训练基础上，从大学第四学期开始学习文化产业导论、艺术管理学、创意管理学、文化经济学、艺术法、文化艺术市场营销、信息技术与文化产业等文化产业管理专业的必修课程，最后一学期提交一篇与艺术管理和文化产业领域相关的毕业论文。国内兄弟高校的文化产业管理专业普遍授予管理学学位，而北京大学文化产业管理本科专业是以一个专业方向的名义存在的，毕业时会授予艺术学学士学位。

“文化产业”这一行业术语和学术话语都引自国外，是舶来品，经过30余年的业界实践与学界探索，我国已初步具备与西方文化产业发达国家和理论积淀深厚的海外学者进行对话与交流的能力，开始出现一批积极探索西方学术命题的中国化改造的中国学者，他们尝试构建中国特色的学术体系、理论体系与话语体系。本书是一次教材写作集体创作的新尝试，也是一次对北京大学艺术管理与文化产业博士生人才培养成果的检验，更是一次北京大学文化产业管理本科专业建设的新探索。本书主编在多年开设文化产业导论本科必修课程的基础上，于2015年在北京大学出版社出版了《文化产业导论》。《文化产业导论》是一本专著型教材，初步构建了文化产业学的知识模块和理论框架，至今已再版多次，被全国多家高校采用。但是，该书由于学理性较强，专著特色过浓，不适合大学本科，尤其是不适合注重应用型人才培养的高校。因此，在中国人民大学出版社“21世纪文化产业管理系列教材”的支持下，本书主编依托《文化产业导论》的知识结构和理论体系，参照实用型教材注重知识、理论、方法和适用的具体要求，遵照文化产业学基础知识的规范性和实践的可操作性原则，重新规划了本书的知识体系和章节内容。

本书主编设计了全书的框架结构，撰写了导论部分。本书其他章节的作者均是北京大学艺术管理与文化产业专业博士毕业生或在读博士。其中，中国传媒大学电视学院副教授白晓晴博士撰写了本书的第一章（文化产业的行业环境）、第二章（文化产业的市场格局）和结语；北京外国语大学艺术研究院副教授唐璐璐博士撰写了本书的第三章（文化资源的开发利用）和第五章（文化内容的创意生产）；北京大学艺术学院博士生李尽沙撰写了本书的第四章（文化资产的价值实现）和第十三章（文化产业政策与文化治理）；北京大学艺术学院博士生张艺璇撰写了本书的第六章（文化科技的融合发展）；南京航空航天大学艺术学院副教授李育菁博士撰写了本书的第七章（文化企业的组织管理）和第九章（文化产业的营销创新与商业模式）；北京舞蹈学院舞蹈学研究所助理研究员李晓唱博士撰写了本书的第八章（文化企业的领导模式）和第十章（文化金融的运营模式）；中国传媒大学文化产业管理学院副教授陈娴颖博士撰写了本书的第十一章（文化产业的集聚发展）；北京大学艺术学院博士生朱粲撰写了本书的第十二章（文化产业的国际贸易与传播）。本书最终由主编和白晓晴老师统稿。

从某种意义上来讲，写作者与编辑是一本书的共同作者。本书在编写的过程中得到了中国人民大学出版社前任编辑黄海飞、现任编辑岳娜老师的耐心帮助和专业支持。我国已经涌现出许多同类优秀教材，这些教材都是我们学习借鉴的榜样。在此，本书写作团队一并表示衷心的感谢。我国文化产业的专业建设与学科建设一直在前进的道路上不断探索，文化产业管理本科专业的基础教材也一直在完善，本书若有不当之处，敬请方家批评指正。

图书在版编目（CIP）数据

文化产业概论 / 向勇主编. -- 北京：中国人民大学出版社，2022.3
21 世纪文化产业管理系列教材/向勇总主编
ISBN 978-7-300-30372-7

Ⅰ.①文… Ⅱ.①向… Ⅲ.①文化产业-高等学校-教材 Ⅳ.①G114

中国版本图书馆 CIP 数据核字（2022）第 034753 号

21 世纪文化产业管理系列教材
总主编 向 勇
文化产业概论
向 勇 主编
Wenhua Chanye Gailun

出版发行	中国人民大学出版社		
社 址	北京中关村大街 31 号	邮政编码	100080
电 话	010－62511242（总编室）		010－62511770（质管部）
	010－82501766（邮购部）		010－62514148（门市部）
	010－62515195（发行公司）		010－62515275（盗版举报）
网 址	http://www.crup.com.cn		
经 销	新华书店		
印 刷	天津鑫丰华印务有限公司		
规 格	185 mm×260 mm 16 开本	版 次	2022 年 3 月第 1 版
印 张	16	印 次	2025 年 8 月第 7 次印刷
字 数	393 000	定 价	39.90 元